韓國漢文教育學會 創立 30週年 紀念
韓國漢文教育研究叢書 1

# 한문과 교육과정론

윤재민 · 송혁기 편

보고사

# 발간사


韓國漢文教育學會가 1981년 6월 27일 韓國漢文教育研究會라는 이름으로 創立된 지 30년, 어느덧 한 세대의 단위를 넘겼다. 작고하신 李家源(1대: 1981.6~1983.6) 초대 會長으로부터 閔丙秀(2·3대: 1983.7~1987.6), 鄭愚相(4·5대: 1987.7~1991.6), 李篪衡(6대: 1991.7~1993.6), 朴天圭(7대: 1993.7~1995.6), 金容傑(8대: 1995.7~1997.6), 申用浩(9대: 1997.7~1999.6), 金相洪(10대: 1999.7~2001.6), 朴性奎(11대: 2001.7~2003.6), 李明學(12·13대: 2003.7~2007.6), 金呂珠(14대: 2007.7~2010.6) 회장에 이르기까지 14대 11분이 각기 당대의 회장단 및 임원진과 함께 학회를 이끌어주시는 동안, 그 사이 많은 변화가 있었다. 박천규 회장 재임 때인 1994년 6월 25일 학회 회칙이 개정되면서, 학회 명칭이 韓國漢文教育研究會에서 韓國漢文教育學會로 바뀌었다. 학회지『漢文教育研究』는 閔丙秀 회장 재임 때인 1986년 창간호, 鄭愚相 회장 재임 때인 1988년 제2호 이후 매년 1회 발간에서, 金相洪 회장 재임 때인 2000년 제14호 이후 연간 2회 발간하여, 2012년 6월 현재 제37호까지 발간됐다.『漢文教育研究』제1호에는 10편의 논문이 실렸는데 그 중 한문교육 주제를 다룬 논문은 2편에 불과했다. 그러나『漢文教育研究』제36호는 14편의 게재 논문 가운데 한문교육 주제를 다루지 않은 논문이 1편이고, 제37호는 21편의 게재 논문 모두가 한문교육 주제를 다룬 논문들이다. 30년 전 한문교육 연구의 불모지대에서 출발한 우리 학회가 어느덧 30년이 경과하는 동안 한문교육 연구의 화려한 꽃들을 피우기 시작했던 것이다. 이 모두가 역대 회장님들을 비롯한 학회의 선배 회원들 및 동학의 여러 회원들이 한문교육에 대해 가진 뜨거운 애정과 관심의 결과가 아닌가 한다.

　이번에 간행하는『韓國漢文敎育學 硏究叢書』는 지난 30년간을 중심으로 그 동안의 한문교육의 성과를 되돌아보고 앞으로의 과제를 전망하는 야심찬 기획이다. 이 기획을 위하여 한국한문교육학회의 이사진 중에서 기획 실무를 전담할 간행위원회를 구성하고, 간행위원회에서 총서의 기획 및 총서의 각 분야별 주편자 섭외를 진행하여, 2011년 3월 19일 고려대학교에서 제1차 한국한문교육학 연구총서 주편자 회의를 개최하였다. 이후 평균 매달 1회씩 주편자 회의를 열어 총서의 구성 및 주제 분류, 논문 선정 원칙, 진행 일정 등을 논의하고 각 총서의 총론 원고 작성 방법 및 그 내용 검토를 진행해 왔다. 그 결과『韓國漢文敎育學 硏究叢書』를『한문과 교육과정론』(윤재민·송혁기),『한문과 교수·학습 방법론』(송병렬·진철용),『한문과 평가론』(장호성·김경익),『한문과 교재론』(정재철·심재경),『한문과 문법론』(이군선·김성중),『한문교육학 연구방법론』(김왕규·김동규),『한문과 수업론』(백광호·엄선용),『한문과 문학교육론』(임완혁·김연수),『한자 어휘 교육론』(이동재·허철),『한문교육사』(남궁원·신영주) 등 모두 10권으로 구성하게 되었다.

　이『韓國漢文敎育學 硏究叢書』가 모름지기 한문교육 연구의 새로운 진화의 계기가 되기를 기대하며, 이 기획을 위하여 애써 주신 주편자 여러분들과 간행위원회 위원들, 그리고 옥고를 허락하여 이 연구총서를 갖가지 색깔로 더욱 빛나게 해 주신 각 논문 필자 선생님들께 이 자리를 빌려 거듭 감사의 마음을 전한다. 또한 요즘처럼 어려운 출판 환경 아래에서도 10권이나 되는 총서의 간행을 흔쾌히 수락하고 성심껏 만들어 주신 보고사의 김흥국 사장님과 편집부의 여러분들께도 깊은 감사를 드린다.

2012년 6월<br>
한국한문교육학회 회장 윤재민

# 차 례

# 제1부
# 총론

# 漢文敎育學의 槪念과 漢文科 敎育課程論

尹在敏·宋赫基

## Ⅰ. 머리말

이글이 다루는 주제는 크게 두 가지이다. 하나는 漢文敎育學의 槪念과 硏究 領域이고, 다른 하나는 漢文科 敎育課程論이다. 漢文科 敎育課程論에 앞서 漢文敎育學의 槪念과 硏究 領域을 먼저 다루는 것은 漢文敎育學의 학문적 정립이 바로 漢文科 敎育課程의 선결 과제가 되기 때문이다.

漢文敎育學의 槪念과 硏究 領域을 다룬 연구 성과들은 사실 몇 편되지 않는다. 그러나 이들 논문들은 한문교육학의 학문적 정립을 위해 참신하고 귀중한 의견들을 적지 않게 개진하고 있는바, 그 연구 동향과 성과들을 재검토하는 일은 한문교육 연구의 새로운 과제 설정을 위해서도 참으로 요긴한 일이라 하지 않을 수 없다.

漢文科 敎育課程論을 다룬 연구 성과들은 사실 '論' 그 자체를 다뤘다기보다 오히려 漢文科 敎育課程의 變遷史 또는 특정 漢文科 敎育課程의 問題點을 주로 다루고 있다고 해야 할 논문들이 대부분이다. 漢文科 敎育課程에 대한 실천적 관심이 漢文科 敎育課程에 대한 이론적

관심보다 클 수밖에 없었던 한문교육학계의 현실을 반영하는 셈이다.


## Ⅱ. 漢文敎育學의 槪念과 硏究 領域

'漢文敎育學'은 한문교육의 이론을 연구하는 학문이다. '漢文敎育學'은 한문교육에 종사하는 연구자들에게조차 아직은 낯선 용어이다.[1] 한문교육학의 개념과 연구 영역을 다룬 논문들로는 鄭愚相(1993), 金王奎(2003a; 2006; 2007), 許喆(1999; 2007), 尹在敏(2009c) 등이 있다. 한문교육의 이론을 연구하는 학문을 지칭하는 용어로 鄭愚相(1993)은 '漢文科 敎育學'을 사용했고, 許喆(2007)은 '漢文敎科敎育學'을 사용했다. '漢文敎育學'이란 용어를 처음 제안한 것은 金王奎(2003a)이며, 尹在敏(2009c)이 이 제안을 받아들여 같은 용어를 사용했다.


### 1. 漢文敎育學의 槪念

한문교육학의 개념은 '漢文敎育學'이란 용어를 구성하는 '漢文', '敎育', '漢文敎育', '學' 등의 요소에 대한 분석으로부터 정립될 수 있다.

우선 '漢文'은 한문교육의 대상을 지칭하는 요소이다. 한문교육의 대상은 漢字, 漢字 語彙, 漢文과 관련된, 텍스트와 비텍스트를 아우르는 모든 언어활동을 아우르는 것이다. 이를 한문 활동이라고 부를

---

1) 尹在敏(2009c), 5면. 이하 이 章의 내용은 주로 尹在敏(2009c)을 요약, 정리하면서 일부 표현을 수정하고 내용을 첨가하였다. 보다 자세한 내용은 尹在敏(2009c), 5~26면. 참조.

수 있다. 말하기, 듣기, 읽기, 쓰기 등의 언어기능 및 문법, 문학 지식 등은 물론 經學, 史學 등 제 학문의 관련 지식 및 文化에 대한 기초적인 지식 등이 모두 이 한문 활동에 포함된다.

'教育'은 학습자가 가진 모종의 능력을 신장시키는 활동이다. 그러나 신장시키고자 하는 그 능력이 한문 능력이라는 점에서 한문교육은 여타 分科 교육과 구별되는 나름의 독자성을 갖는다. '한문'과 '교육'이라는 요소와 함께 '한문교육'이라는 요소를 별도로 강조해야 하는 이유가 여기에 있다. 한문교육은 한문과 교육의 단순 결합이 아니다. 한문교육은 漢文과 教育과 漢文教育이 총체적으로 고려되어야 하는 특수한 교육의 한 분과인 것이다. 또한 한문교육은 漢文教科教育보다 그 범위가 더 넓은 개념이다. 漢文教科教育은 학교의 漢文教科에서 이루어지는 한문교육에 한정되는 개념이다. 그러나 한문교육은 학교의 漢文教科에서 이루어지는 한문교육뿐만 아니라 漢文教科 이외 및 학교 밖, 그리고 학교 졸업 후 대학이나 사회에서 이루어지는 한문교육도 아우르는 개념이다.

'학'은 한문교육학이 나름의 독자적인 목적과 대상 및 방법을 갖는 체계적 학문임을 나타내는 요소이다. 곧 한문교육학은 한문교육 활동 그 자체가 아니라 한문교육 활동과 관련된 제반 이론을 연구하는 학문인 것이다.[2]

## 2. 漢文教育學의 研究 領域

한문교육학의 연구 영역은 무엇보다도 먼저 한문과 교육과정의 체제에 의거하여 그 기본적인 영역들을 설정할 수 있다. 성격, 목표, 내

---

2) 尹在敏(2009c), 8~10면. 참조.

용, 방법(교수·학습방법), 평가로 이루어지는 한문과 교육과정의 체제
는 제6차 교육과정 이래 한국의 교과 교육과정이 공통으로 가지는 체
제이기도 하다. 한문교육학 또는 한문교과교육학의 영역 구분을 논한
기존의 연구들 또한 바로 이 점에 주목하여 그 논의들을 펼쳐나가고
있음을 확인할 수 있다.3)

일찍이 鄭愚相(1993)은 제6차 교육과정에 맞춰 한문과 교육학의 개
념과 그 구성 요소에 대한 자신의 構想을 밝히면서 '漢文科 敎育學의
模型'을 다음과 같이 제시하였는바, 이것은 한문과 교육과정의 체제
를 반영한 모형이라고 할 수 있다.

〈표 1〉 漢文科 敎育學의 模型

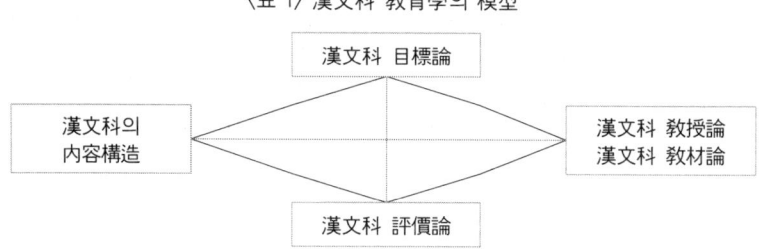

이 모형에서 '한문과 목표론'은 교육과정의 성격, 목표에 대응하는
영역이며, '한문과의 내용구조'와 '한문과 교재론'은 교육과정의 내용
에 대응하는 영역이며, '한문과 교수론'과 '한문과 평가론'은 각기 교육
과정의 방법(교수·학습방법)과 평가에 대응하는 영역이라 할 수 있다.4)

許喆(1999)이 한문교과교육학의 하위구조로 제시한 目標論, 內容構
造論, 敎授論, 敎材論, 評價論 역시 정우상이 제시한 漢文科 敎育學
의 模型과 일치하는 構想이다.5) 許喆(2007)의 새로운 제안 또한 그

---

3) 尹在敏(2009c), 10~11면. 참조.
4) 尹在敏(2009c), 11~12면. 참조.

기본적 발상은 이전의 구상과 같은 맥락에서 이해되는 내용이다. 곧 허철은 한문교과교육학의 영역 구분을 모든 교과가 공유하는 교육학의 일반 영역에 따른 영역 구분과 내용에 따른 영역 구분의 둘로 크게 나누고, 전자에 교과목표론, 교과과정론, 교과내용론, 교과교재론, 교육방법론, 교과평가론의 6개 영역을 설정하고, 후자에 한문교육, 詞(어휘)교육, 한자교육의 3개 영역을 설정하였다.6) 이 중 모든 교과가 공유하는 교육학의 일반 영역에 따른 영역 구분에서 제시하는 6개 영역은 이전에 한문교과교육학의 하위구조로 제시했던 5개 영역에 교과과정론을 새롭게 추가한 것인바, 이 교과과정론은 여타 5개 영역을 그 안에 포괄하는 메타 이론의 성격을 가진다는 점에서 이전의 구상 속에 이미 잠재되어 있었던 연구 영역이라고 할 것이다. 또한 내용에 따른 영역 구분에서 제시하는 3개 영역은 이전에 내용구조론의 하위 영역으로 제시했던 3개 영역과 일맥상통하는 것으로서 결국 새로운 제안의 6개 영역 중 교과내용론에 포함시킬 수 있는 내용이라 할 것이다. 다만, 이전에 내용구조론의 하위 영역으로 설정했던 漢字, 漢字語, 漢文의 3개 영역이 한문과 교육과정이 이미 제시한 내용 영역에 대한 해설의 성격이 강했다면, 한문교과교육학의 내용적 영역으로 새롭게 제시한 한자교육, 어휘(詞)교육, 한문교육의 3개 영역은 각기 인접학문('순수학문' 또는 '기초학문'으로도 표현)의 성과를 한문교과교육학의 관점에서 종합적으로 정리하고 체계화하여 재구성해야 할 학문적 연구 영역의 성격이 강하다고 할 수 있다. 그러나 이 새로운 내용 또한 여전히 교과내용론에 포함시킬 수 있는 내용이라는 점에서는 변함이 없다 할 것이다.7)

---

5) 許喆(1999), 48면. 참조.
6) 許喆(2007), 386~390면. 참조.

金王奎(2003a; 2007)의 構想 역시 정우상, 허철의 구상과 같은 맥락에서 이해할 수 있다. 김왕규는 한문교육학의 내용 및 구성 요소에 대해 검토하면서, 한문과 교육목표론(교과목표론) 영역, 한문과 내용 영역, 한문과 교수·학습론 영역, 한문과 교재론 영역, 한문과 평가론 영역 등 5개 영역을 주요 내용 범주로 설정하고, 이외에도 한문과 정책론 영역, 한문과 교육과정(교육과정론) 영역, 한문과 문법론 영역 등 제반 영역을 한문교육학의 내용 및 탐구 대상으로 설정할 수 있을 것이라고 하였다.[8] 여기서 김왕규(2003a)가 설정한 한문교육학의 5개 주요 내용 범주는 정우상(1993)이 설정한 '漢文科 敎育學의 模型'과 허철(1999)이 설정한 '한문교과교육학의 하위구조', 그리고 허철(2007)이 설정한 '교과교육학의 6개 영역' 중 교과과정론을 제외한 나머지 5개 영역과 일치하는 것이다.[9]

그러나 '이외에도'라고 하면서 김왕규가 추가로 제시한 한문과 정책론 영역, 한문과 교육과정(교육과정론) 영역, 한문과 문법론 영역 등은 한문교육학의 연구 영역 체계에서 어떤 위상을 차지하는지가 분명하지 않다. 이 중 한문과 문법론 영역은 김왕규가 교과목표론에 대해 설명하면서, 활동과 내용으로 구분되는 교과 영역 중 내용 영역에 속하는 분야로 漢文學과 漢語學을 든 것[10]으로 볼 때, 그가 제시한 한문교육학의 주요 내용 범주 중 하나인 '한문과 내용 영역'에 포함시킬 수 있는 성격의 것이다. 한문과 교육과정(교육과정론) 영역은 허철(2007)이 제시한 교과과정론과 마찬가지로 한문교육학의 주요 내용 범

---

7) 尹在敏(2009c), 12~14면. 참조.
8) 金王奎(2003a), 225~229면. 참조.
9) 尹在敏(2009c), 14~15면. 참조.
10) 金王奎(2003a), 227면. 참조.

주를 그 안에 포괄하는 메타 이론의 성격을 가진다는 점에서 한문과 교육과정의 체제 내에 이미 잠재되어 있었던 연구 영역이라고 할 수 있다. 그러나 한문과 정책론 영역은 한문과 교육과정의 체제 '안'과도 밀접한 관련이 있겠지만 한문교육의 환경, 곧 한문과 교육과정의 체제 '밖'과도 연결되는 영역이라는 점에서 교육과정론 영역과는 그 성격이 또 다른 영역이다. 김왕규는 한문교육학의 연구 대상을 "한문과 인간 (교수자와 학습자), 교수 학습 이론, 교재, 교육 환경 등이 총체적 맥락 안에서 상호작용하는 교육 현상과 그 과정"[11]이라고 규정한 바도 있거니와, 이 규정은 한문교육학의 연구 대상이 한문과 교육과정의 체제 '안'에서 설명될 수 있는 영역뿐만 아니라 그 '밖'에서 설명될 수 있는 영역까지도 일정하게 포함하고 있음을 잘 보여준다.[12]

사실 한문교육학의 연구 대상이 한문과 교육과정의 체제 '안'의 영역뿐만 아니라 그 '밖'의 영역까지도 일정하게 포괄하고 있다는 것은 漢文科 敎育學의 模型을 일찍이 제안했던 정우상(1993)의 논의에서도 찾아볼 수 있다. 정우상은 자신이 제안한 漢文科 敎育學의 模型에 따라 일반적으로 설정할 수 있는 漢文科 敎育學의 敎科目으로 ① 漢文科 敎育學槪論(漢文科 敎育論), ② 漢文科 敎育史, 漢文科 敎育學史, ③ 漢文科 敎育課程論, ④ 漢文科 敎育方法論(漢文科 敎授學習論), ⑤ 漢文科 敎材論, ⑥ 漢文科 評價論 등의 여섯 가지를 들고, 이밖에도 관련이 있는 교과목으로 漢文科 敎師論, 漢文敎育政策論, 漢文讀解指導論, 文字指導論, 文法指導論, 漢文學敎育論, 作文指導論 등 여러 분야의 과목들을 열거한바 있다[13]. 이들 교과목들은 각기 일정하게 한문교육학의

---

11) 金王奎(2003a), 225면.
12) 尹在敏(2009c), 15~16면. 참조.
13) 鄭愚相(1993), 12~13면.

제 영역과 관련이 될 것이거니와, 그 중에는 정우상이 제시한 漢文科 敎育學의 模型 '안'에서 설명될 수 있는 영역과 '밖'에서 설명될 영역이 혼재해 있음을 쉽게 확인할 수 있다.[14]

정우상, 허철, 김왕규의 이상의 구상을 검토한 바탕 위에서 尹在敏 (2009c)은 한문교육학의 연구 영역을 ① 漢文科 敎育課程의 체제에 따른 연구 영역, ② 한문교육이 처한 교육 환경에 따른 연구 영역, ③ 위의 두 영역에 대한 메타 이론적 연구 영역의 셋으로 크게 나누었다.

이 중 한문과 교육과정의 체제에 따른 연구 영역은 4개의 하위 연구 영역으로 구성된다. 목표, 내용, 교수·학습 방법, 평가 연구 영역 등이 그것이다.

목표 영역은 성격에 대한 연구를 포함하는 연구 영역이다.

내용 영역은 각종의 한문 능력 신장을 위한 교육 원리를 연구하는 영역이다. 신장시키고자 하는 한문능력의 성격에 따라, 이 내용 영역은 다시 이해와 표현, 문화, 문학, 문법 교육 연구 영역으로 구분할 수 있다. 이해와 표현 교육 연구 영역은 각기 한자, 어휘, 문장, 談話, 텍스트 수준에서 이루어지는 읽기와 이해 교육이 그 주된 연구 대상이라 할 것이다. 화법이나 작문, 쓰기와 관련하여 표현 교육의 관점에서 연구할 대상도 여기에 포함시킬 수 있을 것이다. 문화 교육 연구 영역은 각기 한자, 어휘, 문장, 談話, 텍스트 수준에서 이루어지는 한문 문화 현상을 한문교육적 관점에서 연구하는 것이다. 문학 교육 연구 영역은 총론적 성격의 한문문학교육뿐만 아니라 각론적 성격의 한시 교육, 한문산문교육, 한문소설교육, 한문문학비평교육, 한문문학사교육 등을 포괄하는 연구 영역이다. 문법 교육 연구 영역은 각기 한자,

---

14) 尹在敏(2009c), 16면. 참조.

어휘, 문장, 談話, 텍스트 수준에서 이루어지는 한문 문법 현상을 한문 교육적 관점에서 연구하는 것이다. 내용 영역에 포함되는 이상의 이해와 표현 교육, 문화 교육, 문학 교육, 문법 교육 등은 각기 그 내용의 선정과 조직이라는 측면에서 教材論을 그 연구 영역 안에 포함한다.

교수·학습 방법 영역은 한문교육 활동 중 교수와 학습의 방법적 원리를 연구하는 영역이다. 이 교수·학습 방법 영역은 한문교육 활동 중 교수와 학습에 대한 총론적 성격의 방법적 원리만을 다루는 영역이라고 한정할 수 없다. 내용 영역에 포함되는 이해와 표현 교육, 문화 교육, 문학 교육, 문법 교육 등은 모두 각기 나름의 교수·학습 방법론을 그 연구 영역 안에 포함한다. 따라서 이들 교수·학습 방법론에 대한 구명은 해당 세부 연구 영역에서도 주요한 연구 과제가 된다.

평가 영역은 한문교육 활동 중 평가와 관련된 제반 사항을 연구하는 영역이다. 이 평가 영역 역시 한문교육 활동 중 총론적 성격의 평가 문제만을 다루는 영역이라고 한정할 수 없다. 내용 영역에 포함되는 이해와 표현 교육, 문화 교육, 문학 교육, 문법 교육 등은 모두 각기 나름의 評價論을 그 연구 영역 안에 포함한다.

다음으로 한문교육이 처한 교육적 환경에 따른 연구 영역이다. 한문교육이 처한 교육적 환경에서 주목되는 요소는 '사람'과 '학문'이다.

먼저 '사람'에 대해 살펴보자. 교육은 사람을 긍정적인 의미에서 변화시키는 일이다. 몰랐던 것을 알게 하고 할 수 없었던 것을 할 수 있게 하되, 그것이 긍정적인 의미에서 이루어지게 하는 것이 바로 교육이다. 여기서 '긍정적인 의미'에 대한 합의는 학습자와 교육자 양자 사이에서 이루어지기 이전에 사회를 구성하는 다수의 사람들 사이에서 먼저 이루어져야 하는 것이다. 물론 '긍정적인 의미'에 대한 합의가 사회를 구성하는 다수의 사람들 사이에서 저절로 이루어지는 것은 아니다. 그 '긍정적인 의미'를 먼저 인식한 사람들이 적극적이든 소극적이든 간에 사회를 구성하는 다른 사람들 또한 이에 동의하도록 설득한 결과 그런 합의가 이루어지게 되는 것이다. 여기서 한문교육이 가지는 '긍정적인 의미'를 적극적으로 인식하고 이에 대한 사회적 합의를 이끌어내며, 나아가 이를 실천적인 교육정책과 연결시키는 제반 논의를 연구하는 영역이 漢文敎育 政策論 연구 영역이다. 한문교육 학습자를 긍정적인 의미에서 변화시키기 위해서는 한문교육자를 먼저 어떻게 교육할 것인가와 관련된 제반 문제를 연구하는 영역이 漢文敎育 敎師論 연구 영역이다. 한문교육 학습자를 긍정적인 의미에서 변화시키는 교육 현장과 관련된 제반 문제를 연구하는 영역이 漢文敎育 現場敎育論 연구 영역이다.

다음으로 '학문'에 대해 살펴보자. 하나의 학문으로서 한문교육학은 다양한 인접 학문들과 모종의 관련성을 가진다. 漢文으로 이루어진 텍스트부터가 文史哲을 비롯한 거의 모든 분과 학문의 텍스트를 망라하고 있는 형편이니, 한문교육학은 거의 모든 분과 학문을 바로 인접 학문으로 두고 있다고 해도 과언이 아니다. 특히 내용 영역에 포함되는 이해와 표현 교육, 문화 교육, 문학 교육, 문법 교육 등과 직접 관련이 있는 인접 학문들, 가령 한문학, 한문문법학, 국문학, 국어학 등은 그 자체가 바로 한문교육 내용의 선정과 조직의 대상이 되기도 한다는 점에서, 한문교육과 이들 인접 학문과의 관계에 대한 연구가 더욱 절실하다 할 것이다. 한문교육과 인접 학문과의 관계에 대한 연구 이외에도 한문교육 활동 및 현상에 대한 인접 학문적 관점의 연구가 또한 있을 수 있다. 한문교육에 대한 철학적 연구, 심리학적 연구, 사회학적 연구, 교육학적 연구 등이 바로 그것이다. 이들 연구들은 해당 분과 학문 연구자가 수행할 경우 해당 분과 학문의 연구 영역에 속한다고 할 수 있겠지만, 한문교육학 연구자가 해당 분과 학문적 방법을 원용하여 수행할 경우 한문교육학의 연구 영역에 포함시킬 수도 있다고 본다. 단, 이 '한문교육과 인접 학문과의 관계에 대한 연구'와 '한문교육 활동 및 현상에 대한 인접 학문적 관점의 연구'는 한문과 교육과정의 체제에 따른 연구 영역, 곧 목표, 내용, 교수·학습 방법, 평가 연구 영역 내에서도 부분적으로 수행될 수 있는바, 이 경우 해당 세부 연구 영역에 포함되는 내용으로 다뤄도 좋을 것이라 생각한다.

마지막으로 위의 두 영역에 대한 메타 이론적 연구 영역이다. 메타 이론적 연구 영역은 한문교육의 이론에 대한 이론을 연구하는 영역이다. 漢文科 敎育課程論 영역이 한문과 교육과정의 체제에 따른 연구 영역들을 그 안에 포괄하는 메타 이론의 성격을 가진다는 점은 이미 앞에서 지적한바 있다. 이외에도 漢文敎育學槪論, 漢文敎育史, 漢文敎育學史 등의 연구 영역을 여기에 포함시킬 수 있다. 단, 漢文敎育學槪論은 한문교육학의 모든 영역을 다룰 수 있는바, 이 가운데 특히 한문교육의 이론에 대한 이론을 연구하는 부분만을 이 메타 이론적 연구 영역에 속하는 것으로 보아야 할 것이다.[15)]

## Ⅲ. 漢文科 敎育課程論

漢文科 敎育課程에 대한 연구 성과들은 크게 두 부류로 나눌 수 있다. 하나는 敎育課程의 變遷史 또는 개별 敎育課程을 다룬 논문들이다. 다른 하나는 敎育課程 전반의 문제점을 반성하고 앞으로의 과제를 전

15) 尹在敏(2009c), 17~22면. 참조.

망하거나 교육과정의 특정 영역들을 중점적으로 다룬 논문들이다.

漢文科 敎育課程의 變遷史는 鄭愚相(1988a; 1991)이 처음으로 그 기틀을 마련했다. 이후 鄭載喆(1993), 林鍾大(1995), 金王奎(2004), 安載澈(2003a; 2005), 李敦錫(2009; 2010), 尹在敏(2011a; 2011c) 등이 鄭愚相의 논의를 요약 또는 보충하거나 새로운 내용을 첨가했다. 개별 敎育課程을 다룬 논문들은 제6차 교육과정 이후 양적으로 크게 증대했다. 漢文이 獨立 敎科로 敎授되기 始作한 제3차 교육과정 이후 제5차 교육과정 시기까지의 교육과정에 대한 논의는 교육과정의 변천사를 다루는 위의 논문들에서 부분적으로 이루어진 것을 제외하면 찾기 힘들다. 또한 개별 敎育課程을 다룬 논문들은 당해 敎育課程을 소개하거나 당해 敎育課程의 問題點에 대해 실천적 관심을 표명하는 경우가 많았다. 제6차 교육과정과 관련된 논의들로는 韓延錫(1991), 권문봉(1992), 金容傑(1992), 김혈조(1992), 申用浩(1992), 양광석(1992), 이병혁(1992), 鄭載喆(1994), 허천행(1994), 金相洪(1995), 金聲振(1995), 朴英鎬(1996) 등이 있다. 제7차 교육과정과 관련된 논의들로는 鄭愚相(1998; 2003), 鄭載喆(1997; 1998; 1999; 2002), 申用浩(1998), 朴英鎬(1999; 2000a), 김혈조(2001), 朴性奎(2002; 2003b), 陳在敎(2004), 한예원(2004), 宋永日(2006) 등이 있다. 2007년 개정 교육과정과 관련된 논의들로는 尹在敏(2007; 2008a; 2008b; 2009b), 元容錫(2007), 宋秉烈(2008), 鄭載喆(2009; 2010), 安載澈(2010) 등이 있다.

한문과 교육과정 전반의 문제점을 반성하고 바람직한 방향 또는 앞으로의 과제를 제시하는 논문들은 주로 학회의 기획 주제로 기획되었던 연구들이 많다. 김혈조(2003), 宋秉烈(2003a; 2005b), 李明學(2004; 2005) 등이 그것이다. 體制, 目標, 內容 및 內容 體系, 敎授·學習 方法, 評價 등으로 이루어지는 敎育課程의 특정 영역들을 다룬 논문들은 특히 內容 및 內容 體系를 다룬 연구들이 상대적으로 많았다. 宋秉烈 (2003b; 2005a), 安載澈(2003b), 元容錫(2003; 2004; 2007), 金王奎 (2005), 金王奎·원용석·한은수·김동규(2006) 등이 內容 및 內容 體系 를 중점적으로 다룬 성과들이다. 이 외에 한문과 교육과정의 성격, 목 표, 내용 체계의 특정 영역, 텍스트 및 교재 개발, 교육 정책 문제 등을 다룬 韓延錫(1991), 朴性奎(2003a), 陳在敎(2004), 한예원(2004), 金王 奎·원용석·한은수·김동규(2006), 尹在敏(2008a; 2008b; 2011b), 鄭載 喆(2009; 2010), 安載澈(2010) 등의 연구 또한 敎育課程의 특정 영역들 을 다룬 성과들로 주목할 만하다.

## 1. 漢文科 敎育課程의 主要 變遷 樣相

解放 以後 韓國에서 漢文이 獨立 敎科로 敎授되기 始作한 것은 1972年 2學期 以後 中·高等學校에서이다. 그 以前에는, 初·中·高等 學校 共히 漢文이 國語 敎育의 一部로서 部分的으로 敎授되거나 아예 敎授되지 못하기도 히었다. 以下 이 글에서는 韓國의 漢文科 敎育課 程의 主要 變遷 樣相을 1) 解放 以後 ~ 第1次 敎育課程 以前, 2) 第 1~2次 敎育課程, 3) 第3~5次 敎育課程, 4) 第6~7次 敎育課程, 5) 2007년 및 2009년 改定 敎育課程의 다섯 時期로 나누어 그 變遷의 主要 樣相을 살펴보고자 한다.[16]

---

16) 이하 漢文科 敎育課程의 主要 變遷 樣相에 대한 논의는 尹在敏(2011a)을 요약, 정리하면서 일부 표현을 수정하고 내용을 첨가하였다. 보다 자세한 내용은 尹在敏 (2011a), 219~260면. 참조.

## 1) 解放 以後~第1次 敎育課程 以前

이 時期 韓國의 漢字, 漢文 敎育은 國語 敎育의 一部로서 部分的으로 施行되었다.

1945年 解放 以後 韓國의 公式的인 制度敎育 內 敎育課程의 制定은 美軍政廳에 依해서 이루어졌다. 美軍政廳 編修局이 1946年 9月 1일 制定 施行한 '국민 학교 국어과 교수 요목'과 1947년 9월 1일 제정 시행한 '중학교 국어 교수 요목'이 그것이다.

그러나 漢字 敎育과 關聯하여 美軍政廳이 最初로 시행한 조처는, 軍政廳 學務局이 발행한 한글 입문서 『한글 첫걸음』(朝鮮語學會 편저, 1945. 11. 6)과 초등학교 1·2학년용 국어 교과서 『초등 국어 교본 상』(朝鮮語學會 편저, 1945. 12. 30) 등의 편찬에 앞서 마련한 '잠정적 국어 교육의 임시조처'로부터라고 할 수 있다. 곧 이 조처에 의해 編纂한 國語 敎本들에 對한 基本的인 編纂 態度, 敎授 方針에 依하면, "漢字는 『初等國語敎本』에는 종래의 인습상 부득이 國文에 混用함을 잠정적으로 습용하되, 될 수 있는 대로 어려운 한자는 아니 쓰도록 하고 『초등국어교본 상·중』과 『한글 첫걸음』에는 순전한 우리 글로 쓰기로 하였다. 다만, 극소수의 쉬운 한자를 欄外에 표시하여[17] 간이한 漢字常識을 가지게"[18] 하였는바, 初等學校에서 部分的으로나마 漢字

---

17) 李應百(2001)에 따르면, 『한글 첫걸음』의 欄 아래에 나타난 漢字는 "女子, 帽子, 孝子, 牛乳, 父母, 郵票, 世界, 椅子, 醫師, 山, 新聞, 萬年筆, 萬歲, 鉛筆, 學校, 國旗, 愛國歌, 北, 白頭山, 南, 金剛山, 生徒, 校長先生, 東, 藥, 飛行機, 空中, 漢江, 決心, 成功, 江山, 無窮花, 西, 港口, 大門, 太平洋, 昨年, 詩, 十圓, 來日, 三千里, 山中, 歷史" 등이며, 『초등 국어 교본 상』의 난 아래에 나타난 漢字는 "八月, 山, 江, 學校, 學生, 김(金), 運動場, 生徒, 一錢, 一年, 正月, 藥, 醫師, 唱歌, 國旗, 稅金, 葉書, 日氣, 四方, 東, 西, 南, 北, 朝鮮, 獨立, 男子, 女子, 世界, 二, 三, 六, 九, 十五, 八, 七, 圓, 四, 慶尙北道, 外國, 四時, 韓石峯, 三百, 開城, 山中, 一心" 등이다. 李應百(2001), 39~40면. 참조.

敎育이 施行될 수 있도록 하였던 것이다.

이후 다음 해인 1946年 9月 1일 制定 施行한 '국민 학교 국어과 교수 요목'에는 정작 漢字 교육과 관련된 규정이 들어 있지 않다. 그러나 당시에 사용된 국어 교과서들은 앞서의 '잠정적 국어 교육의 임시 조처'를 따라서 여전히 제한된 범위 내에서나마 漢字를 익힐 수 있도록 배려하여, 初等學校에서 漢字 敎育이 一定하게 施行될 수 있도록 하였다.

中·高等學校 漢字, 漢文 敎育의 境遇에는 1947년 9월 1일 제정 시행한 '중학교 국어 교수 요목'에 關聯 條項이 보인다. 곧 中學校(當時의 中學校는 現在의 中學校와 高等學校를 아우름) 國語 敎授 要目의 '(四) 교수의 주의' 項目에서 "초급(현재의 중학교에 해당: 인용자)과 고급(현재의 고등학교에 해당: 인용자)의 선택과목은 국어의 보충교재를 교수하기로 하되, 한문도 교수할 수 있음"[19]이라고 하여, 國語科의 補充 敎材의 形式으로 漢文 科目을 選擇할 수 있도록 하였던 것이다.

이후 1951년에 문교부는 戰時 학습방침을 수립하면서 漢字 敎育과 관련하여 劃期的이라고 할 수 있는 정책을 마련한다. 곧 常用漢字의 제정이 그것이다. 이를 1951년 4월 28일자 부산일보의 기사에서 확인할 수 있다. 이 기사에 따르면, 이 무렵 문교부에서는 學習指導 要項과 漢字問題에 관하여 다음과 같은 방침을 수립하였는바, "국민학교 교육의 적시 실시를 위하여 각 과에 亘한 '국민학교 전시 학습지도 요항'을 발행하여서 각 학교에 배포하는 동시에 이 요항에 따라 학습하게" 하였으며, "한자는 사회의 현실적인 요구에 의하여 과도적 조

---

18) 鄭愚相(2011a), 46면. ; 鄭愚相(1988a), 231~254면. ; 鄭載喆(1993), 53~54면. 참조.
19) 교육부(2000b), 158면.

처로써 우선 문교부 조사에 의한 상용한자 중 1,000자를 골라서 국민
학교 제4학년에 300자, 제5학년 300자, 제6학년에 400자를 각각 지
도하기로 하였다."[20)는 것이다. 이 戰時 학습방침에 의거하여 같은
해 9월 문교부는 漢字 漢文 敎育史上 최초로 '常用一千字表'를 제정
공포하였는바, 이 常用漢字 1,000자는 이후 1957년 11월에 제정한
'임시제한 한자 1,300자' 및 1972년 8월에 제정하고 2000년 12월에
이를 다시 조정 공포한 '중·고등학교 한문교육용 기초한자 1,800자'
의 선구가 되는 것이다.[21)

### 2) 第1~2次 敎育課程

1955年 8月 1日 告示된 第1次 敎育課程에서는 初等學校의 境遇에

---

20) 부산일보(1951.4.28), 「문교부, 전시 학습방침 수립」, 국사편찬위원회 한국사
데이터베이스(http://db.history.go.kr), 『자료대한민국사』 제21권, 1951년 4월
28일. 이 기사와 관련하여 자세한 사항은 李敦錫(2010), 117~118면 참조. 단, 李
敦錫(2010)은 '학습지도 요령과 한자 문제'에 관한 사항을 바로 이 날짜에 문교부
에서 처음으로 발표한 것으로 기술하였는데, 이는 확실하지 않다. 부산일보의 이
기사는 문교부가 전시 학습방침을 수립하였다는 저간의 사정을 전하고 있을 뿐,
문교부가 이를 언제 발표하였는지는 명기하지 않았기 때문이다. 한편, 鄭愚相
(1988a)은 '전시 학습지도 요령'(문교부, 전시 중요 문교 시책, 1951년 2월)에 제
시한 '漢字指導要綱'에 대해 설명하면서, "문교부가 수년간 조사한 기초자료를 검
토, 정리하여 일상생활에 긴요하다고 인정되는 한자 1,000자를 골라서, 초등학교
4학년 300자, 5학년 300자, 6학년 400자로 배당하여 敎授하도록 했는데, 이
1,000자의 제한 한자는 국민학교뿐만 아니라 중학교에도 적용하도록 하였다."(鄭
愚相(2011a), 47면)라고 한 바 있는데, 여기서 말하는 '전시 학습지도 요령'과 '한
자지도요강'이 부산일보 기사가 전하는 전시 학습방침의 내용과 같은 것이라면,
이 전시 학습방침의 수립은 1951년 2월에 있었던 일이 된다. 단, 그 근거가 무엇
인지는, 필자로서는, 아직 확인하지 못하였다. 鄭載喆(1993), 尹在敏(2009b)의
관련 부분 記述 또한 鄭愚相(1988a)을 따른 것인바, 이에 대해서는 앞으로 보다
면밀한 검토를 요한다.
21) 金相洪(2003). 참조.

漢字 敎育에 對한 明示的 規定을 두지 않았다. 그러나 中學校 國語科 敎育課程 아래에 별도로 마련한 '중학교의 漢字 및 漢字語 학습'에 대한 규정 중 '三. 중학교 漢字 및 漢文 학습 내용'의 "국민학교에서 습득한 漢字 지식을 기초로 하여"[22]라고 한 기술에서도 알 수 있듯이, 第1次 敎育課程 期間 中에도 初等學校에서의 漢字 敎育은 如前히 施行되었다.

中學校의 境遇에는 中學校 國語科 敎育課程 아래에 '中學校의 漢字 및 漢字語 學習' 事項을 包含시켜 漢字, 漢文 敎育을 國語科 敎育課程 內에서 施行할 수 있도록 하였다[23]. 高等學校의 境遇에는 中學校와 마찬가지로 역시 國語科 敎育課程 아래에 '漢字 및 漢文 指導' 규정을 두어, 高等學校 必修 敎科 國語(一)의 敎育課程 內에서 漢字 敎育을 施行할 수 있도록 하는 한편, 選擇 敎科 國語(二)의 內容 가운데 한 領域으로 漢文을 設定하였다[24].

제1차 교육과정에서는 漢字·漢文 교육에 대한 이 별도 규정 이외에 必修敎科 國語(一) 교육과정 안에서 漢字語 학습의 필요성을 제기하거나 漢文學 작품의 학습에서 '漢文' 과목과의 연결을 적시하는 등 국어 교육 내에서 漢字·漢文 교육의 필요성을 강조하기도 하였다. 곧 國語(一) 교육과정의 '二. 고등학교 학생의 언어생활' 중 '읽기' 항목에서 고등학교 학생의 읽기의 일반적인 특징을 들면서, "5. 한자어(漢字語)에 대한 학습이 불충분하다."[25]라고 한 기술과 '三. 고등학교 국어(一) 지도 내용' 중 '읽기' 항목의 '4. 고전(古典) 학습'에서 고전 학습의 내용을 좀 더 구체적으로 들면서, "ㅈ. 한문학(漢文學)이 우리 문학에 끼친

22) 교육부(2000b), 192면.
23) 金王奎(2004), 130~131면. 참조.
24) 金王奎(2004), 130~131면. 참조. 漢文 以外의 다른 領域은 '現代文, 古典, 文法, 文學, 語學史, 文學史' 等이다.
25) 교육부(2000b), 308면.

영향을 이해하게 한다.(漢文과 연결)"26)라고 한 규정 등이 그것이다.

한편 이 시기에 특기할 만한 사항은, 1957年 11月 문교부 국어특별 심의위원회 한문분과위원회의의 심의로 기존의 상용한자 1,000자에 새로 300자를 추가한 1,300자의 '臨時制限漢字'가 制定되었다는 것 이다.27) 한글 전용을 강조하는 것이 당시 어문정책 주도자의 일반적 경향이었다고 하더라도, 한글과 漢字의 混用이 일반적이었던 당시의 문자 언어 현실은 상용한자의 추가 제정을 불가피한 것으로 만들지 않을 수 없었던 것이다.

1963年 2月 15日에 告示된 第2次 敎育課程에서는 初等學校의 境遇 에 國民學校 國語科 學年目標의 4學年 '읽기' 항목에 "1. 일상 생활에 서 쓰는 한글과, 한자, 숫자, 로마자와의 구별을 알도록 한다."28)라 는 규정을 두어, 第1次 敎育課程과 마찬가지로 國語科 內에서 漢字 敎育을 施行할 수 있도록 하였다.

中學校의 境遇에는 中學校 國語科 敎育課程 속에 'Ⅴ. 漢字 및 漢文 指導' 사항을 包含시켜 漢字, 漢文 敎育을 國語科 敎育課程 內에서 施 行할 수 있도록 하였다29). 高等學校의 境遇에는 國語科 敎育課程 중 '國語Ⅱ' 속에 '2. 한문 과정'을 두어, 人文系 課程의 境遇 國語Ⅱ 18單 位(文法(4), 漢文(6), 古典(4), 作文(4)) 가운데 漢文 6單位, 職業系 課程 의 境遇 漢文 6單位를 履修하게 하였다30).

그러나 1969年 9月 4日 改定되어 1970年 1學期부터 施行된 敎育課程

---

26) 교육부(2000b), 315면.
27) 이 '임시제한한자'는 후일 '상용한자'로 개칭된다. 金相洪(2003), 191면. 허철 (2008), 349면. 참조.
28) 교육부(2000b), 51면.
29) 金王奎(2004), 131면. 참조.
30) 金王奎(2004), 131면. 참조.

部分 改定에서는 初等學校와 中學校의 國語 및 高等學校의 國語Ⅰ의 敎育課程에서 漢字 및 漢文 關聯 條項을 削除하여 漢字, 漢文 敎育을 아예 廢止하고 말았다. 다만 人文系 高等學校 國語Ⅱ에 있는 漢文의 境遇에만 單位數를 6單位에서 8單位로 增加시켜 존속시켰을 뿐이다[31].

中·高等學校에서 漢文 敎育이 復活한 것은 1972年 2月 28日 告示되고 이 해 2學期부터 施行된 敎育法 施行令에 依해서다. 이 施行令에 依하여 中·高等學校에 漢文 敎科가 獨立 新設되어, 이 해 2學期부터 漢文이 獨立 敎科로서 公式的으로 敎授되기 始作하였다. 各 大學에 漢文敎育科가 開設되기 始作한 것도 이 무렵부터이다. 中·高等學校 各 900字씩 '漢文敎育用 基礎漢字' 1,800字를 制定하여 公布한 것도 바로 이 무렵인 1972年 8月 16日의 일이다[32]. 한편, 初等學校의 境遇에는 漢字, 漢文 敎科를 實驗學校에서 運營하여 그 成果를 보아 追後 擴大 實施 與否를 定하도록 하였으나, 이 計劃은 實際로 施行되지 않았고, 그 結果 現在에 이르도록 初等學校에서의 漢字, 漢文 敎育은 定規 敎科로 施行되지 못하고 있는 實情이다[33].

### 3) 第3~5次 敎育課程

1973年 8月 31日에 告示된 第3次 敎育課程에서부터 第5次 敎育課程에 이르기까지는 中·高等學校에서 漢文이 獨立 敎科로서 事實上 必修科目으로 施行된 時期이다.

곧 中學校 漢文은 1, 2, 3學年 各其 週當 1時間씩 必修 科目으로 敎授되었다. 高等學校의 境遇에는 漢文Ⅰ은 共通必修 또는 必修選擇,

---

31) 金王奎(2004), 132면. 참조.
32) 尹在敏(2009b), 60~61면. 참조.
33) 尹在敏(2009b), 56면. 참조.

漢文Ⅱ는 人文系 必修(但, 3, 4次 敎育課程에서는 課程別 必修, 5次 敎育課程에서는 課程別 選擇)로 亦是 事實上 必修 科目으로 敎授되었다.

### 4) 第6~7次 敎育課程

1992年 6月 30日 告示되고 1995年부터 施行된 第6次 敎育課程 以後 漢文 敎科는 中·高等學校 共히 必須科目에서 選擇科目으로 轉落했다. 이러한 事情은 現行 敎育課程도 마찬가지다.

곧 第6次 敎育課程에서는 中學校 漢文이 選擇 科目(漢文, 컴퓨터, 環境, 其他 敎科에 學年別로 週當 1~2時間을 配定하여 選擇하도록 함)으로 되었고, 高等學校 漢文Ⅰ, 漢文Ⅱ가 課程別 必修科目으로 바뀌었다. 高等學校의 課程別 必修 科目이란 市·道 敎育廳이 選擇해야 該當 敎育廳 所屬 學生들이 履修하는 選擇 科目이다. 結局 第6次 敎育課程에서는 漢文 敎科가 中·高等學校 共히 選擇科目으로 된 셈이다. 한편, 이 第6次 敎育課程에서 特記할 事項은 初等學校 漢字 敎育과 關聯한 條項을 添附하였다는 것이다. 곧 初等學校에 '學校 裁量 時間'(3學年 以上 週當 1時間)을 新設하면서, 이 時間에 活用할 수 있는 敎育 活動으로 '漢字, 컴퓨터, 勞作 等의 活動'을 例示함으로써 制限的이나마 初等學校에서 漢字 敎育이 可能하도록 하였던 것이다[34].

1997年 12月 30日 告示되고 2001年부터 施行된 第7次 敎育課程에서는 中學校 漢文이 敎科 裁量 活動 時間에 學習해야 할 選擇科目(漢文, 컴퓨터, 環境, 生活外國語, 其他의 科目에 年間 授業 時間 數 102 時間 以上을 配定하여 選擇하도록 함)으로 되었고, 高等學校 漢文이 2, 3學年 選擇科目으로서, 一般選擇 科目群에 漢文(6), 深化選擇 科目群에 漢

---

34) 그러나 이 例示 條項은 第7次 敎育課程에서는 다시 削除되고 만다. 初等學校에 漢字 敎育 關聯 條項이 다시 만들어지는 것은 2009年 改定 敎育課程에 依해서이다.

文古典(6)으로 開設되었다.

### 5) 2007년 및 2009년 改定 敎育課程

2007年 改定 敎育課程에서는 中學校 漢文이 敎科 裁量 活動 時間
에 學習해야 할 選擇科目(漢文, 情報, 環境, 生活外國語, 其他의 科目에
年間 授業 時間 數 102 時間을 配當하여 選擇하도록 함)으로 되었고, 高等
學校 漢文이 2, 3學年 選擇科目으로서 普通 敎科 敎養 科目群(漢文,
敎養科目群)에 漢文 Ⅰ(6), 漢文 Ⅱ(6)로 開設되었다.

그러나 2007年 改定 敎育課程(2009年 3月부터 段階的으로 施行)은 얼
마 施行해 보기도 전에 2009年 改定 敎育課程으로 다시 再改定되었
는바, 이에 따르면 中學校 漢文은 選擇科目群(漢文, 情報, 環境, 生活外
國語35), 保健, 進路와 職業 等의 科目에 3年間 授業 時間 數 204 時間을 配
當하여 選擇하도록 함)의 하나로 되었고, 高等學校 漢文은 3年間 必修
(最少) 履修 單位가 16(1236)) 單位 配定되어 있는 普通 敎科의 生活·
敎養 敎科群(技術·家庭, 第二外國語37), 漢文, 敎養科目群)에 漢文 Ⅰ(5),
漢文 Ⅱ(5)로 開設되어 있다. 이에 따르면 中學校 漢文은 3個 學年 모
두 選擇하는 境遇가 더욱 힘들게 될 것이며, 高等學校는 人文系라 하
더라도 漢文 Ⅱ(5)의 選擇이 매우 어려울 것으로 展望된다.

한편 2009年 改定 敎育課程에서 特記할 事項은 初等學校 漢字 敎
育과 關聯한 條項을 다시 添附하였다는 것이다. 곧 "情報通信活用敎

---

35) 獨逸語, 프랑스語, 스페인語, 中國語, 日本語, 러시아語, 아랍語 等이다.
36) 專門敎育을 主로 하는 學校, 藝體能 等 敎育課程 編成·運營의 自律權을 認定받
은 學校가 履修할 것을 勸奬하는 履修 單位이다.
37) 獨逸語Ⅰ, 獨逸語Ⅱ, 프랑스어Ⅰ, 프랑스어Ⅱ, 스페인어Ⅰ, 스페인어Ⅱ, 中國語
Ⅰ, 中國語Ⅱ, 日本語Ⅰ, 日本語Ⅱ, 러시아어Ⅰ, 러시아어Ⅱ, 아랍어Ⅰ, 아랍어Ⅱ
等이다.

育, 保健敎育, 漢字敎育 等은 關聯 敎科(群)와 創意的 體驗活動 時間
을 活用하여 體系的인 指導가 이루어질 수 있도록 한다."[38]라는 條項
을 初等學校 敎育課程 編成·運營의 重點 中의 하나로 提示하고, 또
凡敎科 學習 主題[39] 中에 漢字敎育을 包含시켜서 '學校 級別 共通事
項 編成·運營' 指針 中의 하나로 提示한 것이다.


## 2. 漢文科 敎育課程의 體制[40]

中學校 漢文科 敎育課程의 體制는 第1~5次 敎育課程까지는 용어
상의 차이가 있기는 하지만 '목표', '내용', '지도상의 유의점'이라는
기본틀로 되어 있다.[41] 이 중 제1차 교육과정은 중학교 국어과 교육
과정 안에 '중학교의 漢字 및 漢字語 학습' 항목으로 제시되어 있던
것이다. 제2차 교육과정은 중학교 국어과 교육과정 안에 'Ⅴ. 한자 및
한문 지도' 항목으로 제시되어 있던 것이다. 이 제1차와 제2차 교육과
정의 漢字·漢文 교육 관련 내용은 중학교 국어과 교육과정 內에서,
'국어' 과목에서의 한자 교육뿐만 아니라 별도로 개설할 수 있는 '한
문' 과목에서의 한문 교육 내용을 포괄하는 것이다. 따라서 '中學校
漢文科 敎育課程의 體制' 속에 포함시켜 논의하여도 무방한 내용이

---

38) 敎育科學技術部(2009), 5면.
39) 敎育科學技術部(2009), 18면. "凡敎科 學習 主題는 關聯되는 敎科와 創意的 體
    驗活動 等 敎育 活動 全般에 걸쳐 統合的으로 다루어지도록 하고 地域 社會 및
    家庭과의 連繫 指導에도 힘쓴다."
40) 이하 漢文科 敎育課程의 體制, 目標, 內容 및 內容 體系, 敎授·學習 方法과 評價
    에 대한 논의는 주로 尹在敏(2011c)을 요약, 정리하면서, 아울러 尹在敏(2011a),
    尹在敏(2011b)를 참조하였다.
41) 문교부(1988), 95~96면.; 교육부(2000a), 153면.; 교육과학기술부(2008), 152
    면. 참조.

다. 또한 제1차 교육과정의 경우 그 체제를 '목표', '내용', '지도상의
유의점'이라는 기본틀로 직접 설명하기에는 그 형식적 체제가 상당히
흐트러져 있음을 쉽게 확인할 수 있다. '목표', '내용', '지도상의 유의
점'이라는 기본틀은 제2차 교육과정에서부터 비로소 본격화된 것이
다. 그러나 제1차 교육과정의 세부 내용을 '목표', '내용', '지도상의
유의점'이라는 기본틀에 맞게 재배치하는 것이 그렇게 어려운 일은
아니다. 실제로 제2차 교육과정은 바로 이러한 작업의 기초 위에서
'목표', '내용', '지도상의 유의점'이라는 기본틀을 마련했다.

〈표 2〉 제1~5차 중학교 한문과 교육과정의 체제

| 제1차<br>(1955.8.1) | 제2차<br>(1963.2.15) | 제3차<br>(1973.8.31) | 제4차<br>(1981.12.31) | 제5차<br>(1987.3.31) |
|---|---|---|---|---|
| 一. 漢字 및 漢文<br>학습의 의의<br>二. 漢字 및 漢文<br>의 지도 요령<br>三. 중학교 漢字 및<br>漢文 학습 내용<br>제1학년<br>　교재 내용<br>　지도 요령<br>제2학년, 제3학년<br>: 제1학년과 같음 | 1. 의의와 목표<br>2. 학년 목표<br>　제1학년<br>　제2학년<br>　제3학년<br>3. 지도 내용<br>　제1학년<br>　제2학년<br>　제3학년<br>4. 지도상의 유<br>　의점 | 가. 목표<br>　(1) 일반 목표<br>　(2) 학년 목표<br>나. 내용<br>[지도 사항 및 형식]<br>〈제1학년〉<br>　(1) 지도 사항<br>　(2) 주요 형식<br>〈제2학년〉, 〈제3<br>학년〉: 〈제1학년〉<br>과 같음<br>[제재 선정의 기준]<br>다. 지도상의 유의점 | 가. 교과 목표<br>나. 학년 목표 및<br>내용<br>〈1학년〉<br>　1) 목표<br>　2) 내용<br>〈2학년〉, 〈3학<br>년〉: 〈1학년〉과<br>같음<br>다. 지도 및 평가<br>상의 유의점<br>　1) 지도<br>　2) 평가 | 가. 교과 목표<br>나. 학년 목표 및<br>내용<br>〈1학년〉<br>　1. 목표<br>　2. 내용<br>　가) 한자<br>　나) 한자어<br>　디) 한문<br>〈2학년〉, 〈3학<br>년〉: 〈1학년〉과<br>같음<br>다. 지도 및 평가<br>상의 유의점<br>　1. 지도<br>　2. 평가 |

中學校 漢文科 敎育課程의 體制가 '性格', '目標', '內容', '方法', '評
價'의 體制를 갖추면서 보다 완전한 문서로서의 체제를 갖추게 된 것
은 제6차 교육과정 이후부터이다.[42] 이는 이전의 '목표', '내용', '지
도상의 유의점'이라는 기본틀 중에서, '목표'를 '성격'과 '목표'로 구분

하고, '지도상의 유의점'을 '방법'과 '평가'로 구분한 것이다. 이후 2009년 개정 교육과정에서는 '성격'과 '목표'를 다시 통합하여 '목표'로 제시하였다. 2009년 개정 교육과정에 새로 제시된 "1. 추구하는 인간상 2. 중학교 교육 목표"는 모든 敎科가 共有하는 學校 級別 目標를 漢文科 敎育課程에 다시 提示한 것이므로, 이를 제외한다면 제6차 교육과정 이후 '目標', '內容', '方法(敎授·學習 方法)', '評價'의 體制가 현재에까지 이어져 오고 있다고 할 수 있다.

〈표 3〉 제6차~2009년 개정 중학교 한문과 교육과정의 체제

| 제6차<br>(1992.6.30) | 제7차<br>(1997.12.30) | 2007년 개정<br>(2007.2.28) | 2009년 개정<br>(2011.8.9) |
|---|---|---|---|
| 1. 성격<br>2. 목표<br>3. 내용<br>　가. 내용 체계<br>　나. 학년별 내용<br>〈1학년〉<br>　-한자-<br>　-한자어-<br>　-한문-<br>〈2학년〉, 〈3학년〉<br>: 〈1학년〉과 같음<br>4. 방법<br>5. 평가 | 1. 성격<br>2. 목표<br>3. 내용<br>　가. 내용 체계<br>　나. 영역별 내용<br>〈1학년〉<br>　-한자-<br>　-한자어-<br>　-한문-<br>〈2학년〉, 〈3학년〉: 〈1학년〉과 같음<br>4. 방법<br>　가. 교수·학습 계획<br>　나. 교수·학습 방법<br>　다. 교수·학습 자료<br>5. 평가<br>　가. 평가 계획<br>　나. 평가 방법<br>　다. 평가 결과의 활용 | 1. 성격<br>2. 목표<br>3. 내용<br>　가. 내용 체계<br>　나. 영역별 내용<br>〈1학년〉<br>　-한문-<br>　〈읽기〉<br>　〈이해〉<br>　〈문화〉<br>　- 한문지식 -<br>　〈한자〉<br>　〈어휘〉<br>　〈문장〉<br>〈2학년〉, 〈3학년〉<br>: 〈1학년〉과 같음<br>4. 교수·학습 방법<br>　가. 교수·학습 계획<br>　나. 교수·학습 방법<br>　다. 교수·학습 자료<br>5. 평가<br>　가. 평가 계획<br>　나. 평가 목표와 내용<br>　다. 평가 방법 | 1. 추구하는 인간상<br>2. 중학교 교육 목표<br>3. 목표<br>4. 내용의 영역과 기준<br>　가. 내용 체계<br>　나. 중학교 1~3학년군<br>별 성취 기준<br>　다. 영역 성취 기준<br>　(1) 독해<br>　(2) 문화<br>　(3) 한문 지식<br>　라. 학습내용 성취 기준<br>　-독해-<br>　〈읽기〉<br>　〈이해〉<br>　- 문화 -<br>　〈한자 문화〉<br>　〈언어생활과 한자 문화〉<br>　- 한문지식 -<br>　〈한자〉<br>　〈어휘〉<br>　〈문장〉<br>5. 교수·학습 방법<br>　가. 교수·학습 계획 |

---

42) 문교부(1988), 95~96면.; 교육부(2000a), 153면.; 교육과학기술부(2008), 152면. 참조.

| | | 라. 평가 결과의 활용 | 나. 교수·학습 방법 |
|---|---|---|---|
| | | | 다. 교수·학습 자료 |
| | | | 6. 평가 |
| | | | 가. 평가 계획 |
| | | | 나. 평가 목표와 내용 |
| | | | 다. 평가 방법 |
| | | | 라. 평가 결과의 활용 |

　高等學校 漢文科 敎育課程의 體制 또한 第1~5次 敎育課程까지는 용어상의 차이가 있기는 하지만, '목표', '내용', '지도상의 유의점'이라는 기본틀로 되어 있다.[43] 이 중 제1차 교육과정은 고등학교 국어 (二) 교육과정 안에 '고등학교 漢文 과정'으로 제시되어 있던 것이다. 제2차 교육과정은 고등학교 국어II 교육과정 안에 '2. 한문 과정'으로 제시되어 있던 것이다. 제5차 교육과정은 고등학교 한문이 Ⅰ, Ⅱ의 구분이 없이 단일 과목 '한문'으로 설정되어 있었다. 또한 제1차 교육과정의 경우, 앞서 본 중학교의 경우와 마찬가지로, 그 체제를 '목표', '내용', '지도상의 유의점'이라는 기본틀로 직접 설명하기에는 그 형식적 체제가 상당히 흐트러져 있음을 쉽게 확인할 수 있다. '목표', '내용', '지도상의 유의점'이라는 기본틀은, 역시 중학교의 경우와 마찬가지로, 제2차 교육과정에서부터 비로소 본격화된 것이다. 그러나 제1차 교육과정의 세부 내용을, 중학교의 경우와 마찬가지로, '목표', '내용', '지도상의 유의점'이라는 기본틀에 맞게 재배치하는 것이 그렇게 어려운 일은 아니다. 실제로 제2차 교육과정은, 역시 중학교의 경우와 마찬가지로, 바로 이러한 작업의 기초 위에서 '목표', '내용', '지도상의 유의점'이라는 기본틀을 마련했다.

---

43) 교육부(2001), 5면, 참조.

〈표 4〉 제1~5차 고등학교 한문과 교육과정의 체제

| 제1차<br>(1955.8.1) | 제2차<br>(1963.2.15) | 제3차<br>(1974.12.31) | 제4차<br>(1981.12.31) | 제5차<br>(1988.3.31) |
|---|---|---|---|---|
| 一. 漢字 및 漢文 지도의 의의<br>二. 漢字 및 漢文의 지도 요령<br>三. 고등학교 漢文 과정<br>〈제1학년〉<br>교재 내용<br>지도 요령<br>〈제2학년〉, 〈제3학년〉: 〈제1학년〉과 같음<br>四. 참고 자료<br>1. 漢민족의 손으로 된 서적<br>2. 韓人의 손으로 된 서적 | (1) 의의와 목표<br>(2) 지도 내용<br>(3) 지도상의 유의점<br>〈참고 자료〉<br>1. 한민족의 손으로 된 서적<br>2. 우리 민족의 손으로 된 서적 | I. 일반 목표<br>II. 한문 I<br>1. 목표<br>2. 내용<br>가. 지도 사항<br>나. 제재 선정의 기준<br>3. 지도상의 유의점<br>III. 한문 II: 한문 I 과 같음 | 교과 목표<br>한문 I<br>가. 목표<br>나. 내용<br>다. 지도 및 평가상의 유의점<br>1) 지도<br>2) 평가<br>한문 II: 한문 I 과 같음 | 가. 교과 목표<br>나. 내용<br>1) 한자<br>2) 한자어<br>3) 한문<br>다. 지도 및 평가상의 유의점<br>1) 지도<br>2) 평가 |

　　高等學校 漢文科 敎育課程의 體制가 '性格', '目標', '內容', '方法', '評價'의 體制를 갖추면서 보다 완전한 문서로서의 체제를 갖추게 된 것은, 중학교의 경우와 마찬가지로, 제6차 교육과정 이후부터이다.[44] 이는 이전의 '목표', '내용', '지도상의 유의점'이라는 기본틀 중에서, '목표'를 '성격'과 '목표'로 구분하고, '지도상의 유의점'을 '방법'과 '평가'로 구분한 것이다. 이후 2009년 개정 교육과정에서는 '성격'과 '목표'를 다시 통합하여 '목표'로 제시하였다. 2009년 개정 교육과정에 새로 제시된 "1. 추구하는 인간상 2. 고등학교 교육 목표"는 모든 敎科가 共有하는 學校 級別 目標를 漢文科 敎育課程에 다시 提示한 것이므로, 이를 제외한다면 제6차 교육과정 이후 '目標', '內容', '方法(敎授·學習

---

44) 위와 같음.

方法)', '評價'의 體制가 현재에까지 이어져 오고 있다고 할 수 있다.

〈표 5〉 제6차~2009년 개정 고등학교 한문과 교육과정의 체제

| 제6차<br>(1992.10.30) | 제7차<br>(1997.12.30) | 2007년 개정<br>(2007.2.28) | 2009년 개정<br>(2011.8.9) |
|---|---|---|---|
| 1. 성격<br>2. 목표<br>3-1. 한문 I<br> 1. 성격<br> 2. 목표<br> 3. 내용<br> 가. 내용 체계<br> 나. 내용<br> -한자-<br> -한자어-<br> -한문-<br> 4. 방법<br> 5. 평가<br>3-2. 한문 II :<br>한문 I과 같음 | 〈한문〉<br>1. 성격<br>2. 목표<br>3. 내용<br> 가. 내용 체계<br> 나. 영역별 내용<br> -한자-<br> -한자어-<br> -한문-<br>4. 방법<br> 가. 교수·학습 계획<br> 나. 교수·학습 방법<br> 다. 교수·학습 자료<br>5. 평가<br> 가. 평가 계획<br> 나. 평가 방법<br> 다. 평가 결과의 활용<br><br>〈한문 고전〉<br>: 〈한문〉과 같음. 단,<br>'나. 영역별 내용'의 '한<br>자', '한자어' 2개 영역<br>을 '한자·한자어' 1개<br>영역으로 통합 | 〈한문 I 〉<br>1. 성격<br>2. 목표<br>3. 내용<br> 가. 내용 체계<br> 나. 영역별 내용<br> -한문-<br> 〈읽기〉<br> 〈이해〉<br> 〈문화〉<br> -한문지식-<br> 〈한자〉<br> 〈어휘〉<br> 〈문장〉<br>4. 교수·학습 방법<br> 가. 교수·학습 계획<br> 나. 교수·학습 방법<br> 다. 교수·학습 자료<br>5. 평가<br> 가. 평가 계획<br> 나. 평가 목표와 내용<br> 다. 평가 방법<br> 라. 평가 결과의 활용<br><br>〈한문 II〉<br>: 〈한문 I 〉과 같음 | 〈한문 I 〉<br>1. 추구하는 인간상<br>2. 고등학교 교육 목표<br>3. 목표<br>4. 내용의 영역과 기준<br> 가. 내용 체계<br> 나. 학교급별 성취 기준<br> 다. 영역 성취 기준<br> (1) 독해<br> (2) 문화<br> (3) 한문 지식<br> 라. 학습내용 성취 기준<br> -독해-<br> 〈읽기〉<br> 〈이해〉<br> -문화-<br> 〈한자 문화〉<br> 〈언어생활과 한자 문화〉<br> -한문지식-<br> 〈한자〉<br> 〈어휘〉<br> 〈문장〉<br>5. 교수·학습 방법<br> 가. 교수·학습 계획<br> 나. 교수·학습 방법<br> 다. 교수·학습 자료<br>6. 평가<br> 가. 평가 계획<br> 나. 평가 목표와 내용<br> 다. 평가 방법<br> 라. 평가 결과의 활용<br><br>〈한문 II〉<br>: 〈한문 I 〉과 같음. 단, '라. 학<br>습내용 성취 기준'의 '문화' 영역<br>에 중영역 '한문학의 이해' 추가 |

## 3. 漢文科 敎育課程의 目標

中學校 漢文科 敎育課程의 目標는 第1~5次 敎育課程까지는 대체
로 學校 級別 目標와 學年別 目標를 함께 提示하는 體制를 갖추고 있
었다.

제1차 교육과정은 국어과 교육과정 안에 별도로 설정한 '중학교의
漢字 및 漢字語 학습' 항목에서, '一. 漢字 및 漢文 학습의 의의'45)를
5개항으로 제시하였다. 이 5개항은 거의 그대로 제2차 교육과정의
'1. 의의와 목표'의 前文으로 수용되고 있는바, 한문 교육의 성격을
밝히는 내용이라고 하겠다. 제1차 교육과정은 또 '二. 漢字 및 漢文의
지도 요령'46)을 8개항으로 제시하였다. 이 중 5개항은 제2차 교육과

---

45) 교육부(2000b), 191면. "1. 漢字는 중국으로부터 수입되어 근 이천 년 동안 우리
의 글에 섞여 쓰이어 왔다. 2. 동양 문화의 연원(淵源)을 고찰(考察)하거나, 우리
문화의 정수(精髓)를 연구함에 있어서는 漢字에 대한 이해가 그 기본이 되고 있다.
3. 현재 우리와 가장 가까이 인접(隣接)하고 있는 자유 중국, 일본 등에서는 여전
히 漢字로서 그들의 문화를 유지하고 있다. 우리는 그들과 문화를 교류(交流)하고
국교(國交)를 조정(調整)하는데 있어서도 漢字에 대한 이해가 필요한 것이다. 4.
우리의 漢字, 漢文의 학습은 결코 과거의 진부(陳腐)한 봉건적인 사대사상(事大思
想)을 가르치려는 것이 아니며, 우리 조상들이 한 것같이 모든 의사(意思) 표시를
漢字에 의존(依存)하려는 것도 물론 아니다. 5. 다만 우리의 실생활에 가장 밀접한
범위 내의 漢字와 漢文을 적은 노력으로 짧은 기간에 습득하게 하려는 것이다."
원문에서는 이 5개항이 항목별로 줄바꾸기가 되어 있으나 여기서는 줄바꾸기를
무시하고 인용하였다.

46) 교육부(2000b), 191~192면. "1. 漢字의 구조(構造)와 음의(音義)를 정확히 이해
시킨다. 2. 漢字 사전류(辭典類)의 색자(索字) 방법을 가르치고, 그 활용을 자유자
재로 할 수 있도록 한다. 3. 재래(在來)의 맹목적(盲目的) 암송주의(暗誦主義)를
배제(排除)하고, 과학적인 지도 방법을 도입(導入) 실시(實施)한다. 4. 우리의 일
상 생활에 가장 많이 활용(活用)되는 漢字語, 격언(格言), 고사(故事) 등을 반복
학습시킨다. 5. 현대적 견지에서 문학 작품을 감상하고, 기타의 자료(資料)를 비판
하는 힘을 기른다. 6. 속독(速讀)과 정독(精讀)에 대한 지도를 한다. 7. 다른 학과
와의 관계를 고려하여, 넓은 시야(視野)에서 학습을 전개시키다. 8. 역대(歷代)의
철인(哲人), 명현(名賢)의 언행(言行)에 비추어 국민의 도의정신(道義精神) 양양

정의 '1. 의의와 목표'의 하위 목표 5개항으로 거의 그대로 다시 제시 되고 있는바47), 한문 교육의 목표를 밝히는 내용이라고 하겠다. 제1 차 교육과정의 '三. 중학교 漢字 및 漢文 학습 내용'은 前文과 함께 학년별로 '교재 내용'과 '지도 요령'을 제시하였다. 이 중 前文은 거의 그대로 제2차 교육과정의 '2. 학년 목표'의 前文으로 수용되고 있는 바, 중학교 漢文의 學校 級別 목표를 밝히는 내용이라고 하겠다. 학 년별로 제시한 '지도 요령'은 거의 그대로 제2차 교육과정의 '2. 학년 목표'의 학년별 목표로 다시 제시되었다.

　제2차 교육과정은 國語科 敎育課程 속에 설정한 'Ⅴ. 한자 및 한문 지도'에서, '1. 의의와 목표', '2. 학년 목표' 欄을 두어, 위의 제1차 교 육과정과의 비교에서 본 바와 같이, 學校 級別 目標와 學年別 目標를 구분하여 제시하였다. 독립된 漢文科 敎育課程이 적용되기 시작한 제 3차 교육과정은 '가. 목표' 아래 '(1) 일반 목표' 3개항과 '(2) 학년 목 표'를 학년별로 3개항씩 제시하였다. 이중 '일반 목표'는 學校 級別 目 標에 해당하는 내용이라고 하겠다. 제4차 교육과정은 '가. 교과 목표' 와 '나. 학년 목표 및 내용'의 학년별 목표로 學校 級別 目標와 學年別 目標를 구분하여 제시하였다. 이 중 '가. 교과 목표'는 前文과 하위 목 표 4개항으로 중학교 漢文의 學校 級別 목표를 제시하였다. '나. 학년

---

　(昂揚)에 도움이 되도록 한다." 원문에서는 이 8개항이 항목별로 줄바꾸기가 되어 있으나 여기서는 줄바꾸기를 무시하고 인용하였다.
47) 제1차 교육과정의 '지도 요령' 중 제2차 교육과정의 '목표'에서 탈락한 3개항은 "3. 재래(在來)의 맹목적(盲目的) 암송주의(暗誦主義)를 배제(排除)하고, 과학적 인 지도 방법을 도입(導入) 실시(實施)한다.", "5. 현대적 견지에서 문학 작품을 감상하고, 기타의 자료(資料)를 비판하는 힘을 기른다.""7. 다른 학과와의 관계를 고려하여, 넓은 시야(視野)에서 학습을 전개시키다." 등으로서, 이들 항목은 '목표' 가 아니라 '교수학습 방법'에 해당할 내용이거나 한문 교육에 고유한 적절한 목표 가 아니라고 간주된 내용들로 보인다.

목표 및 내용'의 학년별 목표는 1학년 4개항, 2학년 5개항, 3학년 4개
항으로 중학교 漢文의 學年別 목표를 제시하였다. 제5차 교육과정은,
제4차 교육과정과 마찬가지로, '가. 교과 목표'와 '나. 학년 목표 및
내용'의 학년별 목표로 學校 級別 目標와 學年別 目標를 구분하여 제
시하였다. 이 중 '가. 교과 목표'는 前文과 하위 목표 5개항으로 중학
교 漢文의 學校 級別 목표를 제시하였다. '나. 학년 목표 및 내용'의
학년별 목표는 학년별로 8개항씩 제시하였다.

中學校 漢文科 敎育課程의 目標는 第6次 敎育課程 이후 學校 級別
目標만 提示하는 體制로 바뀌었다. 제6차 교육과정은 중학교 한문과
의 목표를 前文과 하위 목표 4개항으로 제시하였다. 제7차 교육과정
은 중학교 한문과의 목표를 前文과 하위 목표 5개항으로 제시하였다.
2007년 및 2009년 개정 교육과정 또한 중학교 한문과의 목표를 前文
과 하위 목표 5개항으로 제시하였다. 단, 2009년 개정 교육과정의
'목표'는 제6차 교육과정 이래 2007년 개정 교육과정에 이르기까지
'성격'과 '목표'로 구분되었던 내용을 다시 통합하여 제시한 것으로서,
그 前文은 2007년 개정 교육과정의 '성격'과 그 內容이 같으며, 하위
목표는 2007년 개정 교육과정의 하위 목표와 그 內容이 같다.

高等學校 漢文科 敎育課程의 目標는 대체로 學校 級別 目標와 科目
別 目標를 함께 제시하거나 學校 級別 目標 또는 科目別 目標만 提示
하는 體制를 갖추고 있었다. 學校 級別 目標만 제시하는 경우는 고등
학교 한문이 단일 과목으로만 존재하는 교육과정이다. 科目別 目標만
提示하는 경우는 學校 級別 目標가 科目別 目標 속에 포함되어 있는
것으로 간주된다.

제1차 교육과정은, 중학교의 경우와 마찬가지로, 고등학교 국어과
교육과정 안에 별도로 설정한 '漢字 및 漢文 指導' 규정 아래, '一. 漢

字 및 漢文 지도의 의의', '二. 漢字 및 漢文의 지도 요령'을 제시하였다. 이것은 중학교 규정의 '一. 漢字 및 漢文 학습의 의의', '二. 漢字 및 漢文의 지도 요령'과 그 내용이 완전히 동일한 것으로서, 중·고등학교에 공통되는 漢字·漢文 교육의 일반적 성격과 목표를 제시한 것이라고 하겠다. 이 중 '二. 漢字 및 漢文의 지도 요령' 8개항 중 4개항은 제2차 교육과정 고등학교 '한문 과정'의 '의의와 목표'의 하위 목표의 일부로 수용되기도 하였다. 또 제1차 교육과정의 '三. 고등학교 漢文 과정'은, 중학교의 경우와 마찬가지로, 前文과 함께 학년별로 '교재 내용'과 '지도 요령'을 제시하고 있다. 이 중 前文은 그대로 제2차 교육과정의 '의의와 목표'의 前文으로 수용되었고, 학년별로 제시한 '지도 요령' 중 2학년과 3학년의 '지도 요령'은 제2차 교육과정의 '의의와 목표'의 하위 목표의 일부로 수용되었다.

제2차 교육과정은 國語科 敎育課程 중 '國語Ⅱ' 속에 설정한 '2. 한문 과정'의 '(1) 의의와 목표'에서 고등학교 한문과의 목표를 前文과 하위 목표 7개항으로 제시하였다. 독립된 漢文科 敎育課程이 적용되기 시작한 제3차 교육과정은 前文 없이 하위 목표 3개항으로 구성된 '일반 목표'에서 學校 級別 目標를 제시하고, 科目別 目標는 '한문Ⅰ', '한문Ⅱ'의 '목표'에서 각각 4개항씩 하위 목표만을 역시 前文 없이 제시하였다. 제4차 교육과정은 前文과 하위 목표 4개항으로 구성된 '교과 목표'에서 學校 級別 目標를 제시하고, 科目別 目標는 '한문Ⅰ', '한문Ⅱ'의 '목표'에서 각각 4개항씩 하위 목표만을 前文 없이 제시하였다. 제5차 교육과정은 前文과 하위 목표 5개항으로 구성된 '교과 목표'에서 學校 級別 目標만을 제시하였다. 제6차 교육과정은 前文과 하위 목표 4개항으로 구성된 '목표'에서 學校 級別 目標를 제시하고, 科目別 目標는 '한문Ⅰ'의 '목표'에서 4개항, '한문Ⅱ'의 '목표'에서 3개항으로 하위 목표만을 前文 없이 제시하였다.

高等學校 漢文科 敎育課程의 目標는 第7次 敎育課程 이후 科目別 目標만 提示하는 體制로 바뀌었다. 제7차 교육과정은 고등학교 '한문'의 '목표'를 前文과 하위 목표 5개항으로 제시하고, '한문고전'의 '목표'를 前文과 하위 목표 4개항으로 제시하였다. 2007년 및 2009년 개정 교육과정은 고등학교 '한문Ⅰ', '한문Ⅱ'의 '목표'를 각각 前文과 하위 목표 5개항으로 제시하였다. 단, 2009년 개정 교육과정의 '목표'는 제6차 교육과정 이래 2007년 개정 교육과정에 이르기까지 '성격'과 '목표'로 구분되었던 내용을 다시 통합하여 제시한 것으로서, 그 前文은 2007년 개정 교육과정의 '성격'과 그 內容이 같으며, 하위 목표는 2007년 개정 교육과정의 하위 목표와 그 內容이 같다.

## 4. 漢文科 敎育課程의 內容 및 內容 體系

中學校 漢文科 敎育課程의 내용은 제6차 교육과정 이후 내용 체계와 내용(학년별 내용 또는 영역별 내용)으로 구분하여 提示하는 體制로 바뀌었다.

제1차 교육과정은 중학교 한문에서 학습해야 할 내용으로 '교재 내용'과 '지도 요령'을 학년별로 제시하였다. 제2차 교육과정은 중학교 한문에서 학습해야 할 내용으로 '지도 내용'을 학년별로 제시하였다. 독립된 漢文科 敎育課程이 적용되기 시작한 제3차 교육과정은 '내용'을 '지도 사항 및 형식'과 '제재 선정의 기준'으로 구분하고, '지도 사항 및 형식' 아래 '지도 사항'과 '주요 형식'을 학년별로 제시하였다. 제4차 교육과정은 '학년 목표 및 내용'을 학년별로 구분하면서 '내용'을 학년별로 제시하였다. 제5차 교육과정은, 제4차 교육과정과 마찬가지로, '학년

목표 및 내용'을 학년별로 구분하면서 '내용'을 학년별로 제시하되, '내용'을 '한자', '한자어', '한문'으로 분류하여 제시하였다.

제6차 교육과정은 '내용'을 '내용 체계'와 '학년별 내용'으로 제시하였다. 이 중 '내용 체계'는 영역과 학년으로 구분하되, 학년별로 영역별 내용 요소를 제시하였다. '학년별 내용'은 학년별 및 영역별로 제시하되, 내용 체계의 학년별에 따른 영역별 내용 요소를 학년별 수준을 고려하면서 학년별 내용의 학습 내용으로 다시 제시하였다. 제7차 교육과정은 '내용'을 '내용 체계'와 '영역별 내용'으로 제시하였다. 이 중 '내용 체계'는 영역과 내용으로 구성하되, 내용을 다시 영역별로 하위 항목과 내용 요소로 제시하였다. '영역별 내용'은 학년별 및 영역별로 제시하되, 내용 체계의 내용 요소를 학년별 수준을 고려하면서 영역별 내용의 학습 내용으로 다시 제시하였다. 2007년 개정 교육과정 또한 '내용'을 '내용 체계'와 '영역별 내용'으로 제시하였다. 이 중 '내용 체계'는 영역과 내용으로 구성하되, 내용을 다시 영역별로 중영역과 내용 요소로 제시하였다. '영역별 내용'은 학년별 및 영역별, 중영역별로 제시하되, 내용 체계의 내용 요소를 학년별 수준을 고려하여 하위 학습 요소로 다시 구분하고 이를 영역별 내용의 학습 내용으로 제시하였다.

2009년 개정 교육과정은 '內容의 領域과 基準'을 '內容 體系', '中學校 1~3學年群別 成就 基準', '領域 成就 基準', '學習內容 成就 基準'으로 제시하였다. 이 중 '內容 體系'는 영역과 내용으로 구성하되, 내용을 다시 영역별로 중영역과 내용 요소로 제시하였다. '中學校 1~3學年群別 成就 基準'은 중학교 한문이 달성해야 할 학교 급별 목표를 성취 기준으로 제시한 것이다. '領域 成就 基準'은 중학교 漢文이 達成해야 할 領域別 目標 中 主要 內容을 성취 기준으로 제시한 것이다.

'學習內容 成就 基準'은 學年別로 提示되던 이전 敎育課程의 '領域別 內容'을 學年群別(中1~3學年) 單位의 1개 '成就 基準'으로 提示하되, 영역별, 중영역별로 내용 체계의 내용 요소를 하위 학습 요소로 다시 구분하고 이를 학습 내용으로 제시하였다.

高等學校 漢文科 敎育課程의 내용 또한 제6차 교육과정 이후 내용 체계와 내용(영역별 내용)으로 구분하여 提示하는 體制로 바뀌었다.

제1차 교육과정은 고등학교 한문에서 학습해야 할 내용으로 '교재 내용'과 '지도 요령'을 학년별로 제시하였다. 제2차 교육과정은 고등 학교 한문에서 학습해야 할 내용을 '지도 내용'으로 제시하였다. 독립 된 漢文科 敎育課程이 적용되기 시작한 제3차 교육과정은 고등학교 '한문 I ', '한문 II'의 '내용'을 각각 '지도 사항'과 '제재 선정의 기준' 으로 구분하여 과목별로 제시하였다. 제4차 교육과정은 고등학교 '한 문 I ', '한문 II'의 '내용'을 과목별로 제시하였다. 제5차 교육과정은 고등학교 한문의 '내용'을 단일 과목으로 제시하되, '내용'을 '한자', '한자어', '한문'으로 분류하여 제시하였다.

제6차 교육과정은 고등학교 '한문 I ', '한문 II'의 '내용'을 각각 '내 용 체계'와 '내용'으로 제시하였다. 이 중 '내용 체계'는 영역과 내용으 로 구성하되, 내용을 영역별 내용 요소로 제시하였다. '내용'은 영역 별로 제시하되, 내용 체계의 영역별 내용 요소를 학교 급별 및 과목 별 수준을 고려하여 영역별 학습 내용으로 다시 제시하였다. 제7차 교육과정은 고등학교 '한문', '한문고전'의 '내용'을 '내용 체계'와 '영 역별 내용'으로 제시하였다. 이 중 '내용 체계'는 영역과 내용으로 구 성하되, 내용을 다시 영역별로 하위 항목과 내용 요소로 제시하였다. '영역별 내용'은 영역별로 제시하되, 내용 체계의 내용 요소를 학교 급별 및 과목별 수준을 고려하여 영역별 내용의 학습 내용으로 다시 제시하였다. 2007년 개정 교육과정 또한 고등학교 '한문Ⅰ', '한문Ⅱ' 의 '내용'을 '내용 체계'와 '영역별 내용'으로 제시하였다. 이 중 '내용 체계'는 영역과 내용으로 구성하되, 내용을 다시 영역별로 중영역과 내용 요소로 제시하였다. '영역별 내용'은 영역별, 중영역별로 제시하되, 내용 체계의 내용 요소를 학교 급별 및 과목별 수준을 고려하여 하위 학습 요소로 다시 구분하고 이를 영역별 내용의 학습 내용으로 제시하였다.

2009년 개정 교육과정은 '內容의 領域과 基準'을 '內容 體系', '學校 級別 成就 基準', '領域 成就 基準', '學習內容 成就 基準'으로 제시하였다. 이 중 '內容 體系'는 영역과 내용으로 구성하되, 내용을 다시 영역별로 중영역과 내용 요소로 제시하였다. '學校 級別 成就 基準'은 고등학교 '漢文Ⅰ', '漢文Ⅱ'가 달성해야 할 학교 급별 및 과목별 목표를 성취 기준으로 제시한 것이다. '領域 成就 基準'은 고등학교 '漢文Ⅰ', '漢文Ⅱ'가 學校 級別 및 科目別로 達成해야 할 領域別 目標 中 主要 內容을 성취 기준으로 제시한 것이다. '學習內容 成就 基準'은 이전 敎育課程의 고등학교 '漢文Ⅰ', '漢文Ⅱ'의 '領域別 內容'에 해당하는 것으로서, 영역별, 중영역별로 내용 체계의 내용 요소를 하위 학습 요소로 다시 구분하고 이를 학습 내용으로 제시한 것이다.

## 5. 漢文科 敎育課程의 敎授·學習 方法과 評價

중·고등학교 공히 漢文科에서 敎授·學習 方法과 評價가 함께 敎育課程에서 제시되기 시작한 것은 제4차 교육과정부터이다. 제1~3차 교육과정에서는 敎授·學習 方法만이 '지도 요령' 또는 '지도상의 유의점'이란 명목 아래 부분적으로 다루어졌을 뿐이다. 제4차 및 제5차

교육과정에서는 敎授·學習 方法과 評價가 '지도 및 평가상의 유의점'
으로 함께 제시되었다. 敎授·學習 方法과 評價가 구분되어 제시되기
시작한 것은 제6차 교육과정 이후부터이다. 敎授·學習 方法과 評價
에 관한 보다 구체적이고 실질적인 지침이 제공되기 시작한 것도 이
때부터라고 할 수 있다. 제7차 교육과정은 敎授·學習 方法을 세분하
여 '교수·학습 계획', '교수·학습 방법', '교수·학습 자료'로 나누어
제시하고, 評價를 세분하여 '평가 계획', '평가 방법', 평가 결과의 활
용'으로 나누어 제시하였다. 2007년 및 2009년 개정 교육과정은 제7
차 교육과정의 체제를 유지하되 평가에서 '평가 목표와 내용'을 추가
하였다.


## Ⅳ. 맺음말

기존의 연구 성과들 중 한문교육학의 개념과 연구 영역을 다루고
있는 몇몇 논문들을 제외하면, 漢文科 敎育課程論을 다룬 논문들은
사실 '論' 그 자체를 다루는 데까지는 미치지 못하고 있다 해야 할 것
이다. 이 글 또한 이런 한계에서 자유롭지 못하다.

漢文科 敎育課程은 한문교육 연구의 성과를 총체적으로 반영하는
것이 되어야 한다. 그러나 한문교육학계의 현실은 꼭 그렇지만은 않
았다. 그나마 漢文科 敎育課程에 대한 관심과 연구가 두드러지기 시
작한 것은 제6차 교육과정 이후부터가 아닌가 한다. 중·고등학교 한
문이 사실상 필수에서 선택으로 전락하게 된 게 오히려 漢文科 敎育
課程에 대한 한문교육학계의 관심과 연구를 새삼 촉진하게 되었다는
저간의 사정을 생각하면 실로 씁쓸하기 짝이 없는 일이기도 하다. 그

러나 제6차 교육과정 이후 제7차 교육과정과 2007년 개정 교육과정 및 2011년 告示된 2009년 개정 교육과정에 이르기까지, 한문교육 연구의 성과를 총체적으로 반영하는 漢文科 敎育課程은 여전히 늘 당면 과제였으며, 이는 2012년 현재에도 마찬가지다. 할 일이 참으로 많다 하지 않을 수 없다. 그만큼 근본적인 물음들이 더욱 필요한 때라는 말도 되겠다. 漢文科 敎育課程論에 대한 全面的 硏究가 거듭 절실히 요구된다.

# 제2부

# 한문교육학의 개념과 정의

# 한문교육학의 학문적 정립을 위한 序說
### -한문교육학 연구의 동향과 과제

金王奎

## Ⅰ. 서론

1972년 교육법 시행령 109조에 의하여 중등학교 한문 교과가 독립 교과로 신설되었다. 이어 1972년 문교부령 제300호 중학교 교육과정 개정에 따라 중학교 교과 편제 및 시간 배당 기준에 교과목의 하나로 한문 교과가 신설되었고, 각 학년 1~2 시간을 확보하게 되었다. 그리고 3차 교육과정 시기(1973~1981)에 문교부령 제310호 중학교 교육과정과 문교부령 제350호 인문계 고등학교 교육과정에 따라 중학교의 경우 한문 교과가 주당 1~2 시간, 고등학교의 경우 한문 교과가 두 개의 과목 곧, 한문 Ⅰ, 한문 Ⅱ로 구분되어 각각 4~6 단위를 확보하게 되었다(교육부, 1999).

1972년에 교과 교육의 하나로 한문 교과가 새롭게 신설됨에 따라, 한문 교과가 국가 수준의 교육과정에 편성되고 시간 배당 기준에서 일정한 단위 수를 확보한 것은 한문교육학의 발전사에 있어서 매우 획기적인 조치로 볼 수 있다. 곧, 이전 교육과정 시기에 국어과 하위 영역 범주에 속해 있던 한문 과목이 독립 교과로 설정됨에 따라 한문

교육학은 많은 변화를 수반하게 되었다. 한문교과가 독립 교과로 그 위상을 확보하게 되자, 교육용 기초 한자 1,800자 제정되었고, 중, 고등학교 한문 교과서가 개발되었다. 인적 자원을 확보하기 위하여 대학에 한문교육과, 한문학과가 개설되었고, 각급 학교 현장에서는 한문 교사 자격증을 가진 교원이 본격적으로 한문 교과를 지도하게 되었다. 한문 교과를 전공으로 하는 교사 모임 및 연수가 전국적으로 활성화되었으며, 한문학회, 한문교육연구회, 한국한자한문교육학회 등 관련 학회의 움직임 또한 성장과 발전을 거듭했다.

그러나 한문 교과의 외형적 변화와 발전에 불구하고 한문교육학의 내실을 보면 우리의 기대를 만족시킬 만한 변화의 양상은 여전히 부족함을 시인하지 않을 수 없다. 교육과정이 몇 차례 개정되는 동안 한문 교과의 위상은 격하되었고, 현장 교사 또한 무기력한 양상을 보이고 있으며, 특히 교과교육학으로서 한문교육학은 아직 그 이론적 토대조차 마련하지 못하고 있는 실정이다. 현장 수업을 살펴보면, 방대한 한문학 지식을 전달하기에 급급하고 교육학 일반 이론을 도입하여 한문학 지식에 적용시키는 것이 한문교육의 현실이다. 한편으로 선택 과목으로 전락한 한문 교과에 대한 학생들의 흥미를 유발하고 관심을 제고시키기 위하여 여러 가지 다양한 기법을 동원하여 보지만 제도적 장애로 인해 현장 교사의 노고가 물거품이 되기도 한다. 이론 부재의 한문교육학 연구 현실에 대해 현장의 한 교사는 다음과 같이 비판하였다.

교육과정이 바뀔 때마다 한문 교육은 늘 위기에 처했고, 그 위기를 어떻게 극복해야 하느냐는 문제를 더 고민해야 했다. 이 때마다 제기되는 것이 '**한문 교육의 이론**' 문제였다. (중략) 현재 우리 교육에서 한문 교육 이론은 완전히 틀을 잡은 것은 아니다. 그 중에 일부는 불완전하거나 누락되었다. 또 일부는 왜곡된 것도 있다. 그래서 깁고 다듬어야 할 것이 많다. 최근 몇 년 동안의 화두는 이러한 것을 깁고 다듬는 일이었다. **아직 한문과 교수·학습 지도 방법은 체계화된 것이 없다.** 지금까지 몇 편의 논문에서 교수·학습 지도 방법의 논의가 있었지만, 중·고등학교의 한문과 수업에서 적용해보면 그리 신통치 않다. **교육학 이론을 적용시켜 만든 교수·학습 방법이 한문과 수업에 잘 적용되지 않았기 때문이다**(송병렬, 2002).

  한문 교과를 어떻게 가르쳐야 하는가에 대한 탐색보다 교과목의 하나로서 한문이 왜 필요한지에 대한 논의를 펼치고 이를 토대로 교육과정 편제에 편성시키는 문제가 더 절박했음을 토로했다. 본격적인 한문교육학 연구에 앞서 한문 교과의 위상 확보가 더 시급한 문제였음은 예컨대 "어떻게 해서라도 한문 교육은 해야만 한다. 이렇게 생각한 사람들이 스스로 모여들어 한국한문교육연구회를 창립하였고, 그 열화 같은 집념으로 이제 이 조그마한 논문집이나마 세상에 내놓게 되었다. 그러나 우리는 아직도 '어떻게 가르칠 것인가'를 문제 삼기에 앞서 '왜 가르쳐야만 하는가'를 큰 소리로 외쳐대야 하며, 이렇게 하는데도 귀담아 들어 주는 사람은 흔하지 않다(『한문교육연구』발간사 : 1986)."라는 절규에서 확인되듯이, 약 20 여 년 전 한국한문교육연구학회를 창립하고 학회지 『한문교육연구』창간호를 발간할 당시 사정과 다름이 없다.

  그러나 문제 해결의 관건을 '한문 교육의 이론' 부재로 파악한 것은 탁견이고, 기존의 한문 교육 이론을 불완전, 누락, 왜곡 등으로 평한 것 또한 한문교육학 연구에 대한 발전적 논의의 장을 개척했다는 점에서 매우 주목된다. 더 나아가 교육학 이론을 한문 교과의 교과적 특수성을 고려하지 않고 무비판적으로 수용하고 이를 이론화하는 한편 현장 수업에 적용시키는 풍토 또한 비판하였다. 내용을 고려하지 않은 교육과 교육을 고려하지 않은 내용 모두 교과교육학의 정립에 도움을 줄 수 없다는 관점은 한문교육학의 학문적 정립을 위한 논의의 첫 걸음이다.

본고는 교과교육학으로서 한문교육학의 학문적 정립을 위한 서설적 보고이다. 이를 위해 한문교육학의 개념 및 성격을 잠정적으로 규정하고, 한문교육학의 내용과 구성 요소를 탐색해 보도록 한다. 그리고 지금까지 학계에 보고된 한문교육학 연구 논문의 실태와 동향을 몇 가지 범주로 구분하여 논의하는 한편, 한문교육학 연구의 학문적 정립을 위해 몇 가지 과제를 제기해 보기로 한다. 그러나 이 연구를 수행하는 과정과 그 결과물에 필자의 역량을 벗어난 논의 전개와 관점이 부분적으로 노정됨을 미리 밝힌다.

## II. 한문교육학의 성격과 내용

### 1. 한문교육학의 개념과 성격

교과교육학으로서 한문교육학을 어떻게 이해할 수 있을까. 교과적 특수성과 교육적 보편성을 고려하여 한문교육학의 개념과 성격을 명확하게 규정하는 것은 쉬운 과제가 아니다. 기존의 교과교육학에 대한 논의를 참고하면, 교과교육학으로서 한문교육학을 다음 두 가지 관점에서 이해할 수 있을 것이다. 곧, '모학문적 관점'과 '교육학적 관점'이 바로 그 것이다.

모학문적 관점은 교과와 교과의 배경이 되는 기초 학문 혹 모학문을 동일시하는 관점으로 한문교육학을 기초 학문인 한문학이라고 보는 관점이다. 교과의 배경이 되는 학문이나 예술을 깊이 연구하면 곧 교과교육의 방향이 정해진다고 보는 생각(허경철 외, 2001: 15)으로, 한문교육학을 한문학에 종속시키는 결과를 낳는다. 한문교육은 한문학 관련 지식을 학생들에게 전달하는 것이다라는 논의 또한 이 관점에서 배태된 것으로 이해할 수 있다.

이와는 달리 교과를 교육적인 측면에서 이해하고자 하는 관점이 새롭게 논의되었다. 바로 교과를 교육학적 관점에서 이해하고, 이를 바탕으로 교과교육학을 정립하고자 하는 경향으로 교육학적 관점이 바로 그 것이다. 교육학적 관점은, 교과와 학문을 동일시하는 학문에의 종속적인 관점에서 벗어나 교과는 학문 그 자체가 아니라 학문과 교육과의 결합으로 보고자 한다. 그런데 내용(학문)과 교육의 결합 양상에 따라 두 가지 이해 방식이 존재한다고 필자는 생각한다.

먼저, 한문교육학을 한문학과 교육학의 산술적인 합으로 이해하는 관점이다. 이 관점에 따르면, 한문교육학이란 한문학 관련 지식을 교육학 지식을 활용하여 학생들에게 교수하는 것으로 이해되며, 교과 내용과 교육 방법의 물리적 결합 수준에서 한문교육학의 학문적 개념과 성격에 관한 논의가 전개된다. 이러한 논의는 필연적으로 교과와 교육을 분리하게 되고, 서로 배타적인 경향까지 띠게 된다.

> 전통적 교과교육학에서는 내용에 관한 연구가 가르치는 방법과 크게 상관없이 이루어지고, 반대로 가르치는 방법에 관한 연구도 내용의 성격과 관계없이 이루어질 수 있는 것으로 생각하는 경향이 없지 않았다. 이런 식의 일종의 구조기능적 분리 관점에서 보면, 내용은 기초 학문의 과제이고, 방법은 교육학 혹은 교과교육학의 과제가 된다.

그리하여 교사양성 과정은 교과의 지식을 획득하기 위한 과정과, 이
를 교수하는 방법적 원리를 획득하기 위한 과정의 산술적인 합으로
인식되었다(허경철 외, 2001: 14).

일반적으로 교과교육학에서는 교과는 교과교육의 내용에 해당되
고, 교육은 교과교육의 방법에 해당하는 것으로 가정한다. 이와 같이
교과를 배경 학문의 내용으로, 교육을 그러한 배경 학문을 가르치는
방법으로 보는 것은 교과, 즉 배경 학문의 가치가 교육의 가치에 우
선한다는 뜻이며, 교과는 교육을 통하여 구현해야 할 목적이 된다는
의미도 담고 있다(허경철 외, 2001 : 16). 교과교육학에 대한 이런 시각
은 한문교육학 연구에 대한 학계의 연구 관점과 그 동향에서도 예외
가 아니다. 한문학 관련 지식과 내재된 가치를 한문교육학의 내용으
로, 교수-학습 활동은 그 내용을 실현하기 위한 수단으로 한문교육
학은 인식되었다. 한문교육학에 대한 구조기능적 분리 관점은 예컨
대, 한문교육과의 특성을 "한문학의 성격에 대한 교육적인 측면을 보
태면 될 것이다."라고 파악(김경수, 1986: 219)하거나, 한문교육의 정
의를 "한문교육은 표의문자인 한자와 한문 및 우리 조상이 남긴 한문
문장을 교육하는 것"으로 한문 교육을 이해한 관점(김경수, 1986: 220)
에서 거듭 확인할 수 있다.

한문교육학에 대한 분리 관점은 다음과 같은 점에서 문제가 된다.
곧 한문교육학을 내용과 지식 중심으로 보는 입장에서는 한문교육학
이란 한문학과 한어학 등의 내용과 교과적 지식만 있으면 가능하다고
보고 한문교육학의 학문적 성격을 부인하거나 외면한다. 이와는 달리
한문교육학이란 교육과정의 일부이므로 과정의 전개를 위한 교수 절
차나 과정만이 필요하다고 보는 견해에서는, 한문교육학이 교과교육

학의 하위 영역이므로 독립적 한문교육학이란 무의미하다고 축소 해
석하게 된다. 그런데 교과 지식과 교과 교육 방법은 결코 분리되어질
성질이 것이 아니다. 한문학 지식 자체가 한문교육학의 목표가 될 수
없다. 이와 마찬가지로 한문학 내용을 고려하지 않은 교육 방법 또한
학문교육학의 구성 요소가 아니다.

　다음으로, 한문교육학을 한문학과 교육학의 산술적 합으로 인식하
는 것이 아니라, 총체적 관점에서 이해하는 관점이다. 한문교육학에
대한 총체적 관점은 교과의 내용을 무엇으로 설정할 것인가에 대한
탐색 곧, '교과내용론'과 교과 내용을 어떻게 지도할 것인가에 대한
담론 즉, '교과지도론' 각 영역이 유기적 관련을 맺고 있다는 전제에
서 출발하며, 교과내용론과 교과지도론이 한문교육학이라는 총체적
맥락 속에서 상호작용과 상호조율을 한다는 관점이다. 교과내용론에
대한 논의는 교과지도론을 포함한 교육에 대한 속성을 고려하며, 교
과지도론 또한 교과의 본질을 포함한 교과내용론을 함섭하여 전개된
다. 곧, 내용의 선정, 조직이 교육과 무관하게 이루어지는 것이 아니
고, 학생의 발달 단계, 교수-학습 이론, 교육적 가치와 의의 등을 고
려하여 탐색되며, 교육의 존재 가치 또한 교과 내용의 중요성을 드러
내고 전달하는 수단적 활동이라는 관점에서 벗어나 내용 선정의 기
준, 교수-학습 이론, 교육과정 연구 등 제반 영역에 상호작용하는 측
면이 강조된다. 한문교육학에 대한 메타적 관점, 혹은 메타적 이해로
볼 수 있는 총체적 관점은 교과 내용과 교육이 분리되어 별도로 논의
되고, 그 결과 교과와 교육의 상호 관계를 고려하지 않았던 기존의
한문교육학에 대한 반성적 대안으로 제시될 수 있다.

　총체적 관점에서 한문교육학을 인식한다면, 한문교육학자는 '학자
와 학습자'의 연결(허경철 외, 2001: 31)에 주목해야 할 것이다. 한문학

자의 연구 결과물과 한문학의 지식 체계가 학습자의 한문 학습 내용 및 사용 활동으로 변용되는 과정은 매우 복잡하고 다층적이며 다차원 적이다. 이 다차원적 변용의 과정을 이론적으로 규명하고 이를 체계 화시키는 작업이 바로 한문교육학의 핵심 과제라고 할 수 있다. 한문 교육학을 학문과 교육의 상승 작용, 상호 작용의 관점에서 이해하고 그 바탕 위에서 언어(한문)의 본질, 초기 단계에서의 한문 습득 및 이 해의 과정과 방법, 독해 과정과 절차, 학습자의 독해 기능의 신장, 사 회에서의 한문의 기능 등을 과학적인 방법으로 탐구해야 한다. 한문 교육학의 교과적 특수성을 고려하되, 학습자의 한문 학습 및 사용 과 정 곧, 난해하고 미묘한 과정과 절차에 대한 가정과 실험, 연구와 적 용 등을 교육학적 관점에서 수행하며 이를 이론화하는 노력이 절실히 요청된다.

한문교육학을 구조 분리 관점이 아닌 내용과 교육의 총체적 관점에 서 이해할 때, 한문교육학의 학문적 성격을 어떻게 규정할 수 있을 까? 한문교육학의 성격을 분명하게 규정하는 것은 쉬운 일이 아니다. 논의의 전개를 위해 우선 필자는, 일반적인 수준에서 한문교육학을 "한문에 대한 교육을 탐색하는 학문"으로 이해하고자 한다.[1]

---

1) 한문교육학의 개념 및 성격에 대한 선행 연구는 매우 드물다. 정우상은 "한문 교 과 교육을 설명하는 체계적인 지식(정우상 외, 1999 : 9)", "한문과 교육과정상의 목표, 내용에 해당하는 모든 교과 내용을 체계화하고 이론화해서 **깊이 있는 내용 과 가르치는 방법의 원리를 일원화**하는 새로운 학문 체계의 모색과 정립(정우상 외, 1999 : 14)"으로 정의했다. 허철(1999)은 한문교육학을 한문교과교육학이라고 명명하고, 그 개념과 성격, 구조를 교과서 분석과 관련지어 논의했다. 그리고 한문 교과교육학을 "한문이라는 교과의 교육에서 교과와 교사 및 학생의 상호작용에 관 한 이론적, 경험적 제 연구로서, 학교 현장에서 각 교과별로 실천되고 있는 교육 현상을 대상으로 각 급 학교의 한문 교과에서 '왜-무엇을', '언제-얼마나-어떻게' 다룰 것이며 '누가' 가르칠 것인가에 관한 체계적인 접근"이라고 정의했다. 정우상 과 허철의 논의는 학문으로서 한문교육학을 정립하려는 시론이라는 점에서 매우

"한문에 대한 교육을 탐색하는 학문"으로 한문교육학을 규정할 때, 한문교육학의 학문적 성격은 교육적 보편성과 교과적 특수성을 지향한다. 일반적으로 교육 현상을 설명할 때, 우리는 흔히 "누가 무엇을 누구에게 가르친다."라는 명제를 사용하곤 한다. 이 때 '누가'는 교수의 주체이며, '누구에게'는 학습의 주체이다. 예컨대, "교사가 한시의 형식을 학생들에게 가르친다."라고 했을 때, 한문교육학에서는 교수, 학습의 주체인 교사와 학생이 중요한 탐구의 대상이 된다. 곧, 한시의 형식 자체가 중요하기보다는 '한시의 형식이 학생들의 한문 이해, 감상, 비평에 어떻게 관계되는가?' 라는 문제가 중요한 연구 대상이다. 또한 학생들의 인지 발달 수준에 맞게 한시의 형식을 어떤 수준에서, 어떻게 가르칠 것인가라는 문제가 중요 탐구 대상이다. 이 점에서 한문교육학은 한시의 형식을 탐구 대상으로 설정하는 한문학과는 구별이 된다. 이처럼 교수, 학습자 곧, 인간과 인간에 대한 교육을 탐구 대상으로 설정한다는 점에서 한문교육학은 한문학과 구별되며, 교육학과 밀접한 관련을 맺는다. 이와는 달리, 한문교육학은 '한문'을

---

주목된다. 그리고 '일원화'(정우상) 및 '상호작용'(허철)이라는 용어가 필자의 논지와 일정하게 부합된다. 필자의 한문교육학에 대한 일반적인 수준에서의 잠정적인 규정과 이하 논의는 노명완, 『국어교육론』(한샘출판사, 1988)에 계발 받은 바 크다. 그리고 "한문에 대한 교육을 탐색하는 학문"에서 "한문에 대한" 어구의 함의에 대한 설명이 요구된다. 우선 "한문"은 주지하듯이, 교육과정 내용 영역의 한자·한자어 영역뿐만이 아니라 한문 영역과 그 내용을 포함하는 용어로 사용했으며, "한문에 대한"은 한문을 읽고, 쓰고, 이해하며 부분적으로 일상 언어생활에 활용하는 측면, 곧 한문 사용에 대한 영역까지 포괄하는 용어로 쓰였다. 특히 송병렬 선생은 필자의 원고에 대한 질의서에서 한문의 독해를 통한 '문화적 정체성 이해'를 강조하면서, 한문교육학의 탐구 대상으로 '한문 문화의 정체성'을 포함해야 한다고 주장했다. 필자는 송병렬 선생의 견해를 전적으로 수용한다. 필자의 '한문에 대한'이란 용어는 송병렬 선생이 질의서에서 제기한 민족 고전 문화 지향을 내적으로 당연히 함섭한다.

교육의 내용으로 삼는다는 교과적 특수성으로 인해 한문학과 밀접한 관련을 맺고 교육학과는 구별이 된다.

이와 같이 한문교육학은 교육적 보편성과 교과적 특수성이라는 이 중적 성격을 가지고 있다. 한문교육학의 이중적 성격이 서로 배타적 인 것은 아니다. 이와 반대로 교육적 보편성과 교과적 특수성은 상호 작용적이고 상호조율적인 관계에 있다. 한문교육학은 이 양자를 함섭 하는 총체적 맥락 속에서 학문적 성격을 확보해야 할 것이다. 교육 내용으로 한문을, 교육 대상으로 교사와 학생을 중요시한다는 한문교 육학의 이중적 성격 위에 우리는 한문교육학의 탐구의 본체를 교수자 와 학습자(교사와 학생), 탐구의 대상을 한문, 그리고 탐구해야 할 현 상을 한문 사용으로 설정할 수 있을 것이다.

## 2. 한문교육학의 내용과 구성 요소

한문학은 한문과 한문학 자체에 관심을 두는 학문 분야로서, 한자 및 한문의 언어적 특성, 한문학의 형성과 발달 과정, 한문학 작품의 내적, 외적 가치, 문학사적 의의, 문학 작품과 시대와의 관계, 작품 형성의 배경이 되는 문학 사상과 철학 등을 탐색하여 학문적 체계를 수립하는 분야이다. 이와는 달리 한문교육학은 한문에 대한 교육을 탐색하는 학문 분야이다. 곧 한문교육학은 교과적 특수성으로 인해 한어학 및 한문학을 내적으로 함섭하지만 한문학그 자체에 대한 탐구 가 아니라 내용의 선정, 구조화와 이에 따른 목표 설정을 어떤 기준 에서 할 것인가, 학습자가 어떻게 한문을 읽고, 이해하고, 감상하는 가, 한문 독해에 관한 효율적인 교수 이론과 학습 이론은 무엇인가, 목표를 성공적으로 수행하기 위해 한문과 교재를 어떻게 구성해야 할

것인가 등의 문제를 일차적인 연구 대상으로 삼는다. 한문학과 한문
교육학은 한문이라는 언어 재료를 일차적으로 공유하지만, 한문교육
학의 연구 대상은 한문과 인간(교수자와 학습자), 교수 학습 이론, 교
재, 교육 환경 등이 총체적 맥락 안에서 상호작용하는 교육 현상과
그 과정이다.

위의 논의에서 예견되는 바이지만, 한문교육학의 내용 및 구성 요
소는 한문학의 그 것과 성격을 달리한다. 거듭 밝히지만, 한문교육학
은 한문학을 내적으로 함섭하지만 그 지향은 교수자와 학습자 및 교
수–학습 과정에 있다. 한문교육학은 학습자가 실제로 한문 학습이
일어나도록 하는 데 관심이 있으며, 이를 위한 교사의 역할과 기능,
교재의 구성과 선정, 학습자의 성장과 발달이 가능할 수 있는 학습
조건과 절차, 과정 등을 탐색한다. 한문교육학을 이렇게 이해할 때,
한문교육학의 내용과 구성을 어떻게 마련할 수 있을까.

교과적 특수성과 교육적 보편성을 상호작용의 관점에서 파악한 바
탕 위에서 한문교육학의 구조적 모형에 관한 창의적, 구체적 담론을
전개한 논문은 아직 『한문교육연구』에 제시된 바 없다. 단, 교과교육
학 일반 모형(정태범, 1986)을 빌어 한문교육학의 모형 및 구성 요소를
적용시킨 보고는 있다(정우상 외, 1999; 허철, 1999; 송영일, 2002).[2] 정
우상은 한문과 교육학의 개념적 모형을 한문과 목표론, 한문과의 내
용 구조, 한문과 교수론, 한문과 교재론, 한문과 평가론으로 제시하
였다(정우상 외, 1999). 그런데 사실 이 모형은 한문교육학에만 적용시

---

2) 송영일(2002)의 논의는 정우상의 연구 결과를 비판, 대안 제시없이 그대로 수용
하였고, 허철(1999)의 논의는 교과교육학의 일반 모형에 한문교육학을 적용시킨
학위 논문이다. 허철의 경우, 한문교과교육학의 영역을 외국의 언어 교육 이론 틀
에 적용시켰으나, 교과적 특수성을 고려하였는지는 밝히지 않았다.

킬 수 있는 모형이라기보다는 교과교육학의 일반 모형이라고 할 수 있다. 그러나 한편으로 교과교육학의 일반 모형은 개별 교과교육학의 특성 가운데 공유할 수 있는 영역을 상당 부분 반영하여 제시되었다는 점에서 한문교육학 또한 이 모형에 적용시킬 수 있는 가능성은 열려 있다고 볼 수 있다. 한문교육학의 교과적 특수성을 고려한 모형 개발과 이론 구축이 요청되지만, 지금 이 자리에서 한문교육학의 특성을 반영한 모형 및 그 이론적 배경을 제시하는 것은 필자의 학문적 역량으로는 어려운 과제이다. 논의의 활성화를 위해 우선 학계에 보고된 내용을 참고하되, 교과적 특수성과 교육적 보편성을 상호작용의 관점에서 고려하여 한문교육학의 내용과 구성 요소에 대한 담론을 전개해 보기로 한다.

한문교육학의 구조적 모형과 내용 및 구성 요소는 학문교육학의 개념 및 성격과 밀접한 관련이 있다. 필자는 한문교육학의 개념을 내용과 교육의 분리 관점이 아닌 총체적 관점 곧, 교과내용론과 교과지도론 각 영역이 유기적·상승적 관련을 맺고 있다는 전제에서, 교과내용론과 교과지도론이 한문교육학이라는 총체적 맥락 안에서 상호작용과 상호조율을 한다는 관점을 제시하였다. 그리고 한문교육학을 일반적인 수준에서 "한문에 대한 교육을 탐색하는 학문"으로 이해하였다. 또한 한문교육학은 교과적 특수성과 교육적 보편성이라는 성격을 가지고 있음을 설명했다. 한문교육학에 대한 총체적 관점, 개념 정의, 성격 규정 위에 한문교육학의 내용 및 구성 요소를 탐색해보기로 한다.

교과의 교육 목표는 왜 특정 교과를 설정, 교육해야 하는가에 대한 철학적 문제이며 교과목표론은 그 교과의 교육을 통해 달성하고자 하는 목적에 관한 영역이다(최진황 외, 2001: 37). 필자는 한문 교과의 일차적 교과 목표를 "학습자의 한문 독해 기능의 신장"에 두고, 교과 목표를 달성하기 위한 교과 영역을 활동과 내용으로 구분하되, 활동 영역으로 한문 이해(독해) 활동을, 그리고 학습자의 한문 독해 기능의 신장과 한문 독해 활동을 위해 한문학과 한어학을 내용 영역으로 구분하고자 한다. 한문 교과의 교육 목표와 교과 영역에 관한 구조적, 개념적 모형 개발이 필요하며, 목표와 교과 영역을 구성하는 요소 사이의 상호 관련성이 연구되고 이론화되어야 한다.

한문교육학의 목표를 어떻게 설정할 것인가에 대한 탐색의 결과로 목표의 체계화가 이루어지면 그 목표를 달성하기 위한, 한문과의 교육 내용을 설정하는 체계로서의 내용의 조직화 및 계열화가 이루어져야 한다(정우상 외, 1999: 13). 한문과의 내용 선정 및 조직화 과정에서 학습자의 지적 수준, 사회·문화적 요청, 현존하는 교과 지식 체계 등이 고려되어야 하며 선정된 교과의 지식 체계가 계열화, 구조화 되도록 유의해야 한다. 한문 교과의 내용 체계 및 내용의 조직화, 계열화는 한문과 내용 구조에서 매우 중요한 탐구 대상이다.

한문과 교수·학습론은 한문교육학의 내용 가운데 교과적 특수성을 고려하여 탐구되어야 할 대상이다. 즉, 교육학 일반 이론을 무비판적으로 수용하여 언어 재료를 재단하는 시행착오를 거듭해서는 안 될 것이다. 한문교육학이 하나의 체계적인 학문으로 발전하기 위해서는 특히 한문교육학 각 영역에 대한 교수 및 학습 이론과 원리가 두 가지 측면, 일반적인 측면과 발달적인 측면(노명완, 1988)에서 병행 연구되어야 한다. 예컨대, 한문 자료를 읽고, 이해하는 과정에 개입하는 인간의 인지 구조와 주요 변인은 무엇인가, 언어(한문)에서 의미로 병용되는 독해의 과정은 무엇이며 독해의 궁극적인 목적은 무엇인가, 한문 독해와 준비도 및 스키마의 상관 관계 그리고 그 것의 교육적 의미는 무엇인가, 상향식 모형과 하향식 모형에 따른 한문 학습과 학업

성취도와의 상관 관계, 초기 단계에서의 한자 습득 과정, 초기 단계에서의 교수-학습 방법, 중학교에서의 한문 독해 지도, 한문 독해 능력의 발달 등의 문제가 문헌 연구를 통해서 규명되는 한편, 실험적으로 검증되고 이론적으로 체계화되어야 한다.

한문과 교재론의 주요 관심 대상은 교재 편찬의 기본 방향 및 원리, 단원 구성의 원리 및 전개 방법, 구성 체제와 각 부분의 기능, 효율적인 활용 방안 등이다. 특히 언어 이해 과정 모형과 교과 지식 체계를 반영하여 교재화하고(예컨대, 상향식 모형에 따른 교재화 방안과 하향식 모형에 따른 교재화 방안), 구체적 단원 지도 계획과 지도안을 마련하며, 내용에 적합한 수업 방법과 교육 자료를 구안하는 과제가 탐구 대상이다.

한문과 목표가 성취되었는가, 그 정도는 어떠한가, 성취 정도가 낮다면 그 원인은 무엇인가 등을 탐색하는 영역이 한문과 평가론이다. 현행 한문과 평가의 문제점 또한 다방면에서 보고되었다. 교육제도적 장애 요인으로 인한 평가 연구의 부진은 차치하더라도, 평가에 대한 일반적 수준의 이론을 수용하고, 한문교육학의 교과적 특수성을 고려하여 평가 이론을 개발하여야 한다. 예컨대, 평가 결과, 학습자의 회상에 차이가 있다면 그 원인을 규명하고 적절한 처치를 탐색하는 문제, 한문을 읽고 그 의미를 파악하지 못 한다면 그 원인이 학습자의 발달 수준에 맞지 않는 교재에 있는지, 혹은 학습자의 낮은 스키마와 상관하는지에 관한 문제, 도시 지역과 읍면 단위 지역의 학업성취도와 배경 변인과의 상관 관계 등의 문제가 한문과 평가론에서 구체적으로 탐구되어야 한다. 이상에서 논의된 주요 내용 범주 이외에도 한문과 정책론, 교육과정론, 문법론 등 제반 영역을 한문교육학의 내용 및 탐구 대상으로 설정할 수 있을 것이다.

## Ⅲ. 한문교육학 연구의 실태 및 동향

한문교육학 연구사를 검토하고 문제점을 제기하기 앞서 필자는 일반적 수준에서 한문교육학의 개념을 정립하고 성격을 규정했으며 또한 한문교육학의 내용과 구성 요소를 논의했다. 학계에 보고된 연구 논문을 필자의 짧은 식견으로 재단하는 것은 매우 위험한 일이다. 이 러저러한 한계와 문제점을 무릅쓰고 앞서 설익은 논의를 전개한 것은 한문교육학 연구사 검토의 기준과 비계를 설정하고 판단의 준거를 삼기 위해서다. 이제 학계에 보고된 한문교육학 연구 논문3)을 검토해 보기로 한다.

### 1. 논문 주제

먼저 손쉽게 양적 접근 방법으로『한문교육연구』에 게재된 논문을 검토해 보면, 전체 논문 가운데 한문교육학 논문의 비율은 약 50% 정도이다4). 그런데 한문교육학 수록 논문 비율은 호마다 적지 않은 편차

---

3) 주지하듯이, 한국한문학회의『한국한문학연구』는 한문학을 연구 대상으로 한다. 한문교육학을 연구 대상으로 하는 학회는 한국한문교육연구회(후에 한국한문교육학회로 개명)와 한국한자한문교육학회가 있다. 두 학회는 각각『한문교육연구』(1~20호)와『한자한문교육』(1~10호)을 발간했다. 그 밖에 한국어문교육연구회에서 발간하는『어문연구』(1~117호)가 있다. 이 외에도 국어국문학 및 국어교육 관련 학회에서도 한문교육학 관련 논문을 게재하는 학회지가 있다. 본 고에서는 한국한문교육학회의『한문교육연구』(1~20호)에 수록된 연구 논문을 주 검토 대상으로 하되, 필요한 경우 다른 학회지에 보고된 논문과 학위 논문을 소개하기로 한다.

4) 참고로 학회지에 수록된 논문 가운데 한문교육학 논문의 수는 다음과 같다. 1호 2/10, 2호 5/9, 3호 5/8, 4호 9/10, 5호 8/9, 6호 11/14, 7호 5/9, 8호 3/11, 9호 6/12, 10호 7/17, 11호 5/13, 12호 6/16, 13호 7/20, 14호 7/13, 15호 12/20, 16호 7/12, 17호 8/12, 18호 6/14, 19호 11/22, 20호 10/18. (한문교육학논문/전체논문)

를 보인다. 예컨대, 『한문교육연구』창간호의 경우 그 비율은 20%(10편 가운데 2편) 인데 비해, 20호의 경우는 56%(18편 가운데 10편) 정도이다.[5] 양적, 질적 측면에서, 한문교육학 연구는 많은 발전을 했다고 볼 수 있다. 필자는 이 시점에서 한문교육학 연구의 양적, 질적 성장을 위해 학회지 논문 편집 방향에 대해 한 가지 의견을 제기하고자 한다. 한국한문교육연구학회의 창립 목적은

> 본 회는 한문교육의 이론 및 실제에 관한 제반 연구를 통하여 한문 교육을 과학화하고 나아가 전통 문화의 계승 및 창달에 이바지함을 목적으로 한다.

로 규정하였다(『한문교육연구』, 1986 : 250). 한문교육학의 이론 개발은 한문교육학자의 몫이고, 이를 실제 현장에 투입하여 적용시키고 학습 효과를 꾀하는 것은 교사들의 임무이다. 그 과정에서 발생한 문제점을 다시 연구 대상으로 삼아 논의의 진전을 도모하는 것 또한 한문교육학자의 연구 영역이다. 이 과업을 수행하기 위해 한국한문교육연구회가 창립되었고, 수행 결과를 보고하기 위해『한문교육연구』가 간행되었다.

---

5) 참고로 1호와 20호의 한문교육학 논문 주제를 제시하면 다음과 같다.

| | |
|---|---|
| 제1호<br>(2/10) | ·송재소(1986), 한문교육은 왜 필요한가?/ ·김경수(1986), 한문교과와 그 지도안 |
| 제20호<br>(10/18) | ·한예원(2003), 한문교과서의 문학 교육 비중/ ·김상홍(2003), 제7차 교육과정에 의한 고등학교 한문 교과서의 문제점/ ·임완혁(2003), 제7차 교육과정에 따른 한문 교과서에서의 문학 교육/ ·강경모(2003), 한문과에서 문학 교육의 평가/ ·남은경(2003), 인터넷을 통한 한문과 문학과 문자 교육/ ·김갑기·김홍철(2003), 한시 지도와 용사의 문제/ ·김경수(2003), 한문 해석을 위한 어순의 구조 분석/ ·김영옥(2003), 한자 교육에서의 구형학 응용에 대한 연구/ ·안재철(2003), 한문과 교육과정의 영역에 대한 문제 검토/ ·이미애(2003), 중학교 한문과 정의적 영역의 학습 효과에 관한 연구 |

 그런데, 학회지에 수록된 논문 주제를 보면 한문교육의 이론과 실제에 관한 직접적인 연구 및 한문에 대한 교육을 탐색하는 연구가 아닌, 곧 한문학 자체를 연구 대상으로 한, 한문학 관련 논문이 실려있다. 한문교육학을 내용과 교육의 산술적인 합이라는 관점에서 보면 『한문교육연구』에 한문학 논문과 한문에 대한 교육을 탐색한 논문이 함께 게재되는 것이 문제될 것이 없다. 오히려 자연스러운 연구 동향으로 이해된다. 그러나 창립 목적에 밝혔듯이, 『한문교육연구』는 한문교육의 이론 및 실제에 관한 영역을 탐구 대상으로 한 논문을 발굴, 게재하고, 비판하며 그 성과를 교육 현장에 보급해야 한다. 한문교육학자의 이론을 소개하고, 현장 교사들의 수업 성과를 보고하고, 한문교육 전공 대학원생의 학위 논문을 보급해야 한다. 거듭 강조하지만, 한문교육학은 한문에 대한 교육을 탐색하는 학문이다. 한문교육학 연구가 한문학과 한문교육의 합이라는 인식에 대한 전환이 필요하다.

 학회지에 수록된 한문교육학 연구 논문을 통독해보면, 주제 및 연구 내용이 매우 다양함을 알 수 있다. 이를 한문교육학의 내용과 구성 요소를 참고하여 몇 가지로 범주화하면, 대체로 한문과 교육목표론 영역, 한문과 내용 영역, 한문과 교수-학습론 영역, 한문과 교재론 영역, 한문과 평가론 영역으로 구분할 수 있으며, 이 외에도 한문과 정책론 영역, 한문과 교육과정 영역, 한문과 문법론 영역 등으로 나눌 수 있다.

 그런데, 한문과의 교과적 정체성과 관련된 한문과 목표론에 관한 연구 논문(송재소, 1986; 송재소, 1992; 허권수, 1999)과 한문과 내용 선정 및 구조화, 체계화에 관한 논문(박영호, 1996; 안재철, 2003)이 타 영역에 비해 부진하다. 사실 한문교육학계는 아직 한문과 교육목표와 교과 영역 체계에 대한 모형과 이론을 개발하지 못했다. 한문과의 최

상의 교육 목표를 무엇으로 설정할 것인가라는 물음과 교과 목표를
달성하기 위해 교과의 내용과 활동은 무엇으로 구성해야 하는가의 문
제에 대해 이론적인 탐색이 요청된다. 한문 교육의 필요성에 대한 선
언적 구호만으로 교과적 정체성을 확보하기 어렵기 때문이다. 최근에
한문과의 내용 체계에 관한 문제점을 인식하고 이에 대한 대안이 학
계에 보고[6]되었다. 교육과정 개정을 앞두고 내용 및 내용 체계에 대
한 연구와 비판이 거듭 요청된다.

전통적인 한문 학습 방법에 대한 비판과 정보 통신 기술의 발달,
멀티미디어 보급으로 인해 한문과 교수-학습 방법론 영역에 대한 연
구 성과(이태희, 2000; 백광호, 2000; 백광호, 2002; 송병렬, 2002; 남은
경, 2003)는 타 영역에 비해 주목할 만하다. 이 방면에서 특히 주목되
는 것은 현장 교사들의 교수-학습 방법 개발과 소개, 그리고 자료집
에 대한 공동 작업[7]이다. 한문과 담당 교사들이 한문교육학의 이론
이나 교육 실천의 문제들을 공동으로 진지하게 탐구하고 이를 이론화
하려는 학문적인 연구 노력은 매우 고무적인 현상이고 주목할 만한

6) 강경모(2002)는 해석과 이해라는 대영역을 설정하고, 해석을 어휘와 문장으로,
   이해를 과정과 유형으로 중영역을 구분하였다. 송병렬(2002)은 한문과의 영역을
   대영역, 중영역, 소영역 체제로 구성하고, 대영역을 기능과 이해로 양분하고, 기능
   을 어휘와 한문으로, 이해를 문학 고전, 역사 고전, 철학 고전으로 중영역을 구분
   하였다. 그리고 소영역은 다시 본질, 원리, 실제 등으로 세분화하였다. 원용석
   (2003)은 한문과의 대영역을 지식, 이해, 감상, 태도로 나누고, 각 대영역 아래
   중영역과 그에 해당하는 내용을 설정했다. 한편 안재철(2003)은 한문과의 내용 체
   계에 대해 두 개의 안을 학계에 보고하였는데, 제 1안은 내용 체계의 대영역을 읽
   기, 한문 지식, 문학(역사학, 철학)으로, 제 2안은 읽기(기능)와 한문 고전으로 대
   영역을 설정하였다.
7) 전국한문교사모임의 일련의 활동과 그 결과물이 주목된다. 예컨대, 『한문교육』
   (전국한문교사모임 간행)에 소개되는 '수업 지도안, 지도 사례' 등과 이 것의 모음
   인 『한문교육의 실제』(전국한문교사모임 당산동 연구 모임 편저, 2001)를 들 수
   있다.

변화 양상이라고 생각된다. 이러한 교사들간의 교육 경험의 교류와 공론화를 통해서 질 높고 다양한 교수-학습 방법이 개발되기도 하고, 기존의 교수-학습 방법이 개선되기도 한다(송병렬, 2002: 43). 교수-학습 모형과 방법에 대한 탐색과 현장 적용 그리고 이의 개선은 한문교육학의 중요 연구 영역이다. 그런데 현재 활발하게 소개되고 있는 한문과 교수-학습 방법에 관한 보고들은 '모형'이나 '방법' 차원에서 전개되기보다는 '기법' 차원에 그치고 있다는 우려가 있다.8) 학습자의 동기와 흥미를 유발한다는 목적에서 적극적으로 개발, 소개되는 지도안과 연구 결과물을 긍정적으로 평가, 수용하되, 기왕의 성과를 교수-학습 방법 및 모형 차원으로 제고하는 작업이 후속 연구 과제로 수행되어야 한다.

그리고 학습 지도안은 교수-학습 방법과 이론의 현장 적용의 구체적 실현이라는 점에서 한문교육학의 중요한 탐구 대상이다. 지도안에 대한 분석을 통하여 교수-학습 모형, 방법 및 형태, 교수-학습 자료, 평가 방식 및 유형 등을 살펴볼 수 있다. 지도안을 본격적으로 탐구 대상으로 삼은 보고는 없지만, 개별 논문 가운데 연구자의 필요에 따라 학습 지도안을 소개한 경우는 적지 않다(김경수, 1986; 송병렬,

---

8) '방법'과 '기법'의 차이는 학자의 관점이나 이론에 따라 다양하게 규정될 수 있다. 교수-학습 방법은 교수-학습 과정이나 절차의 형태를 띠고 있는 것으로 교과 교육에서 말하는 전략(strategy)을 아우르는 개념이고, 기법은 학습 동기 유발, 주의 집중, 발문, 피드백, 설명, 판서, 상벌 등의 구체적이고 세부적인 과정에서 투입되는 기술을 의미한다. 곧 기법은 기능, 기술의 차원이나 기교의 차원을 아우르는 것이라고 할 수 있다. 예컨대, 직접교수법, 문제해결학습법, 창의성계발학습법, 반응중심학습법, 유의미수용학습법, 발견·탐구학습법, 비지시적교수법, SQ3R, 총체적언어학습법, 개별화학습법, 현장학습법 등은 교수-학습 방법의 범주에 들 수 있다. 그리고 놀이학습법, 브레인스토밍, 게임·시뮬레이션이용법, 학습지활용법, 생각그물, 신문활용교육법, 스타인터뷰, 협동학습구조 등은 기법 범주에 속한다.(정구향·유영희·김미혜, 2002).

2002). 그런데 지도안을 검토해 보면, 수업 전체에 일관되게 적용되거나 교수-학습의 원리로 작용하는 교수-학습 모형 내지 방법이 없다. 학습 형태로 제시된 것은, 문답법, 강술법, 낭독법, 발표, 질의응답, 설명식 수준이고, 최근에 많이 도입되고 있는 WBI, ICT를 활용한 정도이다. 수업 자료 또한 녹음기, 괘도, 카드를 활용하거나 웹페이지, OHP 필름, PPT 등을 이용했다. 일정한 교수-학습 과정이나 절차의 형태를 띠는 교수-학습 방법이 구체화되지 못했다. 이 분야 또한 한문교육학 이론가나 현장 교사들이 탐구해야 할 영역이다.[9]

한문과 교재론 영역은 교과서 분석에 치우친 감이 없지 않다. 교과서의 오류를 찾고 이의 시정을 요구하며(이창희, 1989; 최상익, 1993; 김길용, 1995; 최오현, 1997; 김승호, 2001; 박준호, 2001; 김상홍, 2003), 교과서 개발 및 심의 정책을 비판하는 한편 이의 개선을 제안(김상홍, 2003; 송병렬, 2002)하였다. 교육과정 편제와 시간 배당 기준에 따라 적정 단원 수를 제시하거나(배원룡, 1994), 한문 교과서 내용에 나타난 가치관에 대한 비판(정미정, 1998), 한문 교과서의 중세적 사유의 처리 문제(심호택, 1998) 등에 관한 연구도 학계에 보고되었다. 그런데, 앞에서 논의한 것과 같이, 한문과 교재론의 주요 관심 대상은 교재 편찬의 기본 방향 및 원리, 단원 구성의 원리 및 전개 방법, 구성 체제와 각 부분의 기능, 효율적인 활용 방안 등이다. 특히 현행 중학교 한문 교과서의 경우, 한자 및 한자어 중심으로 단원이 구성되었다. 이에 대한

---

9) 교수-학습 방법과 기법, 학생들의 흥미, 적성, 수준을 고려한 수업 방법과 수업 지도안 사례는 다음 자료를 참고. 이화진·최승현·김왕규·윤천탁·정미경(2001), 『제7차 교육과정 적용에 따른 수준별 수업 자료 개발 연구』, 한국교육과정평가원. 이화진·최승현·김왕규·윤천탁·정미경(2001), 『수준별 수업 이렇게 해 보세요-중학 국어 1-1』, 『수준별 수업 이렇게 해 보세요- 중학 생활 국어 1-1』, 한국교육과정평가원.

비판이 적지 않았지만, 구체적인 문제 해결 방법과 실천은 보고되지 않았다. 예컨대, 초기 단계의 학습자에게 한자, 한자어, 한문이라는 절차에 따라 언어 재료를 제시하는 것과 한문 문장을 먼저 제시하고 문맥 속에서 한자, 한자어를 학습하는 방식 가운데 어느 쪽이 학습자의 학업 성취도 및 한문 독해 능력과 유의미한 상관 관계를 보이는 지에 대한 실험 연구가 필요하다.

현행 한문과 평가의 문제점은 다방면에서 보고되었다(노현숙, 1989; 안재철, 1998; 박성규, 2002; 송병렬, 2002; 양판석, 2002). 2005학년도 대학수학능력시험 '제2외국어/한문' 영역이 설정됨에 따라 이에 대한 연구가 수행되었으며(김왕규, 2002; 이윤찬, 2002; 김왕규 외, 2002), 현행 한자 급수 제도의 문제점과 개선 방안(이병주, 2000; 이병주, 2001; 진재교, 2002)도 논의되었다. 국가 수준의 성취 기준과 평가 도구 개발 보고서와 중·고등학생의 한자 학력 평가 연구 결과물 또한 보고되었다(이명준·김왕규, 1999; 이명준·김왕규, 2000). 그럼에도 불구하고, 학계는 아직 한문교육학 평가 전공자를 배출하지 못했다. 이의 원인은 표집 방법, 측정·검사 도구, 타당도와 신뢰도, 표준화 검사, 양적·질적 연구 방법, 통계와 자료 분석 등 평가를 위한 이론 학습과 실천이 부진하기 때문이다. 문헌 연구가 아닌, 측정·평가의 방법적 원리를 이용한 실험 연구가 절실하게 요청된다.

한문과 정책론과 교육과정론 영역에 관한 연구는 주로 시급한 현안에 대한 학계 차원의 비판과 정책적 대안 내지 대응 논리를 찾기에 급급했다. 한문 교사 및 한문 교육의 실태 조사와 보고(신용호, 1988; 홍석미, 1990; 이희목, 1991), 교육과정 개정안에 나타난 한문과의 위상 변화에 대한 문제점 제기와 재개정에 관한 요구(김상홍, 1995; 정재철, 1997, 2002)가 있었다. 한문을 왜 가르쳐야 하며, 교과 교육의 하나로 존립해야 하는 논리를 마련하는 데 학계는 노력을 경주했다. 약 20년 전에 한문교육학회가 처음 발기했을 때의 상황과 그 상황에 대한 학계의 우려(민병수, 1986)가 변함이 없는 교과외적 현실이 한문교육학의 학문적 발전을 가로막는 큰 요인이다.

또한 임용고사의 문제점과 개선 방안(이희목, 2002; 신용호·한연석·김석제, 2002), 교사 연수의 문제점(송병렬, 2002), 외국의 어문 교육 현황(반성완, 1989; 한연석, 2000; 심경호, 2000), 북한의 한문 교육 현황(진재교, 2000; 주동일, 2000) 등에 관한 연구가 수행되었다. 특히 한문교육용 기초 한자 1,800자에 관한 일련의 연구(김상홍, 2001; 김상홍, 2003)가 주목된다.

연구 영역의 지평 확대와 관련지어, 초등학교 한자 교육에 관한 이론적, 실험적 연구가 요청된다. 한문 또한 언어의 한 영역이고, 언어 조기 학습 이론이 인증된 바에 초등학교 한자, 한문 교육은 정책적으로 추진되어야 할 사안이고, 이론적 뒷받침이 수행되야 한다(방인태, 1997; 김영신, 2000; 최현섭 외, 2002; 김왕규, 2003). 과거의 한문 학습 방법과 학습 교재에 대한 발굴, 소개 및 적용 방안에 관한 연구(김현규, 1991; 김왕규, 1992; 류정희, 1992; 김대현, 1996; 김영문, 1993; 송병렬, 1999; 임성원, 2001) 또한 연구 영역의 지평을 넓히는 분야이다.

## 2. 연구 방법

분석의 시각을 달리하여 학회지에 수록된 한문교육학 연구 논문의 연구 방법과 연구 관점에 대해 검토해 보기로 한다. 연구 방법 및 관점의 다양화는 연구 성과의 질을 좌우한다. 상식적인 논의이지만, 연구 목적 설정 및 연구 대상 자료 수집이라는 일차적 연구 과정을 진행

함과 동시에 연구자는 이를 성공적으로 수행하기 위해 적합한 연구 방법을 선택하게 된다. 연구 방법은 크게 양적 연구와 질적 연구로 구분되며, 이와는 달리 문헌 연구와 실험 연구[10]로 대비되기도 한다. 연구 방법은 연구 목적과 연구 대상 자료의 특성에 따라 선택하기 마련이며, 특정한 연구 방법이 더 낫다고 볼 수는 없다.

그러나 한문교육학계에 보고된 기존의 논문을 일독해 보면, 연구 방법의 획일성과 편협성이 여실히 드러난다. 곧, 대부분의 연구가 문헌 연구 방법을 사용하였고, 실태 및 현황 파악의 경우에는 조사 연구도 일부 실시했다. 그러나 한문교육학의 교수-학습 이론 구축과 학문적 체계 수립에 중요한 자료로서, 실험 연구 방법을 사용한 한문교육학 연구 논문은 수 편(장기성, 1988; 최승호, 1990; 강덕희, 1991; 정우상, 1992; 조언영, 1999; 이미애, 2003)에 불과한 실정이다. 실험 연구 방법에 근거한 논문의 일부가 교총에서 시행한 한문 교육 분과 연구 보고서 모집의 응모작이라는 제도적 한계는 논외로 치더라도, 학회지에 게재된 실험 연구 논문으로서 적지 않은 문제점[11]을 지니고 있다. 우선 연구 목적과 문제의 모호성 곧, 목적과 문제의 광범위한 설정 문제를 지적할 수 있다. 그리고 실험 절차[12]와 진행의 오류, 매개 변

---

10) 문헌 연구가 현상을 파악하기 위한 연구 목적에 적합한 방법이라면, 현상을 파악하기보다는 원인과 결과를 밝히는 것을 목적으로 하는 연구 방법이 있다. 인과 관계를 밝히기 위해서는 어떤 처치를 연구 대상에게 가하고 그 처치에 따른 변화를 분석하여야 한다. 의도적으로 설계된 상황에서 처치를 가한 후 그 결과를 분석하는 연구를 실험 연구라 한다. 즉 처치를 가하고 그 처치의 효과를 밝히는 것이 연구의 목적이다(성태제, 1998). 예컨대, 멀티미디어를 활용한 한자 교수법이 학생들의 학업 성취도(한자 이해도의 증진)에 미치는 영향을 탐색하는 것이 실험 연구에 해당한다.

11) 정우상의 논문은 교총 우수 논문의 일부를 소개, 정리한 것이고, 조언영의 논문은 실험 연구의 형식적, 내용적 오류가, 필자가 제기한 문제점에서 비껴나 있다.

12) 실험 연구의 일반적 절차는, 연구 목적의 명료화, 연구 가설의 구체화, 처치변수

수13) 통제의 실패, 연구 가설의 누락 및 정확성 결여, 사후 검사의 부정확성 및 해석의 오류, 특히 사전, 사후 검사 도구로 중간 고사, 기말 고사 성적을 대체하는 오류, 설문지를 통해 처치 효과를 측정하는 문제, 실험 집단과 통제 집단의 동등화 검사를 연구자 자의로 선정, 해석하는 오류를 포함한 검사 도구의 임의 선택과 해석 오류, 결과 분석 및 해석의 오류 특히 결과의 확대 해석 등을 문제점으로 지적할 수 있다. 이러한 문제점들은 연구자들이 실험 연구의 절차와 진행, 검사 도구 제작, 결과 분석 등에 관한 기본적인 훈련과 학습으로 극복될 수 있는 문제이다. 측정·평가 및 통계에 관한 이론 학습과 과학적인 조사 연구와 실험 연구의 사례(박영목·권경안, 1989; 박영목·손영애, 1990; 최현섭 외, 2002)를 검토하여 한문교육학 연구 방법의 다양성과 과학화를 도모해야 한다.

학습자의 한문 학습 및 사용 현상을 어떻게 다룰 것인가라는 문제는 연구 관점과 연구 방법의 다양화와 관련이 있다. 한문 교육 현상에 대한 연구자의 창의적인 관점과 새로운 연구 방법, 그리고 그 결과 보고는 한문교육학의 학문적 체계 수립에 많은 영향을 끼친다. 연구 관점과 연구 방법의 다양성은 곧 연구 논문 주제의 다양화와 직결된다. 한문교육학의 학문적 정립 및 전망과 관련하여 한문 교육 전공 학위 논문의 주제, 연구 관점, 연구 방법은 매우 중요한 이정표가 된

·종속변수·매개변수 규명, 연구 대상 선정, 종속 변수의 변화를 측정할 도구 개발, 사전 연구(사전 검사) 실시, 실험(처치) 실시, 사후 검사 실시, 자료 수집 및 결과 분석 등이다(성태제, 1998).

13) 독립 변수(처치 변수) 이외의 종속 변수에 영향을 주는 변수를 매개 변수라 한다. 그리고 매개 변수가 되는 능력을 같게 하여 두 집단의 연구 시작 전 단계를 같게 하거나 그 능력의 영향을 제거하는 것을 통제라고 한다. 실험 연구에서는 독립 변수인 처치 변수의 조작과 종속 변수에 영향을 주는 처치 변수 이외의 변수 통제 여부가 연구의 성패를 좌우한다.

다. 그런데 현재 관련 학과의 학위 논문 주제와 연구 관점 및 연구
방법은 교수-학습 이론의 발달과 도입, 이론과 실제의 접맥, 연구 인
력(대학원생)의 증대 등으로 일정한 양적, 질적 성장을 가져왔지만,
보완되고 개선되어야 할 여지가 많이 있다. 보다 진전된 논의를 위해
다음 자료를 검토해 보기로 한다.

A 대학 한문교육 전공과 국어교육 전공 석사학위 논문 비교

| A 대학 **한문교육 전공**<br>석사 학위 논문 | A 대학 **국어교육 전공(읽기)**<br>석사 학위 논문 |
|---|---|
| ·제6차 교육과정에 의한 고등학교 한문 교과서 분석 연구/ ·고등학교 한문 교과서에 나타난 전치사의 용법에 관한 연구/ ·한자어 구조에 관한 연구/ ·NIE를 활용한 한자 및 한자어 지도 방안 연구/ ·제6차 교육과정에 의거한 고등학교 한문교과서의 출전 및 내용 분석 연구/ ·신문 활용을 통한 한문과 수업 모형에 대한 연구/ ·묵자의 교육 사상 연구/ ·초등학교 한자 교육과정 개발 연구/ ·고등학교 교과서에 나타난 한자어 학습 용어 이해 연구/ ·고등학교 한문과 수행 평가 연구/ ·한사어 활용 능력 신장을 위한 포트폴리오 자료 개발 연구/ ·고등학교 한문 교과서에 수록된 산문 수업 모형 개발 연구/ ·북한의 한문 교육 연구 | ·읽기 능력과 글 난이도에 따른 음독 오류 형태와 읽기 과정/ ·텍스트 구조 지도가 독해에 미치는 효과/ ·정교화 전략 훈련이 아동의 독해력 향상에 미치는 효과/ ·텍스트 구조 지도 전략의 효과 연구/ ·배경지식 활성화 전략을 적용한 읽기 수업 양상 분석/ ·비계 설정을 통한 읽기 부진아 지도 방법 연구/ ·읽기 교육에서의 스키마 활성화 방안 연구/ ·텍스트 의미 구조의 과정 중심 분석 방법 연구/ ·읽기 부진의 상관 요인에 관한 연구/ ·독서 단계에 따른 자기 질문 학습 지도 방안 연구/ ·과정 중심 소설 읽기 지도 방안/ ·읽기 전 활동의 지도 방법 연구/ ·통합적 언어 활동을 통한 국어과 교수-학습 방법 연구 |

　한문교육학 연구의 탐구 영역과 연구 관점 및 연구 방법의 모색과
관련하여 A 대학 한문교육 전공 석사 학위 논문의 일부와 A 대학 국어
교육 전공(읽기) 석사 학위 논문의 일부를 비교했다. 『한문교육연구』
에 게재된 한문교육학 연구 논문 검토에서 그 경향성이 잠재되어 나타
나듯이, A 대학 학위 논문의 경우도 교과서 분석에 치중하거나 한자,
한자어의 지도 방안에 제한되어 있다. 연구 범위, 연구 대상이 지나치

게 크다는 점도 문제점이다. 연구 관점 및 연구 방법 측면에서도 새로운 이론을 모색하지 못했다. 평가 및 자료 개발 연구 또한 기존의 이론과 연구 내용을 따랐다. 원인의 중심에는 한문교육학의 이론 부재가 놓여 있다.

이론적 배경을 토대로 하여 실증적이다. 관심 분야 또한 학습 장애 및 부진아 문제, 음독 오류 형태, 여러 가지 전략과 읽기와의 상관 관계 등 다양하다. 그리고 스키마, 텍스트 분석, 과정 중심 학습 이론 등 최근 독해 이론 및 교수—학습 이론을 국어 교육 현장과 연결시켜 적용하는 한편 개선점과 문제점을 도출했다. 이론의 다양성은 시각과 관점의 변화를 유도하며, 연구 대상을 새로운 연구 방법으로 전개한다. 그리고 그 결과는 교과교육학의 학문적 체계 정립의 토대가 된다. 한문교육학의 학문적 정립을 위해 한문교육학 이론의 개발과 소개 그리고 현장 적용을 통한 개선 방안 등이 필요함을 학계에 거듭 요청한다.

## Ⅳ. 한문교육학 연구의 과제 및 그 실천

이 자리에서 새삼스럽게 한문교육학 연구의 반성과 과제를 논의하지 않더라도, 한문교육학의 학문적 정체성을 확보하고, 그 위상을 정립하기 위해 학계는 적지 않은 노력을 경주해 왔다. 한문교육학 연구에 대한 선학들의 반성과 대안 또한 거듭 제기 되었다(김상홍, 2000; 김홍철, 2000; 김상홍, 2001; 김혈조, 2001; 박성규, 2002, 임무열, 2002). 한문교육학 연구의 반성과 과제의 방향은 크게 두 가닥으로 구분하여 논의할 수 있을 것 같다. 곧, 한문교육학 정립을 위한 교과 내적 문제와 한문교육학 발전을 가로막는 교과 외적 문제—정책적, 제도적 장

애 요인에 대한 파악과 이의 개선이 바로 그 것이다. 그 가운데 다음
과 같은 자성의 목소리는 연구자를 포함한 학계의 관심을 제고한다.

> 한문교육을 담당하고 있는 우리들이 과연 한문교육의 발전을 위하
> 여 얼마만큼 고민하고 연구를 계속하였는가를 자문하면서 냉철하게
> 반성을 하지 않을 수 없다. 즉, "한문교육론", "한문교수법" 등등 한문
> 교육 현장에서 필요한 논문이나 저서가 과연 다른 교과처럼-국어과
> 나 영어과처럼-많이 연구되어 한문교육의 발전에 기여하였느냐는 점
> 이다. 한문학 연구는 높은 수준에 이르렀고 연구자가 또한 많으나, 한
> 문교수법에 관한 이론과 연구의 수준과 연구 인력은 그렇지 못한 것
> 이 사실이다. 이러한 현실이 결과적으로 한문 교과의 위상 저하 원인
> 의 하나가 되지 않았나 생각된다(김상홍, 2000).

> 그러나 이제는 특정 시기에 국한된 논의와 활동에서 벗어나 보다 조
> 직적이고 체계적인 연구와 활동을 벌여나가야 할 것이다. 그 기본적
> 인 틀은 한문교과의 기본 적인 위상과 성격에 대한 체계적인 논의, 한
> 자 및 한자어, 한문의 효율적인 지도, 한자와 여타 상관성에 대한 분
> 석 등으로 이루어져야 한다(김혈조, 2001).

학계 일각의 반성과 거듭되는 문제 제기에 불구하고 한문교육학의
개념과 성격, 내용과 구성 요소 등 한문교육학의 학문적 정립과 발전
이 부진한 이유는 무엇인가. 한문교육학의 학문적 정립을 가로막는
장애 요인이 무엇인지, 그 실체가 무엇인지를 밝히는 것이 바로 한문
교육학 연구의 전망과 관련지어 우리가 해결해야 할 과제일 것이다.
한문교육학 연구 부진의 첫째 이유로 한문교육학 이론의 부재를 제
기한다. 이미 학계에 제기된 문제이지만, 거듭 강조한다. 이 시점에
서 필요한 것은 인식의 전환과 그 실천이다. 이론의 부재에 대한 인

식은 몇 차례 제기 되었지만, 인식의 전환과 그 실천 곧, 한문교육학에 대한 학문적, 이론적 연구는 과학화되지 못했다. 누구나 쓸 수 있고, 쉽게 접근할 수 있고, 말 할 수 있는 학문적 풍토가 우리의 현실이다. 교육학 이론서를 한, 두 권 읽고 이론과 내용을 한문에 대한 교육에 끼워 넣는 일을 계속 수행하는 한, 한문교육학의 학문적 정립은 요원하다. 한 작가의 시세계를 탐구하는 과제에는 몇 개월, 몇 년이 필요하다고 생각하지만, 초기 단계의 학습자에게 한문의 내용을 어떻게 구조화해서, 어떤 방법으로 교수해야 학습의 효율을 높일 수 있는지에 대한 문제는 이론적 배경이 필요하지 않고, 쉽게 쓸 수 있고 보고 할 수 있다는 인식 아래에서는 한문교육학의 학문적 정립을 기대할 수 없다. 학습자의 한문 사용에 대한 교육을 연구 대상으로 한문교육학 이론을 탐색하고 그 결과를 한문교육학 전공자와 토론하여 문제점을 발견하여, 개선된 이론을 학계에 보고하는 것이 아니라, 한문학 연구의 여가로, 학회의 발표 요구로, 기타 외적 요인으로 인해 한문교육학 탐구 대상을 연구자의 필요에 따라 선택하여 가볍게, 쉽게, 선언적으로 보고하는 현실이 개선되지 않는 이상, 한문 교과의 위상에 대해 우리는 더 이상 아무것도 주장할 수 없다.

  다시 우리의 현실을 되돌아보자. 한문학 박사 학위 논문은 최소 5년 이상의 연구를 필요로 한다. 연구 목적 설정, 자료 수집, 연구 방법 선택, 그리고 번역, 분석, 결과 정리 등 수행과정에서 치밀하고 엄정한 훈련과 인내를 요한다. 한문학 석사 학위 논문 또한 연구사 검토, 문제점 인식과 주제 선택, 언어 재료의 번역, 내용의 구조화, 결과 정리 등 최소 몇 년이 필요하다. 그런데 한문교육학 연구의 실태는 어떠한가. 한문교육학 박사 학위 과정이 설치된 대학이 있는가, 논문을 지도할 수 있는 한문교육학 이론가 및 전공자가 있는가, 한문

학 석사 학위 논문의 지도는 교수의 전공을 엄격하게 구분하지만, 한
문교육학 논문의 지도도 과연 그런가. 한문교육과의 교육과정과 교수
의 연구 영역은 어떻게 구성되어 있는가, 학생들은 한문교육학의 필
요성을 인식하는가. 이런 문제에 대한 학계의 실천이 따르지 않는 한,
반성과 전망은 공염불이다. 공부하고 싶은 학생을, 연구자를 한문교
육 이론가로 키울 수 없는 학계의 현실, 곧 학문적 미성숙이 바로 한
문교육학 연구 부진의 가장 큰 이유이며 동시에 한문교육학의 학문적
정립을 위하여 첫 번째로 해결해야 할 과제이다.

　한문교육학 연구는 아무나 할 수 없다. 연구 주제 또한 쉽게 결정할
수 없다. "한문에 대한 교육을 탐구"하는 한문교육학을 학문으로서
인식하고 공부하는 사람이 연구할 수 있고, 연구 결과를 검증 받을
수 있다. 한문교육학을 전공하겠다는 연구자는 학습자의 한문 독해
과정에 대한 이론을 공부해야 한다. 한문 독해 과정에 작용하는 제
요인이 무엇인지, 어떻게 상호 작용하는지, 독해의 궁극적 목표는 무
엇인지, 독해 과정과 사고 과정은 어떻게 연관되는지 등에 관한 이론
을 공부해야 한다. 또한 교과교육학으로서 한문교육학에 대한 내용
영역의 구조화와 이로부터 추출된 교과 목표를 설정해야 한다. 그리
고 교수-학습의 이론적인 측면과 학습자의 발달적인 측면을 연관시
켜 논의를 전개해야 한다. 교과서 분석에 매달리지 않고, 한문 교육
현상을 정확히 파악하여 문제점을 인식하고 문제점을 해결하기 위해
가설을 설정, 실험 설계에 따라 실험을 진행하는 연구를 수행해야 한
다. 실험 결과를 이론화하고, 교육 현장에 적용하여 현장 교사들과
논의를 전개해야 한다. 이를 성공적으로 수행하기 위해, 외국의 앞선
이론을 배워야하고 필요하다면 원서를 몇 년에 걸쳐 수 십 권 공부해
야 한다. 그러니 어떻게 아무나 한문교육학을 전공할 수 있고, 논문

을 발표할 수 있는가.

한문교육학의 연구 발전을 가로막는 교과 외적 요인 곧, 국가 수준의 어문 정책과 한문 교육 정책 문제, 교육과정에서 한문과의 위상 문제, 한문교육 전공자 양성을 위한 대학, 대학원의 교육과정 및 운영 방식 문제, 대학수학능력시험의 평가 영역 설정과 평가 문항 개발 문제, 임용 고사에 관련된 문제 등은 필자의 역량 밖의 문제 거리이기도 하지만, 선학들의 연구 보고에 상세하다.


## V. 결론

한문교육학 연구의 동향을 살펴보고, 문제점을 제기하며, 그 전망을 마련하는 것이 대동한문학회가 필자에게 요구한 주문이었다. 연구사 검토의 기준과 비계 설정을 위해, 필자의 공부 깜냥에 따라 한문교육학의 개념, 성격, 내용과 구조에 대해 시론했다. 이를 바탕으로 선학, 동학들의 보고 논문을 몇 가지 범주로 나누어 검토했고, 그 과정에서 한두 가지 문제점을 제기했다. 그리고 한문교육학 연구의 발전을 위해 학계가 관심을 기울어야 할 문제도 말했다.

연구사 검토 결과, 교과로서 한문 교과의 필요성과 중요성을 많이 말했다. 교수-학습 이론이 필요함도 언급했다. 시대의 변화에 따른 교과서가 개발되어야 하고, 교수-학습 자료와 방법 또한 학생의 흥미를 유발하는 것이어야 한다고 강조했다. 새로운 평가 방식이 현장에 소개돼야 한다고 논의했다. 많은 사람들이 공감했다. 그러나 여전히 한문교육학 연구는 부진하다.

　반성도 필요하고 과제 제기 및 전망도 유효하다. 그러나 이제는 실천이다. 우리에게 지금 필요한 것은 한문교육학에 대한 이론 공부다. 한문교육학 이론가가 되기 위해 공부해야 한다. 한문교육학 전공자가 되기 위해 노력해야 한다. 공부하고 노력한, 한문교육학 이론가와 전공자가 대학에서 학생들을 지도할 수 있는 여건을 학계는 조성해야 한다. 그리고 학생들이 한문교육학을 학문으로서, 평생의 과업으로 수행할 수 있도록 공부의 길을 제시하고 격려해야 한다. '인식의 전환, 이론 공부, 그리고 그 실천'이, 한문교육학 연구의 처음이자 끝이다.

**참고문헌**

**1. 단행본**

교육부, 『초·중·고등학교 국가 수준의 교육과정 기준-총론(1954-1997)』, 대한교과서주식회사, 1999.

교육부, 『초·중·고등학교 국어과·한문과 교육과정 기준(1946-1997)』, 대한교과서주식회사, 2000.

한국한자한문교육학회 편, 『한문과교육론』, 한샘, 1993.

안승덕, 『한자교육론』, 아세아문화사, 1993.

박정도, 『한문과 교수 학습 방법론』, 박이정, 1999.

정우상 외, 『신한문과교육론』, 전통문화연구회, 2000.

송영일, 『한자 교수·학습 방법과 평가론』, 장서원, 2001.

송영일, 『한문교육론』, 장서원, 2002.

송병렬, 『새로운 한문 교육의 지평-한문교육의 이론과 실제』, 문자향, 2002.

노명완, 『국어교육론』, 한샘, 1988.

노명완·박영목·권경안, 『국어과교육론』, 갑을출판사, 1991.

최현섭 외, 『국어교육학개론』 2판, 삼지원, 1999.

허경철·이화진·박순경·소경희·조덕주, 『교과교육학신론』, 문음사, 2001.

최진황·이완기·배두본·임찬빈·진경애·이소영·김인석·이의갑·김영국, 『영어교육학신론』, 문음사, 2001.

성태제, 『교육 연구 방법의 이해』, 학지사, 1998

2. 보고서

김왕규·윤재민·정재철·한연석·원용석·이병주, 『2005학년도 대학수학능력시험 한문 영역 출제 지침(시안) 개발 연구』, 한국교육과정평가원, 2002.

교육인적자원부, 『한문 교육용 기초 한자 1800자 조정 백서』, 2001.

박영목·권경안, 『한글 전용과 한자 혼용에 대한 선호도 조사』, 한국교육개발원, 1989.

박영목·손영애, 『한글전용 표기와 한자 혼용 표기가 독서 과정에 미치는 효과 실험 연구』, 한국교육개발원, 1990.

이명준·김왕규, 『국가교육과정에 근거한 평가기준 및 도구개발 연구- 고등학교 한문 Ⅰ, Ⅱ』, 한국교육과정평가원, 1999.

이명준·김왕규, 『중·고등학교 학생들의 한자 기초 학력 평가 연구』, 2000.

이화진·최승현·김왕규·윤천탁·정미경, 『제7차 교육과정 적용에 따른 수준별 수업 자료 개발 연구』, 한국교육과정평가원, 2001.

이화진·최승현·김왕규·윤천탁·정미경, 『수준별 수업 이렇게 해 보세요-중학 국어 1-1/중학 생활 국어 1-1(전 2권)』, 한국교육과정평가원, 2001.

정구향·유영희·김미혜, 『초등학교 국어과 교수·학습 방법과 자료 개발 연구』, 한국교육과정평가원, 2002.

최현섭·박영목·노명완·최영환·정혜승, 『초등학교 한자 교육 문제에 대한 총체적 분석 연구』, 교육인적자원부, 2002.

3. 일반 논문

김상홍, 「한국의 한문교육용 기초 한자 변천 고」, 한문교육학회 2003 하계 학술 발표 대회, 2003.

김왕규, 「국가 교육과정에 근거한 한문과 준거 지향 평가의 시행 절차와 평가 유형의 실제」, 한문학논집 20, 근역한문학회, 2002.

김왕규, 「초등학교 한자 교육의 현황과 과제」, 한문교육학회 2003 하계 학술 발표 대회, 2003.

강경모, 「바람직한 한문과 평가를 위한 내용 영역 검토」, 『한문교육』 54호, 전국한문 교사모임, 2002.

방인태, 「초등 한자 교육론」, 『한국초등교육』 38, 서울교육대학교. 89-108면, 1997.

원용석, 「한문과 교육과정의 내용 체계에 관한 연구」, 한문과 교육과정의 현황과 새로운 방향 모색, 한자한문교육학회 2003학년도 하계 학술 발표 대회 발표집, 2003.

안재철, 「한문과 교육과정의 영역에 대한 문제 검토」, 『한문교육연구』 제20호, 한국
    한문교육학회, 2003.
임무열, 「사범대 한문교육과 교육과정 및 임용고사에 대한 연구」, 성균관대학교 교
    육대학원 석사 학위 논문, 2002.
정태범, 「교과교육학의 개념적 모형」, 『교원교육』, 한국교원대학교, 1985.
허철, 「한문교과교육학 정립을 위한 시론」, 계명대 교육대학원 석사 학위 논문,
    1999.

※『한문교육연구』 1-20호 수록 논문14)

## 1. 한문과 목표론
송재소(1986), 한문교육은 왜 필요한가?
이은애(1989), 한문 교육의 목표와 실제 수업-한문 교육의 목표가 교육 현장에서
    실현되고 있는가
남윤수(1991), 한문 교과의 정의적 영역일고
송재소(1992), 한문 교과의 성격
이종복(1993), 한문교육과 인간교육
허권수(1999), 한자 한문은 꼭 배워야하고 배우기 어렵지 않다

## 2. 한문과 내용론
한연석(1991), 한문 교육에 있어서 한자어의 위상에 대한 비판
박영호(1996), 제 6 차 한문과 교육과정 중 '내용체계'의 문제점과 해결방안
심호택(1999), 21세기 한문교육에서의 중세적 사유의 문제
안재철(2003), 한문과 교육과정의 영역에 대한 문제 검토

## 3. 한문과 교수, 학습론
김경수(1986), 한문교과와 그 지도안
이종호(1988), 고교 한시 지도 방법에 관한 시론
장기성(1988), 한문의 독해력 신장을 위한 허사와 문형학습지도에 관한 연구

---

14) 학회지에 수록된 논문 가운데 한문교육학에 관련된 논문을 내용에 따라 발표 연
    대순으로 정리했다. 단, 내용 범주 설정과 그에 따른 개별 논문의 분류, 편입 문제
    는 필자의 논지 전개에 의한 것임을 전제한다.

배원룡(1988), 효과적인 한문 교육의 방안

김경수(1989), 한문과 수업 설계에 관하여

최승호(1990), 구조 유형의 탐색 활동을 통한 한자·한자어·한문에로의 단계별 지도
    방안

김익수(1990), 한자의 자형분석을 통한 자의의 이해(한자 지도법에 대한 일시고)

강덕희(1991), 기초 조어표의 활용을 통한 조어표의 효과적인 지도방안

김이곤(1991), 한자의 필순에 대한 고찰(필순의 원칙과 부수자의 필순)

조규남(1995), 그림을 활용한 한자 지도법 연구

이태희(1997), 근체시의 4단 구성과 그림으로 하는 한시 수업

백원철(1997), 한문과 학습의 전통적 낭독법에 대하여

송영일(1999), 조선조 경연의 진행방법과 교육공학의 조화

이태희(2000), 한문교육에 있어서 하이퍼미디어의 활용

백광호(2000), 한문과에 적용가능한 웹기반수업과 문제중심학습

전용한(2000), '광수생각'으로 한자·한문 익히기

송병렬(2001), 한문교과교육에서 「한자의 짜임」지도 방법의 일고찰

백광호(2002), 한문교과에서 ICT 활용교육의 현황과 전망

변경애(2002), 현장 교육에서의 한자 병용 학습 적용 방법

남은경(2003), 인터넷을 통한 한문과 문학과 문자 교육

김갑기·김홍철(2003), 한시지도와 용사의 문제(7차 검인정 고교한문교재 수록 한시
    를 중심으로)

김경수(2003), 한문 해석을 위한 어순의 구조 분석

김영옥(2003), 한자 교육에서의 구형학 응용에 대한 연구

이미애(2003), 중학교 한문과 정의적 영역의 학습효과에 관한 연구


## 4. 한문과 교재론

송병렬(1990), 현행 중고등학교 한문 교육의 문제점(고등학교 5차 개정 교과서를 중
    심으로)

이창희(1989), 한문 교육의 문제점(교과서를 중심으로)

배원룡(1991), 한문 교과서의 벽자에 대하여(현행 중학교 5종 교과서를 중심으로)

김현규(1991), 몽학 교재로서의 천자문

최상익(1993), 현행 고등학교 『한문(상)』교과서의 문제점 연구

신용호(1993), 『고교한문(상)』교과서에 수록된 근체시고

김영문(1993), 장혼의 초학 교재 연구

이명학(1994), 현행 교과서의 현황과 개선방향

배원룡(1994), 중학교 한문교과서 단원설정에 관한 연구

김길용(1995), 제6차 교육과정에 의한 중학교 한문 교과서 분석

최오현(1997), 중학교 한문 교과서의 문제점과 그 개선 방안에 대한 일고

정미정(1998), 제6차 교육과정에 의한 고등학교 한문 교과서의 가치관에 관한 연구

심호택(1998), 한문교육에서의 주제 지도의 방향

최태연(2000), 한문 교육 내용의 표준화 문제

송병렬(2000), 한문과 교과교육에 있어서 교과서 문제

오현정(2000), 실업계열 고등학교 한문교육의 내실을 위하여

안재철(2001), 제6차 교육과정에 따른 고등학교 한문교과서의 〈한자·한자어〉영역
　　단원 분석

김숭호(2001), 고등학교 한문교과서의 몇 가지 문제점에 대하여

박준호(2001), 고등학교 한문교과서 연구(1)

임성원(2001), 애국계몽기 한문교과서 『속성한자과본』분석

윤채근(2002), 7차 교육과정에 따른 한문 교과서 활용 방안

한예원(2003), 한문교과서의 문학교육 비중

김상홍(2003), 제7차 교육과정에 의한 고등학교 한문 교과서의 문제점(한시 단원을
　　중심으로)

임완혁(2003), 제7차 교육과정에 따른 한문 교과서에서의 문학교육(산문, 소설을 중
　　심으로)


## 5. 한문과 평가론

정우상(1988), 한문과 교육과정과 평가로 본 한문 교육

노현숙(1989), 한문과 평가 문항의 문제점과 개선 방향(고입 연합고사를 중심으로)

안재철(1998), 현행 고등학교 한문교과서에 나타난 평가문제 분석 연구

조언영(1999), 한자어 이해도와 학업성취의 상관관계 연구

고병희(2001), 중학교 한문과 학습평가의 시안

김왕규(2002), 국가 수준의 '한자' 기초 학력 평가 연구

박성규(2002), 한문과 평가의 문제와 그 지향점

한예원(2002), 중학교 한문과 평가의 문제점과 개선 방안
양판석(2002), 고등학교 한문과 평가의 문제점과 개선 방안
진인변(2002), 한문과 평가를 위한 성취기준 개발 방향에 대하여
송병렬(2002), 한문과 수행평가의 현황과 개선 방향
김왕규(2002), 2005학년도 대학수학능력시험과 '한문'영역 평가 방향
이윤찬(2002), 한문과 수능평가 기준의 방향 모색
강경모(2003), 한문과에서 문학 교육의 평가

## 6. 한문과 정책론

신용호(1988), 한문교사들의 자격증 소지 실태와 문제점
이삼지(1990), 서울 지역 중등학교 한문 교육의 실태
이희목(1990), 부산 지역 중등학교 한문 교육의 실태
허권수(1990), 경남 지역 중등학교 한문 교육의 문제점
이은숙(1990), 비 전공 한문 담당 교사가 보는 한문 교육
유경순(1990), 한문 교육에서의 전공·비 전공 교사간의 갈등
홍석미(1990), 중 고등학교 한문 교육의 실태와 문제점(행정적 문제를 중심으로)
이희목(1991), 부산 지역 적체교사의 한문 교과 보습 교육을 통한 발령 계획에 대한 비판
신용호(1991), 한문 교육 여건 얼마나 개선되었는가
김란주(1993), 중학교 한문교육의 문제점과 개선방향(설문조사를 중심으로)
이명학(1996), 교육개혁안에 따른 한문교육과·한문학과의 향후 전망
진재교(2000), 북한의 어문정책과 한문교육
김상홍·정우상·이동환·신용호·심경호(2000), 한문교육용 기초한자 1,800자 조정에 관한 연구
김상홍(2000), 한문교육용 기초한자 1,800자 조정의 기본방향
진재교(2000), '한문교육용 기초한자 학교급별 구분'에 대하여
박영호(2000), 교육용 한자수의 검토
김상홍(2000), 한문교육의 반성과 과제
김홍철(2000), 새 시대 한문교육의 전망과 과제
주동일(2000), 북한의 한문 교육 방법
김상홍(2001), 2001학년도부터 적용되는 조정된 한문교육용 기초한자의 고찰

김상홍(2001), 21세기 한문교육의 정상화 과제

박성규(2002), 한문교육의 현황과 전망

이희목(2002), 한문과 중등 임용고사의 현황과 과제

송병렬(2002), 한문과 교사 연수의 현황과 해결방안

신용호·한연석·김석제(2002), 한문과 교사 임용고사문제 분석


## 7. 한문과 교육과정론

신용호(1992), 중등학교 한문의 변천 과정과 문제점

김혈조(1992), 제6차 교육과정 개정시안에 대한 비판적 검토

권문봉(1992), 제6차 교육과정 개정시안의 문제점

양광석(1992), 제6차 한문과 교육과정 개정안에 대한 의견

허천행(1994), 제6차 고등학교 한문과 교육과정 개정과 교수학습의 방향

임종대(1995), 한문과 교육과정의 변천과정 소고

김상홍(1995), 제6차 교육과정이 재 개정되어야 하는 이유

김성진(1995), 제6차 교육과정의 문제점과 개선방향

정재철(1997), 신 교육과정 총론(안)과 한문교육

신용호(1998), 중·고등학교 교육과정과 한문교과

정재철(1998), 제7차 한문과 교육과정의 개발 방향

정재철(1999), 제6·7차 한문과 교육과정의 비교 연구

박영호(1999), 제7차 중·고등학교 한문과 교육과정의 의의와 과제

박영호(2000), 한국에서의 한문교육의 현황과 과제

김혈조(2001), 7차 교육 과정의 제 문제

정재철(2002), 제 7 차 한문과 교육 과정 실천상의 쟁점과 해결방안


## 8. 한문과 문법론

정우상(1990), 한문의 구문 구조 연구

김이곤(1992), 한자의 필순에 대한 고찰(좌우 대칭되는 한자의 필순)

정순영(1992), '여'의 통사·형태론적 연구

박유리(1995), 한문의 월 형식 연구(한문의 독해 교육을 위한 시도)

송병렬(1996), 교과서 한문 문법에 대한 재고

임종혜(1996), 한문 교과서 문법용어의 실제

안재철(1996), 한문교육에 있어서의 문법용어의 제문제

김승호(1996), 한문 문형에 대한 연구

장호성(1997), 부사 '相'자의 번역에 대하여

장호성(1998), 「惟[唯, 維] + 목적어 + 조사 + 동사」구문 연구

송병렬(1999), 현토 교육의 유효성과 토의 문법적 성격

안재철(2001), 학교 한문문법의 품사 분류와 그 내용에 관한 문제

김승호(2001), 학교 문법을 위한 문장 분류의 문법적 이해

송병렬(2001), 바람직한 문장구조 및 성분론

김용한(2001), 한문 문법서의 연구

정요일(2001), 어조사 '之'자를 목적어로서의 대명사로 볼 수 없는 이유


9. 기타

반성완(1989), 독일어에서의 라틴어 교육과 한국에서의 한문 교육

정우상(1992), 한문과 현장교육연구 자료분석 Ⅲ

이상진(1992), 고등학교 한문교육과 대학입시

김왕규(1992), 율곡 이이의 『학교모범』연구

류정희(1992), 다산의 자녀교육 연구(가계와 서간을 중심으로)

김대현(1996), 다산 정약용의 한문교육서에 대한 고찰

한연석(2000), 중국의 고문교육

심경호(2000), 일본에서의 한자·한문 교육

김영신(2000), 초등교과서의 한자실태와 빈도수 연구

이병주(2000), 한자 자격증 제도에 대하여

이병주(2001), 중등 한문교과의 현실과 한자·한문 검정제도의 문제

진재교(2002), 현행 한자·한문 급수제도의 문제와 개선방안

---

이 글은 『대동한문학』 19집(대동한문학회, 2003)에 수록한 논문을 재수록한 것이다.

# 漢文敎科敎育學의 정의와 그 영역 분류

許喆

## Ⅰ. 서론

한국에서 漢文敎科는 1972년 정식 교과로 채택되어 지금까지 중고등학교 현장에서 시행되어왔다. 30여 년이 넘는 교육 역사를 가지고 있으나, 한문교과가 겪어 왔던 변화는 적지 않았다. 그 변화가 긍정적인 변화이기 보다는 한문교과의 위상과 정체성이 혼란스러워지게 되는 부정적 변화이기에 문제의 심각성이 있다. 30여 년이 넘었음에도 불구하고, 한자나 한문에 대한 사회의 인식은 달라지지 않았다[1]. 해방 후 일어났던 국한문논쟁은 아직도 한국사회의 가장 큰 화두이

---

[1] 실례로 중고등학교에서 한문교과를 교육받았음에도 불구하고, 많은 일반인들은 한자와 한문의 용어 구분을 못하고 있으며, 한문교과의 필요성과 국가문자정책의 개정 등을 혼동하고 있다. 현재 사회에서 일어나고 있는 한자학습 열기는 사실 사회적인 영향이지, 내재적으로 일어난 학습 열기는 아니다. 이는 사회적인 한자학습 열기가 직접적으로 학교 교육과정 속의 한문교과의 발전이나 부흥으로 이어지지 못하고 있다는 점을 보면 이해할 수 있다. 이와 반대로 사회에서 논쟁의 대상이 되고 있는 어문정책의 변화는 직접 학교 교육에 영향을 끼치고 있다는 점에서 보면 이는 단순한 문제가 아니다. 결국 한문교과는 사회의 영향을 받으면서도 받지 않는 모호한 상황에 있다. 이는 한문교과에 대한 올바른 인식의 부재로부터 그 원인을 찾을 수 있다.

며, 그 논의 또한 언제나 큰 사회적 반향을 일으키고 있고, 열띤 논쟁
은 여전히 학교에서의 한문교과교육과 연계되어 회자되고 있다. 이런
와중에서 한문교과는 항상 자신의 정체성과 위상을 펼치지 못하고 이
리 저리 끌려 다니는 형상처럼 보인다. 그 원인에 대해서는 연구자마
다, 개인마다 각기 다른 의견을 가지고 있으리라 생각한다. 필자는
그 원인의 중심에 바로 한문교과교육을 담당하고 있는 연구자들이 있
다고 본다. 실제 한문교과교육은 중등학교에서 한문교과가 정식교과
로 시행되면서부터 현재까지 외형적으로 많은 성장을 하였다. 거의
모든 중고등학교에서 한문교과가 교육되었고 교육되고 있으며, 전국
적으로 이미 많은 한문교과 교사가 배출되어 현장에서 교육이 이루어
지고 있다. 『韓國漢文敎育』과 『漢字漢文敎育』 등 관련 학술지도 성장
을 거듭해 한국 학술계에서 없어서는 안 될 학술지로 자리매김했다고
할 수 있다. 그러나, 이러한 외적 성장에도 불구하고 내부적으로 보
았을 때 한문교과가 가야할 길은 멀게만 느껴진다. 여기서 우리는 "漢
文敎科란 무엇인가?" 라는 질문에 대해 명확하고도 확실한 대답을 해
야 한다. 이 질문에는 여러 가지 의미가 내포되어 있다. 이는 곧 한문
교과의 정체성과 관련된 문제이며, 이를 답하기 위해서는 우선 한국
교육에 있어서 교과란 어떤 의미이며, 한문교과는 전체 교과 중 어떤
공통성과 개별성을 가지는가라는 정의의 문제로부터 논의를 시작해
야 한다. 이는 한문교과만이 가지는 특성에 대한 가장 근본적 질문이
다. 이 질문을 조금 더 확장하여 한문교과의 정의는 무엇인가, 한문
교과의 목표는 무엇인가, 한문교과는 그러한 정의와 목표를 어떻게
구성하여야 하는가, 한문교과는 타 교과와 어떤 차별성을 가지는가,
한국에 있어서 한문교과는 어떤 의미인가라는 개별적인 질문은 한문
교과가 존재해야 할 필요성과 당위성을 확보해 주는 기본적인 토대가

된다. 이러한 토대 위에서 교과내용이 구성되고 확정되며, 이를 통해 교과를 가르치는 형식과 내용(예를 들어 교과교육매체와 교육 방법론들)이 결정되어야 하며, 마지막으로 평가를 통해 초기 설정하였던 목표와 형식, 내용이 일치하는가의 문제와 피학습자들이 의도하였던 교과의 목표를 학습하였는가, 발견된 문제는 어느 부분에서 해결해야 할 문제인가 등을 고려해 볼 수 있게 된다. 이러한 순환적 구조로 한문교과교육은 더욱 발전된 형태로 한발 한발 나아갈 수 있게 된다. 다시 말해, 한문교과교육의 발전은 현대 한국교육에서 한문교과란 무엇인가라는 가장 근본적이고 원천적인 문제에 대한 의문으로부터 시작하여야 한다.

## Ⅱ. 敎科와 漢文敎科

### 1. 교육학에서 바라보는 교과의 정의와 분류

敎科[subject-matter]의 정의에 대해서 나음과 같이 말할 수 있다.

"초·중·고 학교에서 수업을 통해 학생들이 학습해야 할 지식과 기술 등을 학문과 문화의 영역에 따라서 조직해 놓은 것이다. 교과는 그 사회가 지향하는 교육적 가치를 잘 반영하는 내용이 선정된다. 學科라고도 한다. 또 교과 중에서 더욱 구분하여 계통을 세운 영역을 敎科目이라 하고, 교과의 내용을 담고 있는 책을 교과서라고 한다.[2]"

다시 말해, 교과란 그 사회가 지향하는 교육적 가치를 반영하고 있

---

2) 두산동아대백과사전 '교과' 항목의 일부.

다는 의미인데, 그렇다면 우리는 다시 한국이라는 사회가 지향하는 교육적 가치는 무엇인가? 교육을 통해 성취하고자 하는 목표는 무엇인가라는 근본적인 질문을 던지지 않을 수 없다. 교육이란 바로 그 사회가 요구하는 "사회인"을 양성하는 과정이기 때문에, 국가의 교육목표와 목적이 교육의 가장 중요한 존재이유가 된다. 다시 말해, 국가의 교육목표란 국가가 규정한 사회화의 목표이며, 그 사회화를 성취하기 위해 마련해 놓은 것이 교육과정인 셈이다. 이 교육과정은 그 사회의 교육목표가 확실할 때 그 논의가 활발해지고 하나로 규정되어 질 수 있는 데, 이 때 교육목표를 어떻게 설정해야 하는가에 대해서는 기존에 많은 학자들이 연구를 진행하였다. 그 중 Bloom과 그의 동료들이 행한 네 가지 분류원칙[3]과 내용에 따라 지적 영역[4], 정의적 영역[5], 운동기능적 영역[6]으로 구분하여 논의한 것이 널리 쓰이고 있다.

---

3) 일반적으로 교육목표를 분류하는 원칙으로는 ① 행동의 분류는 주로 현존하는 교육기관 및 교육 프로그램에서 사용될 것이기 때문에 유목간의 구분은 대체로 교사가 학생의 행동을 구분할 때에 쓸 것, ② 분류에 사용되는 용어는 논리적 모순을 예방하고 내적 통일성을 추구하기 위해 처음부터 끝까지 일관성 있게 정의되어야 함. ③ 분류는 심리학적 타당성을 가져야 함. ④ 교육목표의 분류는 모든 교육목표가 골고루 포함될 수 있는 분류체계를 지녀야 함. 등 4가지로 정리될 수 있다.
4) 지적영역이란 지식을 바탕으로 하는 영역을 의미하는데, 이는 개인의 특성을 배제한 학문 전달 학습의 의미를 가진다. Bloom은 지적 영역의 교육목표로 ① 지식[knowledge], ② 이해력[comprehension], ③ 적용력[application], ④ 분석력[analysis], ⑤ 종합력[synthesis], ⑥ 평가력[evacuation]으로 나누고 있다. 이러한 6가지 분류는 두가지 문제점을 가지고 있는데, 우선 현실적으로 교육목표 설정 담당자들이 위의 내용을 완전히 이해하지 못하면 그 내용 설정에서 목표와는 이질적인 요소가 개입할 수 있다는 점과 이러한 분류 자체가 현장 교육에서 완벽한 것이 아니므로 분류된 행동유목들 사이에 정밀한 구분이 힘든 점 등이 있다. 곧, 이러한 활동의 영역이 단순히 하나로 드러나는 것이 아니라, 여러 가지가 복합적으로 일어날 때 정밀한 구분이 어렵기 때문에 지나치게 작위적, 인위적인 분류가 될 수 있는 가능성이 존재하고 있다.
5) 정의적 영역이란 학생들의 내면적 심리 상태를 의미하는 것인데, ① 감수 [receiv-

이들의 논의를 정리해보면 학교라는 공식교육기관을 통해 교육활동
이 이루어지므로, 어떤 교육목표가 설정되던 간에 현존하는 교육기관
과 교육 프로그램에서 교사와 학생에 따른 분류와 용어의 명확성, 분류
의 타당성 그리고 유기적인 분류체계가 이루어져야 하며, 그 내용은
知的, 情意的, 運動領域 등 많은 요소들을 개별적인 것이 아닌 복합적
이고 종합적인 시각을 가지고 살펴 분류 정리해야 한다는 것이다.

지금까지 대한민국 정부의 수립 이후 이루어진 학교 교육과정은 일
곱 차례에 걸쳐 개정되었으며, 개정이 거듭될수록 새로운 교육 과정
적 조치가 추가됨으로써 계속 확대되어왔다. 해방 후의 우리나라 교
육과정과 관련하여 흔히 제1차 교육과정은 敎科中心 교육과정이었으
며, 제2차 교육과정은 1차 교육과정이 교과 내용이 일상생활과 거리
가 먼 지식 위주로 구성되어 있다는 점에 문제를 인식하여 經驗 또는
生活中心 교육과정을 채택하였다. 학생의 경험에 대한 관심은 "교과
란 무엇인가"라는 질문을 본격적으로 제기하는 계기가 되었다. 그래
서 제3차 교육과정은 學問中心교육과정이라는 구분이 있었고, 제4차
교육과정에서는 統合敎科와 人間中心 교육과정을 실현하고 있다. 제
5차 교육과정에서는 교육내용 지역화, 제6차 교육과정에서는 교육과

---

ing] 혹은 주의[attending], ② 반응[responding], ③ 가치화[valuing], ④ 조직화
[organization], ⑤ 인격화[characterization]등을 말한다. 이러한 정의적 영역은
지적영역과는 다르게 사람의 개인적 특성에 의해 드러날 수 있는 이러한 영역은
지적영역과 마찬가지로 그 분류가 혼재할 수 있는 가능성, 그리고 정의를 표시하는
용어 즉, 적응, 가치, 태도, 감상, 흥미라는 의미가 어디까지 얼마만큼의 내적 의미를
가지고 분류될 수 있는가라는 문제를 가지고 있다.

6) 운동기능적 영역이란 학습활동에서 나타날 수 있는 여러 외부적 행동 양식을 통
해 학습하게 됨을 의미한다. 이에 대해서는 심슨[Simpson], 해로우[Harrow] 등
이 분류체계를 제안한 바 있으나, 아직도 그 타당성과 실용성 등에 있어 적지 않은
의문점이 있는 것으로 흔히 논평되고 있다.

정 지역화와 교육 과정의 편성·운영 체제를 개선하여 교육의 질을 체계적으로 관리하는 데 중점을 두고, 이를 위한 제도적 장치와 기본 지침을 국가 수준의 교육 과정에 반영시킨 점이 획기적인 변화이다. 그리고 제7차 교육과정에서는 學生中心 교육과정 등이 부각될 수 있을 것이다. 이러한 이론상의 변화는 주로 미국을 중심으로 전개된 교육과정 패러다임의 변화로 초래된 경우가 많았으며7), 지금까지의 교

---

7) 좀 더 구체적으로 한국교육에 영향을 미친 교육과정의 유형을 살펴보면, 크게 네 가지로 분류될 수 있다.

첫째, 교과중심 교육과정이다. 여기서 말하는 교과에 대해서 Romine는 조직된 지식의 분야, Krug은 교수목적 달성을 위해 정비된 지식이나 기능의 범주, Leonard 는 동질적 문화국면들의 논리적 체계적 조직묶음이라고 설명하고 있다. 결국 이는 지금까지 인류가 이룩한 여러 문화유산을 체계적 논리적으로 조직한 것이라고 말할 수 있다. 즉, 이렇게 설정된 교과는 교육을 통해 선세대의 문화유산이나 정보를 후세대에게 전달하는 중요 요소가 되며, 때문에 각 교과는 각기 다른 그 자체의 논리를 가진다는 분과형을 지향하게 된다. 또한, 교육의 목표도 인간의 감성보다 이성을 중시하게 된다. 이러한 교과중심교육과정은 인간의 감성이라는 부분을 배제 하고 이성만을 강조하며, 모든 인간이 동일한 학습능력을 가지고 있다는 전제에서 출발함으로써 개성을 무시하였다고 할 수 있다.

둘째, 경험중심 교육과정이다. 경험중심 교육과정은 어떤 일에 참여하거나 직접 실행해 보고 얻은 체험을 중시하는 교육과정으로, 학습자의 흥미, 욕구, 관심 위주 의 교육을 실시하며, 전인교육을 강조하고, 문제해결학습을 중요시하며, 협동적 교수-학습 중요시하는 교육과정이다.

세 번째로 학문중심 교육과정이다. 여기서 정의하는 학문은 체계적으로 조직된 지식체 또는 교과 혹은 탐구양식으로서, 이는 학계에서 공인할 수 있는 독특한 개 념적 지식이나 원리적 지식은 물론 실생활에 필수적이라고 할 수 있는 독특한 지 식의 묶음 또는 핵심적 아이디어들이다. 따라서 이 교육과정에서는 교과나 학문의 기본 구조를 중시하며, 어떤 교과이든 학습자이든 학문이나 지식의 구조를 효과적 으로 가르치는 것을 주된 목표로 삼고 있다. 또한, 학습자의 직관적 사고를 중시하 고, 학습자의 내적 보상에 의한 학습 동기 유발을 내용으로 삼고 있다.

네 번째로 인간중심 교육과정이다. 인간중심교육과정에서는 인간을 중심으로 사 물이나 현상을 고찰하려는 사상이나 행동의 체계를 중요시하는데, 이는 1920년대 출현한 교과중심 교육과정과 1930년대에 등장한 경험중심 교과과정 1960년대에 등장한 학문중심 교육과정을 검토하여 볼 때, 이들이 지나친 합리주의나 이성주

육개정은 학교 현장의 실천보다 공식적 교육과정의 개정에만 초점이 있었다. 실제 바뀐 것이라곤 편제표상의 교과목과 교과별 시수만이 개정되는 형편이었다.[8] 결국 교과는 교육과정이 어떻게 변화하든 간에 그 고유 영역을 지키고 있었던 셈이었다. 그렇다면, 교과는 어떻게 분류될 수 있는 것일까? 교과의 기원과 분류에 대해서 다음과 같이 말하고 있다.

> "교과의 기원은 서양의 고대 이래의 자유7과[seven liberal arts:문법·수사학·논리학의·산술·음악·기하·천문학에 의하여 자유인의 교양을 나타낸 것]에 있다고 한다. 그러나 시대와 함께 지배층의 교양의 실상도 변한다. 그리스의 귀족은 음악과 체조, 중세의 성직자들은 神學, 기사는 무예가 중심이었고, 르네상스시대에는 라틴어와 그리스어에 의한 고전이 중시되었다. 근대에는 언어와 數 이외에 근대과학과 기술학이 채택되어, 기초적 교과와 함께 실용적인 교과도 포함하게 되었다."[9]

곧, 교과는 敎養人을 양성하기 위한 교과와 專門人을 양성하기 위한 진문교과로 분류될 수 있다. 여기서 말하는 교양이란 그 사회가 일반적으로 요구하는 높은 전문적인 연구능력을 가르치는 것과는 달리 그 사회에서 살아가며 동참하기 위한 보편적이고 일반적인 교양을 함양하는 것이라고 할 수 있다.[10] 학습의 단계로 본다면, 교양교육에도 기초적인 교양교육[언어교육, 數교육, 윤리 교육 등]과 이를 좀 더 발전시켜 나가는 일반교양교육이 있으며, 일반교육교육을 받은 자들 중에서 좀 더 전문적인 교육을 원하는 이들을 위해 전문교육과정이 필요하게 된다.

결국 교양교육은 현재의 교육체제에서 본다면 중고등학교 때까지의 국민공통교육과정인 셈이며, 그 내용은 한국인이면 누구나가 갖추어야 할 기본적인 소양이 되는 동시에, 전문인이 되기 위한 기초적인 단계가 되는 셈이다.

교양의 영역 또한 구체적으로 살펴보면 기초단계와 각 교과의 기본단계로 구성되어질 수 있으며, 그 단계들은 서로가 유기적으로 연결될 系連性과 그 교과만이 가지는 개별성으로 나뉜다. 따라서, 교양교과의 영역은 전문교과영역에 비해 그 범위와 교과의 내용이 넓으면서도 특정교과에 치우지지 않는다고 할 수 있다. 특히 기초교양교과의 경우는 교양교과로 학습단계가 전이되기 이전의 가장 기초적인 단계라고 말할 수 있기 때문에, 우리는 이를 도구교과라는 표현을 사용할

시 생겨났고, 그 뒤 새로운 학문분야로 성장한 자연과학과 분리되어 인간의 도덕적 열망, 미적 감정, 지적 반성 등을 가르치는 것으로 정착되었다. 그러나 18세기 말 프랑스와 미국에서 일어난 혁명을 계기로 이전의 소수특권층을 대상으로 하는 자유교육의 기반이 무너지고, 19세기에 들어와서 고전문학이 전인적인 지적 발달에 미치는 영향에 대해 의문을 제기하게 되었다. 교양교육의 현대적 개념은 1945년 하버드대학에서 '자유사회에서의 교양교육'[the Liberal Education on Free Society]이라는 보고서가 발표된 이후, 당시 J.B.코넌트 총장이 '자유사회에서의 일반교육의 목적에 관한 대학위원회[University Committee on the Objectives of a General Education in Free Society]'를 구성하여 연구에 들어가면서 일반교육으로 바뀌게 되었다. 이로부터 일반교육으로서의 교양교육은 모든 자유사회의 시민을 양성하기 위한 것으로 이해되어 대학생은 물론 중·고등학생까지 교육의 대상이 되었고, 교과도 전통적인 인문학[문학·어학·철학·미술·역사] 분야를 넘어서 자연과학·사회과학에까지 확대되었다.

수 있다.[11] 하지만, 어떤 교과도 전문적인 영역으로 전이할 때는 도구교과의 측면에서만 머물지 않고, 내용교과로의 전환도 가능하게 되는 二重 성격을 가지고 있다. 그러므로 도구교과란 교양교육에 있어서 가장 기초가 되는 교육 내용이 되는 셈이다. 이러한 측면으로 인해 교과중심교육과정에서는 교육과정을 조직화 할 때 分科型 교육과정과 相關型, 融合型, 廣域型 교육과정으로 나누어 구성하게 되는데, 한국의 경우 초기 분과형을 지향하였으나, 발전되면서 상관형을 거쳐 융합형을 지향하고 있다고 할 수 있다. 여기서 말하는 분과형 교육과정이란 한 교과를 다른 교과와 완전히 독립시켜 지식의 체계를 논리적으로 조직한 것으로 한 교과가 종적인 체계는 갖추고 있으나 타 교과와의 관련성은 전혀 고려하지 않는 것을 말한다. 반면, 헤르바르트의 중심 통합 개념으로 등장한 상관형 교육과정은 교과의 개별성은 유지하되 유사 과목을 상호 관련시켜서 구성한 것으로, 이것은 한정된 상관[12]만을 보장하기 때문에 계열성, 관련성은 있으나 포괄성, 통합성은 부족하다. 반면 융합적 교육과정이란 서로 다른 교과 간에 관계되는 요소를 새로운 교과로 조직하여 融合시킴으로써 성립되는 교육과정으로, 초기에는 교과의 구분이 없는 상태이다가 점차 전문적인 교과로 발전할 가능성을 제시해 주는 과도기적인 형태이다. 여기서 한 발 더 나아간 광역형 교육과정은 물리, 화학, 생물, 지학 등을 하

---

11) 교과중심 교육과정에서는 교과의 분류를 국어, 수학, 외국어 같은 도구 교과, 사회, 자연, 역사, 지리, 공민(윤리)와 같은 내용 교과, 음악, 미술, 체조와 같은 표현 교과, 기술, 가정, 농업, 공업, 상업, 수산, 해운 등의 기능 교과로 분류하고 있는 것이다.

12) 상관에는 사실 상관, 원리 상관, 규범 상관이 있으며, 그 방법으로는 같은 분야의 여러 교과를 하나의 전체로 관련시키거나, 하나의 교과를 다른 분야의 교과와 관련시키기, 한 과의 교재를 교과 외의 학생의 생활 활동과 관련시키는 방법 등이 있다.

나의 과목으로 묶어서 교육하듯이 그 성격이 유사한 교과영역에 속하
는 과목들을 포괄하여 하나의 과목으로 구성하는 교육과정이다. 즉,
한 교과영역에 속하는 여러 과목의 내용을 분석해서 과목의 체계에
따르지 않고 지식의 주요 제목을 중심으로 조직하는 것으로, 일반 사
회과, 일반 과학, 일반 기술, 일반 수학, 건강과 보건, 언어 숙련 등으
로 교육과정이 짜여질 수 있다.

이러한 여러 이론을 통해 볼 때, 한국교육이 추구하는 방향은 敎養
교육에 있어서는 廣域型 교육이며, 이는 統合敎育이라는 말로도 표현
될 수 있다. 이런 교육은 학습의 단계가 전문화되어 가면서 다시 전
문인력 양성으로 발전하게 된다.

〈그림 1〉

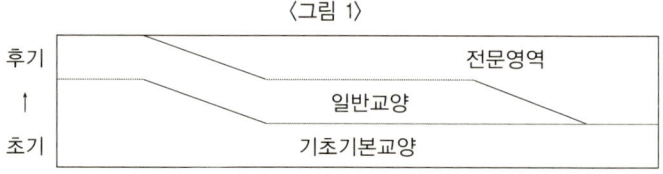

지금까지의 논의를 바탕으로 볼 때 한문교과는 한국교육의 전체 흐
름과 구성 속에서 어떤 교과인가 다시 생각해 볼 수 있다. 결국 한문
교과가 가지고 있는 교과로서의 특징과 공통성, 개별성 등은 이러한
교양과 전문영역으로의 귀속에 중요한 기준을 제시해 줄 수 있기 때
문이다. 이러한 귀납에 앞서 한문교과는 다른 교과와 어떤 특성을 가
지는가에 대해 먼저 논의해 보고자 한다.

## 2. 한문교과의 특성

한문교과의 가장 큰 특성은 우선 한자라는 개별 문자를 사용한다는

것이며, 한문이라는 특수한 어법[문법]을 사용하고 있다는 점이다. 이런 측면에서 볼 때 한문교과는 다른 교과와는 구별되는 가장 기본적인 특성을 가지고 있다고 할 수 있다.

중국의 한자와 한문이 우리 민족의 생활로 유입되면서, 한자와 한문에 의한 문자생활은 단순히 기록의 도구인 문자생활로만 그치지는 않았다. 한자와 한문의 도입은 문자생활이라는 서사도구와 양식이라는 측면에만 머물지 않고, 사상의 유입과 사고의 교환이라는 인지적·정의적 측면의 도구로도 발전하였다. 이러한 사상의 유입과 사용은 儒學이라는 정치사상의 근간을 이루었고, 정치사상과 문화는 한민족의 정치와 일반 생활을 아우르는 동시에 그 전통이 현재의 우리 생활에까지 영향을 미치고 있다.

한편 한자를 이용하여 생성된 한자어[13]는 음성 언어생활에도 영향을 미쳐 한국어 어휘의 다양성을 더욱 풍부하게 하는데 큰 기여를 하였다. 한자와 한문의 생활은 단순한 기록 문자생활뿐 아니라 언어생활을 포함한 한국의 전반적인 문화에 깊은 영향을 끼치며 발전해 왔다. 세계 어느 문자이든 간에 그것이 효용가치를 가지고 살아있게 되는 가장 근본적인 존재이유는 결국 음성언어와의 결합과 교류를 통해서이다. 문자언어는 음성언어의 발전과 그 맥을 같이 하고 상호 영향 속에서 발전하게 된다. 어느 한 편이 일방적인 발전을 이룩할 수는 없는 것인데, 이런 면에서 한자와 한문이라는 문자와 문장을 통한 문자생활은 단순한 書寫와 筆記의 도구 이상의 활용성과 가치를 가진다고 할 수 있다.

---

13) 한자어라는 용어에 대해서는 조금 더 많은 연구가 필요하다. 지금까지 한자어라고 하면 일상 생활한자어만을 지칭하는 경우가 많았기 때문에 독자에 따라서는 오해의 소지가 있다. 여기서 말하는 한자어는 한자를 이용하여 생성된 어휘를 가리키는 용어로 정의하여 사용하였다.

이를 통해 볼 때 한자와 한문의 유입과 사용은 우리 민족의 언어생활과 문자생활, 그리고 전반적인 문화의 형성에 깊은 영향을 끼치며 발전되었고 사용되었다. 물론 한글이 국가의 공식문자로 자리매김하면서 이러한 한자와 한문의 언어생활적 영향관계에 있어서 직접적인 상관관계는 많이 감소하였으나, 그 문화적 파급효과는 아직도 매우 커서 아직도 우리의 언어생활이나 문화에 있어서는 큰 영향력을 발휘하고 있다.

이렇게 볼 때 한자와 한문은 書寫라는 기록의 도구와 방법이며, 서사의 효용성을 기준으로 볼 때 그 가치가 이전 시대에 비해 줄어들었다고는 할 수 있으나, 한자와 한문을 통해 기록되고 서술된 많은 문장들의 의미는 현재까지 유효한 것이다. 더욱이 한자어는 우리 언어생활에서 아직도 그 가치를 발휘하고 살아있으며, 아직까지도 한국어 속에서 끊임없이 창조성을 발휘하며 더욱 발전해 나가고 있다.

그럼에도 불구하고 한문교과가 한국사회로부터 아직까지 올바른 인식을 받고 있지 못하는 것은 한문교과의 특성과 의미가 무엇인가라는 질문에 대해 정확한 결론을 내리지 못하고 있기 때문이다.

필자는 한문교과의 목표는 크게 두 가지로 상정하였다. 첫 번째 목표는 '문화전승'이며, 두 번째 목표는 '바른 한국어생활14)'이다. 이 두 가지는 어느 것이 선도 후도 될 수 없다. 이는 이 두 가지가 역사적으로 볼 때 어느 것을 先이라든가 後라든가라고 규정할 수 없기 때문이다. 이 두 가지 목표 중 첫 번째로 제기한 '문화전승'은 어떤 의미를

---

14) 여기서 굳이 '한국어'라는 용어를 쓴 것은 한자와 한문에 의해 일상 음성언어에 영향을 받은 것은 한국만의 상황이 아니기 때문이다. 다시 말해, 한자·한문문화권의 여러 국가에서 보편적으로 일어나는 동시에 특수성을 함께 가지고 있어, 이러한 특수성을 강조하기 위한 것이다. 본문 중 한국 한문교과교육학이라는 용어를 사용한 것도 같은 이유에서이다.

가질까? 한자와 한문이라는 문장형식을 통해 기록되거나 서술된 내용과 우리 일상의 문화 중 현재의 우리에게 유의미한 것들의 전승이다. 선현들의 기록문화를 통해 우리는 한국인의 정체성과 역사, 발전 과정과 전승 문화에 대해 좀 더 많은 것들을 파악하고 이해할 수 있으며, 우리 주변에 있는 많은 유무형적 문화들은 한자와 한문을 통한 이해로부터 새로운 가치를 부여받고 전승되어 질 수 있다. 바른 국어 생활의 측면에서 보자면 우리가 현재 사용하고 있는 한국어의 상당수가 한자어이며, 한자어의 바른 이해를 통해 우리말의 역사성과 지속성, 발전성을 추구할 수 있다는 의미가 된다.

그렇다면, 한문교과의 최종 목표인 이 두 가지를 성취하기 위해 우리는 한문교과의 첫 번째 목표를 어떻게 규정할 것인가?

첫 번째로 제기한 문화전승을 위해서는 한문문장에 대한 독해가 우선되어야 한다. 따라서, 한문을 독해하는 능력배양이 1차 목표가 될 수 있다. 독해능력을 배양하기 위해서 한문의 어법적 특성을 이해하는 노력이 필요하며, 한문을 이루는 기본적인 요소인 한자에 대한 기본적인 이해도 병행되어야 한다. 곧, 한자의 특성과 의미, 한문어법의 특성, 문장의 서술 형태와 종류, 방법에 대한 충분한 능력이 계발되는 것이 필수적인 요소인 동시에 가장 기초적인 목표가 될 수 있다. 이러한 기초적인 목표에 다다르면 두 번째로 이런 형식을 통해 성립된 문장의 내용을 이해하고 감상하는 동시에 현재적 의미를 파악하려는 단계로 나아가게 되며, 이를 통해 문화전승이란 최종목표에 좀 더 근접하게 된다. 여기서 말하는 문장의 독해는 그 내용이 문학이든 철학이든 역사이든 간에 가장 기본적이고 필수적인 기초단계의 한문문장 학습이다. 어떤 문장을 우선 학습하는가, 어떤 기본문형을 설정할 것인가, 어떤 공통 요소의 문장을 선별할 것인가 등등에 대해서는 아직도 많은 논의가 필요하다. 그러나, 최종적인 목표가 '문화전승'이라면 그 내용의 선별에 있어서 동아시아 한문문화권 공통의 내용으로부터 한국문화의 전승이라는 측면으로 발전해감을 고려해야 한다. 한문교과가 지향하는 문화전승은 동아시아 한문문화권 전체의 문화전승이라는 공통성과 한국한문문화만이 갖는 개별성이라는 측면에서 볼 때 한국한문문화가 종결점으로 남아야 한다는 것이다. 공통성의 측면에서 내용 선별을 한 이후, 이를 통해 우리가 추구하는 한국한문문화의 전승을 삼을 때, 한문교과는 기초교양교과에서 교양교과, 더 나아가 전문교과로서의 특성을 유지할 수 있다. 내용적 측면뿐 아니라, 형식적 측면에서도 공통적이고도 기본적인 한자와 문형의 학습으로부터 한국만의 독특하가도 개별적인 한자와 문형의 학습으로 교육 단계를 설정해야 한다.

　두 번째로 제기한 목표인 '바른 한국어생활'은 다소 복잡한 성격을 가진다. 이는 한자라는 문자가 개별적이며 독립적인 의미단위에서 벗어나 결합을 통해 새로운 어휘를 형성하며, 이 어휘가 현재 한국어에서도 사용되고 있는 살아있는 어휘이기 때문이다. 때문에 형식적인 면으로 한자와 한자가 결합되어 현재 사용되는 한자 어휘 모두를 한문교과의 대상으로 삼는다면 이 중에는 한자의 특성과 결합되지 않는 것들도 다수 존재할 수 있다. 한자의 특성을 충분히 발휘하지 못한 한자어의 경우까지 한문교과의 내용으로 포함한다면, 여기서 한문교과가 지향하는 목표와 특성을 어떻게 표현할 것인가 하는 문제가 생길 수 있다. 즉, 쓰기형식을 한자로 할 수는 있으나 한자의 표의적 특성이 전혀 무시된 한자어의 경우, 예를 들어 음차한자어도 한문교과의 교육 범위로 설정하는가 하는 문제이다. 이 문제의 발생 원인은 한자라는 문자의 특성만을 고려하여 한자로 표기가 가능하면 모두가 한자어이며, 한자로 쓸 수 있기 때문에 한문교과에서 다루어야 할 교과 내용이라는 인식에서 발생했다고 볼 수 있다.

사실 한자어는 두 가지 발생양식을 가진다. 하나는 하나의 문장을 통해 만들어진 어휘이며, 하나는 음성언어를 기록하기 위해 만들어진 어휘이다. 음성언어를 기록하기 위해 어휘가 형성될 경우에도 음가만을 기록하기 위한 것이었는가, 한자의 義를 고려하여 생성한 것인가도 차별점이 될 수 있다.

때문에 필자는 한문교과의 교육의 입장에서 볼 때, 한자어는 다음과 같이 구분되어 질 수 있다고 본다.15) 첫 번째는 한문문장을 통해 파생된 형태로 이는 다시 원문 그대로 쓰인 경우와 축약된 형태, 의미가 변화된 형태 등으로 구분될 수 있다. 두 번째로 음성언어의 기록을 위해 음만을 중시하여 표기한 어휘인 음차한자어이다. 이러한 구분의 가장 기본적인 기준은 바로 그 어휘가 한자의 의미와 한자어의 구조 관계를 표현하고 있는가 아닌가에 있다. 즉, 한자의 음 혹은, 그 어휘의 발생 원인이나 배경에 기준을 두고 있지 않다. 불교 한자어나 일본한자어라 하더라도, 첫 번째의 경우에 해당하는 경우가 존재할 수 있기 때문이다. 결국 두 번째의 경우는 한자의 특성인 표의적 특성을 고려하지 않은 채 어휘의 음가를 표현해 내기 위한 차자수단에 불과했으므로 한문교과에서 취급해야 할 성질의 것은 아니다. 물론 음가만을 표현한 한자어라도 그 한자어가 한문 고전을 읽기 위

---

15) 지금까지 한자어를 분류할 때 주로 그 한자어가 어디에서 발생했는가, 어떻게 유입되었는가가 용어를 선정하는 기분이 되었으며, 어떤 경우에는 생성 시기별로 구분하여 근세한자어라는 명칭도 사용한다. 이외에도 중국이나 다른 나라로부터 유입되지 않고 한국에서 만들어진 한자어에 대해서는 고유한자어라는 명칭도 사용한다. 필자는 이러한 기준이 아닌, 한자의 의미구조를 통한 한자어의 파악이라는 측면에서 이렇게 분류한 것이다.

해 필수적이라면 이러한 한자어는 한문교육의 대상이 될 수 있다. 한
문고전 속에 등장하는 의성어가 이러한 경우가 되는데, 그러한 경우
반드시 이 표현이 고전의 의성어라는 교육이 함께 병행되어야 한다.

결국 한자라는 문자의 특성 중 가장 중요한 '形-義'의 관계를 한자
어를 취급하는 인식의 출발로 삼을 때에만, 한자가 가지고 있는 어휘
의 확장성을 더욱 정확히 표현해 낼 수 있다. 물론 이런 교육을 진행
하기 위해서는 많은 선행연구가 뒤따라야 한다. 현재 사용되고 있는
모든 한자어를 한자의 義라는 측면에서 파악하고, 이를 다시 분류화
하는 작업등 쉽지 않는 선행연구가 그 것인데, 이러한 연구는 지금까
지의 연구와는 다른 연구 성과를 제시해 줄 수 있을 것이다. 곧, 한자
어의 짜임의 문제, 한자의 義 의 확장성과 활용성 등이다.

결국 필자는 한문교과는 '한문문장의 독해능력 배양', '바른 한자어
의 이해와 풀이'를 통해 '한국 한문 문화의 전승'과 '올바른 한국어 생
활'이라는 최종 목표에 도달 할 수 있다고 생각하며, 이를 위해서는
우선 이에 대한 개별적이고도 종합적인 연구가 필요하다고 생각한다.

### 3. 한문교과의 의미

지금까지 우리는 교과의 특성과 분류, 그리고 한문교과만이 가지는
특성과 그 목표에 대해 살펴보았다. 그렇다면 이제 우리는 한문교과
의 의미를 위에서 제기한 두 측면을 함께 고려하여 정리해야 한다.

한문교과를 전체 한국교육에 있어서 수행되는 교과 중 하나라는 측
면에서 본다면, 한문교과는 한국인이면 누구나 학습하여야 할 교양교
과이자, 전문인을 양성하기 위한 교과이며, 다른 교과를 학습하기 위
한 도구교과의 성격도 가지고 있다. 그러나, 한자가 우리의 한글과는

다른 문자체계이며, 한문이 어느 특정 전문 분야에만 한정되는 형식과 내용이 아니었다는 점에서 다른 교과와는 다르게 특별히 취급되어야 한다.

결국 현대적 교육과정이 시작되기 전 한문은 文史哲을 포함한 모든 문서에 쓰였던 공식문언이었다. 그 형식에 있어서는 한자와 한문어법이라는 독특한 구조를 가지고 있으며, 한국어 어휘의 발전과 사용에 많은 영향을 끼쳤다. 이는 한문교과의 내용 선정에 중요한 기준이 된다. 곧, 한문은 지금의 학문 분류로 볼 때 어느 특정교과의 특정부분만 연계되는 것이 아니다. 물론 그 관련성의 심도에 대해서는 개별교과마다 다르다고 할 수 있으나, 과학이나 수학, 기술, 외국어와 같은 실용교과를 제외한 모든 영역과 관련성이 있다고 해도 과언이 아니다. 또한 한국어의 특성상 많이 쓰이는 한자어를 포함하여 본다면 위에서 말한 실용교과도 한자어에서 예외의 범주는 될 수 없다. 결국 한문교과는 교양이냐 전문이냐는 단순한 이분법 혹은 도구교과냐 비도구교과이냐, 실용이냐 비실용이냐라는 이분법적 분류 어디에도 귀속될 수 없는 '기조적이며 총체적이고 종합적인 교과'인 동시에 '전문적인 교과'인 셈이다. 다시 말해, 한문교과는 도구교과의 특성인 기초교양교육교과인 동시에 내용교과의 특성인 교양교육교과이며, 전문영역인 전문교육으로까지 이어지는 특성화된 교과라고 할 수 있다. 물론 각 전문 교과의 영역에 따라 그 요소가 전문과 비전문이 서로 융합되어 나타날 수 있으나, 이 또한 그 주와 부의 성격이 강하다. 이를 성격이 가장 유사하다고 할 수 있는 국어교과와 비교하여, 기초교양교육단계로부터 전문단계까지를 도식화해 보면 다음과 같다.

〈그림 2〉

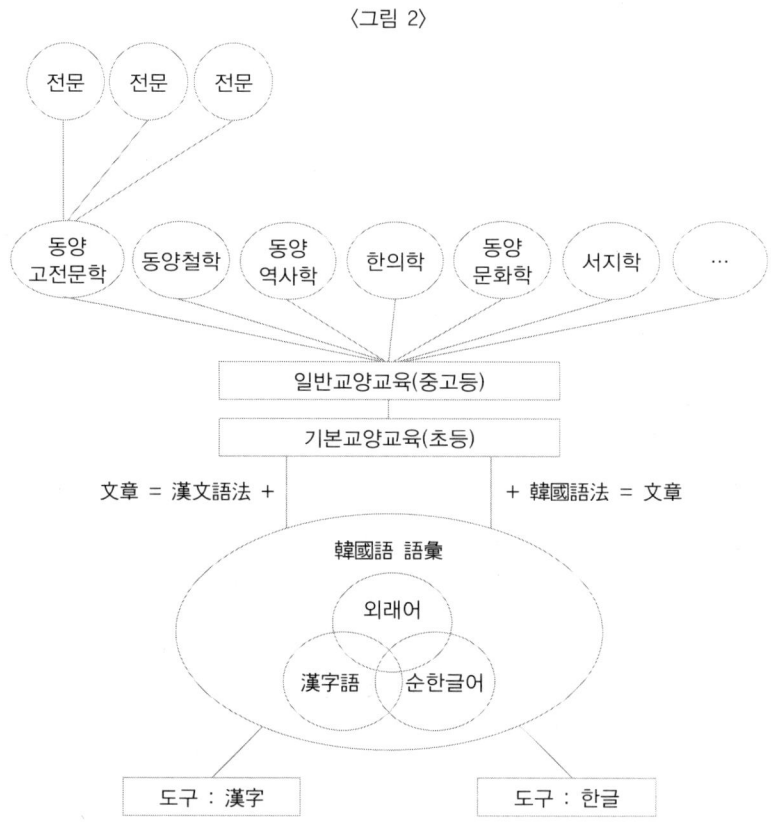

따라서 한문교과는 한국교육에 있어 가장 중요한 기초교양교과이며, 초등학교 교육과정이 시작될 때부터 국어, 수학 등 다른 도구교과의 성격을 가진 교과와 함께 선행 교육되어야 할 교과이다.

## Ⅲ. 한문교과교육학의 정의와 영역, 특성

지금까지 한문교과가 가지는 특성과 존재 이유에 대해 살펴보았다.

한문교과교육학은 이렇듯 한문교과가 가지고 있는 교육적 특성을 전문적으로 이해하고 설정하며 조직화시키는 새로운 전문영역이다.

## 1. 漢文敎科敎育學16)의 정의

교과교육학이란 특정 교과에 대한 교육학을 지칭한다. 이는 기존의 순수 교육학에서는 다루지 않았던 내용이자 영역이었다. 교과교육학은 교과와 교육학이라는, 다른 두 가지 특성을 가진 학문을 새롭게 접목하고 그를 통해 새롭게 개별적인 교과교육학이라는 학문으로 도출해내는 것이다. 교과란 학교 현장에서 실시되고 있는 개개의 교과목을 의미하며, 교과의 내용은 그 교과가 속한 순수학문에서 그 원리와 이론을 도출하게 된다. 여기서 그 원리와 이론은 개별 순수학문에서 공통적으로 공감하고 대체적으로 긍정하는 것을 지칭하는 것이지, 아직 새롭게 정립되고 있거나 아직 과학적인 확인 절차를 거치지 않은 것, 혹은 논쟁의 대상이 되고 있는 연구 성과를 포함하는 것이 아니다. 또한, 그 순수학문의 발전에서 볼 때, 가장 기초가 되는 원리와 이론이 교과교육학 내용의 주요 대상이 된다.

이는 교과의 내용이 피교육자에게 학습됨으로써 그 학습의 내용이 향후 그 피교육자가 새로운 이론이나 내용을 학습할 때에 기초가 되게 함으로써, 점진적이고 체계적이며 미래지향적인 학습과 연구가 가능해야 함이기 때문이다. 물론, 교과의 내용에 있어서 여러 학자들의 의견이나 연구 성과를 다양하게 제시하고 피교육자로 하여금 여러 생

---

16) 한문교과교육학에 대해서 필자는 석사학위 논문(한문교과교육학 정립을 위한 시론, 성균관대학교, 1999)에서 그 논의의 출발을 삼았으나, 그 논의가 상당히 미흡하고 오류가 있다고 생각되어 이를 수정 보완하는 측면에서 새롭게 정리했다.

각과 논리를 통해 자신들 스스로 학습을 해 나가는 과정도 있을 수 있다. 그러나, 그 결론이나 사고의 체계, 방법, 내용은 결국 교과에서 제시하는 목표와 크게 다르지 않으며, 이는 교육의 목적이 한 사회의 구성원으로 성장하면서 가지게 되는 공통된 가치관과 세계관, 지식을 습득해 나가는 사회화의 과정이기 때문이다.

지금까지의 교육학은 일반적이고 포괄적인 순수학문으로서의 성격이 강하다. 교육사회학, 교육심리학, 교육심리, 교사론, 교육방법론 등 교육학에서 일반적으로 다루고 있는 개별 학문들은 기존의 여러 순수학문들을 교육의 측면에서 새롭게 접근하여 연구하는 학문이다. 하지만, 이런 연구들이 응용학문이기보다 순수학문으로서의 성격이 더 강한 것은 개별학문이 바로 교육현장에서 직접 응용 실천되어지기 어렵다는 특성 때문이다. 다시 말해, 이런 교육학의 여러 개별적인 영역은 교육자로 하여금 그러한 특성을 숙지하게 함으로써 교육이 다른 사회집단의 성격과 구분되는 특성을 인지하게 하는데 그 학문의 효용성이 있다.

다시 말하면 교과교육학은 교과의 내용을 제외한 방법적 원리와 기술의 영역에 관한 것이 아니라, 교과의 내용을 포함하여 보다 포괄적인 학문적 연계의 설정을 필요로 한다.

따라서 교과교육학은 하나의 독자적이고 자족적인 개별학문이라기보다는 교과의 내용과 구성에 관한 이해, 그리고 그 내용의 탐구와 학습에 관련된 교육의 원리 등을 여러 학문으로부터 도출하고 종합한다는 점에서 그 성격상 기초학문이라기 보다는 '응용학문'이며, '종합학문'적 성격을 가진다. 종합학문으로서의 교과 교육학은 그 구성에 있어서 우선 내용적인 명제, 설명적 명제, 교육적 명제 등을 포함하고 있으므로 각각에 상응하는 학문적 탐구의 결과를 종합하는 것이다.

이렇듯 여기서 제기하는 교과교육학이란 이러한 교과라는 개별 학문과 교육학의 여러 영역들이 서로 접목되어 새롭게 등장하는 학문이다. 교과교육학이라는 명칭에서도 드러나듯, 교과의 교육에 있어서 무엇을 어떻게 교육할 것인가가 교과교육학의 가장 큰 내용이다. 곧, 교과내용학과 교과실천학인데, 이러한 교과교육학에도 일반적인 보편성과 개별적인 특수성이 함께 존재하고 있다. 보편성이란 교과내용과 그 교과를 구성함에 있어 우리가 함께 고려해야 할 교육학의 영역들과 구분이라는 부분이다. 다시 말해, 교과교육학의 6개 영역의 설정은 그 교과가 어떤 교과이던 간에 큰 영역 분류의 차이를 가지지 않으며, 그 6개의 영역이 추구해야할 구성과 내용 또한 공유 가능한 것이다.

〈그림 3〉

하지만, 구체적으로 그 교과의 영역을 설정함에 있어서는 이러한 큰 틀과는 다르게 각 교과의 특성이 드러나게 된다. 영어교과의 교과목표와 국어교과, 한문교과의 교과목표가 일치할 수 없으며, 수학교과의 교육방법과 평가가 과학교과에서 그대로 적용될 수도 없다. 이는 바로 교과교육학이 가지는 개별적인 특수성의 문제이다.

결국 한문교과교육학은 '한문'이라는 교과의 교육에서 교과와 교사 및 학생의 상호 작용에 관한 이론적, 경험적 제연구로서, 학교 현장에서 각 교과별로 실천되고 있는 교육 현상을 대상으로 각급 학교의 한문교과에서 '왜-무엇을', '언제-얼마나-어떻게'다룰 것이며 '누가' 가르칠 것인가에 관한 체계적 접근이라 할 수 있다.

이를 통해 한문교과교육학은 한문이라는 교과의 교육을 위한 전체적인 사항을 다룸으로써 각급 학교에서 한문교과 교육이 어떻게 수행되어야 하는가에 대한 전체적인 틀을 제공해 줄 수 있다. 개략적으로 말해서 한문교과교육학은 먼저 이론뿐 아니라 실제 행동화 단계에서도 한문과 교육의 목표와 내용을 제시하는 교육과정을 수립한다. 이런 수립은 직전 교육 및 연수를 통해 예비교사 또는 현장 교사가 익혀야 하는 교사 교육의 성격과 내용을 결정할 수 있게 해 준다. 따라서 한문교과교육학의 연구가 활성화되고 그 연구 성과가 축적될 때 한문과 교육은 올바른 자기 방향으로 나아갈 수 있을 것이다.

결론적으로 한문교과교육학은 교과교육학이라는 학문적 특성과 한문교과만이 가지는 개별적 특성을 조합하고 여기에서 새로운 교과목표와 내용, 체계, 방법, 평가 등을 도출해내는 종합적이면서 응용학문적인 성격을 지닌 신학문이다.

〈그림 4〉

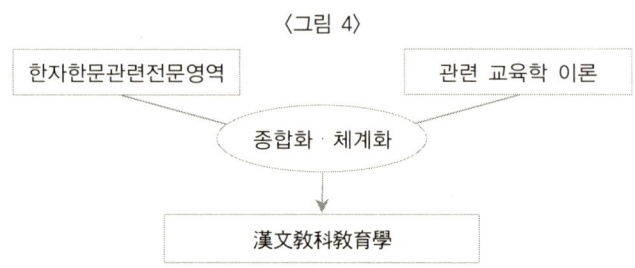

명칭의 문제 있어서 기존까지 사용해 왔던 한문교육학, 한문과교육학 등을 사용하지 않고, 漢文敎科敎育學이라는 용어를 사용한 것은 기존의 학술용어가 名과 實에 있어 오해의 소지가 있기 때문이다. 실

제로 "한문교육학"이라고 규정할 때 한문을 교육하는 것이라는 한정된 의미 즉, 한문교과에서 다루는 내용이 한문이라는 문장형태만이라는 의미로만 받아들여 질 수 있는 여지가 있다. 또한, 지금까지 '한문교육학'이라고 하면 교육학의 영역 중 하나인 '교수-방법론' 영역에 그 역량이 많이 집중되었다. 이런 두 가지 이유로 '한문교과교육학'이라는 새로운 용어를 제기하는 것이다.[17] 물론 이 용어에 대해서는 '한문 교과교육학'이라든가 '한문교과 교육학'이라고 해석할 수도 있다. 그러나, '한문 교과교육학' 혹은 '한문교과 교육학'이라는 용어의 경우 '한문+교과교육학' 혹은 '한문교과+교육학'이라는 용어로 해석될 소지가 있다. 이는 어떤 것이 주이고 어떤 것이 부수적인가의 문제로 귀결될 위험성을 가지고 있다. 하지만, 한문교과교육학은 어떤 것이 주이고, 어떤 것이 부수적일 수 없는 내용과 형식(체계)의 문제이다. 때문에, 필자는 이 두 용어를 사용하지 않고 '한문교과교육학'이라는 용어를 사용하였다.

그렇다면 한문교과교육학은 어떤 성격을 지니는 것일까? 한문교과교육학의 성격은 다음과 같이 세 가지 측면에서 파악할 수 있다.

첫째로, 한문교과교육학은 한문교과의 교육에 관련된 제분야를 다루는 종합응용과학이라는 측면이다. 한문교과교육학을 종합응용과학으로 볼 때, 한문교과교육학은 한문과를 구성하는 학문적 내용과 그 교육에 필요한 교육학 영역이 만나는 곳에 위치한다고 볼 수도 있겠으나, 이를 단순히 교과지식 영역과 교육학 영역의 산술적, 기술적 합으로 설명할 수는 없다. 한문교과교육학은 다양한 기초학문 즉, 文字學, 語法學, 語彙學, 音韻學, 歷史, 哲學, 文學 등으로부터 학습의 내용과

---

17) 물론 이를 축약하여 '한문과교육학'이라고도 칭할 수는 있으나, 이는 교과라는 명칭과 의미가 덜 강조되어지는 약점을 가지고 있다.

원리를 추출하고 새로운 방법을 모색함으로써 실제 교육현장에서 어떻게 이루어지는가까지, 교과교육 전체의 모습을 대상으로 한다.

둘째, 한문교과교육학은 실천적 학문이다. 한문교과교육학은 원리를 찾고 이론적 체계를 세우는 것으로 그 목표가 달성되는 것이 아니다. 한문교과교육학으로 새롭게 정리되고 개발된 이론은, 실제 교육현장에서 활용을 통해 교과 교육의 개선에 도움이 될 때 의미가 있다. 한문교과교육학은 이론의 수립에서 시작해서 그 수립된 이론이 교육의 실제에서 시행되고, 또 실제 시행을 통해 수립된 이론이 검증, 수정되는 과정 전체를 포괄한다.

이와 같이 종합 응용과학이면서, 실천적 학문으로 존재하는 한문교과교육학의 대상을 기초학문에서 시작해서 실제 수업상황에 이르기까지의 전체적인 틀 속에서 파악하면 아래와 같다.[18]

〈그림 5〉

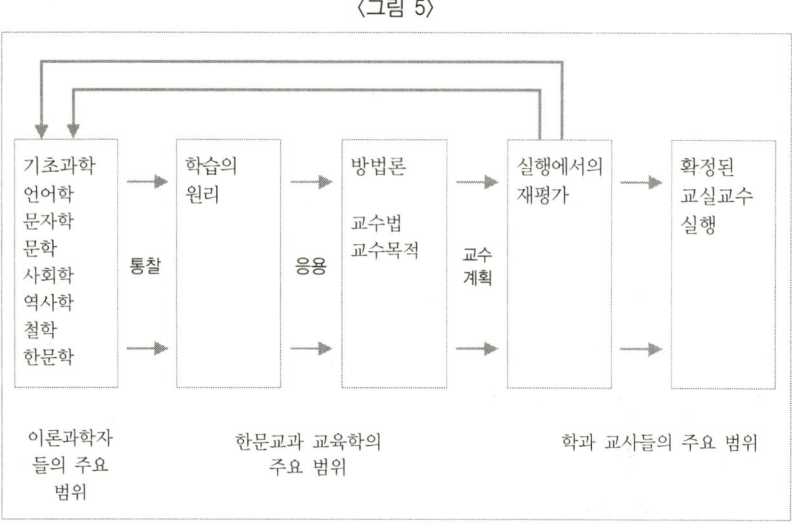

---

18) 이 그림은 Ingram(1980)이 제시한 제2언어교육의 모델을 한문교육의 틀로 구성한 것이다.

이러한 종합적이고 실천적인 성격을 가지는 漢文敎科敎育學은 이론의 개발을 위한 개념적 틀로 작용하면서, 존재하는 이론을 해석, 평가하는 범주와 기준을 제공한다. 또 교육 계획과 실천을 위한 기본적 틀을 제공하며, 연구의 지향과 방향성을 밝힐 수 있어야 한다.

셋째, 교육의 직접 실천에 있어서 다양성을 가진다. 하나의 교과를 학습하는데 있어서 매우 다양한 교수 매체와 방법이 등장할 수 있으며, 그 교수 대상에 따라서도 다양성을 가지고 있다. 따라서 이런 다양성에 맞도록 한문교과를 개발하고 구조화하는 것은 매우 중요하다. 교육 대상으로 나누어 볼 때 초등학교와 중학교, 고등학교는 인지적, 정의적 발달 단계에 있어 현격한 차이를 나타내고 있다. 또한 한문교과에서 강조해야 할 선행 지식도 다를 수 있다. 그러므로, 그러한 대상의 특성을 인지적, 정의적 측면에서 고려하여 교과과정을 재편성해야 하며, 편성에 따라 특성에 알맞은 실천방법론을 모색해야 한다.

이렇듯 다양한 특성을 가진 학문이 한문교과교육학이며, 한문교과교육학에서는 그 세부 영역으로 다음과 같이 내용에 따른 분류를 시도해 볼 수 있다.

## 2. 내용에 따른 영역 구분

한문교과교육학은 어떤 내용적 영역을 가지는 것일까? 한문교과교육학이 추구하는 목표에 따라 이 영역은 달라진다. 한문교과교육은 크게 한문교육, 詞(어휘)교육, 한자교육의 세 개로 분류될 수 있다.

한문은 곧, 중국의 고대 문언문이며, 이 문언문은 고대 한어의 문법과 한자라는 두 개의 개별 형식의 조합이다. 다시 말해, 한자를 어법에 따라 배치함으로써 작자의 의사를 다른 사람들에게 전하는 것이다. 한자교육과 한문교육의 차이가 여기에 있다. 한자교육은 문자교육이며 한문교육은 어법교육인 동시에 문장 교육이며, 의사 전달을 통한 새로운 지식을 교육하는 것이다. 곧, 한문교육은 단순한 어법교육에서만 머물지 않고, 그 문장을 통해 작자가 하고자 했던 생각과 사상의 교류가 이어지는 동시에, 문학성이라는 문화적 요소가 또 다시 개입되어 감상의 틀까지 나아가게 된다. 이런 점에서 본다면 일반적인 언어교육과 별 다르지 않다. 국어교과교육이나 영어교과교육도 이런 점에서는 마찬가지이기 때문이다.

그러나 한자라는 문자가 표음문자와는 전혀 다른 특성을 가진 문자라는 측면에서 본다면, 한문교과교육학이 다른 일반 표음문자를 사용하는 어문교과교육학과 다른 특성을 지닌다.

표음문자를 사용하는 어문교과교육학에 있어서 가장 중요한 것은 문자교육이 아니라 어휘교육이다. 개별적인 문자는 별 의미를 담아내지 못한 채, 해당 음성언어의 발음을 표기하기 위한 수단이며, 그 문자들의 조합에 따라 다른 소리를 표현하고, 그 소리로 인해 유의미한 어휘로 구성되게 된다. 따라서, 표음문자는 쉽게 학습할 수 있는 반면에 그 해당 언어를 배운다는 것은 다른 영역의 문제에 해당한다. 예를 들어 알파벳이라는 표음문자를 학습하더라도, 영어나 프랑스어, 독일어 등에서 그 발음에 해당하는 어휘의 의미를 학습하지 않는다면 별 소용이 없다. 이런 점에서 표음문자는 소리와 어휘의 관계로 설정하여 볼 수 있다.

반면, 한자는 표음문자와는 달리 표의문자의 특성상 시각성과 인지성이 뛰어난 문자체계이다. 음성언어가 이질적인 다른 국가에서도 표의문자는 문자로서의 역할, 즉 문자언어로서의 의사소통 역할을 담당해 낼 수 있는 장점을 가진다. 이는 한자가 표의문자이며 한자가 가

지는 형음의의 3요소 중 특히 형과 의가 직접적 역할을 충분히 발휘
하는 문자이기 때문이다.

그렇다고, 한문교과교육학에서 있어서 표음문자와 같은 어휘의 개
념이 존재하지 않는 것은 아니다. 한자의 사용에 있어서 초기 한 글
자만으로도 의사 표현이 가능했지만, 역사의 흐름과 인류 인지의 발
달, 사회의 복잡화와 구조화에 따라 더욱 많은 수의 의미를 나타낼
수 있는 글자를 필요로 하게 되었다. 한자는 특성상 기존의 한자와는
다른 의미를 표현하거나, 의미를 확장, 축소, 한정시키기 위해서 또
다른 한자를 만들어 내야했다. 이러한 방면으로의 발전은 한자를 사
용하는 모든 사람들에게 큰 부담으로 이어지게 되었다. 실제 한자의
문제점으로 지적되는 학습과 사용의 어려움, 그로 인해 한자의 비경
제성를 제기하는 것도 여기에서 기인한다. 이를 해소하기 위해 여러
한자를 조합하여 하나의 결합된 형태인 詞(어휘)로 발전하게 된다. 詞
는 형태적으로 1음절에서 다음절까지 다양한 형태로 발전하게 된다.
詞의 발전은 음성언어의 발전, 즉, 사회의 표현 양식 다양화라는 요
구에 의해 증대되었고, 이는 음성언어에만 국한되어 사용된 것이 아
니라, 한문 문장에도 활용되었다. 초기 형태의 한문문장이 단음절 詞
와 문법으로 구성되었다면, 후대로 갈수록 다양한 다음절 형태의 詞
와 문법이 결합된 형태로 발전하게 된 것이다.

그러나, 지금의 입장에서 본다면 詞는 한문문장에서만 국한되어 사
용되지 않고, 우리의 일상 음성언어생활과 문장생활에서 그 역할을
여전히 담당하고 있다. 어떤 경우에는 흔히 성어라고 부르는 경우처
럼 한문 문장을 통해 새로운 詞가 생성되어지기도 한다.

따라서 한문교과교육이 한자교육, 어휘교육, 한문교육의 세 영역으
로 구성된다고 할 수 있으나, 이 한자와 어휘, 한문은 문화의 발달과

그 속에서 이루어진 언어와 문자의 발달이라는 환경 속에서 개별적이고 독립적인 영역의 발전을 가져온 동시에 서로 영향을 주고받으며 발전해 온 영역이라고 할 수 있다. 하지만, 그 계층의 의미로 볼 때 한자는 어휘와 한문의 기초가 되며, 어휘와 문장은 서로가 기초가 되기도 하고, 응용이 되기도 한다. 또한, 어휘는 음성언어와 연결되며 한문은 한자와 어휘, 그리고 어법이라는 기초요소를 가지며 이해와 감상이라는 측면으로 발전하게 된다. 이를 도식화시키면 다음과 같다.

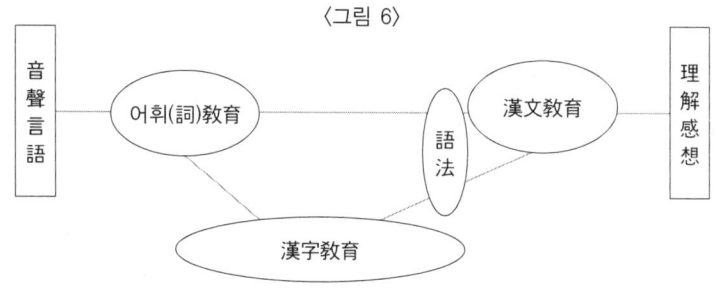

⟨그림 6⟩

그렇다면 이러한 개별적인 세 영역은 또 어떻게 인접학문과 연관성을 가지게 되는 것일까. 한자교육을 예로 들어보면 다음과 같다.

한자교육의 기본 내용을 정리해보면 문자로서의 한자, 한자의 변천과정, 한자의 구성원리, 한자의 형, 한자의 음, 한자의 義 등으로 크게 분류할 수 있다. 문자로서의 한자란 표의문자와 표음문자의 특성과 분류를 말하며, 한자의 변천과정이란 은상 갑골문으로부터 금문-전국문자-소전-해서까지 이어지는 한자의 형태가 완성되어가는 단계를 말한다. 또한 한자의 구성원리에는 六書說과 三書說 등 한자의 造字원리를 귀납적으로 설명한 내용이다. 한자의 형이란 현재 사용되고 있는 한자의 형에 관한 것으로 이 속에는 다시 획과 구성, 필순,

이체, 속체 등이 포함된다. 한자의 음에는 正音과 異音, 多音 등이 포함된다. 한자의 義에는 대표의, 引伸義, 가차의 등을 포함하고 있다. 이렇게 볼 때 한자교육의 근본은 순수학문인 한자학의 構形學, 字源學, 字體學, 文化學과 聲韻學, 字義學 등의 원리와 이론 등 에서 그 기본 원리와 이론을 수용해야 한다. 예를 들어, 독체자와 합체자, 부수, 多音, 古字와 今字, 의미의 변화 체계 등이다. 그러나, 순수학문에서 이룩한 성과가 일대일의 관계로 한자교육과 연결되어 지는 것이 아니라, 일대다의 형식으로 구조화 조직화되는데, 이는 한문교과교육에서 한자교육 또한 종합적인 성격을 가지기 때문이다. 예를 들어, '鐘'라는 한자의 경우 構形學에서 金+童(立+里)로 한자를 분석할 때 이는 다시 독체+합체(독체+독체)로 분석되어지나, 실상 字源學에서 볼 때 鐘(金文)의 형태를 살펴보면 이것은 金(金文)+童으로 볼 수 있는데, 여기서 童은 '立+里'(立+里)가 아니라, 무엇인가를 꽂아놓거나 걸어 놓은 모양인 童임을 알 수 있다. 또한, 이 童의 경우 당시 문화에서 죄가 있는 남자인 奴를 일컫는 말[19]이었으며, 현재와 같이 아이라는 의미로 쓰일 때는 僮이란 글자가 있었고, 鐘이라는 합체자에서는 단지 음만을 표현하기 위한 것으로 보아, 鐘은 결국 金과 童으로 이루어진 형성자라는 것을 알 수 있다. 한걸음 더 나아가 鍾과 鐘은 원래 종 모양으로 생긴 容器와 樂器였는데 후에 이 두 글자가 서로 혼용되어 나중에는 하나로 사용되었고, 容器나 樂器의 의미뿐 아니라, 시간을 알려주는 도구로 더 많이 지칭되게 되었다.

결국 하나의 한자를 제대로 이해하기 위해서는 한자의 역사적 형성 과정뿐 아니라, 조합의 방법, 의미의 변화 등에 대한 기초적인 연구

---

19) 이에 대한 증거로는 『설문해자』, 『漢書』 「貨殖傳」 등에 나타난다.

를 종합적으로 체계화하는 것이 필요하다.

이런 기초연구영역의 성과를 종합적이고 체계적으로 수용하는 교과교육의 성격은 어휘[詞]교육이나 한문교육도 다르지 않다. 어휘의 생성과정, 어휘의 구조, 어휘의 변천, 어휘의 사용 등은 기초학문연구로부터 그 연구성과를 선별하여 정리해야 하며, 한문 어법의 종류, 어법의 형식, 어법의 변화과정, 어법의 특성과 이해와 감상의 역사적 변천과 방법 또한 마찬가지로 종합화하여야 한다.

이런 종합적인 사고와 체제의 틀에서 우리가 고려할 점은 학습 대상에 따라, 학습 순서에 따라 학습하고자 하는 내용의 범위가 결정되어야 한다는 것이며, 이를 위해서는 학습자의 인지적 정의적 발달 단계를 고려해야하고, 이를 토대로 내용이 구성되고 학습방법이 결정될 수 있다는 것이다.

이렇듯 대상에 따라 한문교과교육은 그 체제와 내용을 달리 할 수 있다. 때문에 우리는 다음과 같이 서로 교차적인 용어를 명명할 수 있다.

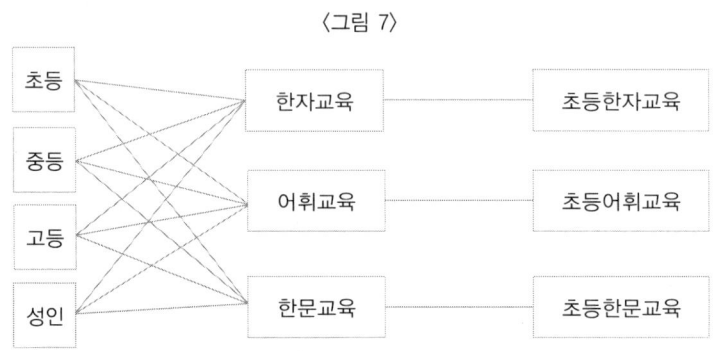

〈그림 7〉

또한, 그 내용의 쉽고 어려움을 기준으로 하여, 초급-중급-고급으

로도 정리되어, 초급 한자교육, 초급 어휘교육, 초급 한문교육 등으로도 구분될 수 있다.[20)

이런 이유로 한문교과교육학은 여러 기초 학문을 종합적으로 정리하고 체계화한 응용학문이자 종합학문이라고 표현한 것이다.


## 3. 한문교과교육학의 특성

한국의 한문교과교육학은 다른 한문문화권 국가들과는 다른 어떤 특성을 지니는가에 대해 논의할 필요가 있으며, 이는 곧 개념의 정의를 통해 규정될 수 있다. 위에서도 잠시 언급하였듯 한국의 한문교과교육학은 기타의 한문문화권 국가들과 공통성과 개별성을 지닌다.

공통성이란 한문문화권에서 한자라는 공동의 문자체계를 사용하고 있으며, 한문이란 어법(문법) 형식을 지니고 있고, 일상 언어생활의 어휘에 많은 영향을 끼쳤다는 점이다. 그러나, 현재의 입장에서 보면 이 모든 것들이 하나로 통일되어 취급될 성질은 아니다. 한국의 한문교과교육학에서 다루는 한자, 어휘, 한문은 그 형태상이나 내용상 다른 차별성을 가지고 있기 때문이다.

개별 漢字의 경우 이미 한문문화권의 많은 국가에서 그 形이 다르게 사용되고 있으며, 음에 있어서는 이미 공통성보다는 차별성이 두드러지고 의미의 부분도 공통성과 개별성을 동시에 가지고 있다. 어휘[詞]의 경우에도 공통적인 형태와 의미로 쓰이는 것이 있는가하면, 다른 형태이면서 같은 의미, 같은 형태이면서 다른 형태로 쓰이는 경우도 있다. 漢文에 있어서도 공통된 어법 형식이 있는가하면 한국에

---

20) 한자교육, 어휘교육, 한문교육에 관련된 구체적인 담론들은 향후 과제로 남겨놓는다.

서만 사용된 독특한 어법형태도 존재하고 있다.

이처럼 한국은 중국이나 일본, 대만, 홍콩 등 다른 한문문화권의 국가들과는 다른 형식적, 내용적 특징을 지니고 있으면서, 동시에 공통의 요소를 함께 가지고 있기 때문에 한국의 한문교과교육학은 공통의 성질 속에서 개별적인 특성을 포함하며, 교과교육의 측면에서 그목표와 체제, 내용, 평가, 교수 방법 등을 이러한 두 기준, 공동(보편성)과 개별(특수성)이라는 측면에서 조직화해야 한다.

## Ⅳ. 결론

이 논문은 한문교과란 무엇인가로부터 논의를 시작하였다. 한문교과는 교과라는 교육학적 정의와 분류로 보아, 교양교과이며 교양교과 중에서도 가장 기초적인 교과이다. 이 표현을 달리 표현하면 도구교과이면서 동시에 독자적인 내용을 가진 내용교과이고, 더 나아가 전문교과로서의 성격까지도 아우르고 있는 종합적인 교과의 성격을 지니고 있다.

이러한 한문교과의 특성을 파악하고, 인지적 정의적 영역까지 포함하여 종합적이고 체계적인 교과교육학의 모습으로 구성하는 것을 우리는 '한문교과교육학'이라고 정의할 수 있다. 이런 한문교과교육학은 교과의 특성, 내용, 체계, 교수방법, 평가 등에 관해 전문적으로 연구하는 분야로 새로운 종합학문이자 응용학문이라고 말할 수 있다.

다른 교과교육학에 비해 늦은 감은 있으나, 앞으로 한문교과교육학은 그렇기 때문에 더 많은 발전 가능성을 가지고 있는 분야이기도 하다. 종래의 교과내용론과 교수학습론이라는 이분법적 사고의 틀에서 벗어나 한문교과가 지향해야 할 목표와 목적, 그리고 대상에 따른 교과의 내용, 체제와 교수 방법, 평가 등을 종합적으로 고찰하고 정리해 나가는 연구가 더욱 필요할 것이라 사료된다.

**참고문헌**

『교육학용어사전』, 서울대학교 교육연구소편, 1989.

김대행, 『국어교과학의 지평』, 서울대학교 출판부, 1995.

『두산동아대백과 사전』, 두산동아, 1996.

이돈희, 『교과교육학 탐구』, 교육과학사, 1994.

한용진, 『교육학개론』, 학지사, 2006.

허철, 『한문교과교육학 정립을 위한 시론』, 성균관대학교 교육대학원, 1999.

이 글은 『東方漢文學』 32집(東方漢文學會, 2007)에 수록한 논문을 재수록한 것이다.

# 漢文敎育學의 槪念과 硏究 領域

尹在敏

## Ⅰ. 머리말

'漢文敎育學'은 한문교육에 종사하는 연구자들에게조차 아직은 낯선 용어이다. 그 동안 일부 연구자들이 漢文科 敎育學[1], 漢文敎科敎育學[2], 漢文敎育學[3] 등의 용어를 사용하면서, 이에 대한 체계적인 연구의 필요성을 강조한바 있지만, 이러한 강조부터가 한문교육학 연구가 아직도 많은 '낯선' 영역을 안고 있음을 반증하는 것이다.

'한문교육학'은 한문교육의 학문적 정체성 확립을 전제로 설정된 용어이다.[4] 곧 간단히 말해서, 한문교육학은 한문교육의 이론을 연구하

---

1) 鄭愚相(1993), 7~8면. "漢文科 敎育學은 '한문 교과 교육을 설명하는 체계적인 지식을' 말하는 것이다."

2) 許喆(2007), 386면. "한문교과교육학은 '한문'이라는 교과의 교육에서 교과와 교사 및 학생의 상호 작용에 관한 이론적, 경험적 제연구로서, 학교 현장에서 각 교과별로 실천되고 있는 교육 현상을 대상으로 각급 학교의 한문 교과에서 '왜-무엇을', '언제-얼마나-어떻게' 다룰 것이며 '누가' 가르칠 것인가에 관한 체계적인 접근이라 할 수 있다."

3) 金王奎(2003), 223면. "한문교육학을 '한문에 대한 교육을 탐색하는 학문'으로 이해하고자 한다."

는 학문이라고 할 수 있다. '한문교육학'의 개념은 '한문교육+학'의
관점에서 정립되는 것이지 '한문 + 교육학'의 관점에서 정립될 수 있는
것이 아니다. 김왕규는 교과교육학에 대한 학문적 관점을 母學問的
관점, 二元的(算術的) 관점, 總體的 관점으로 나누고, 총체적 관점의
입장에서 앞의 두 관점을 비판했다. 곧 母學問的 관점은 母學問에 해
당하는 한문학 지식을 단순하게 학습자에게 전달하는 것을 한문교육
학으로 보는 관점으로서, 이 경우 한문교육학은 한문학에 종속되는
결과를 낳게 된다5). 二元的(算術的) 관점은 한문교육학을 한문학과 교
육학의 산술적 합으로 파악하는 관점으로서, 이 경우 한문교육학은
"한문학 관련 지식을 교육학 방법을 활용하여 학생들에게 교수하는
것으로 이해되며, 교과 내용과 교육 방법의 물리적 결합 수준에서 한
문교육학의 학문적 개념과 성격에 관한 논의가 전개된다. 이러한 논의
는 필연적으로 교과와 교육을 분리하게 되고, 서로 배타적인 경향까지
띠게 된다."6) 총체적 관점은 "교과 교육의 하나인 한문과의 내용을
무엇으로 설정할 것인가에 대한 탐색, 곧 '교과내용론'과 한문과의 내
용을 어떻게 지도할 것인가에 대한 담론 즉, '교과지도론' 각 영역이
有機的 관련을 맺고 있다는 전제에서 출발하며, 교과내용론과 교과지
도론이 한문교육학이라는 총체적 맥락 속에서 상호작용과 상호조율을
한다는 관점이다."7) 김왕규의 구분에서, 母學問的 관점과 二元的(算術
的) 관점은 '한문+교육학'의 관점에 대한 설명으로 볼 수 있으며, 總體
的 관점은 '한문교육+학'의 관점과 상통하는 면이 많다.

---

4) 金王奎(2007)는 이에 대해 '한문교육학의 성격과 정체성을 정립', '한문교육학의
   학문적 정립' 등으로 표현했다.
5) 김왕규(2003), 220면; 김왕규(2007), 248~249면. 참조.
6) 김왕규(2007), 249면.
7) 김왕규(2007), 250면.

## Ⅱ. 漢文敎育學의 槪念

한문교육학의 개념은 '漢文敎育學'이란 용어를 구성하는 '漢文', '敎育', '漢文敎育', '學' 등의 요소에 대한 바른 분석으로부터 제대로 정립될 수 있다.

여기서 우선 '漢文'은 한문교육의 대상을 지칭하는 요소이다. 한문교육의 대상은 漢字, 漢字 語彙, 漢文과 관련된, 텍스트와 비텍스트를 아우르는 모든 언어활동을 아우르는 것이다. 이를 한문 활동이라고 부를 수 있다. 말하기, 듣기, 읽기, 쓰기 등의 언어기능 및 문법, 문학 지식 등은 물론 經學, 史學 등 제 학문의 관련 지식 및 文化에 대한 기초적인 지식 등이 모두 이 한문 활동에 포함된다.

'敎育'은 학습자가 가진 모종의 능력을 신장시키는 활동이라는 점에서 교육적 보편성과 관련되는 요소이다. 교육적 보편성이라는 측면에서 한문교육은 교육 일반 및 교육학 일반과 모종의 접점을 갖는다. 그러나 신장시키고자 하는 그 능력이 한문 능력이라는 점에서 한문교육은 국어교육, 수학교육, 과학교육, 사회교육 등 여타 교육과 구별되는 나름의 독자성을 갖는다. '한문'과 '교육'이라는 요소와 함께 '한문교육'이라는 요소를 별도로 강조해야 하는 이유가 여기에 있다. 한문교육은 한문과 교육의 단순 결합이 아니다[8]. 한문교육은 漢文과 敎育과 漢文敎育이 총체적으로 고려되어야 하는 특수한 교육의 한 분과인 것이다. 할리데이의 언어학습 분류를 원용해서 말한다면, 한문교육은 '한문의 교육', '한문에 대한 교육', '한문을 통한 교육'을 모두 아우르는 뜻을 갖는다.[9] 또한 한문교육은 漢文敎科敎育보다 그 범위

---

8) 국어교육을 국어와 교육의 단순결합으로 잘못 생각하여 온 데 대한 최현섭 외 (2005, 35면)의 비판. 참조.

가 더 넓은 개념이다. 漢文敎科敎育은 학교의 漢文敎科에서 이루어지는 한문교육에 한정되는 개념이다. 그러나 한문교육은 학교의 漢文敎科에서 이루어지는 한문교육뿐만 아니라 漢文敎科 이외 및 학교 밖, 그리고 학교 졸업 후 대학이나 사회에서 이루어지는 한문교육도 아우르는 개념이다.

'학'은 한문교육학이 나름의 독자적인 목적과 대상 및 방법을 갖는 체계적 학문임을 나타내는 요소이다. 곧 한문교육학은 한문교육 활동 그 자체가 아니라 한문교육 활동과 관련된 제반 이론을 연구하는 학문인 것이다.

## Ⅲ. 漢文敎育學의 硏究 領域

한문교육학의 연구 영역을 체계적으로 범주화하는 것은 간단한 일이 아니다. 한문교육학은 아직 그 대상조차 제대로 확정하지 못한 연구 영역이 적지 않다. 지금까지 많든 적든 어느 정도 연구가 이루어져 온 일부 영역들조차 그 각각이 다 새삼 연구의 출발점에 서 있다고 해도 과언이 아니다. 연구 영역의 체계적 범주화가 假說的 構想의 수준을 넘어서기 힘든 까닭이 여기에 있다. 그러나 이러한 가설적 구상들이 결국은 한문교육학의 연구 영역을 체계적으로 범주화하는 데 중

---

9) 이삼형 외(2007), 31면. "영국의 언어학자 할리데이(M. Halliday, 1979)는 언어와 관련된 학습을 언어학습(learning language), 언어에 대한 학습(learning about language), 언어를 통한 학습(learning through language)의 세 가지로 구분하였다." 이를 원용하여 이삼형 외(2007, 31면)는 국어교육의 의미를 '국어를 교육', '국어에 대한 교육', '국어를 통한 교육' 등으로 구분하여 분석하였는바, 이를 참조함.

요한 밑거름이 될 것이라고 생각한다. 이하 한문교육학의 연구 영역에 대한 기존의 논의들 및 이에 대한 필자의 구상을 밝힘으로써 앞으로의 연구를 위한 질정 자료를 삼는다.

한문교육학의 연구 영역은 무엇보다도 먼저 한문과 교육과정의 체제에 의거하여 그 기본적인 영역들을 설정할 수 있다. 성격, 목표, 내용, 방법(교수·학습방법), 평가로 이루어지는 한문과 교육과정의 체제는 제6차 교육과정 이래 우리나라의 교과 교육과정이 공통으로 가지는 체제이기도 하다. 물론 이 체제는 교과교육학 일반이 공통으로 가지는 탐구 모형을 반영한 것이기도 하다.[10] 한문교육학 또는 한문교과교육학의 영역 구분을 논한 기존의 연구들 또한 바로 이 점에 주목하여 그 논의들을 펼쳐나가고 있음을 확인할 수 있다.

일찍이 鄭愚相(1993)은 제6차 교육과정에 맞춰 한문과 교육학의 개념과 그 구성 요소에 대한 자신의 構想을 밝히면서, "漢文科 敎育學은「漢文科 敎育課程上의 目標, 內容에 해당하는 모든 敎科內容」을 체계화하고 이론화해서 '깊이 있는 內容'과 '가르치는 方法의 原理'를 一元化하는 새로운 학문체계의 摸索과 定立이 追究되어야 한다."[11]라고 하여, 한문과 교육과정의 체제가 바로 한문과 교육학의 학문체계 정립의 바탕이 되어야 함을 분명히 하였다. 특히, 정우상은 鄭泰範이 제시한 교과교육학의 구조 모형[12]을 원용하여 '漢文科 敎育學의模型'을 다음과 같이 제시하고 있는바, 이것은 한문과 교육과정의 체제를 반영한 모형이라고 할 수 있다.

---

10) 김경배·김재건·이홍숙(2001), 25면. "교과교육학이 공통적으로 탐구해야 할 내용은 첫째 교과교육의 목표에 대한 탐구, 둘째 목표의 달성을 위한 내용의 선정과 조직의 방법, 셋째 교수 – 학습의 방법, 넷째 평가 등이다."

11) 鄭愚相(1993), 13면.

12) 鄭泰範(1985), 13면. 참조.

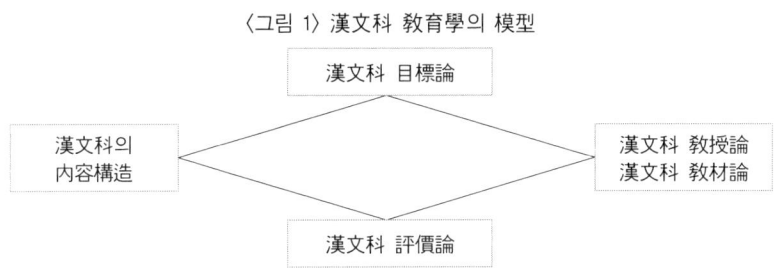

〈그림 1〉 漢文科 敎育學의 模型

곧 한문과 목표론은 교육과정의 성격, 목표에 대응하는 영역이며, 한문과의 내용구조와 한문과 교재론13)은 교육과정의 내용에 대응하는 영역이며, 한문과 교수론과 한문과 평가론은 각기 교육과정의 방법(교수·학습방법)과 평가에 대응하는 영역이라 할 수 있다.

許喆(1999)이 한문교과교육학의 하위구조로 제시한 目標論, 內容構造論, 敎授論, 敎材論, 評價論 역시 기본적으로 정우상이 제시한 漢文科 敎育學의 模型과 일치하는 構想이다.14) 특히 내용구조론의 하위 영역으로 6차 漢文科 교육과정에 제시된 漢字, 漢字語, 漢文의 3개 내용 체계의 영역을 그대로 다시 설정한 것은 허철의 構想이 기본적으로 한문과 교육과정의 체제를 기반으로 실징된 깃임을 잘 보어준다.15)

許喆(2007)은 자신의 이전 구상을 수정 보완하여 새로운 제안을 다시 내놓기도 하였다. 그러나 이 새로운 제안 또한 그 기본적 발상은 이전의 구상과 같은 맥락에서 이해되는 내용이다. 곧 허철은 한문교과교육학의 영역 구분을 모든 교과가 공유하는 교육학의 일반 영역에 따른 영역 구분과 내용에 따른 영역 구분의 둘로 크게 나누고, 전자

---

13) 한문과 교재론을 내용 영역에 포함시킨 것은 내용의 선정과 조직이라는 측면에 주목해서 이다. 그러나 교수·학습 자료라는 관점에서 보면 방법(교수·학습방법) 영역에 포함되는 성격 또한 한문과 교재론이 가지고 있음을 附記한다.

14) 許喆(1999), 48면. 참조.

15) 許喆(1999), 56~62면. 참조.

에 교과목표론, 교과과정론, 교과내용론, 교과교재론, 교육방법론,
교과평가론의 6개 영역을 설정하고[16], 후자에 한문교육, 詞(어휘)교
육, 한자교육의 3개 영역을 설정하였다.[17] 이 중 모든 교과가 공유하
는 교육학의 일반 영역에 따른 영역 구분에서 제시하는 6개 영역은
이전에 한문교과교육학의 하위구조로 제시했던 5개 영역에 교과과정
론을 새롭게 추가한 것인바, 이 교과과정론은 여타 5개 영역을 그 안
에 포괄하는 메타 이론의 성격을 가진다는 점에서 이전의 구상 속에
이미 잠재되어 있었던 연구 영역이라고 할 것이다. 또한 내용에 따른
영역 구분에서 제시하는 3개 영역은 이전에 내용구조론의 하위 영역
으로 제시했던 3개 영역과 일맥상통하는 것으로서 결국 새로운 제안
의 6개 영역 중 교과내용론에 포함시킬 수 있는 내용이라 할 것이다.

다만, 이전에 내용구조론의 하위 영역으로 설정했던 漢字, 漢字語,
漢文의 3개 영역이 교육과정에 제시된 내용 체계의 영역을 그대로 재
설정한 것이었다고 한다면, 내용에 따른 영역 구분으로 새롭게 제시한
한자교육, 어휘(詞)교육, 한문교육은 교육과정에 제시된 내용 체계의
영역으로서가 아니라[18] 한문교과교육학이 추구하는 목표에 따라 설
정된, 한문교과교육학 자체가 가지는 내용적 영역으로서 제시된 것이
라는 점에서 일정하게 구별된다. 허철이 새롭게 제시하는 한자교육,

---

16) 許喆(2007), 386면. "교과교육학에도 일반적인 보편성과 개별적인 특수성이 함
    께 존재하고 있다. 보편성이란 교과내용과 그 교과를 구성함에 있어 우리가 함께
    고려해야 할 교육학의 영역들과 구분이라는 부분이다. 다시 말해, 교과교육학의
    6개 영역의 설정은 그 교과가 어떤 교과이던 간에 큰 영역 분류의 차이를 가지지
    않으며, 그 6개의 영역이 추구해야할 구성과 내용 또한 공유 가능한 것이다."
17) 許喆(2007), 390면.
18) 한자교육, 어휘교육, 한문교육의 내용을 학습 대상에 따라 구분하면서 중등 교육
    과 고등 교육뿐만 아니라 초등 교육과 성인 교육까지도 논의의 대상으로 삼고 있
    는 데에서 이를 거듭 확인할 수 있다. 許喆(2007), 394~395면. 참조.

어휘(詞)교육, 한문교육의 내용을 좀 더 소개하면 다음과 같다. 곧 한
자교육, 어휘(詞)교육, 한문교육의 세 영역은 각기 인접학문과 밀접한
연관성을 가지는바, 다음과 같은 식이다. 곧 한자교육의 기본 내용은
다시 "문자로서의 한자, 한자의 변천 과정, 한자의 구성원리, 한자의
형, 한자의 음, 한자의 義"19) 등으로 나눌 수 있다. 여기서 한자교육의
근본은 '인접학문'이자 "순수학문인 한자학의 構形學, 字源學, 字體學,
文化學과 聲韻學, 字意學 등의 원리와 이론 등에서 그 기본 원리와
이론을 수용해야"20) 한다. "기초연구영역의 성과를 종합적이고 체계
적으로 수용하는 교과교육의 성격은 어휘(詞)교육이나 한문교육도 다
르지 않다. (어휘교육의 내용이 되는: 인용자) 어휘의 생성과정, 어휘의
구조, 어휘의 변천, 어휘의 사용 등은 기초학문연구로부터 그 연구 성
과를 선별하여 정리해야 하며, (한문교육의 내용이 되는: 인용자) 한문
어법의 종류, 어법의 형식, 어법의 변화과정, 어법의 특성과 이해와
감상의 역사적 변천과 방법 또한 마찬가지로 종합화하여야"21) 한다.
결국, 허철이 이전에 내용구조론의 하위 영역으로 설정했던 漢字, 漢
字語, 漢文의 3개 영역이 한문과 교육과정이 이미 제시힌 내용 영역에
대한 해설의 성격이 강했다면, 한문교과교육학의 내용적 영역으로 새
롭게 제시한 한자교육, 어휘(詞)교육, 한문교육의 3개 영역은 각기 인
접학문('순수학문' 또는 '기초학문'으로도 표현)의 성과를 한문교과교육학
의 관점에서 종합적으로 정리하고 체계화하여 재구성해야 할 학문적
연구 영역의 성격이 강하다고 할 수 있다. 그러나 이 새로운 내용 또한
여전히 교과내용론에 포함시킬 수 있는 내용이라는 점에서는 변함이

---

19) 許喆(2007), 393면.
20) 같은 곳.
21) 許喆(2007), 394면.

없다 할 것이다.

金王奎(2003; 2007)의 構想 역시 기본적으로는 이상의 정우상, 허철의 구상과 같은 맥락에서 이해할 수 있다. 김왕규는 한문교육학의 내용 및 구성 요소에 대해 검토하면서, 한문과 교육목표론(교과목표론) 영역, 한문과 내용 영역, 한문과 교수·학습론 영역, 한문과 교재론 영역, 한문과 평가론 영역 등 5개 영역을 주요 내용 범주로 설정하고, 이외에도 한문과 정책론 영역, 한문과 교육과정(교육과정론) 영역, 한문과 문법론 영역 등 제반 영역을 한문교육학의 내용 및 탐구 대상으로 설정할 수 있을 것이라고 하였다.22)

여기서 김왕규(2003)가 설정한 한문교육학의 5개 주요 내용 범주는 정우상(1993)이 설정한 '漢文科 敎育學의 模型'과 허철(1999)이 설정한 '한문교과교육학의 하위구조', 그리고 허철(2007)이 설정한 '교과교육학의 6개 영역' 중 교과교육론을 제외한 나머지 5개 영역과 일치하는 것이다. 그러나 '이외에도'라고 하면서 김왕규가 추가로 제시한 한문과 정책론 영역, 한문과 교육과정(교육과정론) 영역, 한문과 문법론 영역 등은 한문교육학의 연구 영역 체계에서 어떤 위상을 차지하는지가 분명하지 않다. 이 중 한문과 문법론 영역은 김왕규가 교과목표론에 대해 설명하면서, 활동과 내용으로 구분되는 교과 영역 중 내용 영역에 속하는 분야로 漢文學과 漢語學을 든 것23)으로 볼 때, 그가 제시한 한문교육학의 주요 내용 범주 중 하나인 '한문과 내용 영역'에 포함시킬 수

---

22) 金王奎(2003), 225~229면. 참조.

23) 金王奎(2003), 227면. "필자는 한문 교과의 일차적 교과 목표를 '학습자의 한문 독해 기능의 신장'에 두고, 교과 목표를 달성하기 위한 교과 영역을 활동과 내용으로 구분하되, 활동 영역으로 한문 이해(독해) 활동을, 그리고 학습자의 한문 독해 기능의 신장과 한문 독해 활동을 위해 한문학과 한어학을 내용 영역으로 구분하고자 한다."

있는 성격의 것이다. 한문과 교육과정(교육과정론) 영역은 허철(2007)이 제시한 교과과정론과 마찬가지로 한문교육학의 주요 내용 범주를 그 안에 포괄하는 메타 이론의 성격을 가진다는 점에서 한문과 교육과정의 체제 내에 이미 잠재되어 있었던 연구 영역이라고 할 수 있다. 그러나 한문과 정책론 영역은 한문과 교육과정의 체제 '안'과도 밀접한 관련이 있겠지만 한문교육의 환경, 곧 한문과 교육과정의 체제 '밖'과도 연결되는 영역이라는 점에서 교육과정론 영역과는 그 성격이 또 다른 영역이다. 김왕규는 한문교육학의 연구 대상을 "한문과 인간(교수자와 학습자), 교수 학습 이론, 교재, 교육 환경 등이 총체적 맥락 안에서 상호작용하는 교육 현상과 그 과정"[24]이라고 규정한 바도 있거니와, 이 규정은 한문교육학의 연구 대상이 한문과 교육과정의 체제 '안'에서 설명될 수 있는 영역뿐만 아니라 그 '밖'에서 설명될 수 있는 영역까지도 일정하게 포함하고 있음을 잘 보여준다.

사실 한문교육학의 연구 대상이 한문과 교육과정의 체제 '안'의 영역뿐만 아니라 그 '밖'의 영역까지도 일정하게 포괄하고 있다는 것은 한문교육 연구자라면 누구나 다 아는 사실이라 할 것이다. 다만 이를 이론적으로 체계화, 구조화하려는 노력을 하지 않았을 뿐이다. 漢文科 敎育學의 模型을 일찍이 제안했던 정우상(1993)의 논의에서도 이러한 저간의 사정을 살펴볼 수 있다. 정우상은 자신이 제안한 漢文科 敎育學의 模型에 따라 일반적으로 설정할 수 있는 漢文科 敎育學의 敎科目으로 ① 漢文科 敎育學槪論(漢文科 敎育論), ② 漢文科 敎育史, 漢文科 敎育學史, ③ 漢文科 敎育課程論, ④ 漢文科 敎育方法論(漢文科 敎授學習論), ⑤漢文科 敎材論, ⑥ 漢文科 評價論 등의 여섯 가지를 들고, 이밖

---

24) 金王奎(2003), 225면.

에도 관련이 있는 교과목으로 漢文科 敎師論, 漢文敎育政策論, 漢文讀解指導論, 文字指導論, 文法指導論, 漢文學敎育論, 作文指導論 등 여러 분야의 과목들을 열거한바 있다[25]. 이들 교과목들은 각기 일정하게 한문교육학의 제 영역과 관련이 될 것이거니와, 그 중에는 정우상이 제시한 漢文科 敎育學의 模型 '안'에서 설명될 수 있는 영역과 '밖'에서 설명될 영역이 혼재해 있음을 쉽게 확인할 수 있다.

## Ⅳ. 맺음말

이상에서 한문교육학의 연구 영역에 대한 정우상, 허철, 김왕규의 구상을 살펴보았다. 이들의 논의를 통해서 우리는 한문교육학의 연구 영역이 무엇보다도 먼저 한문과 교육과정의 체제에 의거하여 그 '기본적인 영역'들을 설정할 수 있음을 확인할 수 있었다. 그러나 동시에 한문교육학의 연구 영역에는 이 '기본적인 영역'에 포함되지 않는 '餘他'의 영역들도 또한 존재함을 확인할 수 있었다. 이 여타의 영역들을 어떻게 한문교육학의 영역들로 체계화 구조화할 것인가? 한문교육학의 연구 영역을 체계적으로 범주화하는 관건이 바로 여기에 있다고 생각한다. 이에 대한 필자의 구상은 다음과 같다.

우선, (1) 한문과 교육과정의 체제에 따른 연구 영역을 먼저 설정할 수 있다. 이 영역은 다시 목표, 내용, 교수·학습 방법, 평가 등으로 그 하위 연구 영역을 구분할 수 있다. 다음으로 이 (1) 영역과의 일정한 직·간접적 연관성을 고려하면서, (2) 한문교육이 처한 교육 환경에 따른 연구 영역을 설정할 수 있다. 마지막으로, (3) 위의 두 영역

---

25) 鄭愚相(1993), 12~13면.

에 대한 메타 이론적 연구 영역을 설정할 수 있다. 이를 보다 상세하게 설명하면 다음과 같다.

먼저 한문과 교육과정의 체제에 따른 연구 영역이다.

앞에서 이미 지적한 바이지만, 성격, 목표, 내용, 방법(교수·학습방법), 평가로 이루어지는 한문과 교육과정의 체제는 제6차 교육과정 이래 우리나라의 교과 교육과정이 공통으로 가지는 체제이다. 따라서 교육과정은 통상적으로 국가 수준에서 정하는 학교 교육과정을 의미한다. 그러나 학교 교육과정의 범위를 넘어서는 부분에서 이루어지는 한문교육 또한 이 학교 교육과정의 틀을 원용할 수 있다. 따라서 분명한 교육과정적 진술이 부재하는 유아나 초등학교 교육 및 대학이나 일반 사회 교육과 관련된 내용 또한 여기에 포함될 수 있다.

한문과 교육과정의 체제에 따른 연구 영역은 4개의 하위 연구 영역으로 구성된다. 목표, 내용, 교수·학습 방법, 평가 연구 영역 등이 그것이다.

목표 영역은 성격에 대한 연구를 포함하는 연구 영역이다. 성격에 대한 구명 없이 목표 설정이 이루어질 수는 없을 것이기 때문이다. 이 목표 영역은 한문교육의 총론적 성격의 목표만을 다루는 영역이라고 한정할 수 없다. 한문교육의 각론적 성격의 목표들에 대한 구명과 총론적 성격의 목표에 대한 구명은 상호 밀접한 연계를 가지는 하나의 총체이기 때문이다. 내용, 교수·학습 방법, 평가 등 교육과정의 체제에 따른 연구 영역뿐만 아니라 한문과 교육과정의 체제가 놓여 있는 교육적 환경에 따른 연구 영역이나 이들 영역에 대한 메타 이론적 연구 영역 등 한문교육학의 제반 연구 영역은 모두 각기 나름의 목표를 가지고 있다. 따라서 이들 목표에 대한 구명은 해당 세부 연구 영역에서도 주요한 연구 과제가 된다. 물론 이들 각론적 성격의 목표들 또한 총론적 성격의 목표와 맺는 그 관련성의 측면에서 이 목표 영역에서도 일정하게 구명될 필요가 있음은 두말할 나위가 없을 것이다.

내용 영역은 각종의 한문 능력 신장을 위한 교육 원리를 연구하는 영역이다. 신장시키고자 하는 한문능력의 성격에 따라, 이 내용 영역은 다시 이해와 표현, 문화, 문학, 문법 교육 연구 영역으로 구분할 수 있다.

이해와 표현 교육 연구 영역은 각기 한자, 어휘, 문장, 談話, 텍스트 수준에서 이루어지는 읽기와 이해 교육이 그 주된 연구 대상이라 할 것이다. 화법이나 작문, 쓰기와 관련하여 표현 교육의 관점에서 연구할 대상도 여기에 포함시킬 수 있을 것이다.

문화 교육 연구 영역은 각기 한자, 어휘, 문장, 談話, 텍스트 수준에서 이루어지는 한문 문화 현상을 한문교육적 관점에서 연구하는 것이다. 한문문화교육은 '전통 문화의 이해와 계승', '한자문화권의 상호 이해와 교류'에 대한 교육과정 해설서의 해설을 단순히 반복하거나 조금 더 부연하는 연구가 아니다. 사실 한국어 교육에서 문화 교육의 적지 않은 부분은 이 한문문화교육과도 무관하지 않은바, 앞으로 이 방면의 연구가 적극 활성화되어야 할 것이다.

문학 교육 연구 영역은 총론적 성격의 한문문학교육뿐만 아니라 각론적 성격의 한시교육, 한문산문교육, 한문소설교육, 한문문학비평교육, 한문문학사교육 등을 포괄하는 연구 영역인바, 그 중요성에 비추어 그 동안 연구가 너무나 부진했던 연구 영역이다. 문학 연구와 문학교육 연구를 혼동한 데서 이런 결과가 나온 것으로 이해되는바, 역시 앞으로 이 방면의 연구가 적극 활성화되어야 할 것이다.

문법 교육 연구 영역은 각기 한자, 어휘, 문장, 談話, 텍스트 수준에서 이루어지는 한문 문법 현상을 한문교육적 관점에서 연구하는 것이다. 교육과정 해설서의 해설 수준을 넘어서는 학교문법을 아직도 마련하지 못하고 있는 한문교육계의 현실을 돌아볼 때, 역시 앞으로 이 방면의 연구가 적극 활성화되어야 할 것이다.

내용 영역에 포함되는 이상의 이해와 표현 교육, 문화 교육, 문학 교육, 문법 교육 등은 각기 그 내용의 선정과 조직이라는 측면에서 敎材論을 그 연구 영역 안에 포함한다. 물론 이 敎材論은 내용 영역의 內容構造를 모두 아우르는 총론적 관점에서 독립적으로 연구될 수도 있다. 내용 영역에 포함되는 이해와 표현 교육, 문화 교육, 문학 교육, 문법 교육 등을 모두 아우르는 총론적 관점의 內容構造論이 독립적으로 연구될 수 있듯이 말이다. 이 때 총론적 관점에서 연구되는 敎材論과 內容構造論은 내용 영역의 하위 영역들에 대해 메타 이론적 연구의 성격을 일정하게 가진다고 할 수 있다. 그렇다 하더라도 이 敎材論과 內容構造論은 그 성격상 한문과 교육과정의 체제 내에 속하는 영역이라고 할 것이며, 따라서 역시 내용 영역에 포함되는 연구 영역이라고 해야 할 것이다.

교수·학습 방법 영역은 한문교육 활동 중 교수와 학습의 방법적 원리를 연구하는 영역이다. 이 교수·학습 방법 영역 역시 한문교육 활동 중 교수와 학습에 대한 총론적 성격의 방법적 원리만을 다루는 영역이라고 한정할 수 없다. 내용 영역에 포함되는 이해와 표현 교육, 문화 교육, 문학 교육, 문법 교육 등은 모두 각기 나름의 교수·학습 방법론을 그 연구 영역 안에 포함한다. 따라서 이들 교수·학습 방법론에 대한 구명은 해당 세부 연구 영역에서도 주요한 연구 과제가 된다.

평가 영역은 한문교육 활동 중 평가와 관련된 제반 사항을 연구하는 영역이다. 이 평가 영역 역시 한문교육 활동 중 총론적 성격의 평가 문제만을 다루는 영역이라고 한정할 수 없다. 내용 영역에 포함되는 이해와 표현 교육, 문화 교육, 문학 교육, 문법 교육 등은 모두 각기 나름의 評價論을 그 연구 영역 안에 포함한다. 따라서 이들 평가론에 대한 구명은 해당 세부 연구 영역에서도 주요한 연구 과제가 된다. 평가는 단순히 한문교육 활동의 결과를 알아보기 위한 것만이 아니다. 교육의 목표가 바르게 설정되었는가? 목표 달성을 위한 교육 내용의 선정과 조직이 바르게 이루어졌는가? 교육 내용의 교수와 학습이 바르게 수행되었는가? 한문교육에 대한 끊임없는 근본적 반성 또한 바로 이 평가 영역이 포함해야 할 과제이기도 한바, 앞으로 이 방면의 연구가 적극 활성화되어야 할 것이다.

다음으로 한문교육이 처한 교육적 환경에 따른 연구 영역이다.

한문교육이 처한 교육적 환경에서 주목되는 요소는 '사람'과 '학문'이다.

먼저 '사람'에 대해 살펴보자. 교육은 사람을 긍정적인 의미에서 변화시키는 일이다. 몰랐던 것을 알게 하고 할 수 없었던 것을 할 수 있게 하되, 그것이 긍정적인 의미에서 이루어지게 하는 것이 바로 교육이다. 교육 내용이 자신을 긍정적인 의미에서 변화시킬 것이라는 데에 동의하지 않는다면 학습자는 교육 받지 않으려 할 것이다. 학습자를 긍정적인 의미에서 변화시키기 위해서는 교육자 또한 먼저 학습자를 긍정적인 의미에서 변화시킬 수 있도록 교육 받아야 할 것이다. 여기서 '긍정적인 의미'에 대한 합의는 학습자와 교육자 양자 사이에서 이루어지기 이전에 사회를 구성하는 다수의 사람들 사이에서 먼저 이루어져야 하는 것이다. 사회적 차원의 합의가 없이 단지 교육자와 학습자 양자 사이의 합의만으로 이루어지는 교육이란 '秘敎' 교육이기 십상이다. 물론 '긍정적인 의미'에 대한 합의가 사회를 구성하는 다수의 사람들 사이에서 저절로 이루어지는 것은 아니다. 그 '긍정적인 의미'를 먼저 인식한 사람들이 적극적이든 소극적이든 간에 사회를 구성하는 다른 사람들 또한 이에 동의하도록 설득한 결과 그런 합의가 이루어지게 되는 것이다. 이상이 한문교육이 처한 교육 환경 중 '사람'과 관련된 요소가 가지는 주요 성격들이다. 여기서 한문교육이 가지는 '긍정적인 의미'를 적극적으로 인식하고 이에 대한 사회적 합의를 이끌어내며, 나아가 이를 실천적인 교육정책과 연결시키는 제반 논의를 연구하는 영역이 漢文敎育 政策論 연구 영역이다. 한문교육 학습자를 긍정적인 의미에서 변화시키기 위해서는 한문교육자를 먼저 어떻게 교육할 것인가와 관련된 제반 문제를 연구하는 영역이 漢文敎育 敎師論 연구 영역이다. 한문교육 학습자를 긍정적인 의미에서 변화시키는 교육 현장과 관련된 제반 문제를 연구하는 영역이 漢文敎育 現場敎育論 연구 영역이다.

다음으로 '학문'에 대해 살펴보자. 하나의 학문으로서 한문교육학은 다양한 인접 학문들과 모종의 관련성을 가진다. 漢文으로 이루어진 텍스트부터가 文史哲을 비롯한 거의 모든 분과 학문의 텍스트를 망라하고 있는 형편이니, 한문교육학은 거의 모든 분과 학문을 바로 인접 학문으로 두고 있다고 해도 과언이 아니다. 특히 내용 영역에 포함되는 이해와 표현 교육, 문화 교육, 문학 교육, 문법 교육 등과 직접 관련이 있는 인접 학문들, 가령 한문학, 한문문법학, 국문학, 국어학 등은 그 자체가 바로 한문교육 내용의 선정과 조직의 대상이 되기도 한다는 점에서, 한문교육과 이들 인접 학문과의 관계에 대한 연구가 더욱 절실하다 할 것이다. 한문교육과 인접 학문과의 관계에 대한 연구 이외에도 한문교육 활동 및 현상에 대한 인접 학문적 관점의 연구가 또한 있을 수 있다. 한문교육에 대한 철학적 연구, 심리학적 연구, 사회학적 연구, 교육학적 연구 등이 바로 그것이다. 이들 연구들은 해당 분과 학문

연구자가 수행할 경우 해당 분과 학문의 연구 영역에 속한다고 할 수 있겠지만, 한문교육학 연구자가 해당 분과 학문적 방법을 원용하여 수행할 경우 한문교육학의 연구 영역에 포함시킬 수도 있다고 본다. 단, 이 '한문교육과 인접 학문과의 관계에 대한 연구'와 '한문교육 활동 및 현상에 대한 인접 학문적 관점의 연구'는 한문과 교육과정의 체제에 따른 연구 영역, 곧 목표, 내용, 교수·학습 방법, 평가 연구 영역 내에 서도 부분적으로 수행될 수 있는바, 이 경우 해당 세부 연구 영역에 포함되는 내용으로 다뤄도 좋을 것이라 생각한다.

마지막으로 위의 두 영역에 대한 메타 이론적 연구 영역이다.

메타 이론적 연구 영역은 한문교육의 이론에 대한 이론을 연구하는 영역이다. 漢文科 敎育課程論 영역이 한문과 교육과정의 체제에 따른 연구 영역들을 그 안에 포괄하는 메타 이론의 성격을 가진다는 점은 이미 앞에서 지적한바 있다. 이외에도 漢文敎育學槪論, 漢文敎育史, 漢文敎育學史 등의 연구 영역을 여기에 포함시킬 수 있다. 단, 漢文敎育學槪論은 한문교육학의 모든 영역을 다룰 수 있는바, 이 가운데 특히 한문교육의 이론에 대한 이론을 연구하는 부분만을 이 메타 이론적 연구 영역에 속하는 것으로 보아야 할 것이다.

**참고문헌**

교육과학기술부(2008), 『중학교 교육과정 해설(Ⅴ)−외국어(영어), 재량 활동, 한문, 정보, 환경, 생활 외국어』, 교육과학기술부.

교육부(1998), 『교육부 고시 제 1997 − 15호 [별책 16] 중학교 재량활동의 선택 과목 교육과정−한문, 컴퓨터, 환경, 생활 외국어』, 대한교과서 주식회사.

교육부(2000), 『중학교 교육과정 해설(Ⅴ)− 외국어(영어), 재량 활동, 한문, 컴퓨터, 환경, 생활 외국어』, 대한교과서 주식회사.

교육부(2001), 『고등학교 교육과정 해설−13 한문』, 대한교과서 주식회사.

교육인적자원부(2006), 『한문과 교육과정 개정안 토론회』, 교육인적자원부.

교육인적자원부(2007a), 『교육인적자원부 고시 제 2007 - 79호 [별책 1] 초·중등학교 교육과정』, 교육인적자원부.

교육인적자원부(2007b), 「11. 한문」, 『교육인적자원부 고시 제 2007 - 79호 [별책 3] 중학교 교육과정』, 교육인적자원부. 1~11면.

교육인적자원부(2007c), 『교육인적자원부 고시 제 2007 - 79호 [별책 17] 한문 및 교양 선택 과목 교육과정』, 교육인적자원부.

김경배·김재건·이홍숙(2001), 『교과교육론』, 학지사.

김대행(1995), 『국어교과학의 지평』, 서울대학교출판부.

金王奎(2003), 「한문교육학의 학문적 정립을 위한 서설」, 『대동한문학』19, 대동한문학회, 215~256면.

金王奎(2006), 「한문교육학 연구 방법론의 현황과 과제」, 『漢文敎育硏究』27, 한국한문교육학회, 235~266면.

金王奎(2007), 「한문교육학의 성격에 대한 몇 가지 쟁점」, 『漢文敎育硏究』제29호, 한국한문교육학회, 239~263면.

문영진·장호성·김왕규·박영호·송병렬·안재철·윤재민·이군선(2006), 『중·고등학교 한문 선택과목 교육과정 개정 시안 연구 개발』, 한국교육과정평가원.

尹在敏(2007), 「2007년 개정 漢文科 敎育課程의 구체적 내용 분석」, 『漢文敎育硏究』29호, 한국한문교육학회. 7~47면.

이삼형·김중신·김창원·이성영·정재찬·서혁·심영택·박수자(2007), 『국어교육학과 사고』, 도서출판 역락.

鄭愚相(1993), 「第1節 漢文科 敎育의 槪念」, 『漢文科敎育論』, 韓國漢字漢文敎育學會 編, 한샘. 7~17면.

鄭在喆(1993), 「漢文科 敎育課程의 變遷」, 『漢文科敎育論』, 韓國漢字漢文敎育學會 編, 한샘. 43~84면.

鄭泰範(1985), 「敎科敎育學의 槪念的 模型」, 『敎員敎育』제1권 제1호, 한국교원대학교 교육연구원. 3~15면.

최현섭, 최명환, 노명완, 신헌재, 박인기, 김창원, 최영환(2005), 『국어교육학개론(제2증보판)』, 삼지원.

許喆(1999), 「漢文敎科敎育學 정립을 위한 시론」, 성균관대학교 석사학위논문.

許喆(2007), 「漢文敎科敎育學의 정의와 그 영역 분류」, 『東方漢文學』32, 東方漢文學會, 367~441면.

이 글은 『漢字漢文硏究』5호(고려대학교 한자한문연구소, 2009)에 수록한 논문을 재수록한 것이다.

# 제3부
# 한문과 교육과정

# 中學校 漢文科 教育課程의 史的 考察

鄭愚相

## Ⅰ. 序論

韓國은 地理的으로 中國 大陸에 접해 있는 관계로 일찍부터 中國文化의 영향을 많이 받아 왔다. 특히 중국문화의 중추가 되며 동양문화의 핵이 되는 漢字·漢文은 우리 民族文化에 지대한 영향을 끼쳐 왔다.[1]

1972년 2월 28일 교육법 시행 개정령에 따라 1972학년도 제2학기부터 漢文科를 獨立敎科로 신설하고 이에 따라 漢文科 교육을 실시하게 되었다.

漢文科 교육이 교육현장에서 실시되는 동안 1973년과 1981년 등 몇 차례에 걸쳐 漢文科 교육과정이 개정되었으며 이에 따라 漢文科 교과서가 발행된 것이다.

중학교 한문과 교육과정의 변천과정은 敎授要目期, 제1차 敎育課程期, 제2차 敎育課程期, 제3차 敎育課程期, 제4차 敎育課程期, 제5차

---

[1] 조윤제, 「조선에 있어서의 한자·한문교과서의 역사적 연구」, 『국어교육』(창간호, 국어교육연구회, 1948년 10월 31일), 17면. "조선의 문화가 대단히 빠르게 발달하여 거의 漢文化에 彷彿하게 된 것도 또한 이 한자·한문의 전래에 힘입은 바 지대하였을 것이다."

敎育課程期로 나누어 좀더 자세히 살펴보고, 교육과정의 변천과정을 각 시기별로 살펴보고자 한다.


## Ⅱ. 本論

### 1. 敎授要目期

1) **時期** : 1946년 11월 17일 발행.

2) **內容 및 特徵**

(1) 6·25사변 중『戰時下 교육 임시조치 要綱』(1951년 2월)의 '전시학습지도 요령'에서 한자교육을 공식화하기 전까지는 '한글 敎授指針' 시기(1945년 11월 6일)부터 내세웠던 한글 전용을 원칙으로 하였다.

(2) 朝鮮語學會의『한글 교수지침』: 軍政期의 '잠정적 국어교육의 임시조처'에 의해 편찬한 國語敎本들에 대한 기본적인 편찬태도, 교수방침에 의하면, 漢字는『初等國語敎本』에는 종래의 인습상 부득이 國文에 混用함을 잠정적으로 습용하되, 될 수 있는 대로 어려운 한자는 아니 쓰도록 하고『초등국어교본 상·중』과『한글첫걸음』에는 순전한 우리 글로 쓰기로 하였다. 다만, 극소수의 쉬운 한자를 欄外에 표시하여 간이한 漢字常識을 가지게 하였다.

(3) '敎授要目'의 '4)교수의 주의'와 '교과서 집필상의 주의사항'(군정청 문교부,『초·중등학교 각과 교수요목집(2)』, 1946)으로 규정한 사항은 다음과 같다.

    (가) 초급과 고급의 선택과목은 국어의 보충교재를 교수하기로 하되, 한문도 교수할 수 있음('4)교수의 주의')

(나) 文體는 한글로 주로 하되 본래가 한자어 표시가 필요한 때에는 거기 마땅한 한글 위에 적을 것(교과서 집필상의 주의사항).

(4) 그러나 '교수요목'에는 한자·한문의 지도 내용에 대한 언급이 없으므로, 이 시기에는 한자·한문 지도에 관한 기준이 세워졌다고 볼 수 없다. 참고삼아 중학교 국어과 교과서의 實態(한글 전용을 전제로 했음)는 다음과 같다.

(가) 조선어학회의 『中等國語敎本 上』(1946년 1월): 한글 위에 한자를 작은 활자로 표기.
(나) 문교부의 『중등국어』(1950년 4월1일 발행): 한자를 (    )속에 표기.

## 2. 제1차 敎育課程期

1) **時期** : 제1차 교육과정(1955년 8월 1일 제정 공포) 이후~제2차 교육과징 공포 이전.

2) **特徵** : 광복 후 최초로 '漢字 및 漢文 學習'에 관한 사항을 교육과정으로 구체화했으나, '敎授要目'에서처럼 한자교육을 국어교육의 일부로 간주했다. 이 시기의 한자 및 한문 지도에 관한 특징적인 추이를 적시하면 다음과 같다.

(1) '전시 학습지도 요령'(문교부, 전시 중요 문교 시책, 1951년 2월)에 제시한 '漢字指導要綱': 한글 전용법까지 제정하여 한글 전용을 추진하려던 당국으로서도 당시의 현실을 직시하고, 현실에 부응한 한자지도를 교육정책상 양성화하였다. 문교부가 수년간 조사한 기초자료를 검토, 정리하여 일상생활에 긴요하다고 인정되는 한자 1,000자를 골

라서, 국민학교 4학년 300자, 5학년 300자, 6학년 400자로 배당하여 敎授하도록 했는데, 이 1,000자의 제한 한자는 국민학교뿐만 아니라 중학교에서도 적용하도록 하였다. 漢字讀本을 국정으로 발간할 계획을 세워 한자교육을 실시하였던바, 이때에 제시한 '漢字指導要綱'의 내용이 한자교육 내용의 모태가 되었다.

(2) 제1차 중학교 국어과 교육과정(1955년 8월): '漢字 및 漢字語 학습'항을 국어과 교육과정에 구체적으로 명시하였다.

### 3) 漢文科 교육과정 내용 : 중학교 漢字 및 漢字語 학습
#### (1) 한자 및 한자어 학습의 의의

(가) 한자는 중국으로부터 수입되어 근 이천 년 동안 우리의 글에 섞여 쓰이어 왔다.

(나) 東洋文化의 淵源을 考察하거나, 우리 문화의 精髓를 연구함에 있어서는 漢字에 대한 理解가 그 基本이 되고 있다.

(다) 현재 우리와 가장 가까이 인접하고 있는 자유중국, 일본 등에서는 여전히 한자로써 그들의 문화를 유지하고 있다. 우리는 그들과 문화를 교류하고 國交를 調整하는 데 있어서도 한자에 대한 이해가 필요한 것이다.

(라) 우리의 한자·한문의 학습은 결코 과거의 진부한 봉건적인 事大思想을 가르치는 것이 아니며, 우리 조상들이 한 것같이 모든 의사표시를 한자에 의존하려는 것도 물론 아니다.

(마) 다만 우리의 실생활에 가장 밀접한 범위 내의 한자와 한문을 적은 노력으로 짧은 기간에 습득하려는 것이다.

#### (2) 중학교 한자 및 한문 학습 내용

국민학교에서 습득한 漢字知識을 기초로 하여 일상생활에서 활용되는 常用漢字 범위 내의 한자·한자어 및 간이한 한문을 습득하게 한다.

　　(가) 제1학년

　　① 교재내용: 우리가 일상생활에서 가장 많이 활용하는 한자를 주로
　　　　　　　　하여 簡明適切한 한자어를 배열하고 반복 연습할 자료
　　　　　　　　를 풍부하게 한다.

　　② 지도내용: 한자의 構造, 書劃의 順次, 音義, 書體 등을 지도하고
　　　　　　　　한자 사전류의 활용 방법을 숙달하게 한다.

　　(나) 제2학년

　　① 교재내용: 前 학년의 내용과 유사한 교재로 하되, 그 양을 증가
　　　　　　　　시키고 후반부에는 일상생활에 많이 쓰이는 格言, 故
　　　　　　　　事 등을 지도한다.

　　② 지도내용: 前 학년에서 학습한 한자지식의 기초 위에 그 활용의
　　　　　　　　범위를 넓히고, 무미건조한 字句練習을 피하여 흥미
　　　　　　　　를 유발하도록 지도한다.

　　(다) 제3학년

　　① 교재내용: 교재 선택에 유의하여 常用漢字 범위 내의 한자를 완
　　　　　　　　전히 습득하게 하고, 아울러 간단한 短文類와 평이한
　　　　　　　　詩歌類를 課한다.

　　② 지도내용: 漢字語의 構造와 意義를 정확히 파악하고 반복 연습으
　　　　　　　　로써 그 이해를 철저히 한다.

## 3. 제2차 敎育課程期

　1) **時期** : 제2차 교육과정(1963년 2월 15일 공포) 이후~제3차 교육과
정 공포 이전.

　2) **特徵** : 제2차 교육과정에서의 '한자 및 한문 지도'관계 사항은 1

차의 '한자 및 한자어 학습' 사항과 大同小異하다(그 內容을 보다 體系化하였으며, 교과서에서는 한자를 노출시켰음).

1960년도의 교육과정 부분 개정시에는 '한자 및 한문 지도' 조항조차 삭제하고 말았으나, 1971년도의 교육과정 부분 개정시에는 한문교과를 신설하여 '한문'을 正規科目으로 지도하게 하였다. 그리고 1972년 8월 16일에 문교부에서 '漢文 敎育用 基礎漢字' 1,800자(종래의 상용한자 1,300자, 5대 신문사의 상용한자 약 1,300자, 무작위로 선정한 3종 고교 한문 교과서에 쓰인 한자, 일본의 '當用漢字' 1,850자, 예일대학 교육용 한자 1,000자를 기본으로 하여 중·고교별로 각각 900자를 선정하였으며, 추가로 지도할 수 있는 許容漢字의 수는 기초한자의 10%인 180자로 제한함)를 확정·공표하여 중·고교에서는 1,800자의 한자를 제한된 범위 내에서나마 지도하게 되었다.

이 시기의 한자 및 한문 지도에 관한 특징적인 추이를 적시하면 다음과 같다.

(1) 제2차 중학교 교육과정(1969년 2월): 중학교 국어과 교육과정에 '한자 및 한문 지도' 항이 포함되었으며, 교과서 본문에서는 교육한자의 범위 내에서 한자를 괄호 없이 노출시켰다(1차에서는 범위 제한 없이 참고적으로 괄호 안에 표기했었음).

(2) 1969년도 부분 개정 교육과정(1969년 9월 4일 개정, 1970년 3월 1일 시행): 중학교 국어과 교육과정에서 'Ⅴ. 한자 및 한문 지도' 조항을 완전히 삭제했으며, 1970학년도의 국어과 교과서를 한글 전용 교과서로 개편함에 따라 1966년 이래 본문에 노출되던 한자가 자취를 감추게 되었다.

(3) 1971년도 부분 개정 교육과정(한문교과를 설치함): 韓國語文敎育研究會(1969년 7월 31일 발기) 등에 의한 한자·한문 교육 부활 주장으로 한문교과를 설치하여 각 학년에서 주 1~2시간을 배당하여 지도하게 되었으며, 1972년 2월 28일 공포된 '교육법 시행령'에 의해 한문과가 독립 신설됨으로써, 검인정 한문 교과서를 개발(中等漢文敎育研究會)하여 1972학년도 2학기부터 지도하는 한편 문교부에서 확정, 공포(1972.8.16)한 한문교육용 기초한자 1,800자를 필수적으로 지도하게 되었다.

3) **교육과정 내용** : 제2차 중학교 국어과 교육과정에 명시된 '한자 및 한문 지도'에 관한 구체적인 내용은 다음과 같다.

(1) **의의와 목표**

한자는 중국으로부터 수입되어 근 이천 년 동안 우리의 글에 섞여 쓰이어 왔으므로, 아직도 동양문화의 정수를 연구함에 있어서는 한자에 대한 이해가 그 기본이 되고 있다.

한편 현재 우리와 가장 가까이 인접하고 있는 자유중국, 일본 등에서는 여전히 한자로써 그들의 문화를 유지하고 있다. 그러므로 우리는 그들과 문화를 교류하고 국교를 조정하는 데 있어서도 한자에 대한 이해가 필요한 것이다.

우리의 한자·한문의 학습은 결코 과거의 진부한 봉건적인 事大思想을 가르치려는 것이 아니며, 우리 조상들이 한 것같이 모든 의사표시를 한자에 의존하려는 것도 물론 아니다. 다만 우리 생활에 가장 밀접한 범위 내의 한자와 한문을 효과적인 방법으로 짧은 기간에 습득하게 하려는 것이다. 그 목표를 요약하면 다음과 같다.

(가) 교육한자 범위의 한자의 構造와 音義를 정확히 이해시키고, 簡易한 한문을 습득케 한다.

(나) 한자사전류의 索字 방법을 이해시켜, 그 활용을 자유롭게 할 수 있도록 한다.

(다) 우리의 일상생활에 가장 많이 활용하는 漢字語, 格言, 故事 등을 반복 학습시키도록 한다.

(라) 速讀과 精讀에 대한 지도를 한다.

(마) 歷代의 哲人, 名賢의 言行에 비추어 國民 道義精神 昂揚에 도움이 되도록 한다.

## (2) 학년목표

일상생활에 활용되는 교육한자 범위 안의 한자, 한자어 및 간이한 한문을 습득케 한다.

(가) 제1학년

한자의 構造, 書劃의 순서, 音義, 書體 등을 지도하고, 한자사전류의 활용방법을 숙달하게 한다.

(나) 제2학년

前 학년에서 학습한 한자지식의 기초 위에 그 활용범위를 넓히고 무미건조한 字句練習을 피하며 흥미를 유발하도록 지도한다.

(다) 제3학년

한자어의 구조와 의의를 정확히 파악하고 반복 연습함으로써 그 이해를 깊게 한다.

## (3) 지도내용

(가) 제1학년

① 간단한 단어의 音讀

② 단어의 새김

③ 한자의 音 달기

④ 한자의 뜻 알기

⑤ 한자의 書劃 알기

⑥ 초보적 한자의 構造

⑦ 한자사전류의 索字 방법

(나) 제2학년

① 단어와 단어와의 비교 구별

② 한자를 이용하여 단어 만들기

③ 간단한 格言의 이해

④ 간단한 故事 읽기

⑤ 書劃 순서에 맞게 한자 쓰기

⑥ 간단한 成句의 이해

(다) 제3학년

① 간단한 文章의 이해

② 한자의 數 늘려 쓰기

③ 한자 구조의 원리

④ 短文의 해석

⑤ 평이한 詩歌類의 이해

⑥ 간단한 故事 등의 이해


## (4) 지도상의 유의점

(가) 한자 지도에 있어서는 단어와 문장을 중심으로 풍부한 자료를 이용하여 다양한 학습 활동을 하도록 할 것.

(나) 학습지도 방법은 획일적인 暗誦主義를 지양하여 創意的이고 科學的인 방법을 사용할 것.

(다) 한자 및 한문이 지닌 뜻과 表意文字의 特異性을 살려서 추리하는 힘을 길러 이해시킬 것.

(라) 다른 교과와의 관련을 가지고 單語, 熟語 등의 지식을 넓히도

록 할 것.

(마) 실생활의 使用度와 難易度를 고려하여 재료를 선택하고 배열하여 지도의 效果를 거두도록 힘쓸 것.

## 4. 제3차 敎育課程期

1) **時期** : 제3차 교육과정(1973년 8월 31일 공포) 이후~제4차 교육과정 고시(1981년 12월 31일) 이전.

2) **特徵** : 1971년도 부분 개정 교육과정에서 한문교과를 신설하고, 1972년 2월 28일에 '敎育法 施行令'으로 한문교과의 신설 독립을 공포하였는바, 제3차 교육과정기의 한자 및 한문 지도에 관한 특징적인 추이를 적시하면 다음과 같다.

(1) 제3차 교육과정 改定(1973년 3월) : 1971년도의 부분 개정 때 신설하여 1972년에 '교육법 시행령'으로 공포한 한문교과가 존속됨에 따라 名實相符한 중학교 한문과 교육과정을 改定하게 되었다. 한편 문교부에서는 1975학년도부터 중·고 교과서에 '한문교육용 기초한자'의 범위 내에서 한자를 괄호 안에 倂記하기로 확정하였는바, 1975년부터 국어과 교과서 본문에도 종전처럼 한자를 괄호 속에 倂記하게 되었다.

(2) 1975년도 부분 개정 교육과정(1979년 3월 1일 공포) : 1973년 8월 31일에 개정, 공포한 제3차 교육과정과 동일한 내용을 他敎科의 교육과정 構成體制와 같게 체제 면에서 整備하였다.

3) **교육과정 내용** : 제3차 중학교 한문과 교육과정에 명시된 교육과정의 具體的인 내용은 다음과 같다.

## (1) 목표

(가) 일반목표

① 漢文解讀에 필요한 漢字, 語彙 간단한 漢文의 構造를 이해하게 한다.

② 漢文解讀의 초보적인 기능을 기르고 발전시켜, 한문으로 된 전적 이해의 바탕을 마련하게 한다.

③ 한문학습을 통하여 傳統文化의 바탕 위에 새로운 民族文化를 창조하려는 태도를 기른다.

(나) 학년목표

① 제1학년

㉮ 한자, 어휘 및 한문의 構造에 관한 基礎的인 지식을 가지게 한다.

㉯ 간단한 成語를 중심으로 한, 簡易한 한문을 이해할 수 있게 한다.

㉰ 한문학습에 興味를 가지게 하고, 古典의 뜻을 이해해 보려는 태도를 기른다.

② 제2학년

㉮ 한자, 어휘 및 한문의 構造에 관한 기초적인 지식을 넓히게 한다.

㉯ 간단한 成分의 簡易한 한문을 이해할 수 있게 한다.

㉰ 한분학습에 意慾을 가지게 하고, 古典의 내용을 바르게 이해하려는 태도를 기른다.

③ 제3학년

㉮ 한자, 어휘 및 한문의 構造에 관한 기초적인 知識을 더욱 넓히고 이를 확실히 하게 한다.

㉯ 여러 가지 成分의 간이한 한문을 바르게 해석할 수 있게 한다.

㉰ 한문을 학습하고 한문으로 된 古典의 內容을 이해하는 데 대한 보람을 느끼게 한다.

## (2) 내용(지도 사항 및 형식)

### (가) 제1학년

① 지도사항

㉮ 한자의 音과 뜻 알기(약 350자)

㉯ 한자의 構造 알기

㉰ 한자의 畵順 알기

㉱ 단어의 構造 알기

㉲ 辭典 活用法 알기

㉳ 주어, 서술어를 중심으로 한 간단한 文型 알기

㉴ 글의 뜻 알기

② 주요형식

㉮ 漢字

㉯ 單語

㉰ 熟語

㉱ 簡易한 漢文

### (나) 제2학년

① 지도사항

㉮ 한자의 數 늘리기(신출 약 300자)

㉯ 語彙 늘리기

㉰ 주어, 서술어, 목적어를 중심으로 한 간단한 文型 알기

㉱ 글의 뜻과 줄거리 알기

㉲ 좋은 글귀를 暗誦하고 그 感銘을 되살리기

② 주요형식

㉮ 單語

㉯ 故事

㉰ 熟語

㉱ 詩

(다) 제3학년

① 지도사항

㉮ 한자의 數 늘리기(신출 약 350자)

㉯ 語彙 늘리기

㉰ 주어, 서술어, 목적어 및 수식어를 중심으로 한 간단한 文型 알기

㉱ 쉬운 虛詞 用法 알기

㉲ 글의 形式 알기

㉳ 글의 줄거리와 主題 알기

㉴ 우리말로 飜譯하기

㉵ 좋은 글귀를 암송하고 그 감명을 되살리기

② 주요형식

㉮ 單語

㉯ 故事

㉰ 熟語

㉱ 俗談

㉲ 格言

㉳ 簡易한 漢文

㉴ 詩

(라) 제재 선정의 기준

한문학습을 위한 제재는 다음에 따라서 선정한다.

① 제재에 사용된 한자가 한문교육용 기초한자 중 中學校用 基礎漢字의 범위를 넘지 아니하는 것, 다만 人名, 地名 등의 固有名詞와 학습효과를 위하여 필요하다고 인정되는 한자는 이를 약간 追加指導할 수 있다.

② 우리 문화와 동양문화를 이해하는 데 도움이 되는 것.

③ 건전한 思想, 아름다운 情緖, 지혜로운 行動이 담긴 것.

④ 韓國人으로서의 긍지를 드높이는 데 도움이 되는 것.

(3) 지도상의 유의점

(가) 한문의 구조를 지도하는 데 필요한 用語는 국문법의 용어에 따르는 것을 원칙으로 한다.

(나) 난해한 내용은 이를 피하여 학생으로 하여금 興味 있게 학습할 수 있도록 유의한다.

(다) 한문의 내용에 나타난바, 건전한 思想, 아름다운 情緖, 지혜로운 行動을 본받아, 학생으로 하여금 自己修養에 힘쓰도록 지도한다.


## 5. 제4차 敎育課程期

1) **時期** : 제4차 교육과정(1981년 12월 31일 고시, 1984년 3월 1일 시행) 이후~제5차 교육과정 고시 이전.

2) **特徵** : 중학교 한문과 교육과정의 體制를 '가) 교과목표, 나) 학년목표 및 내용, 다) 지도 및 평가상의 유의점'으로 구성하여, 중학교 한문과 교육이 3차에 이어 발전적으로 시행될 수 있도록 그 내용을 체계화하여 簡明하게 제시하였다.

3) **교육과정 내용** : 제4차 중학교 한문과 교육과정에 明示된 교육과정의 구체적인 內容은 다음과 같다.


(1) **교과목표**

한문학습에 흥미를 가지고 이를 습관화함으로써 漢文을 讀解할 수 있는 기초기능을 길러 주며, 아울러 傳統文化를 아끼고 계승하려는 態度를 가지게 한다.

(가) 한자의 특성과 짜임을 알고 활용하게 한다.
(나) 문장의 구조와 형식을 이해하게 한다.

(다) 漢文記錄을 이해하고 감상하게 한다.

(라) 漢文記錄을 통하여 전통문화를 이해하고, 이를 계승 발전시키
    는 태도를 가지게 한다.

## (2) 학년목표 및 내용

(가) 1학년

① 목표

㉮ 한자의 特徵과 기본적인 짜임을 알게 한다.

㉯ 문장의 基本構造를 알게 한다.

㉰ 간이한 한문기록을 이해하게 한다.

㉱ 한문과 전통문화와의 關係를 알게 한다.

② 내용

㉮ 한자의 뜻과 音을 안다.

㉯ 한자의 짜임을 안다.

㉰ 한자의 筆順을 안다.

㉱ 字典에서 한자 찾는 方法을 안다.

㉲ 한자어의 짜임을 안다.

㉳ 문장의 基本構造를 안나.

㉴ 간이한 漢文記錄을 풀이한다.

(나) 2학년

① 목표

㉮ 한자의 특징과 짜임을 알고 익히게 한다.

㉯ 문장의 기본구조를 알고 익히게 한다.

㉰ 문장의 形式을 알게 한다.

㉱ 한문기록을 이해하게 한다.

㉲ 한문기록 속에 담긴 文化를 이해하게 한다.

② 내용

㉮ 한자의 뜻과 음을 알고 익힌다.

ⓝ 한자의 짜임을 익힌다.

ⓓ 한자의 筆順을 익힌다.

ⓡ 자전에서 한자 찾는 방법을 알고 익힌다.

ⓜ 한자어의 짜임을 알고 익힌다.

ⓑ 기본이 되는 한자의 쓰임을 안다.

ⓢ 문장의 기본구조를 알고 익힌다.

ⓞ 문장의 기본형식을 안다.

ⓩ 한문기록을 풀이하고, 그 속에 담긴 전통문화를 이해한다.

(다) 3학년

① 목표

ⓐ 한자의 특징과 짜임을 알고 活用하게 한다.

ⓝ 문장의 構造와 形式을 이해하게 한다.

ⓓ 한문기록에 대한 이해를 깊게 한다.

ⓡ 한문기록에 나타난 전통문화를 이해하고, 이를 계승 발전시키
는 태도를 가지게 한다.

② 내용

ⓐ 한자의 뜻과 음을 알고 익힌다.

ⓝ 한자의 짜임을 알고 활용한다.

ⓓ 한자의 필순을 익힌다.

ⓡ 자전에서 한자를 찾아 익힌다.

ⓜ 한자어의 짜임을 알고 활용한다.

ⓑ 복합문의 구조를 이해한다.

ⓢ 虛詞의 쓰임을 안다.

ⓞ 문장의 형식을 이해한다.

ⓩ 한문기록을 풀이하고, 그 속에 담긴 전통문화를 이해한다.

## (3) 지도 및 평가상의 유의점

### (가) 지도

① 각 단원의 지도는 先行 단원과 관련 지어 연계성을 유지하도록 한다.

② 한자의 학습은 그 짜임을 바탕으로 하되, 한자어나 문장을 통하여 습득하도록 한다.

③ 文法은 문장과 글의 습득을 통하여 자연히 습득되도록 한다.

④ 단편적인 특수사실은 한문교육의 목표를 달성하는 데 기초가 되는 것에 한하여 다루도록 한다.

⑤ 한문기록에는 韻文, 散文 등 여러 종류의 글을 포함시켜 학습이 골고루 이루어지도록 한다.

⑥ 學習資料의 선택은 전통문화의 이해를 통하여 건전한 生活倫理를 실천하고, 민주적 生活態度를 확립하는 데 도움이 될 수 있는 것으로 한다.

⑦ 읽기자료의 학습은 읽기, 쓰기, 내용, 이해 등이 동시에 달성되도록 한다.

⑧ 학습자료의 지도는 반복하여 익힘으로써 그 속에 담긴 참뜻을 음미하는 단계에 이르노록 한다.

### (나) 평가

① 한 단원이 끝날 때마다 평가를 실시하고, 그 결과에 따라 補充 學習이 이루어지도록 한다.

② 평가목표는 학습한 단원의 목표 안에서 선정하되, 읽기능력을 강조한다.

③ 평가문항은 학생의 학습의욕을 촉진시킬 수 있도록 구성한다.

④ 평가는 읽기와 쓰기, 내용이해의 학습에 도움이 될 수 있도록 그 방법을 다양하게 한다.

## 6. 제5차 教育課程期

1) **時期** : 제5차 교육과정(1987년 3월 31일 고시, 1989년 3월 1일 시행).

2) **特徵**

(1) 중학교 한문과 교육과정의 體制를 제4차 교육과정과 동일하게 '가) 교과 목표, 나) 학년목표 및 내용, 다) 지도 및 평가상의 유의점' 으로 구성하였다.

(2) 중학교 한문과 교육이 제4차에 이어 발전적으로 시행되도록 각 학년마다 제시된 '내용'을 가) 漢字, 나)漢字語, 다) 漢文으로 분류하여 수준에 맞도록 段階的으로 體系化하고 系列化하여 簡明하게 제시하였다.

3) **교육과정 내용:** 제5차 중학교 한문과 교육과정에 명시된 교육과 정의 具體的인 內容은 다음과 같다.

(1) **교과목표**

한문을 讀解할 수 있는 기초기능을 길러 한문을 이해하고 감상하게 하며, 전통문화를 아끼고 바르게 계승 발전시키려는 態度를 가지게 한다.

①  한자를 알고 활용하게 한다.
②  한자어를 익혀 언어생활에서 활용하게 한다.
③  문장의 構造와 形式을 이해하고 활용하게 한다.
④  간이한 한문을 이해하고, 감상하게 한다.
⑤  한문기록에 담긴 전통문화를 바르게 이해하고, 수용 발전시키려 는 태도를 가지게 한다.

## (2) 학년목표 및 내용

### (가) 1학년

① 목표

㉮ 한자의 음과 뜻을 알고 바르게 쓰게 한다.

㉯ 한자의 特徵을 이해하게 한다.

㉰ 字典에서 한자를 찾을 수 있게 한다.

㉱ 한자어의 음과 뜻을 알고 바르게 쓰게 한다.

㉲ 한자어의 짜임을 알고 활용하게 한다.

㉳ 문장의 구조를 알게 한다.

㉴ 간이한 한문을 독해할 수 있게 한다.

㉵ 간이한 한문 속에 담긴 전통문화를 바르게 이해하려는 태도를 가지게 한다.

② 내용

㉮ 한자

ⓐ 한자의 음과 뜻을 알기

ⓑ 한자의 기본필순을 알고 바르게 쓰기

ⓒ 한자는 形·音·義를 갖추고 있음을 알기

ⓓ 한자의 짜임을 통하여 한자 이해하기

ⓔ 한자의 部首에 대해서 알기

ⓕ 字典에서 여러 방법으로 한자를 찾기

㉯ 한자어

ⓐ 한자어의 음과 뜻을 알기

ⓑ 한자어를 바르게 쓰기

ⓒ 한자어의 짜임을 알기

ⓓ 한자어를 한문문장에서 활용하기

ⓔ 한자어를 익혀 言語生活에서 바르게 사용하기

㉰ 한문

ⓐ 문장의 基本構造를 알기

ⓑ 문장의 擴張構造를 알기

ⓒ 간이한 문장을 풀이하고 이해하기

ⓓ 간이한 한시를 풀이하고 감상하기

ⓔ 좋은 글귀를 암송하고 그 감명 되살리기

ⓕ 간이한 한문 속에 담긴 선인들의 생각과 느낌을 바르게 이해
하고 수용하려는 態度 가지기

(나) 2학년

① 목표

㉮ 한자의 음과 뜻을 알고 바르게 쓰게 한다.

㉯ 한자의 특징을 이해하고 活用하게 한다.

㉰ 한자어의 음과 뜻을 알고 바르게 쓰게 한다.

㉱ 한자어의 짜임을 알고 活用하게 한다.

㉲ 문장의 構造를 알고 활용하게 한다.

㉳ 문장의 形式을 알게 한다.

㉴ 간이한 한문을 독해할 수 있게 한다.

㉵ 간이한 한문 속에 담긴 전통문화를 바르게 이해하고 수용하려
는 태도를 가지게 한다.

② 내용

㉮ 한자

ⓐ 한자의 음과 뜻을 알기

ⓑ 한자의 필순을 알고 바르게 쓰기

ⓒ 한자는 形·音·義를 갖추고 있음을 알기

ⓓ 한자의 짜임을 통하여 한자 이해하기

㉯ 한자어

ⓐ 한자어의 음과 뜻을 알기

ⓑ 한자어를 바르게 쓰기

ⓒ 故事成語에 대해서 알기

   ⓓ 한자어의 짜임을 통하여 文章의 構造를 이해하기

   ⓔ 한자어를 익혀 언어생활에서 바르게 사용하기

  ㉰ 한문

   ⓐ 문장의 기본구조를 알고 활용하기

   ⓑ 문장의 확장구조를 알고 활용하기

   ⓒ 문장의 형식 알기

   ⓓ 기본이 되는 虛字의 쓰임을 알기

   ⓔ 간이한 문장을 풀이하고 이해하기

   ⓕ 格言과 俗談을 풀이하고 이해하기

   ⓖ 簡易한 漢詩를 풀이하고 감상하기

   ⓗ 좋은 글귀를 암송하고 그 감명을 되살리기

   ⓘ 간이한 한문 속에 담긴 전통문화를 바르게 이해하고 수용하려
     는 태도 다지기

(다) 3학년

 ① 목표

  ㉮ 한자의 음과 뜻을 알고 바르게 쓰게 한다.

  ㉯ 한자의 특징을 이해하고 活用하게 한다.

  ㉰ 한자어의 음과 뜻을 알고 바르게 쓰게 한다.

  ㉱ 한자어의 짜임을 알고 활용하게 한다.

  ㉲ 문장의 構造를 알고 활용하게 한다.

  ㉳ 문장의 形式를 알고 활용하게 한다.

  ㉴ 간이한 한문을 독해할 수 있게 한다.

  ㉵ 간이한 한문기록에 담긴 전통문화를 바르게 이해하고, 수용,
   발전시키려는 태도를 가지게 한다.

 ② 내용

  ㉮ 한자

   ⓐ 한자의 音과 뜻을 알기

   ⓑ 한자의 筆順을 알고 바르게 쓰기

ⓒ 한자의 짜임을 통하여 한자를 이해하기
㉯ 한자어
ⓐ 한자어의 음과 뜻을 알기
ⓑ 한자어를 바르게 쓰기
ⓒ 故事成語에 대해서 알기
ⓓ 한자어의 짜임을 통하여 문장의 구조 이해하기
ⓔ 한자어를 익혀 언어생활에서 바르게 사용하기
㉰ 한문
ⓐ 문장의 기본구조를 알고 활용하기
ⓑ 문장의 확장구조를 알고 활용하기
ⓒ 복합문의 構造를 알기
ⓓ 문장의 形式을 알고 활용하기
ⓔ 虛字의 구실과 쓰임을 알기
ⓕ 문장을 풀이하고 이해하기
ⓖ 格言과 俗談을 풀이하고 이해하기
ⓗ 漢詩의 형식과 특징을 알기
ⓘ 간이한 한시를 풀이하고 감상하기
ⓙ 좋은 글귀를 암송하고 그 감명을 되살리기
ⓚ 간이한 한문기록에 담긴 전통문화를 바르게 이해하고 수용,
  발전시키려는 태도 다지기

## (3) 지도 및 評價上의 유의점

(가) 지도

① 漢文科는 그 영역을 '漢字', '漢字語', '漢文'으로 구성하였다.
  ㉮ '漢字'는 주로 중학교 한문교육용 기초한자 900자의 음과 뜻을
    알고 바르게 쓰도록 지도한다.
  ㉯ '漢字語'는 그 음과 뜻, 짜임을 알고, 언어생활과 문장독해를
    바르게 할 수 있도록 지도한다.

ⓓ '漢文'은 '漢字'와 '漢字語'를 바탕으로 하여, 한문기록을 이해
하고 감상할 수 있는 독해력 신장에 필요한 능력을 기르도록
지도한다.

② '漢字', '漢字語', '漢文'은 그 난이도를 고려하여 3개 학년에 걸
쳐 학습의 位階性과 連繫性이 유지되도록 상호 관련지어 지도
하되, 다음 사항에 유의하도록 한다.

㉮ 한자는 가능한 한 한자어나 간이한 문장과 관련지어 지도하
되, 짜임의 特徵이 뚜렷한 글자인 경우에 한하여 그 특징을 들
어 한자 학습의 흥미를 유발하고 한자의 음과 뜻에 대한 이해
도를 높일 수 있도록 한다.

㉯ 部首, 劃數, 筆順은 글자를 字典에서 찾거나 바르게 쓸 수 있
도록 그 기본적인 원칙을 알게 하되, 이를 매 글자의 지도에서
지나치게 강조하지 않도록 한다.

㉰ 한자어의 짜임은 문장의 기본구조를 이해하는 데 도움이 될
수 있는 것에 한하여 간이한 문장과 관련지어 지도한다.

㉱ 문장의 構造와 形式은 문장을 바르게 독해하는 데 도움이 될
수 있도록 지도한다.

㉲ 文法은 讀解를 원활히 할 수 있는 데 목표를 두고 각 문법사항
을 주어진 글이나 예를 통하여 이해시키되, 이에 필요한 용어
는 國文法의 用語에 따르는 것을 원칙으로 한다.

㉳ 각 단원 학습자료는 읽기, 쓰기, 내용 이해 등이 동시에 달성되
도록 지도하되, 讀解力을 기르는 데 중점을 두도록 한다.

㉴ 각 단원은 학습목표와 제재의 특성에 맞는 强調事項에 유의하
여 지도하되, 선행 단원과 관련지어 학습의 位階性과 連繫性
이 유지되도록 한다.

③ 학습자료는 전통문화의 이해를 통하여 건전한 생활윤리를 실천
하고, 民主的 생활태도와 미래 지향적인 가치를 확립하는 데 도
움이 될 수 있는 것을 선택하여 지도하도록 한다.

(나) 평가

① '漢字'는 바르게 읽고 쓰며 그 뜻을 알아 바르게 사용하는 것을 평가하되, 부수, 획수, 필순에 置重하지 않도록 한다.

② '漢字語'는 바르게 읽고 쓰며 그 뜻을 알아 문장의 독해나 언어 생활에서 바르게 활용하는 것을 평가한다.

③ '漢文'은 문장을 바르게 독해할 수 있는 학습내용에 중점을 두어 평가하되, 문법지식을 평가하는 데 치중하지 않도록 한다.

④ 評價目標는 單元學習의 내용과 직결시키도록 하되, 해당 單元內容의 특성에 맞는 문항을 제작하여 그 목표 달성도를 평가할 수 있도록 한다.

⑤ 評價方法은 읽기와 쓰기, 내용의 이해와 감상 등을 균형 있게 평가할 수 있도록 그 방법을 다양하게 한다.

⑥ 각 단원의 학습이 끝나면 가능한 한 형성평가를 실시하고, 그 결과에 따른 보충학습이나 발전학습이 이루어지도록 한다.

# III. 結論

## 1. 次別 각 교육과정의 比較分析

이상의 한문과 교육과정의 변천과정을 통해서 살펴보았듯이, 중학교에서 한문교과가 독립교과로 설정된 것은 1972년도이다. 그 이전에는 국어교육의 일부로 한자교육이 실시되었던 것이다. 요컨대 漢字, 漢字語, 漢文 지도에 관한 규정은 제1차 國語科 교육과정의 國語科 속에 중학교의 '한자 및 한자어 학습'이란 항목으로 제시되었고, 제2차 국어과 교육과정에 '한자 및 한문 지도'란 항목으로 제시하였다.

그러나 1969년도에 제2차 교육과정이 부분적으로 개정될 때에는 이와 같은 규정조차 삭제되고 말았다. 그렇지만 한자·한문 지도에 관한 사회전반의 절대적인 요구에 따라 1971년도에는 한문교과의 신설을 포함한 교육과정의 부분 개정이 이루어졌던바, 1972년도에 '교육법 시행령'으로 중·고등학교에 한문교과를 독립된 교과로 신설하도록 조치함으로써 마침내 학교교육에서 한문교육이 정상적으로 실시될 수 있게 된 것이다.

1~5차에 걸친 한문과 교육과정의 體制, 目標 및 內容 등을 비교·대비해 보면 다음과 같다.

### 1) 體制

1, 2, 3, 4, 5차 한문과 교육과정의 체제를 보면 다음의 표와 같은데, 용어상에는 차이가 있다고 하지만 '目標', '內容', '指導上의 留意點'이란 기본 틀을 가지고 있음을 알 수 있다.

〈표 1〉 1, 2, 3, 4, 5차 한문과 교육과정의 체제

| 1차(1955.8.1) | 2차(1963.2.15) | 3차(1973.8.31) | 4차(1981.12.31) | 5차(1987.3.31) |
|---|---|---|---|---|
| 1. 한자 및 한문 학습의 의의<br>2. 한자 및 한문의 지도 요령<br>3. 중학교 한자 및 한문 학습 내용 | 1. 의의와 목표<br>2. 학년 목표<br>3. 지도내용<br>(1, 2, 3학년)<br>4. 지도상의 유의점 | 가. 목표<br>(1) 일반목표<br>(2) 학년목표<br>나. 내용<br>[각 학년별 지도 사항 및 형식]<br>[제재 및 선정의 기준]<br>다. 지도상의 유의점 | 가. 교과목표<br>나. 학년목표<br>〈1학년〉<br>1) 목표<br>2) 내용<br>〈2학년〉<br>1) 목표<br>2) 내용<br>〈3학년〉<br>1) 목표<br>2) 내용<br>다. 지도 및 평가상의 유의점 | 가. 교과목표<br>나. 학년 목표 및 내용<br>〈1학년〉<br>1) 목표<br>2) 내용<br>가) 한자<br>나) 한자어<br>다) 한문<br>〈2학년〉<br>1) 목표<br>2) 내용<br>가) 한자<br>나) 한자어 |

| | | | | 다) 한문<br>다. 지도 및 평가<br>상의 유의점<br>1) 지도<br>2) 평가 |
|---|---|---|---|---|

* 1차는 중학교 국어과 교육과정에 '5) 중학교의 한자 및 한자어 학습', 2차는 'Ⅴ. 한자 및 한문 지도' 항목으로 설정되어 있음.

### 2) 교과목표 및 학년별 목표

1, 2, 3, 4, 5차의 교과목표 및 학년별 목표의 구성은 다음과 같다.

(1) 1차 : 국어과 교육과정에서, 敎科目標에 따르는 '한자 및 한문 학습의 의의'를 5개항으로 제시하였다. 학년별 목표는 별도로 제시하지 않고 있다.

(2) 2차 : 국어과 교육과정에서, 교과목표에 따르는 '의의와 목표'를 길게 진술한 뒤, 다시 5개항으로 묶어서 제시하였으며, 학년목표는 敎育漢字 범위 안에서 한자·한자어 및 간이한 한문을 습득하게 한다는 제한을 둔 뒤, 목표를 각 학년별로 한 문장으로 진술·제시하였다.

(3) 3차 : 敎科目標에 따르는 一般目標를 3개항으로 제시하였으며, 學年目標는 각 학년별로 3개항씩 설정하여 1, 2, 3학년 목표 순으로 제시하였다.

(4) 4차 : 교과목표는 前文과 한자, 한문문장, 한문기록을 통한 전통문화의 이해, 계승, 발전에 관한 것으로 4개항을 제시하였다(1학년 4개항, 2학년 5개항, 3학년 4개항).

(5) 5차 : 교과목표는 前文과 한자, 한자어, 한문문장의 독해력 신장, 한문기록을 통한 전통문화의 이해, 계승, 발전에 관한 것으로 5개항을 제시하였다(1학년 6개항, 2학년 8개항, 3학년 8개항).

### 3) 내용체계

1, 2, 3, 4, 5차의 한문과 교육과정의 내용체계는 다음과 같다.

(1) 1차 : '교재내용'과 '지도요령'을 학년별로 제시하였다.

(2) 2차 : '지도내용'을 학년별로 제시하였다(1학년 7개항, 2학년 6개항, 3학년 6개항).

(3) 3차 : '내용' 항에서 각 학년별로 '① 지도사항'과 '② 주요형식'으로 구분한 [지도 사항 및 형식]을 두고, 이어서 [제재 선정의 기준]을 제시하였다.

(4) 4차 : '내용'을 학년별로 나누어 제시하였다(1학년 7개항, 2학년 9개항, 3학년 9개항).

(5) 5차 : '내용'을 학년별로 나누어 제시하고 각 학년마다, 가)한자, 나)한자어, 다)한문으로 類別하였다.

〈1학년〉 한자 6개항, 한자어 5개항, 한문 6개항
〈2학년〉 한자 4개항, 한자어 5개항, 한문 9개항
〈3학년〉 한자 3개항, 한자어 5개항, 한문 11개항

### 4) 題材 선정의 기준

제재 선정의 기준을 별도로 설정·제시한 것은 3차뿐이다(4개항 제시), 1차에서는 '교재내용'에서, 2차에서는 '지도상의 유의점'에서 다루었다. 4,5차에서는 '지도 및 평가상의 유의점'의 '지도'항에서 다루었다.

### 5) 指導 및 評價上의 留意點

평가에 관한 유의사항을 별도로 제시한 경우는 4, 5차뿐이다. 1, 2,

3차에서는 지도에 관한 유의사항만 다루었다.

   (1) 1차 : '한자 및 한문의 지도요령'에 8개항으로 제시하였다.

   (2) 2차 : '지도상의 유의점'에 5개항으로 제시하였다.

   (3) 3차 : '지도상의 유의점'에 3개항으로 제시하였다.

   (4) 4차 : '지도 및 평가상의 유의점'에 '① 지도'(8개항)와 '② 평가' (4개항)를 구분하여 제시하였다.

   (5) 5차 : '지도 및 평가상의 유의점'에 '① 지도'(10개항)와 '② 평가' (6개항)를 구분하여 제시하였다.

**참고문헌**

문교부, 『교수요목』, 1946. 11. 17 발행

문교부, 『중학교 교육과정』(1차), 1955. 8. 1 공포.

문교부, 『중학교 교육과정』(2차), 1963. 2. 15 공포.

문교부, 『중학교 교육과정』(3차), 1973. 8. 31 공포.

문교부, 『중학교 교육과정』(4차), 1981. 12. 31 고시.

문교부, 『중학교 교육과정』(5차), 1987. 3. 31 고시.

조윤제, 『국어교육』(창간호), 1948. 10. 31.

한국교육개발원, 「제5차 국어과 한문과 교육과정 개정을 위한 세미나」(1986. 5. 20~21), 1986. 5. 20.

이 글은 『康允浩 교수 華甲紀念論叢』(1988)에 수록한 논문을 재수록한 것이다.

# 高等學校 漢文科 敎育課程의 史的 考察

鄭愚相

## I. 序論

趙潤濟는 『국어교육』(창간호)에서, '地理的으로 중국 대륙에 접해 있는 관계로 일찍부터 中國文化의 영향을 많이 받아 왔고, 특히 중국 문화의 중추가 되며 東洋文化의 핵이 되는 漢字·漢文은 우리 民族文化에 지대한 영향을 끼쳐왔다.'고 했다. 이와 같이 한자·한문은 동양 문화의 핵이 되기 때문에 우리 國字인 訓民正音이 창제된 이후에도 有識層에 있던 사람들은 거의 전부가 문자생활을 한자에 의존했음은 『朝鮮王朝實錄』이나 각종 文集 등 많은 한문전적에서 그 자취를 찾아볼 수 있다.

결국 우리 조상들은 한자·한문의 言語環境 속에서 2,000여 년이나 살아 왔기 때문에 우리 民族文化와 傳統文化는 자연히 한문이 근간이 되어 형성되어 온 것이다. 이와 같이 한자·한문이 우리 문자언어생활의 중추적 구실을 했고, 우리 전통문화의 發祥的 구실을 하여, 남겨 놓은 민족문화 유산이 중대하고도 소중하다고 하지 않을 수 없다. 이렇게 소중한 민족문화의 발상적 구실을 하여, 남겨 놓은 민족문화의 계승이나 발전을 위해서는 漢文敎育의 必然性과 絕對性을 강조하지 않을 수 없으며, 한문과 교육이 敎科敎育으로서의 獨立性과 科學化가 요구되는 것이다. 그러기에 우리는 이제 文化立國이라는 차원 높은 목표를 달성하기 위하여 한문과 교육은 獨立된 교과교육으로서의 위상과 면모를 갖추어야 할 것이다.

1972년 2월 28일 교육법 시행령 개정령에 따라 1972학년도 제2학기부터 한문과를 독립교과로 신설하고 이에 따라 한문과 교육을 실시하게 되었다. 한문과 교육을 교육법상 독립교과로 신설한 까닭은 한자·한문이 우리 문화나 언어생활에 끼친 영향이 지대하며 우리 조상들이 남겨 놓은 수많은 전적들이 한문으로 기록되어 있기 때문에 한자·한문을 보다 더 깊이 연구하고 교육하지 않으면 우리 조상들의 思想과 感情, 그리고 價値觀 등을 올바르게 이해할 수 없으며 東洋文化圈의 조화와 우리 民族文化의 창달을 이룩할 수가 없다.

이런 점에서 볼 때 전통문화의 계승과 민족문화의 창달·구현을 위하여 교과교육의 일환으로 1972년에 신설된 한문과 교육의 실시는 敎科敎育史에 있어서 하나의 획기적인 의미를 지닌 조치로 평가할 수 있다. 한문으로 기록된 모든 전적은 한문교육을 통하지 않고서는 理解 및 傳授가 불가능하다. 이와 같이 중대한 한문과 교육은 해방 후부터 1972년 교육법 시행령이 개정되어 한문과 교육이 중·고등학교 교육에서의 교과교육으로서 처음 실시될 때 혼미를 거듭해 왔다. 다시 말하면 한문과 교육을 국어과 교육과정 속에 포함시켜서 종속적인 교과로 운영·지도해 왔던 것이다.

고등학교 한문과 교육과정은 한문과 교육이 교과교육으로서의 교육현장에서 실시된 1972년 이래 1973년과 1981년 등 몇 차례에 걸쳐 한문과 교육과정이 개정되었으며 이에 따라 한문과 교과서가 발행된 것이다. 고등학교 한문과 교육과정의 변천과정은 중학교 한문과 敎育課程期와는 달리 敎授要目時期는 다루지 않고, 제1차 敎育課程期, 제2차 敎育課程期, 제3차 敎育課程期, 제4차 敎育課程期, 제5차 敎育課程期로 나누어 좀더 자세히 살펴보고, 교육과정의 변천과정을 각 시기별로 살펴보고자 한다.

## Ⅱ. 本論

### 1. 제1차 敎育課程期

제1차 교육과정기 이전에 '敎授要目時期'(1946년 11월 7일 발행 이후~제1차 교육과정 제정 공포 이전)가 있으나 고등학교의 한문지도 내용에 관한 규정은 없고 주로 국어과와 관련되는 한자지도 및 국한문 혼용에 관한 것이 제시되어 있기 때문에 '교수요목시기는 생략하기로 한다.

1) **時期** : 제1차 교육과정(1955년 8월 1일 제정 공포) 이후~제2차 교육과정 공포 이전

2) **特徵** : 해방 후 처음으로 '한자 및 한문지도'를 교육과정으로 구체화 했으나 국어Ⅱ에 포함시켜 국어교육의 일부로 간주하였다. 중학교에서 학습한 한자 및 한자어 지식을 기초로 하여 평이한 한문문장을 가르쳐 漢學 특유의 趣意를 파악하게 하고 漢學이 우리 문학에 미친 影響과 동양문화의 淵源을 인식하게 하여 견실한 人格陶冶에 이바지하도록 하는데 그 意義를 두었다.

3) **敎育課程 內容** : 제1차 국어과 교육과정에 명시된 한문과 과정

은 한자 및 한문 지도의 의의, 학년별 교재내용 및 지도요령, 한자 및 한문의 지도요령, 참고자료로 구성하였는바, 그 구체적인 내용은 다음과 같다.

---

1차 국어(=)한문 과정 문교부령 제 45호 별책
단기 4288년 8월 1일 제정

1. 한자 및 한문 지도의 의의
① 한자는 중국으로부터 수입되어 근 이천년 동안 우리의 글에 섞이어 쓰이어 왔다.
② 동양문화의 淵源을 고찰하거나 우리 문화의 精髓를 연구함에 있어서는 한자에 대한 이해가 그 기본이 되고 있다.
③ 현재 우리와 가장 가까이 인접하고 있는 자유중국, 일본 등에서는 여전히 한자로 그들의 문화를 유지하고 있다. 우리는 그들과 文化를 交流하고 國交를 調整하는 데 있어서도 한자에 대한 이해가 필요한 것이다.
④ 우리의 한자·한문의 학습은 결코 과거의 진부한 봉건적인 事大思想을 가르치려는 것이 아니며, 우리 조상들이 한 것과 같이 모든 意思表示를 한자에 의존하려는 것도 물론 아니다.
⑤ 다만 우리 실생활에 가장 밀접한 범위 내의 한자와 한문은 적은 노력으로 짧은 기간에 습득하려고 하는 것이다.

2. 高等學校 漢文科程
중학교에서 학습한 한자 및 한자어 지식을 기초로 하여, 평이한 散文類, 史書類, 詩歌類 및 經書類를 課하여, 漢學 특유의 趣意를 파악하게 하고, 한학이 우리 문화에 미친 영향과 동양문화의 연원을 인식하게 하여 건실한 인격도야에 이바지하도록 한다.

3. 학년별 敎材內容 및 指導要領
[제1학년]
① 敎材內容 : 중학교 3년의 교재내용에 준하여 그 정도를 좀더 높이고, 한문의 구조를 이해시킨다.
② 指導要領 : 학습내용이 우리의 일생생활과 遊離됨이 없이 상호 연결되고 활용이 되도록 하며, 학습에 대한 의욕 증진과 학습 유발에 유의한다.

[제2학년]
① 敎材內容 : 평이한 문장, 史書, 格言, 寓話 등을 과하되, 현대인의 관념에 감응되고 心琴을 鼓動시킬 수 있는 교재를 선택하는데 유의한다.

[3학년]
① 敎材內容 : 傳記類, 文章類, 史書類, 平易한 經傳, 詩歌 등을 課하되, 장편일
 때는 分節, 設章하여 학습상 권태를 피하도록 한다.

② 指導要領 : 고전연구의 기초지식을 습득하고, 斷章取義의 폐단을 지양하여 文
 전체의 대의를 파악할 수 있는 독서력을 기르며, 漢學이 우리 문화에 미친 영
 향과 동양문화의 특질을 이해하도록 지도한다.

4. 한자 및 한문의 지도요령
① 한자의 구조와 音義를 정확히 이해시킨다.
② 한자 사전류의 索字 방법을 가르치고, 그 활용을 자유자재로 할 수 있도록 한다.
③ 在來의 맹목적인 암송주의를 배제하고, 과학적인 지도방법을 도입, 실시한다.
④ 우리의 일상생활에 가장 많이 활용되는 漢字語, 格言, 故事 등을 반복 학습시킨다.
⑤ 현대적 입장에서 文學作品을 감상하고, 기타의 자료를 비판하는 힘을 기른다.
⑥ 速讀과 精讀에 대한 구분을 명확히 지도한다.
⑦ 다른 교과와의 관계를 고려하여 넓은 시야에서 학습을 전개시킨다.
⑧ 역대 哲人·名賢의 언행에 비추어 타락된 현대인의 생활을 반성하게 하여, 국민
 의 道義精神 앙양에 도움이 되도록 한다.

5. 참고문헌
한문지도의 자료는 실로 방대한 것이나, 가장 중요한 부류만을 열거하면 다음과
같다.

⑴ 漢民族의 손으로 된 서적 ①經書 : 四書五經 등 ②史書 : 二十五史, 資治通
 鑑, 十八史略, 戰國策 등 ③子書 : 莊子, 荀子, 韓非子, 淮南子, 管子, 說苑 등
 ④名家의 散文 : 唐宋八大家, 騈儷文 등 ⑤傳奇小說類 : 전기小說, 三國志 등
 ⑥기타의 散文 : 蒙求, 小學, 近思錄, 孔子家語 등 ⑦古今의 유명한 詩集 : 唐
 詩 기타 ⑧유명한 文集類 ⑨兵書類

⑵ 韓人의 손으로 된 서적 ①史書 : 三國史記, 三國遺事, 東史綱目, 高麗史, 增補
 文獻 備考, 四千年文獻備考, 朝鮮王朝實錄 등 ②기타 散文 : 海東小說, 童蒙先
 習, 芝峯類說, 東文選 등 ③각종 文集 : 鄭圃隱集, 退溪全集, 栗谷全集, 尤庵集,
 燕巖集 등 ④詩 : 大東詩選 등

## 2. 제2차 敎育課程期

1) **時期** : 제2차 교육과정(1963년 2월 15일 공포)~제3차 교육과정 공포 이전.

2) **特徵** : 제2차 교육과정에서 한문과정도 국어Ⅱ에 포함시켰고, 그 내용도 1차와 大同小異하였다. 특기할 사항은 두 번에 걸친 교육과정 부분개정이 있었다는 점이다. 1969년도의 교육과정 부분 개정시에는 '한자및 한문 지도'에 관한 규정 자체를 말소시키고 말았으나, 1971년도의 교육과정 부분 개정시에는 한문교과를 독립교과로 신설하여 '한문'을 정규 과목으로 지도할 수 있도록 하였다. 한편 1972년 8월 16일에는 문교부에서 '한문교육용 기초한자' 1,800자(종래의 상용한자 1,300자, 5대 신문사의 상용한자 약 1,300자, 무작위로 선정한 3종의 고교 한문 교과서에 쓰인 한자, 일본의 當用漢字 약 1,850자, 예일대학 교육용 한자 1,000자를 기본으로 하여 교육용 기초한자 1,800자를 선정하고 이 것을 다시 난이도에 따라 중·고교별로 각각 900자를 선정하였으며, 추가로 지도할 수 있는 허용한자의 수는 기초한자의 10%인 180자로 제한함)를 확정·공포하여, 중·고교에서는 1,800자를 한문과 교육을 통하여 필수적으로 지도하게 하였다.

---

2차 국어=(Ⅱ) 한문과정 문교부령 제121호
1963년 2월 15일 공포

1. 意義와 目標
중학교에서 학습한 한자 및 한자어 지식을 기초로 하여 평이한 散文類, 史書類, 詩歌類 및 經書類를 課하여, 漢學 특유의 취의를 파악하게 하고, 漢學이 우리 문화에 미친 영향과 동양문화의 淵源을 인식하여, 건실한 인격도야에 이바지하도록 한다.

① 한자의 構造와 音義를 정확히 이해시킨다.

② 한자사전류의 索子 방법을 가르치고, 그 활동을 자유자재로 할 수 있도록 한다.
③ 우리의 일상생활에 가장 많이 활용되는 漢字語, 格言, 故事, 熟語 등을 이해시킨다.
④ 速讀과 精讀에 대한 구분을 명확히 지도한다.
⑤ 교재내용을 정확히 파악하여 審美力과 判斷力을 기르고, 고매한 인격도야에 힘쓰도록 한다.
⑥ 고전연구의 기초지식을 습득시키고, 斷章의 폐단을 지양하며 文 전체의 大義를 파악할 수 있는 讀書力을 기른다.
⑦ 漢學이 우리 문화에 미친 영향과 동양문화의 특질을 이해시킨다.

2. 指導內容
① 한자 및 한문의 구조를 이해한다.
② 평이한 文章, 社說, 格言, 寓話를 읽게 한 다.
③ 평이한 經典, 詩歌를 읽게 한다.
④ 漢學과 국문학과의 관계를 알게 한다.
⑤ 漢學과 동양문화와의 관계를 알게 한다.
⑥ 한문의 大義를 파악하도록 한다.
⑦ 사전류의 索子 방법에 익숙하도록 한다.

3. 지도상의 유의점
① 학습지도에서는 맹목적 암송주의를 피하고, 과학적인 지도방법을 사용하도록 유의한다.
② 다른 교과와의 관계를 고려하고, 다른 교과와의 관계를 맺어 유기적인 지도를 한다.
③ 역대의 哲人이나 名賢들의 言行에 비추어 현대인의 생활을 반성하며, 道義 昂揚에 도움이 되도록 한다.
④ 학습내용과 일상생활과를 결부시켜 학습에 대한 흥미유발에 유의한다.
⑤ 교재의 선택은 현대인으로 하여금 감응되고 감격될 수 있는 것을 선택하도록 유의한다.
⑥ 단위제를 실시하는 학교에서는 배정된 단위시간에 유의하며, 학습이 斷續되지 않도록 한다.

4. 參考資料
한문지도의 자료는 실로 방대한 것이나, 가장 중요한 부류만을 추려 열거하면 다음과 같다.
漢民族의 손으로 된 서적 ①經書: 四書五經 등 ②史書: 二十五史, 資治通鑑, 十八史略, 戰國策 등 ③子書: 莊子, 荀子, 韓非子, 淮南子, 管子, 說苑 등 ④名家의 散文: 唐宋八大家文, 騈麗文 등 ⑤傳奇小說類: 傳奇小說, 三國志 등 ⑥기타의 散文: 蒙求,

小學, 近思錄, 孔子家語 등 ⑦古今의 유명한 詩集: 唐詩 기타 ⑧유명한 文集類 ⑨兵書類
韓人의 손으로 된 서적 ①史書: 三國史記, 三國遺事, 東史綱目, 高麗史, 增補文獻備考, 四千年文獻通考, 朝鮮王朝實錄 등 ②기타 散文: 海東小學, 童蒙先習, 芝峯類說, 東文選 등 ③각종 文集: 鄭圃隱集, 退溪全集, 栗谷全集, 尤庵集, 燕巖集 등 ④詩: 大東詩選 등

## 3. 제3차 教育課程期

1) **時期** : 제3차 교육과정(1974년 12월 31일 공포) 이후~제4차 교육과정고시 이전.

2) **特徵** : 1971년도 부분적인 교육과정 개정시에 한문교과를 설치하고, 1972년 2월 28일에 '교육법 시행령'으로 한문교과로 신설·공포하였는바, 종전까지 국어Ⅱ에 포함되었던 한문과정이 한문교과로 독립되어 한문Ⅰ·Ⅱ로 나누어 지도하게 되었다. 한편 1975학년도부터 중·고 국어 교과서에 '한문 교육용 기초한자'의 범위 내에서 한자를 괄호 안에 병기하기로 확정한 일도 特記할 만하다.

3) **教育課程 內容** : 한문Ⅰ·Ⅱ로 구분한 교육과정의 내용은 각각 목표, 내용, 지도상의 유의점으로 구성하였으며, 그 구체적인 내용은 다음과 같다.

3차 문교부령 제350호
1974년 12월 31일 공포

1. 일반목표
① 한문해독의 기능을 신장시켜서 典籍 이해의 바탕을 마련하게 한다.
② 한문에 나타난 先人들의 生活, 思想, 感情 등을 이해하게 하여 그 좋은 점을 계승·발전시키도록 한다.

③ 한문으로 표현된 우리 문화와 동양문화를 이해하게 하여 민족문화 발전에 기여하게 한다.

## 2. 한문 Ⅰ

### 1) 목표

간단한 구조의 한문을 학습하게 하여 한문해독의 초보적 기능을 발전시킨다.

각종 형식의 우리나라의 간이한 한문을 고루 학습하게 하여 선인의 생활, 사상, 감정 등을 이해하게 한다.

우리나라 및 동양의 한문고전을 균형 있게 학습하게 하여 우리 문화와 동양문화에 대한 이해를 가지게 한다.

### 2) 내용

지도사항: ①한자의 音, 構造, 뜻 ②한문의 구조 ③한자어로 된 格言, 故事, 熟語 ④우리 선조가 남긴 文學, 歷史, 哲學 등에서 평이한 문장 ⑤중국의 經典, 文學, 歷史, 哲學 등에서 평이한 문장

제재 선정의 기준: ①제재에 사용된 한자가 한문 교육용 기초 한자의 범위를 넘지 아니하는 것, 다만 인명, 지명 등의 고유명사와 학습효과를 위해서 필요하다고 인정되는 한자는 이를 약간 추가, 지도할 수 있다. ②한문해독의 초보적인 기능을 더욱 발전시키고, 우리 선인들의 생활, 사상, 감정 등을 이해하며, 우리 문화와 동양문화의 특질을 이해하는 데 유용한 것 ③한국인으로서의 긍지를 드높이고 道義를 앙양시키는 데 유용한 것

### 3) 지도상의 유의점

한문의 구조를 지도하는 데 필요한 用語는 국문법의 용어에 따르는 것을 원칙으로 한다.

난해한 내용은 이를 피하여 학생으로 하여금 흥미 있게 학습할 수 있도록 한다.

한문의 내용에 나타난 훌륭한 정신을 본받아 학생으로 하여금 修養에 힘쓰도록 한다.

## 3. 한문Ⅱ

### 1) 목표

간단한 구조 및 이에서 발전된 구조의 한문을 학습하게 하여 한문해독의 기능을 신장시킨다.

각종 형식의 우리나라 한문을 고루 학습하게 하여 先人의 生活, 思想, 感情 등을 바르게 이해하게 한다.

우리나라 및 동양의 漢文古典을 균형 있게 학습하게 하여 우리 문화와 동양문화에 대한 이해를 넓게 한다.

2) 내용

지도사항: ① 한자의 音과 뜻 ② 한문의 구조 ③ 우리 선조가 남긴 문학, 역사, 철학 등

제재 선정의 기준: ① 한문해독의 기능을 신장시키고, 우리 선인들의 생활, 사상, 감정 등을 이해하며, 우리 문화와 동양문화의 특질을 이해하는 데 유용한 것 ② 학생의 건전한 사고력을 기르고 풍부한 정서를 함양하는 데 유용한 것 ③ 한국인으로서의 긍지를 드높이고 道義를 앙양시키는 데 유용한 것

3) 지도상의 유의점

한문의 구조를 지도하는 데 필요한 用語는 國文法의 用語에 따르는 것을 원칙으로 한다.

한문의 내용에 나타난 훌륭한 정신을 본받아 학생으로 하여금 자기 수양에 힘쓰도록 한다.

부칙) 이 교육과정 중 편제와 단위 배당에 관한 규정은 1977학년도 1학년부터 시행하고, 편제와 단위 배당에 관한 규정 이외의 규정 중 국민윤리, 국어 I, 국사, 정치, 경제, 한문 I, 영어 I, 영어 II 및 일본어 과목에 관한 규정은 1975학년도부터, 기타 과목에 관한 규정은 1976학년도부터 문교부 장관이 정하는 바에 따라 시행한다.


## 4. 제4차 敎育課程期

1) **時期** : 제4차 교육과정(1981년 12월 31일 고시, 1984년 3월 1일 시행) 이후~제5차 교육과정 고시 이전.

2) **特徵** : 한문 I · II로 구분한 교육과정의 내용을 각각 목표, 내용, 지도 및 평가상의 유의점으로 구성하였다. 3차와 大同小異하나 '평가상의 유의점'을 규정하여 제시한 점이 특기할 만하다.

3) **교육과정 내용** : 제4차 고등학교 한문과 교육과정에 명시된 교육과정은 각각 목표, 내용, 지도 및 평가상의 유의점으로 구성하였으며, 그 구체적인 내용은 다음과 같다.

4차 문교부 고시 제442호
1981년 12월 31일

1. 교과목표
중학교에서 학습한 한문을 기반으로 하여 한문독해 기능을 신장하고, 한문기록을
이해하는 바탕을 마련함으로써, 전통문화 창달에 기여하는 태도를 가지게 한다.
① 한자의 特徵과 짜임을 알고 활용하게 한다.
② 문장의 構造와 形式을 이해하고 활용하게 한다.
③ 한문기록을 理解하고 鑑賞하게 한다.
④ 한문기록에 나타난 先人들의 思想, 感情을 이해하고, 이를 올바르게 수용하는
태도를 가지게 한다.

2. 한문 I
1) 목표
① 한자의 특징과 짜임을 알고, 이를 문장의 이해에 활용하게 한다.
② 문장의 구조와 형식을 알고, 여러 문장을 體系的으로 이해하게 한다.
③ 한문기록을 이해하고 감상하게 한다.
④ 한문기록에 나타난 선인들의 사상과 감정을 이해하게 한다.

2) 내용
① 한자의 音과 뜻을 알고 익힌다.
② 한자와 한자어의 짜임을 알고 활용한다.
③ 虛字의 쓰임을 알고 익힌다.
④ 複合文의 構造를 알고 익힌다.
⑤ 문장의 형식을 이해한다.
⑥ 여러 가지 글의 특징을 이해한다.
⑦ 글의 중심 되는 뜻을 안다.
⑧ 한문기록에 나타난 선인들의 생활, 사상 및 가치관을 이해한다.

3) 지도 및 평가상의 유의점
(가) 지도
① 각 단원의 지도는 선행 단원과 관련지어 連繫性을 유지하도록 한다.
② 한자의 학습은 그 짜임을 바탕으로 하되, 한자어나 문장을 통하여 이루어지도
록 한다.
③ 文法은 문장과 글의 학습을 통하여 자연히 습득되도록 한다.
④ 단편적인 특수 사실은 한문교육의 목표를 달성하는데 기초가 되는 것에 한하여
다루도록 한다.

⑤ 학생의 능력에 따라 풍부한 자료를 제시하여 그 成長을 촉진시키도록 한다.

⑥ 한문기록에는 韻文, 散文 등 여러 종류의 글을 포함시켜, 학습이 골고루 이루어지도록 한다.

⑦ 학습 자료의 선택은 건전한 自我의 實現과 국민 共同體 意識의 형성에 도움이 될 수 있는 것으로 한다.

⑧ 학습 자료는 내용의 이해에만 그치지 말고, 그 속에 담긴 精神을 본받아 건전한 가치관을 형성할 수 있도록 활용한다.

⑨ 읽기 자료의 학습은 읽기, 쓰기, 내용이해 등이 동시에 달성되도록 한다.

⑩ 자료나 글의 지도는 반복하여 익힘으로써 그 참뜻을 음미하는 단계에 이르도록 한다.

(나) 평가

① 한 단원이 끝날 때마다 評價를 실시하고, 그 결과에 따라 보충학습이 이루어지도록 한다.

② 평가목표는 학습한 단원의 목표 내에서 선정하도록 한다.

③ 평가문항은 학생의 學習意慾을 촉진시킬 수 있도록 구성한다.

④ 평가는 읽기와 쓰기, 내용이해의 학습에 도움이 될 수 있도록 그 방법을 다양하게 한다.

3) 한문 II

1) 목표

① 한자의 특징과 짜임을 알고, 이를 문장의 이해에 활용하게 한다.

② 문장의 構造와 形式을 알고, 글을 체계적으로 이해하게 한다.

③ 한문기록을 이해하고 감상하게 한다.

④ 한문기록에 담긴 선인들의 사상과 감정을 이해하고, 이를 올바르게 수용하게 한다.

2) 내용

① 虛字의 쓰임을 알고 활용한다.

② 문장의 構造를 알고 활용한다.

③ 문장의 形式을 이해하고 활용한다.

④ 文脈을 통하여 여러 가지 含蓄된 意味를 파악한다.

⑤ 글을 올바르게 解釋하고 評價한다.

⑥ 한문기록에 나타난 先人들의 思想이나 價値觀을 바르게 수용한다.

3) 지도 및 평가상의 유의점

(1) 지도

① 이 과정은 '한문 I'을 이수한 학생에게 지도하도록 한다.

② 그밖의 지도상의 유의점은 '한문 I'에 준한다.

(2) 평가에 필요한 사항은 '한문 I'에 준한다.
부칙) 이 교육과정은 1984년 3월 1일 신입생부터 시행한다. 다만, 국민윤리, 국사
는 1982년 3월 1일부터 시행한다.

## 5. 제5차 敎育課程期

  1) **時期** : 제5차 교육과정(1988년 3월 31일 고시, 1990년 3월 1일 시행)
이후~제6차 교육과정 고시 이전.

  2) **特徵** : 한문 I·II로 구분하지 않은 단일 교육과정으로 구성하
였고, 교육과정의 내용은 각각 교과목표, 내용, 지도 및 평가상의 유
의점으로 구성하여 4차와 大同小異하나 '漢字', '漢字語', '漢文'으로
指導領域을 구분하고, 이에 관한 지도 목표 및 내용을 선정하여 體系
的으로 조직한 것이 특기할 만하다.

  3) **교육과정 내용** : 제5차 고등학교 한문과 교육과정에 명시된 교육
과정은 목표, 내용, 지도 및 평가상의 유의점으로 구성하였으며, 그
구체적인 내용은 다음과 같다.

5차 문교부 고시 제88-7호
1988년 3월 31일

1.교과목표
한문을 독해할 수 있는 기능을 길러 한문기록을 이해하며, 전통문화를 아끼고 바르
게 계승·발전시키려는 태도를 가지게 한다.
1) 한자를 알고 활용하게 한다.
2) 한자어를 알고, 文字와 言語生活에서 활용하게 한다.
3) 문장의 構造와 形式을 알고, 글을 體系的으로 理解하게 한다.
4) 여러 가지 글의 종류와 특징을 알고, 한문기록을 이해하고 감상하게 한다.
5) 한문기록에 담긴 선인들의 사상, 감정 및 가치관을 이해하고, 전통문화를 바르
게 수용·발전시키려는 태도를 가지게 한다.

2. 내용

1) 한자
① 한자의 音과 뜻을 알기
② 한자를 바르게 쓰고 활용하기
③ 한자의 짜임을 통하여 한자를 이해하기

2) 한자어
① 한자어의 音과 뜻을 알기
② 한자어를 바르게 쓰고 활용하기
③ 한자어를 익혀 언어생활에서 바르게 사용하기
④ 漢字成語의 짜임을 알고, 文章構造 이해에 활용하기

3) 한문
① 문장의 基本構造를 알고 활용하기
② 문장의 擴張構造를 알고 활용하기
③ 複合文의 구조를 알고 풀이하기
④ 문장의 形式을 알고 풀이하기
⑤ 虛詞의 구실을 알고, 文章讀解에 활용하기
⑥ 散文의 특징을 알고 독해하기
⑦ 漢詩의 특징을 알고 감상하기
⑧ 좋은 글귀를 암송하고, 그 감명을 되살리기
⑨ 한문기록에 담긴 先人들의 사상, 감정 및 가치관을 이해하기
⑩ 한문기록에 담긴 선인들의 훌륭한 행실을 본받고, 傳統文化를 바르게 수용·발전
시키려는 태도 가지기

3. 지도 및 평가상의 유의점

1) 지도
(1) 한문과는 그 영역을 '漢字', '漢文'으로 구분하되, '漢字', '漢字語'는 '漢文'에 수
렴하여 지도한다.
① 한자는 고등학교 한문 교육용 기초한자 900자를 중심으로 그 음과 뜻을 알고,
바르게 쓰도록 지도한다.
② '漢字語'는 그 음과 뜻, 짜임을 알고, 언어생활과 문장독해를 바르게 할 수 있도
록 지도한다.
③ '漢文'은 '漢字'와 '漢字語'를 바탕으로 독해력 신장에 필요한 기능을 길러, 한문
기록을 바르게 이해하고 감상할 수 있도록 지도한다.

(2) '漢字', '漢字語', '漢文'의 지도내용은 과정별 선택의 이수 단위에 맞게 그 범위
와 난이도를 고려하여 학습의 位階性과 連繫性이 유지되도록 상호 관련지어서
지도하되, 다음 사항에 유의하도록 한다.

① '한자'는 가능한 한 한자어나 간이한 문장과 관련지어 지도하도록 한다.
② 部首, 劃數, 筆順은 글자를 字典에서 찾고, 바르게 쓰는 데 도움이 되는 범위 내에서 지도한다.
③ 한자어의 짜임은 문장과 관련지어 지도한다.
④ 문장의 構造와 形式은 문장을 바르게 독해하는 데 활용할 수 있도록 지도한다.
⑤ 한문기록은 글의 뜻을 이해하고 감상하는 데 주안을 두되, 韻文, 散文 등 여러 종류의 글을 포함시켜 지도한다.
⑥ 文法은 독해를 원활히 할 수 있는 데 목표를 두고 각 문법사항을 주어진 글이나 예를 통하여 이해시키되, 이에 필요한 용어는 學校文法(國語文法)의 용어에 따르는 것을 원칙으로 한다.
⑦ 각 단원의 학습자료는 한문 독해력을 기르는 데 주안을 두고 읽기, 쓰기, 내용이해 등의 학습이 고르게 이루어지도록 지도한다.
⑧ 각 단원은 학습목표와 제재의 특성을 부각시킬 수 있는 사항에 주안을 두어 지도하되, 선행 단원과 관련지어 학습의 위계성과 연계성이 유지되도록 한다.

(3) 학습자료는 전통문화의 이해를 통하여 건전한 生活倫理를 실천하고, 민주적 生活態度와 미래 지향적인 가치를 확립하는 데 도움이 될 수 있는 것을 선택하도록 한다.

2) 평가
(1) '한자'는 바르게 읽고 쓰며, 그 뜻을 알아 바르게 사용하는 것을 평가한다.
(2) '한자어'는 바르게 읽고 쓰며, 그 뜻을 알아 문장의 독해나 언어생활에서 바르게 활용하는 것을 평가한다.
(3) '한문'은 한문의 독해와 직결된 학습사항과 내용이해에 중점을 두어 평가한다.
(4) 評價目標는 단원의 목표와 직결시켜 선정하며, 학습목표의 달성도는 해당 단원 내용의 특성에 맞는 문항을 제작하여 측정하도록 한다.
(5) 評價方法은 읽기와 쓰기, 내용의 이해와 감상 등을 균형 있게 평가할 수 있도록 다양하게 한다.


# Ⅲ. 結論

이상의 漢文科 教育課程의 변천을 통해서 살펴보았듯이, 고등학교에서 漢文教科가 獨立教科로 설정된 것은 1972년도이다. 그 이전에는 한문교과가 국어Ⅱ의 한문과정에 포함되어 있었다. 1972년도에는 한문교과의 신설을 포함한 교육과정의 부분 개정이 이루어졌던바, 1972년도에 '교육법 시행령'으로 중·고등학교에 한문교과를 독립된 교과로 신설하도록 조치함으로써 마침내 학교교육에서 한문교육이 독립된 교과교육으로서 정상적으로 실시될 수 있게 되었던 것이다. 1~5차에 걸친 한문과 교육과정의 體制, 目標 및 內容 등을 구체적으로 대비하여 보면 다음과 같다.

## 1. 體制

1, 2, 3, 4, 5차 한문과 교육과정의 체제를 보면 아래의 표와 같은데, 1, 2차 교육과정이 비슷하고, 3, 4, 5차 교육과정이 비슷하다. 각각 용어상의 차이는 있지만 '목표, 내용, 지도상의 유의점'이라는 체계를 유지하고 있다는 점에서 볼 때 모두 공통점이 있다. 그러나 1, 2차 교육과정에는 참고자료가 제시되어 있고, 4, 5차 교육과정에는 '평가상의 유의점'이 추가되었다는 점이 다르다.

## 2. 意義 및 目標

1, 2, 3, 4, 5차 교육과정의 교과목표의 구성은 다음과 같다.

　(가) 1차 교육과정 : 국어Ⅱ의 교육과정 중 한문과정의 '한자 및 한문지도의 의의'에서 5개항으로 제시하고 학년별 목표는 별도로 제시하지 않았다.
　(나) 2차 교육과정 : 1차 교육과정과 마찬가지로 국어Ⅱ의 한문과정으로 '의의와 목표'에서 전문과 7개항으로 제시하였다. 학년별 목표는 별도로 제시하지 않았다.
　(다) 3차 교육과정 : 한문교과의 '일반목표'를 3개항으로 제시하고,

한문Ⅰ·Ⅱ에 각각 목표를 3개항씩 제시하였다.

(라) 4차 교육과정 : 한문교과의 '교과목표'를 前文과 4개항으로 제시하였다. 한문Ⅰ·Ⅱ에 각각 4개항씩 '목표'를 제시하였다.

(마) 5차 교육과정 : 한문교과의 '교과목표'를 전문과 5개항으로 제시하고 한문Ⅰ·Ⅱ로 구분하지 않았다.

| 1차(1955.8.1.) | 2차(1963.2.15.) | 3차(1974.12.31.) | 4차(1981.12.31.) | 5차(1988.3.31.) |
|---|---|---|---|---|
| 1. 한자 및 한문 지도의 의의 | (1) 의의와 목표 | Ⅰ.일반목표<br>Ⅱ.한문Ⅰ<br>1.목표 | 교과목표<br>한문Ⅰ<br>가. 목표 | 가. 교과목표 |
| 2. 고등학교 한문과정 제1학년(교재내용, 지도요령), 제2학년(교재내용, 지도요령), 제3학년(교재내용, 지도요령) | (2) 지도·내용 | 2. 내용<br>가. 지도사항<br>나. 제재 선정의 기준 | 나. 내용 | 나. 내용<br>1) 한자<br>2) 한자어<br>3) 한문 |
| 3. 한자 및 한문의 지도요령 | (3) 지도상의 유의점 | 3. 지도상의 유의점 | 다. 지도 및 평가상의 유의점<br>1) 지도<br>2) 평가 | 다. 지도 및 평가상의 유의점<br>1) 지도<br>2) 평가 |
| 4. 참고자료 | 〈참고자료〉 | Ⅲ.한문Ⅱ<br>1. 목표<br>2. 내용<br>가. 지도사항<br>나. 제재 선정의 기준<br>3. 지도상의 유점〈부칙〉 | 한문Ⅱ<br>가. 목표<br>나. 내용<br>다. 지도 및 평가상의 유의점<br>1) 지도<br>2) 평가<br>〈부칙〉 | 한문Ⅰ·Ⅱ로 구분하지 않고 단일 교육과정으로 구성 |

## 3. 內容體系

1,2,3,4,5차 한문과 교육과정이 내용체계는 다음과 같다.

(가) 1차 교육과정 : 교재내용과 지도요령을 학년별로 제시하였다.
(나) 2차 교육과정 : 지도내용을 7개항으로 제시하였다.
(다) 3차 교육과정 : 한문Ⅰ·Ⅱ의 '내용'항에서 '지도사항', '제대 선정'을 구분하여 제시하였다.
(라) 4차 교육과정 : 한문Ⅰ에서 8개항으로, 한문Ⅱ에서 6개항으로 '내용'을 제시하였다.
(마) 5차 교육과정 : 지도영역을 '한자', '한자어', '한문'의 3영역으로 구분하고, 한자 3개항, 한자어 4개항, 한문 10개항으로 내용을 제시하였다.

## 4. 제재 선정의 기준

제재 선정의 기준을 별도로 설정 제시한 것은 3차 교육과정뿐이다. 1차 교육과정에서는 '교재내용'에서, 2차 교육과정에서는 '지도상의 유의점'에서, 4, 5차 교육과정에서는 '지도 및 평가상의 유의점'의 '지도'항에서 제시하고 있다.

## 5. 지도 및 평가상의 유의점

1, 2, 3, 4, 5차 교육과정 모두 지도에 관한 유의사항(1차 교육과정에서는 '지도요령'이라 하여 학년별로 다루었다)을 제시했다. 평가에 관한 유의사항을 별도로 제시한 것은 4, 5차 교육과정뿐이다.

(가) 1차 교육과정 : 각 학년별로 '지도요령'에서 다루었다.

(나) 2차 교육과정 : '지도상의 유의점'에 6개항으로 다루었다.

(다) 3차 교육과정 : '지도상의 유의점'에 3개항으로 제시하였다.

(라) 4차 교육과정 : '지도 및 평가상의 유의점'에서 '지도(10개항)' 와 '평가(4개항)'를 구분하여 제시하였다.

(마) 5차 교육과정 : '지도 및 평가상의 유의점'에서 '지도(3개항)'와 '평가(5개항)'를 구분하여 제시하였다.

(바) 부칙 3, 4차 교육과정에 '부칙'을 제시하였다. 이 부칙에 의하면 한문교과는 3차 교육과정은 1975년도부터, 4차 교육과정은 1984년 3월 1일 신입생부터 시행하도록 되어 있다.

끝으로 本稿는 광복(1945. 8. 15) 이후 현행 교육과정에 이르기까지 변천해 온 한문과 교육과정을 살펴보았다. 그러나 2,000여 년 전 한자·한문이 우리나라에 처음으로 수입된 이래, 각 시대 각 지방에서 이루어졌던 書院敎育이나 書堂敎育 등을 史的으로 연구하고 분석한 바가 거의 없는 실정이다. 한문과 교육이 교과교육으로서의 면모와 위상을 확고히 하고 한문과 교육의 개발과 발전을 위해서는 이 분야의 연구가 하루 빨리 이루어져야 할 것이다.

## 참고문헌

문교부, 『교수요목』, 1946. 11. 17 발행

문교부, 『고등학교 교육과정』(1차), 1955. 8. 1 공포.

문교부, 『고등학교 교육과정』(2차), 1963. 2. 15 공포.

문교부, 『고등학교 교육과정』(3차), 1974. 12. 31 공포.

문교부, 『고등학교 교육과정』(4차), 1981. 12. 31 고시.

문교부, 『고등학교 교육과정』(5차), 1988. 3. 1 고시.

조윤제, 『국어교육』(창간호), 1948.10.31.

한국교육개발원, 『제5차 국어과 한문과 교육과정 개정을 위한 세미나』(1986.5.20.~

21), 1986.5.20

문교부, 『고등학교 교육과정』(5차), 1989. 7. 10.

이 글은 『溪峰 林萬榮 教授 華甲紀念論文集』(1991)에 수록한 논문을 재수록한 것이다.

# 第6차 教育課程의 問題點과 改善方向

金聲振

## Ⅰ. 第6次 教育課程 改定과 漢文教科

教育部에서는 지난 1992년 6월 30일에 中學校 教育課程을 告示하고, 이어 동년 10월 30일에는 高等學校 教育課程을 告示하였다. 이른바 제6차 교육과정 개정이 공식화된 것이다. 양자의 고시 부칙에 따르면 중학교 교육과정은 1995년 3월 1일, 신입생부터 시행하고 고등학교 교육과정은 1996년 3월 1일, 신입생부터 시행하는 것으로 되어 있다.

한문교과와 관련된 제6차교육과정의 가장 주요한 변화는 중학교 한문이 必修教科에서 選擇教科로 바뀌었다는 점이다. 고등학교 한문의 경우, 제5차교육과정에서와 마찬가지로 課程別 必修教科이므로 표면적으로 볼 때, 과목이 한문Ⅰ과 한문Ⅱ로 나뉘어졌다는 것 이외에는 큰 차이가 없다. 하지만 제6차교육과정에서는 이른바 課程別 必修科目의 編成을 市道教育廳에 위임함으로써 명목상으로는 必修科目이면서도 실질적으로는 選擇教科가 되도록 조정되었다. 1972년 2월 28일 공포된 교육법시행령에 의해 중등학교의 정규교과로 채택된 한문교과가 이번의 제6차교육과정 개정으로 학교장 또는 시도교육청의 결정에 따라서 단위 학교 또는 특정 시도에서 한문교과가 사라질 수도 있는 위기에 처해 있는 것이다.

한편, 교육부는 1992년 9월 30일 국민학교 교육과정을 확정 고시하였다. 漢文敎科와 관련된 국민학교의 제6차교육과정의 특징은 '學校裁量時間'의 신설에 있다. 이른바 학교재량시간이란 교육과정 편제에 제시된 교과의 보충이나 특별활동의 보충, 또는 학교의 독특한 교육적 필요 및 학생의 요구 등에 따른 창의적인 교육활동(예:漢字, 영어, 컴퓨터, 노작 등)을 골라서 지역 특성과 학교 실정에 알맞게 운영하도록 하는 시간을 말한다. 국민학교의 제6차교육과정은 1995학년도에 1, 2학년, 1996학년도에 3, 4학년, 1997학년도에 5, 6학년으로 나누어 단계적으로 적용하도록 되어 있다. 말하자면 1996학년도부터는 각 국민학교에서 선택적으로나마 한자수업이 정규교과로서 운용되도록 되어 있는 것이다. 요컨대, 각 학교 또는 각 시도교육청의 결정에 따라 국민학교 3학년에서 고등학교에 이르기까지의 10개 학년동안 학생들의 의사와는 무관하게, 漢字 및 漢文 敎育이 이루어질 수도 있고 이루어지지 않을 수도 있게 된 것이다.

이같은 제6차교육과정의 개정은 韓國文化의 特殊性과 國際的 環境의 變化 및 우리나라의 교육현실이 제대로 고려되지 않고 이루어진 탓으로, 그 시행과정에서 적지 않은 문제점이 드러날 것으로 여겨진다.

## Ⅱ. 第6次敎育課程 施行時 各級 學校에서 惹起될 問題點

### 1. 國民學校의 漢字 敎育

국민학교의 제6차 교육과정에서 '학교재량시간'의 신설을 통해 국

민학교에서 漢字敎育의 實施가 제도적으로 이루어질 수 있게 되었다
는 점은 크게 환영할 만한 일이다. 이는 90% 정도의 國民學校에서 漢
字를 指導하고 學父母의 70% 이상이 漢字敎育의 必要性을 認定하고
있는 現實[1]을 고려한 조치일 것이다. 하지만 학교재량시간의 활용을
통한 한자교육이 제대로 이루어지기 위해서는 무엇보다도 국민학교
학생들에게 알맞은 敎材의 開發이 先行되어야 한다. 이제까지처럼 각
학교, 또는 교사가 임의로 만든 교재가 아니라 漢字授業과 關聯된 專
門的인 知識을 갖춘 學者들이 成案한 敎材의 開發이 이루어져야 한다
는 것이다. 아무리 학교재량시간이라고는 하지만, 의무교육기간에
국가에서 정한 학제에 따라 이루어지는 수업에서 교육부의 심의도 받
지 않은 교재로 수업이 이루어진다는 것은 語不成說인 것이다. 더구
나 국민학교과정 중엔 학기 중 전학이 빈번하게 이루어지는 편인데,
학교마다 漢字授業의 有無가 다르고 敎材가 다르다면 학생들이 겪게
될 혼란이 적지 않을 것이다.

  다음으로 漢字授業이 보다 효율적이고 흥미롭게 진행될 수 있도록
전담교사의 양성이 이루어져야 한다. 국민학교에서의 한자수업은 학
생들이 정규교과로서는 처음으로 한자를 접하는 기회가 되기 때문이
다. 따라서 무엇보다도 한자수업의 의의를 확실하게 인지하고, 또한
한자수업에 대한 적극적인 자세와 사명감을 지니고 있는 교사에 의해
그 수업이 이루어져야 할 것이다. 아울러 담당교사가 정규교과로서는
처음으로 한자수업을 받게되는 이들 학생들로 하여금 한자수업에 흥
미를 느낄 수 있는 교수방법을 터득할 수 있도록, 교육대학의 교과과
정 편제가 짜여져야 할 것이다. 교육대학에 한자수업을 전담할 교사

---

1) 金玉奎, 「國民學校 漢字敎育의 現況」, 『漢文科敎育論』, 韓國漢字漢文敎育硏究
   會, 한샘, 1993.

양성을 위한 교과 편제가 현실적으로 어렵다면, 최소한 그들을 위한 長短期 研修科程이라도 開設되어야만 할 것이다.

한 조사 자료에 의하면, 국민학교 교원의 40% 정도를 차지하는 35세 미만의 교사들이 국어교과서에 나오는 한자어 가운데 기본적이고 사용 빈도가 높은 한자어 100개를 쓰도록 하는 조사에서 평균 52점의 한자 쓰기 실력을 보였다 한다.[2] 이 조사가 1980년에 이루어진 것임을 감안할 때, 지금의 상황은 더욱 악화되었을 것이 분명하다. 이같은 상황에서 授業을 직접 담당할 교사들에 대한 재교육이 선행되지 않는 한, 국민학교에서의 효과적인 漢字 授業은 결코 기대할 수 없을 것이다.

## 2. 中學校의 漢文敎育

中學校 第6次敎育課程의 특징은 한자 및 한자어의 비중을 크게 높였다는 점에 있다. 그런데 학교재량시간을 통해 일부 국민학교에서 한자학습이 이루어질 경우, 그 수업내용의 상당부분이 중학교의 수업과 중복될 수밖에 없다. 그 결과 국민학교에서 4년간의 정규수업을 통해 한자를 익힌 학생들은 중복된 수업내용 때문에 한문수업에 흥미를 잃을 수 있으며, 이와 반대로 그렇지 않은 학생은 다른 학생들과의 학력 격차로 인해 수업의욕을 상실하게 될 수 있다.

1992년 4월을 기준으로 우리나라 중학교의 한문교사(한문교사 자격증 소지자) 확보율을 보면, 시도별로 엄청난 격차를 보이고 있다. 강원도처럼 99%의 확보율을 보이고 있는 곳이 있는가 하면 제주도처럼

---

2) 安承德, 「漢字語 쓰기 能力에 대한 年齡 階層別 實態」, 『漢字敎育論』(安承德, 아세아문화사, 1993)의 Ⅲ. 漢字(語) 使用의 實態.

16.7%에 불과한 곳도 있다.[3] 제6차교육과정 개정안이 확정된 이후, 임용고시를 통한 공립학교의 한문교사 채용이 거의 이루어지지 않고 있고 사립학교에서의 한문교사 채용 역시 현저하게 줄어들었으므로 이같은 상황은 지금과 큰 차이가 없을 것이다. 한문교사가 확보되지 못하고 비전공자들이 한문수업 맡기를 기피하고 있음을 감안할 때, 이같은 저조한 한문교사 확보율은 각 중학교에서의 선택과목 선정에 가장 직접적인 영향을 미칠 것이다. 전담교사의 확보율이 학생들에 대한 교육효과나 학교교육의 사회적 역할보다 우선적으로 고려되는 행정편의주의적 조치가 우려되는 것이다. 보다 심각한 문제는 타 교과 전공자들로 하여금 컴퓨터교사 자격연수를 하게 하는 것이다. 이 같은 자격연수가 계속될 경우, 결국은 이들 교사가 컴퓨터교육을 담당하게 될 것이고, 경우에 따라서는 각 단위학교에서 교과운용상의 편의를 위해 이들이 한문수업의 일부를 떠맡게 되는 상황까지 발생하게 될 것이다. 이같은 행정편의적 조치는 한문을 비롯한 선택교과의 파행적 운용을 초래하게 될 것이 분명하다.


## 3. 高等學校의 漢文敎育

6차교육과정에 따른 한문교과의 문제점은 중학교에서보다는 고등학교에서 심각한 형태로 나타날 수 있다. 중학교에서 한문교과를 이수한 학생과 이수하지 않은 학생들이 混在되어 있는 집단을 대상으로 수업을 진행해야 되기 때문이다. 여기에 국민학교에서 한자수업을 받았는지의 여부까지 고려하면 한 학급에서 4가지 부류의 학생들이 혼재하게 되어 있는 것이다.

---

3) 金玉奎의 앞의 논문.

현 교육제도상 동일한 수업과정을 거쳤으면서도 학습능력이 천차만별인 학생들이 한 학급으로 편성되어 수업에 어려움을 겪고 있는데, 여기에 先行學習의 有無까지 變數가 되므로 문제가 더욱 복잡해지는 것이다. 뿐만 아니라, 출신학교별로 안배하여 학급을 편성하지는 않을 것이므로 동일 학년에서도 학급에 따라 편차가 심하게 나타날 수도 있다. 그 결과 대학진학에 절대적인 역할을 하는 내신성적에도 심각한 영향을 주게 될 것이며 그로 인한 일부 학생들의 좌절감도 결코 작지 않을 것이다.

敎育部가 告示한『고등학교 교육과정』의 한문 교과 항목에는 '중학교에서 한문과를 체계적으로 이수하지 않은 학생들에 대해서는 중학교 교육과정에 따른 보충 학습 계획을 수립하여 지도하도록 한다'4) 고 명시되어 있기는 하다. 하지만 정규교과시간마저 변칙적인 방법으로 주요교과 수업을 위해 할당되는 입시 위주의 현 교육환경하에서 이같은 교육부의 지침이 제대로 시행되기를 기대하기는 어려운 것이 현실이다.

그렇다고 해서 중학교에서의 선택과목에 따라 학급을 편성한다는 것은 현실적으로 불가능하다. 또한 학급에 따라 수업의 수준을 달리할 수 있는 것도 아니고, 선행학습의 유무에 따라 고등학교 한문교과서가 편찬되는 것도 아니다. 결국 수업의 주체인 漢文敎師 스스로가 이같은 여러가지 문제점을 감안하여 교재를 연구하고 수업에 임할 수밖에 없는 것이다. 그릇된 교육과정으로 야기되는 모든 문제의 해결을 교사들이 떠맡아야 하고, 현실을 도외시한 교육정책으로 인한 불이익을 학생들이 고스란히 감수해야 하는 것이다.

---

4)『고등학교 교육과정』(Ⅰ), 대한교과서주식회사, 1992. 79면.

## Ⅲ. 第6次敎育課程의 敎育原理上 問題點

### 1. 基本敎科의 强調 原則에서 벗어남

교육과정이 합리화되기 위해서는 무엇보다 基本敎科가 강조되어야
하고 敎育課程과 生活이 連繫되어어야만 한다.[5] 라틴어를 포함한 국
어, 수학, 역사, 과학 등의 기본 교과에 비중이 두어져야 한다는 미국
고등학교 교육과정에 대한 '10인 위원회'의 보고서[6]의 예를 들지 않
더라도 한문교과가 중고등학교의 기본교과로서 비중있게 다루어져야
한다는 것은 너무나도 당연한 일이다. 1988년 3월 31일에 고시된 문
교부의 교육과정 편제에서는 한문교과가 국어, 영어, 수학과 더불어
도구교과임을 분명히 밝히고 있다.[7]

한 실험결과에 의하면 漢文成績이 향상됨에 따라 國語, 古典, 家事,
體育理論, 國史 등의 교과에 積極的 轉移現象을 보였다고 한다.[8] 이는
이들 교과의 용어가 한문교과와 깊은 연관이 있기 때문일 것이다.

한문교과의 도구교과적 성격은 국어교과와 관련해서 특히 두드러
지게 나타나고 있다.

---

5) Decker F.Warker와 Jonas F.Soltis는 『Curriculum and Aims』(『敎育課程과
目的』, 許筴譯, 敎育科學社,1993)의 제2장. '교육과정의 합리화'에서 교육과정의
합리화를 위해 우선적으로 고려해야 할 항목으로 '기본교과의 강조' '교육과정과
생활의 연계' '교양교육과 전문교육' '수월과 평등' 등을 들고 있다.

6) 앞과 같은 곳.

7) 문교부, 『고등학교 한문과 교육과정 해설』, 1989, 62면. 그럼에도 불구하고 불과
4년만에 교육 전반의 기초가 되는 도구교과 가운데 유독 한문만이 선택교과로 지
정된 것이다.

8) 金百善, 「漢文科의 學習成就度가 他敎科의 學習에 미치는 影響─興味中心의 自
律的인 漢文課題 學習을 중심으로」, 전게한 『漢文科敎育論』의 477~479면에서
재인용.

「賞春曲」,「龍飛御天歌」,「關東別曲」,「遊山歌」,「春香歌」 등의 古典文學 단원은 그 내용의 대부분이 漢文 敎科와 밀접한 관련이 있다. 이들 단원에 나오는 많은 故事成語들과 漢詩文을 漢文敎科에서 다루어 줄 수 있다면, 양 교과가 공히 흥미있고 효율성있게 수업을 진행할 수 있을 것이다. 이밖에 「遊漢挐山記」나 時調 단원 역시 漢文敎科와 불가분의 관계에 있다.

이같은 연계성은 현대문학 단원에서도 쉽게 발견된다. 국어(상)의 6. '시의 세계' 단원에 나오는 김상용의 「남으로 창을 내겠소」라는 시 가운데 '왜 사냐건 웃지요'라는 구절은 李白의 「山中問答」중 '問余何意栖碧山 笑而不答心自閑'이란 漢詩句節을 알아야만 그 의미를 제대로 파악할 수 있다. 같은 단원에 실려 있는 김소월의 「길」이란 시 가운데 '여보소. 공중에 / 저 기러기 / 공중엔 길 있어서 잘 가는가?'라는 구절 역시 杜甫의 「歸鴈」중 '春來萬里客 亂定幾年歸 腸斷江城鴈 高高正北飛'란 漢詩句節을 알아야만 그 意境을 제대로 이해할 수 있는 것이다. 국어(상)의 10. '독서의 방법' 단원의 (2) '학문의 목적' 가운데 '성을 절하고 지를 버리면 민리가 백 배하리라'라는 구절은 '絶聖棄智 民利百倍'라는 『老子道德經』의 문구를 그대로 옮긴 것이며 '60에 귀가 순하여지고'라는 구절 역시 『論語』爲政篇의 문구를 그대로 옮겨 적은 것이다. 이같은 일부의 예만 보더라도, 古典뿐 아니라 국어교과의 전 영역에 걸쳐 漢文敎科의 학습이 긴요한 선결요건임을 쉽게 알 수 있는 것이다.

한자어가 국어 어휘의 70%이상을 점하고 있다는 것은 상식적인 사실이다. 다시 말해, 한문교과의 주요 영역중의 하나인 漢字語 學習이 우리 국민의 일상적 언어생활에 심대한 영향을 미칠 수 있다는 것이다. 한자어 학습이 언어생활뿐 아니라 중등학교 전 교과의 효율적인 학습에 얼마나 긴요한 것인가는 한문교과의 비중을 크게 낮춘 제6차 교육과정 교육부 고시가 오히려 역설적으로 잘 보여주고 있다.

第一章. 敎育課程의 編成과 運營

1. 敎育課程의 性格
   가. 이 敎育課程은 中學校의 敎育目的(敎育法 第100條) 및 敎育目標(敎育法 第101條)를 達成하기 爲한 國家水準의 敎育課程으로서, 敎育法 第155條 第1項에 依據하여 告示한 것이다.
   나. 이 敎育課程은 文敎部 告示 第87-7號 中學校 敎育課程(1987. 3.31)을 改定한 것으로 全國의 中學校 및 이에 準하는 學校에서 1995學年度부터 編成, 運營하여야 할 敎育課程의 共通的이며 一般的인 基準을 提示한 것이다.
   다. 이 敎育課程에 提示된 基準 以外에 더 必要한 具體的인 編成·運營 指針은, 地方 敎育自治에 關한 法律 第27條 第6號에 依據, 各 市道敎育監이 地域의 特殊性과 學校의 實情에 알맞게 定하여 施行한다.
2. 敎育課程의 構成方針
   이 敎育課程을 通하여 追求하는 人間像은 健康한 사람, 自主的인 사람, 創意的인 사람, 道德的인 사람으로 한다.
   이를 具現하기 爲한 敎育課程의 構成 方針은 다음과 같다.
   가. 道德性과 共同體 意識이 透徹한 民主市民을 育成한다.
   나. 社會의 變化에 對應할 수 있는 創意的인 能力을 開發한다.
   다. 學生의 個性, 能力, 進路를 考慮하여 敎育內容과 方法을 多樣化한다.
   라. 敎育課程 編成·運營 體制를 改善하여 敎育의 質 管理를 强化한다.

교육부가 고시한『중학교 교육과정』의 첫부분으로, 한글전용 문장을 국한문 혼용으로 바꾸어 놓은 것이다. 18행의 문장 가운데 助詞와 語尾를 제외하고 實辭로서 漢字語가 아닌 것은 '이' '것' '더' '알맞다' '사람' '다음' 등에 불과하다. 『고등학교 교육과정』의 해당부분 역시 '중학교'가 '고등학교'로 바뀌었을 뿐 토씨하나 다름없이 똑같다.

이밖에 중·고등학교 교육과정에 실려있는 각 교과의 내용체계를 보면, 그 용어들의 대부분은 漢字 知識이 이들 用語의 정확한 의미 파악에 필수불가결한 것들이다. 특히 이같은 현상은 漢文敎科와 전혀 무관한 듯이 보이는 數學이나 科學 교과에서 두드러지게 나타난다. 다음은 교육부가 제시하고 있는 數學敎科의 內容體系이다.

〈표 1〉

| 영역 | | 내용 | |
|------|------|------|------|
| 대수 | 행렬 | · 행렬과 그 연산 | · 연립일차방정식과 행렬 |
| | 수열 | · 등차수열과 등비수열<br>· 수학적 귀납법 | · 여러가지 수열<br>· 알고리즘과 순서도 |
| 해석 | 수열의 극한 | · 무한수열의 극한 | · 무한급수 |
| | 함수의 극한과 연속성 | · 함수의 극한 | · 함수의 연속성 |
| | 다항함수의 미분법 | · 도함수 · 미분법 | · 도함수의 활용 |
| | 다항함수의 적분법 | · 부정적분 · 정적분 | · 정적분의 활용 |
| 확률과 통계 | 순열과 조합 | · 경우의 수 · 순열 · 조합 · 이항정리 | |
| | 확률 | · 확률의 뜻 | · 확률의 계산 |
| | 통계 | · 도수분포 · 확률분포 · 통계적 추측 | |

'알고리즘'이란 용어 이외에는 모두가 난해한 한자어들이다. 하지만 이들 용어 모두가 한자의 附記없이 한글로만 이루어져 있어, 그 용어의 의미를 많은 시간과 노력을 들여 설명하지 않을 수 없는 것이다. 만약에 이 용어들을 漢字로 적거나 괄호에 附記하고 학생들의 漢字知識까지 뒷받침된다면, 학생들은 교사의 설명 없이도 그 용어들의

개략적인 의미를 파악하고 수업에 임할 수 있게 될 것이다.

어느 교과이건 용어의 정확한 의미 파악이 무엇보다 선행되어야 함은 두말할 나위 없다. 그럼에도 불구하고, 거의 모든 분야의 용어가 한자어로 되어 있는 우리나라의 학문적 특성과 현실을 무시하고 漢文敎科를 選擇敎科化하여 漢字 및 漢文 敎育을 도외시한다는 것은 학습의 효율성과 통합성을 중시하는 교육원리에도 크게 어긋나는 것이다.

## 2. 漢文敎科 내용체계의 문제점

문제는 다만 이것에 그치지 않는다. 학습의 효율성을 위해 긴요한 連繫性과 位階性이 거의 고려되고 있지 않고 있는 것이다.

漢文敎科는 다른 어느 교과 못지 않게 連繫性과 位階性이 요구되는 교과이다. 중등학교 한문교과라는 전체적 구도 안에서 중, 고등학교 및 각 학년에 따라 영역별로 나누어 주된 학습목표가 설정이 되어야 하는 것이다. 하지만 6차교육과정은 이 같은 학습의 위계성이 거의 고려되어 있지 않다. 이 같은 사실은 교육부에서 고시한 교육과정의 한문교과 내용체계를 살펴보면 확연하게 드러난다.

〈표 2〉 중학교 한문 교과의 내용 체계(중학교 교육과정 181면)

| 영역 \ 학년 | 1학년 | 2학년 | 3학년 |
|---|---|---|---|
| 한자 | ·한자의 음과 뜻<br>·한자쓰기<br>·한자의 짜임<br>·한자의 활용<br>·자전에서 한자찾기 | ·한자의 음과 뜻<br>·한자쓰기<br>·한자의 짜임<br>·한자의 활용<br>·자전에서 한자찾기 | ·한자의 음과 뜻<br>·한자쓰기<br>·한자의 짜임<br>·한자의 활용 |
| 한자어 | ·한자어의 음과 뜻<br>·한자어의 짜임<br>·한자어의 활용<br>·고사성어 | ·한자어의 음과 뜻<br>·한자어의 짜임<br>·한자어의 활용<br>·고사성어 | ·한자어의 음과 뜻<br>·한자어의 짜임<br>·한자어의 활용<br>·고사성어 |

| 한문 | ·간이한 문장의 풀이<br>·문장의 구조<br>·평이한 시구의 풀이<br>·선인들의 사상과 감정<br>　이해 | ·간이한 문장의 풀이<br>·문장의 구조<br>·허자의 쓰임<br>·평이한 한시의 풀이와<br>　감상<br>·선인들의 사상과 감정<br>　이해 및 가치관 형성<br>·전통문화의 이해 | ·간이한 산문의 독해<br>·문장의 구조<br>·문장의 형식<br>·허자의 쓰임과 구실<br>·평이한 한시의 구실<br>·평이한 한시의 풀이와<br>　감상<br>·선인들의 사상과 감정 이<br>　해 및 가치관 형성<br>·전통 문화의 이해와 계승,<br>　발전 |
|---|---|---|---|

　한자 영역의 경우는 1, 2학년에 '자전에서 한자 찾기'가 있는 것을 제외하고는 3개 학년이 동일한 내용체계를 이루고 있으며 한자어 영역은 3개 학년이 완전히 동일하다. 제6차교육과정에서 한자 및 한자어에 보다 비중을 두었다고 한다면 보다 체계적이고 효율적인 한자 및 한자어 학습이 이루어지기 위해서는 학년에 따른 주요 학습목표가 달리 설정되었어야 했을 것이다.

　이같은 위계성의 무시는 중학교 한문과 고등학교 한문 사이에도 그대로 나타난다. 교육부 고시 고등학교 교육과정의 한문 교과 항목에는 '중학교 한문보다 심화된 한문 학습'이라는 말로 고등학교 한문 교과가 중학교 한문과 성격을 달리하고 있음을 밝히고 있기는 하다. 교육부가 고시한 한문 교과의 내용체계를 보면 무엇이 중학교 한문보다 심화된 학습인지를 이해하기 어렵다.

〈표 3〉 고등학교 한문 교과의 내용 체계 [고등학교 교육과정(Ⅰ) 78면]

| 영역 | 내용 |
|---|---|
| 한자 | ◦ 한자의 음과 뜻<br>◦ 한자 쓰기<br>◦ 한자의 짜임<br>◦ 한자의 활용 |

| 한자어 | ◦ 한자어의 음과 뜻<br>◦ 한자어의 짜임<br>◦ 한자어의 활용<br>◦ 고사성어 |
|---|---|
| 한문 | ◦ 산문의 독해<br>◦ 문장의 구조<br>◦ 문장의 형식<br>◦ 허자의 쓰임과 구실<br>◦ 한시의 풀이와 감상<br>◦ 선인들의 사상과 감정 이해 및 가치관 형성<br>◦ 전통 문화의 이해와 계승, 발전 |

도표를 통해 알 수 있듯이, 고등학교 한문 교과의 내용 체계는 학년
별의 위계성은 아예 고려되고 있지 않다. 뿐만 아니라 앞서 인용한
중학교 3학년의 내용체계를 그대로 옮겨놓고 있다. 교육부 고시의 각
교과 내용체계는 전국의 각 교과에서 준거로 삼아야 할 학습의 지침
인데, 이 같은 내용체계라면 중, 고등학교 6개 학년 동안 단어와 문장
만 달라질 뿐 똑같은 내용체계로 수업을 하게 되는 셈이다.


## Ⅳ. 時代的 潮流와 漢字 敎育 强化의 必要性

국내외적 상황 변화에 따라 한자교육의 강화가 절실히 요구됨에도
불구하고 제6차교육과정은 오히려 한문교과의 선택과목화를 통해 결
과적으로 漢字 및 漢文 敎育에 엄청난 지장을 초래하고 있다. 현행
제도하에서도 학생들의 한자 실력이 지극히 우려할 만한 수준인데,
앞에서 거론한 바와 같이 여러가지 문제점을 내포하고 있는 제6차교
육과정이 그대로 시행될 경우 그 결과는 불문가지인 것이다.

중고등학교에서 4~6년 漢文을 배운 여대생 가운데 겨우 31%정도

만이 '東西南北'을 제대로 쓸 수 있는 것9)이 우리나라 漢文敎育의 현실이다. 쓰는 것은 고사하고 대학생의 32%정도가 漢字混用敎材를 읽지 못하고 있는 것이다.10) 심지어 대학생의 2,30%가 자기 부모의 이름조차 제대로 쓰지 못한다는 조사 결과도 있다. 전공서적의 대다수가 한자어로 이루어진 용어를 쓰고 있는 현실을 감안할 때, 부모의 이름조차 한자로 쓰지 못하는 대학생에게서 경쟁력있는 학습을 기대한다는 것은 연목구어에 불과할 것이다.

대학생의 漢字實力이 이같은 정도이니, 중고등학생의 漢字實力이 어떠할 것인가는 불문가지이다. 요컨대 기본적인 漢字조차 모르는 학생에게 漢文을 가르치고 있는 것이다. 한글전용 정책이 수정되어 국민학교에서 基礎漢字를 익히도록 하는 전면적 교육개혁이 이루어지기 전까지는, 중등학교에서 漢字도 모르는 수업대상자에게 漢文 文章을 가르치는 이같은 기형적 수업은 계속될 것이다.

漢文敎科가 제자리를 잡기 위해서는 이같은 현실에 대한 냉정한 인식이 선행되어야 한다. 社會나 學生들 스스로는 漢字學習에 많은 비중을 둘 것을 요구하는데, 학교교육에서는 基礎漢字조차 제대로 읽지 못하는 학생들을 대상으로 어려운 예문을 통해 문장구조와 否定,禁止,命令,感歎 등의 문장형식을 가르치는 데 많은 시간과 노력을 들이고 있다. 한편으로는 音과 訓조차 제대로 알지 못하는 글자의 부수와 획순을 알게 하기 위해 수업시간의 상당부분을 할애하고 있기도 하다. 옛사람들이 千字文을 익히고 童蒙先習이나 小學을 거쳐 通鑑과 四書를 읽어 어느 정도 기초를 다진 후에 읽었던 「出師表」나 「赤壁賦」, 「桃花源記」, 「歸去來辭」 등을 基礎漢字도 제대로 모르는 학생들에게

---

9) 1994.3.30 조선일보 보도.

10) 한국리서치사회조사연구소 조사결과, 1993년 12월 22일자 조선일보 보도내용.

가르친다고 해서 과연 얼마나 효과가 있을 것인가? 중학교 과정에서 漢文敎科가 필수과목인 현행 교육과정하에서도 그러한데 중학교까지 漢文은커녕 漢字 한 字 제대로 배우지 못하고 진학한 고등학생들에게 이들 명문장을 가르친다는 것이 과연 타당성이 있는 것이겠는가?

## 1. 漢字經濟圈의 浮上과 국내의 대응

세계는 급속도로 개방화, 국제화되고 있고 나프타나 유럽공동체의 예에서 알 수 있듯이 지역블럭화되는 추세를 보이고 있다. 유교적 가치관의 토대 위에 자본주의를 받아들여 경제적으로 급성장한 동북아의 경제력은 이미 미국이나 유럽의 경제력에 필적할 만한 수준으로 발전하였다.

이른바 '漢字經濟圈'이란 부분적이든 전체적이든 漢字로 의사소통의 방법으로 사용되는 지역을 말하는 것으로 구체적으로는 韓國, 中國, 日本, 臺灣, 泰國, 말레이지아, 베트남, 홍콩, 싱가폴 등을 지칭한다. 이 지역에 거주하는 인구는 15억명에 이르는 것으로 추산되는데, 이 인구는 英語圈 인구와 거의 같다. 漢字에 의한 意思疏通이 英語의 그것과는 비교될 수는 없지만, 문화적 유대감 내지 정보 교환을 용이하게 한다는 점은 부인할 수 없을 것이다. 이같은 현실적 필요성에 따라, 현대그룹·삼성그룹·럭키금성그룹·대우그룹·기아그룹·한진그룹 등의 국내 유수의 대기업들은 앞다투어 사내 교육과정에 漢字學習을 포함시키고 있으며 올해 공채시험에서부터는 漢字에 큰 비중을 두어 출제할 것이라고 발표한 바 있다. 국민의 82.5%가 국교에서의 한자교육을 찬성하고 있는 것[11])이나 최근에 사설 학습지들이 앞다

---

11) 한국갤럽조사결과. 94년 2월 27일자 조선일보.

투어 漢字를 다루는 것 역시 이같은 시대적 조류와 무관하지 않을 것이다. 한문교과가 '선인들의 사상과 감정 이해 및 가치관 형성'이라거나 '전통 문화의 이해와 계승, 발전'과 같은 다소 추상적인 가치에 머무르지 않고 '국가의 경쟁력 제고' 내지 '경제활동의 장기적 기반 조성'이라는 현실적 가치를 고려해야 할 상황이 도래하고 있는 것이다.

## 2. 漢文敎科의 效用性

혹자는 漢字學習의 비경제성을 말하기도 한다. 하지만 경제대국 일본은 우리보다 훨씬 漢字依存度가 높으며 臺灣이나 홍콩, 싱가폴 등은 국제경쟁력면에서 우리보다 우위를 점하고 있다. 언필칭 민족과 주체를 내세워 왔고 철저하게 한글전용을 고집하던 북한에서조차도 일본 및 중국과의 무역에 눈을 돌리기 시작한 60년대 후반에 한글전용을 포기한 바 있으며, 국민학교부터 漢文敎科를 개설하고 있다. 뿐만 아니라, 학습과 의사소통의 용이를 꾀하여 簡體字 사용을 확대해왔던 중국에서조차도 다시 正字인 繁體字로의 복귀를 추진하고 있는 실정이다. 학문활동과 경제활동이 하루가 다르게 국제화되어감에 따라, 한문교과의 효용성이 영어교과의 그것에 버금갈 정도로 나날이 증대되어가고 있는 것이다. 그럼에도 불구하고, 우리나라의 교육은 이같은 주변환경의 변화를 도외시한 채 오로지 영어교육에만 비중을 두고 있는 것이다.

참고로 남, 북한과 일본의 각급학교에서 가르치도록 되어있는 漢字數를 비교하면 다음과 같다.

| | 남한 | 북한 | 일본 |
|---|---|---|---|
| 국민학교 | 0 | 500字 | 1,006字 |
| 중학교 | 900字 | 1,000字(중2까지) | 939字 |
| 고등학교 | 900字 | 500字 | |
| 누계 | 1,800字 | 2,000字<br>(대학과정 1,000字는 별도) | 1,945字 |

고등학교까지 배워야 할 漢字의 수는 남,북한과 일본이 거의 동일
하지만 예상되는 학습효과는 엄청난 차이가 있을 것으로 보인다. 국
민학교의 경우, 언어학습의 효율성이 비교적 높은 시기인데다 학교수
업의 부담이 적은 관계로 할당된 수의 한자 학습이 가능하다. 하지만
중학교부터 점차로 과목수의 증가와 함께 國英數 위주로 짜여진 학교
수업의 부담이 많아지는 관계로 한문 교과의 비중이 그만큼 낮아지기
때문이다. 북한이나 일본의 경우, 타교과의 교과서에 漢字가 노출되
므로 漢字學習의 필요성과 부담을 타 교과가 공유하는 셈이 된다. 따
라서 漢文敎科에서는 그만큼 깊이있는 수업을 진행할 수 있을 것이
다. 그런데 우리의 경우에는 한자 학습이 단위시간이 절대적으로 부
족한 漢文敎科에 집중되어 있는데다, 선행학습이 거의 이루어지지 않
은 학생들을 대상으로 漢文 文章까지 가르치도록 되어 있는 것이다.

# Ⅴ. 第6次敎育課程의 改善方案

교육이 국내외적 상황 변화에 능동적으로 대처하고, 국가경쟁력을
강화하여 민족의 생존권을 지키는 데 기여하기 위해서는 많은 문제점
과 모순을 안고 있는 제6차교육과정은 시급히 개선되어야 한다. 1963

년 2월 15일에 고시된 제2차교육과정이 1972년 2월 28일 공포된 교육법 시행령에 의해 부분 개정되어 한문교과가 독립 신설되었던 것처럼, 제6차교육과정은 부분 개정을 통해서라도 한자 및 한문교육이 강화되는 쪽으로 개정이 이루어져야 할 것이다. 이와 아울러, 유관 학회 및 전문가들이 참여하는 '한문 교과 교육과정 심의를 위한 위원회'를 두어 보다 체계적이고 효율적인 학습이 이루어질 수 있도록 한문교과 내용체계의 전면적 개선이 이루어져야 할 것이다.

이를 요약하면 다음과 같다.

    1. 국내외적 상황 변화에 능동적으로 대처하고 국제경쟁력을 제고하기 위해서는 '學校裁量時間'으로 되어 있는 漢字學習을 전 학교에서 의무적으로 실시할 수 있도록 교육과정 개정이 이루어져야 할 것이다.

    2. 중등학교에서 모든 교과의 학습이 효과적이고 체계적으로 이루어지기 위해서는 도구교과인 한문교과가 마땅히 필수과목으로 지정되어야 한다.

    3. 현재 漢文敎科를 통해 중학교에서 900자, 고등학교에서 900자씩 필수적으로 익히도록 되어 있는 '한문 교육용 기초한자' 1,800자의 습득은 현 교육과정 및 교육환경하에서는 도저히 이루어질 수 없다. 한자 학습이 소기의 성과를 거두기 위해서는 다음과 같이 학습 단계가 조정되어야 한다.

국민학교 3-6학년 과정 : 주당 1시간 34주, 시간당 6字

                            34(주) × 6(자) × 4(개년) = 816字

중학교 1-3학년 과정 :     주당 1시간 34주, 시간당 8字

                            34(주) × 8(자) × 3(개년) = 816字

고등학교 1학년 과정 :     주당 1시간 34주, 시간당 10자

                            34(주) × 10(자) × 1(개년) = 340字

합계 816 + 816 + 340 = 1972字

이처럼 고등학교 1학년까지 2,000자 정도를 익히게 하고 고등학교 2학년부터는 이를 바탕으로 보다 수준 높은 漢詩, 漢文을 접할 수 있도록 조정이 이루어져야 한다. 이렇게 함으로써 한문교과의 주된 학습 목표라고 할 수 있는 '선인들의 사상과 감정 이해 및 가치관 형성'과 '전통문화의 이해와 계승, 발전'이 명실상부하게 이루어질 수 있을 것이다.

4. 도구교과로서의 성격과 개별 교과로서의 독립성을 아울러 만족시킬 수 있도록 위계성과 통합성을 두루 갖춘 한문교과의 내용체계가 설정되어야 한다. 따라서 국민학교의 한자학습과 중등학교의 한문교과를 포괄하는 '한자 및 한문 학습의 목표와 단계적 학습 지침'이 마련되어야 한다.

이 글은 『漢文敎育硏究』 9호(韓國漢文敎育學會, 1995)에 수록한 논문을 재수록한 것이다.

# 제6차 한문과 교육과정 중 '내용체계'의 문제점과 해결방안

朴英鎬

## Ⅰ. 머리말

현재 각급학교에서는 제6차 교육과정에 의한 교육이 실시되고 있다. 현행 교육과정에 의하면 한문은 중학교에서는 컴퓨터, 환경 과목과 함께 학교별 선택과목로 편성되어 있으며, 고등학교에서는 과정별 필수교과로 시도교육청 지정과목으로 편성되어 있다. 1972년 제3차 교육과정부터 독립교과로 설정되어 제5차 교육과정까지는 필수교과이던 한문이 사실상 선택과목으로 지정되어 그 위상이 전락되었다. 한문교과의 성격이나 역할에 비추어 볼 때 이는 분명히 잘못된 것이므로 그간 한문학계나 교육계는 물론 한문교육에 관심을 가진 여러 단체에서 재개정되어야 하는 이유를 이미 천명한 바 있다. 그럼에도 불구하고 교육개혁의 일환으로 2001년부터 적용될 제7차 교육과정에서는 필수교과로 환원될 움직임이나 가능성은 매우 희박한 실정이다.

이러한 작금의 사정을 감안해 보면 한문교육의 당위성과 필연성을 설득력 있게 제시하여 그 타당성을 확보하는 일이 시급할 것이다. 물론 이러한 작업이 한문학계의 작은 구호에 그쳐서는 그 실효를 거두기 어려우리라 생각된다. 최근에 한문학회에서 한자, 한문교육의 필요성을 역설하고 언론에서도 한문교육의 실태와 필요성 등을 보도하는가 하면 몇몇 기업체에서는 입사 시험과목으로 지정하기도 하였다. 그리고 학원이나 서당 등에서 학생과 일반인을 대상으로 한문을 가르치는 곳도 그 수가 엄청나게 증가하였고 학습지 등을 통해 개별적으로 한문을 배우기도 한다. 이와 같이 사회적으로는 한자, 한문교육의 열기가 어느 때보다 왕성하고 수요자가 급증하고 있는 추세임에도 불구하고 학교교육에서는 오히려 위축되어 균형을 이루지 못하는 편이다.

따라서 한문에 대한 사회적인 관심과 수요의 증가에 대하여 이를 적극적으로 수용하여 교육할 수 있는 제반 여건이나 제도적 장치를 마련하는 일은 절대 필요한 과제이다. 사실 한문학계에서는 한문과목의 교과교육에 대한 전공자가 부족하여 한문교육에 대한 제반 문제점을 검토하고 이에 대한 바람직한 대안이나 이론적인 지침을 제시하지 못하고 있다. 이러한 문제에 대한 반성적인 차원에서 한문교육에 대한 문제점을 분석하고 이를 비판하여 해결방안을 제시하는 작업은 매우 유용하리라 생각한다.

본고에서는 현행 제6차 교육과정에 제시된 중고등학교 한문교과의 '내용체계'에 대한 문제점을 분석하고 이를 해결할 수 있는 방안을 강구해 보고자 한다. 어느 교과를 막론하고 그 교과의 목표와 이를 구현하는 구체적인 요소인 교과 내용이 교육의 성패를 좌우하는 결정적인 단서가 될 것이다. 한문교과에서도 교과의 성격을 구현하기 위한 교과 목표의 타당한 설정과 이를 실현하기 위한 교과 내용의 연계성과 위계성 등이 무엇보다 중요한 요소이다.

이러한 점에 유의하여 우선 제6차 교육과정에 제시된 '내용체계'의 타당성 여부를 교과 성격과 목표 등과 관련지어 검토하고 그 내용이 중고등학교에서 한문을 교육하는 데 현실적으로 가능한 지도 살펴볼 것이다. 그리고 현재 중고등학교 한문과의 내용체계는 '한자-한자어-한문'이란 세 영역으로 구분되어 있고 이를 바탕으로 교과서를 편찬하고 일선 학교에서 지도하도록 하고 있다. 이와같이 영역을 구분하여 설정한 것이 타당한지를 살피는 가운데 교과내용에 제시된 '한자어'가 한문을 학습하는 데 효과적으로 기능하는 지를 살펴볼 것이다. 한문을 학습하는 순서에 대한 이러한 검토는 '학교교육'이라는 제한된 공간과 시간 내에서 효과적이고 능률적인 학습을 하기 위한 관건이 되기 때문이다.

## Ⅱ. 한문과 '내용체계'의 구성

중고등학교 한문교과의 내용체계에 대한 문제점을 분석하기 위하여 그 구성을 우선 검토하기로 한다. 여기서는 중학교와 고등학교 교육과정상의 내용과 교과서의 내용이 어떻게 이루어져 있는지를 주로 살피고 그 문제점도 부분적으로 제기할 것이다.

### 1. 중학교 한문교과의 내용

한문과의 목표를 구현하기 위하여 교수, 학습에 포함시켜야 할 영역과 그에 따른 학습사항, 즉 한자, 한자어, 한문 영역의 교수, 학습내용으로서의 목표를 한문과의 '내용'이라 한다.

제6차 중학교 한문과 교육과정에서의 내용은 '내용체계'와 '학년별 내용'으로 구성되어 있다. 내용체계는 제6차 교육과정에서 새로 신설

된 부분으로, 한문과에서 학습할 핵심 내용을 명시한 체계표이다.[1]
다음은 중학교 한문교과의 내용을 영역별, 학년별로 제시한 것이다.

〈표 1〉 중학교 〈漢文〉의 내용체계

| 영역＼학년 | 1학년 | 2학년 | 3학년 |
|---|---|---|---|
| 한자 | · 한자의 음과 뜻<br>· 한자 쓰기<br>· 한자의 짜임<br>· 한자의 활용<br>· 자전에서 한자 찾기 | · 한자의 음과 뜻<br>· 한자 쓰기<br>· 한자의 짜임<br>· 한자의 활용<br>· 자전에서 한자 찾기 | · 한자의 음과 뜻<br>· 한자 쓰기<br>· 한자의 짜임<br>· 한자의 활용 |
| 한자어 | · 한자어의 음과 뜻<br>· 한자어의 짜임<br>· 한자어의 활용<br>· 고사성어 | · 한자어의 음과 뜻<br>· 한자어의 짜임<br>· 한자어의 활용<br>· 고사성어 | · 한자어의 음과 뜻<br>· 한자어의 짜임<br>· 한자어의 활용<br>· 고사성어 |
| 한문 | · 간이한 문장의 풀이<br>· 문장의 구조<br>· 평이한 시구의 풀이<br>· 선인들의 사상과 감정 이해 | · 간이한 문장의 풀이<br>· 문장의 구조<br>· 허자의 쓰임<br>· 평이한 한시의 풀이와 감상<br>· 선인들의 사상과 감정 이해 및 가치관 형성<br>· 전통문화의 이해 | · 간이한 산문의 독해<br>· 문장의 구조<br>· 문장의 형식<br>· 허자의 쓰임과 구실<br>· 평이한 한시의 구실<br>· 평이한 한시의 풀이와 감상<br>· 선인들의 사상과 감정 이해 및 가치관 형성<br>· 전통문화의 이해와 계승, 발전 |

중학교 한문교과의 내용체계는 '한자-한자어-한문'의 세 영역으로
구성되어 있다. '한자' 영역에서는 교육용 기초한자 1800자 가운데
중학생용 900자를 익히도록 하였으며 각 학년의 교과서에는 '신습한
자'를 통해 이를 익히게 하고 있다. '한자어' 영역에서는 이미 익힌 한
자를 활용하여 한자 어휘를 구사하는 능력을 기르고 이를 통하여 언
어생활에 유용하게 할 뿐 아니라 한문 문장을 이해하는 기초로 삼고

1) 『중학교 교육과정 해설』, 교육부, 1994, 35면.

자 하였다. '한문' 영역에서는 '한자어' 영역을 통해 익힌 한자어의 짜임을 통하여 한문 문장을 익히도록 하였다.

여기에서 우리가 주목해야 할 것은 한문교과의 내용체계를 '한자-한자어-한문'으로 영역을 구분하고 이를 단계적으로 학습하게 한 점이다. 교육과정상으로는 제5차 교육과정 시기에 한문 학습의 단계적인 관련성을 제시하면서 문법을 통하여 한문을 독해하는 능력을 향상시키기보다는 한자어를 익혀 언어생활에 유익하게 하려는 취지에서 '한자어'에 대한 교육이 강화되기 시작하였고 독립된 영역으로 구분되었다. 이 때 제시된 한자어에 대한 설명을 보면, "한자어란 한 글자 이상의 한자가 보다 큰 음운·형태·의미 단위로 결합된 낱말이다. 그런데 한자어의 구성은 나름대로의 독자적 방법을 가지고 있다. 그리고 특히 우리 국어에 혼입되어 발달한 한자어는 국어 어휘의 절반 이상을 차지하여 우리의 국어생활과 절대 불가분의 관계를 가지고 있다."[2]라고 하면서, '한자어를 익혀서 언어생활에서 활용하게 한다.'라는 교과 목표를 제시하게 된 배경으로 설명하고 있다. 그리하여 5차 교육과정에서는 국어 생활의 중추적 기능을 하고 있는 한자어에 비중을 두어 한문과의 교육 내용으로서 '한자어' 영역을 구분하고 이에 대한 지도 내용을 명시하게 된 것이다. 그리고 제6차 교육과정에서는 '언어생활에서의 활용'이라는 교과 목표를 강조함에 따라 한자어에 대한 학습을 더욱 강화하고 있다.

그렇다면 한문 학습의 순서로서 '한자-한자어-한문'의 단계적 설정과 실제 교과서에서 이들이 유기적인 역할을 하는가가 문제이다. 한자와 한문을 효과적으로 학습하는 방법에 대해서는 이미 기존의 보

---

2)『중학교 한문과 교육과정 해설』, 문교부, 1988, 83면.

고에서 제시된 적이 있다.3) 이러한 자료를 검토해 보면 한자를 익힌 다음 한자어를 익혀서 한문 문장을 이해하는 것이 한문 학습에 가장 효과적이라는 연구 결과는 제시된 적이 없다. 더구나 '한자어'를 익혀서 언어생활에 활용하도록 하려는 취지는 이미 한문 문장을 학습하는 전단계로서의 한자어가 아니라 국어 어휘로서의 한자어를 가리키는 것이다. 따라서 이러한 학습 단계의 설정이 관념적이고 추상적일 가능성에 대하여 검토해야 할 필요성을 지닌다. 여기에 대해서는 각 교과서에 제시된 한자어가 이미 익힌 한자를 활용할 수 있도록 되어 있는가, 그리고 한문 문장을 이해하는 데 어느 정도 기여할 수 있는가를 검토해보면 그 문제점이 드러날 것이다.

제6차 교육과정에 의거하여 편찬된 8종의 중학교 한문교과서의 내용을 교과서별, 영역별로 제시하면 다음과 같다.

〈표 2〉 중학교 〈漢文〉의 교과서별, 영역별 내용

| 영역<br>교과서 | 한자<br>(신습한자) | 한자어 | | 한문 | | |
|---|---|---|---|---|---|---|
| | | 2·3字語 | 4字 成語 | 短文 | 長文 | 漢詩 |
| 한샘교과서(주) | 133(053) | 855 | 274 | 67 | 8 | 7 |
| 교학연구사 | 308(959) | 925 | 250 | 44 | 2 | 8(12) |
| 정법문화사 | 169(986) | 957 | 242 | 78 | 1 | 6 |
| 지학사 | 119(981) | 843 | 223 | 58 | 9 | 8 |

3) 김정근, 『형에 의한 한자교육의 방법에 관한 연구』, 인하대교육대학원, 1982.
  정연택, 『중고등학교의 한자교육의 당위성과 효과적인 지도방법』, 원광대교육대학원, 1986.
  정우상, 「한자어의 구조를 통한 한문학습」, 『박봉배회갑논문집』, 배영사, 1986.
  조규남, 「그림을 활용한 한자지도법 연구」, 『한문교육연구』 9, 한국한문교육학회, 1995.
  조항설, 『한문 독해력 신장을 위한 연구』, 충북대교육대학원, 1990.
  최응순, 『중등학교 한문학습 방법 개선에 관한 일 연구』, 강원대교육대학원, 1987.

| 을유문화사 | 116(998) | 1,399 | 211 | 65 | 15 | 6 |
| (주)지학사 | 114(935) | 688 | 214 | 53 | 8 | 7 |
| 중앙교육(연) | 105(966) | 836 | 206 | 35 | 8 | 8 |
| 학습개발사 | 174(1,000) | 748 | 193 | 126 | 8 | 15〈9〉 |

＊ 한자는 1-3학년 교과서에 나오는 전체 글자수이고 (신습한자)는 본문 아래에 제시됨.
＊ 한자어는 편의상 2,3자 한자어와 4자 성어로 나누었음.
＊ 한문에서 장문은 비교적 길이가 긴 문장과 산문으로 제시된 문장임. 한시에서 ( )는 推句
및 일반시에서 뽑은 간이한 詩句이고, 〈 〉는 활용란에서의 간이한 시구를 대상으로 하였음.

위의 〈표 2〉를 통하여 우리나라 중학교 한문 교육의 현주소를 읽을
수 있다. 우선 중학교 한문교과서는 한자 또는 한자어를 가르치기 위
해 편집된 듯하다. 전체에서 한자와 한자어가 절대적인 비중을 차지
하고 한문교과의 주된 내용이 되어야 할 문장과 한시 등은 몇 편에
불과하다. 각 영역별로 그 내용을 살펴보기로 한다.

'한자' 영역에서 중학교 교육용 기초한자 900자를 가르치기 위해서
각 교과서에서는 매 학년마다 300여자씩의 신습한자를 제시하고 있
으며, 학생들은 매시간 약 20자 정도의 한자를 익혀야 한다. 그리고
1학년에서는 한자 지도를 목표로 소단원을 전개하고 있으며 한자를
두 자씩 합치면 한자어가 되도록 배열해 놓았다. 한자의 지도는 교육
과정에서 명시한 '한자는 가능한 한 한자어나 간이한 문장과 관련지
어 지도한다.'4)를 따르려고 하였지만, 실제로 1,2학년에는 한문 문장
이 거의 없고 3학년에도 구절의 성격을 지닌 단편적인 문장이 대부분
이다. 그리고 각 교과서에는 그림, 표식 등의 여러 가지 방법을 사용
하여 효과적으로 한자를 익히도록 배려하고 있다.

'한자어' 영역에서는 2자 또는 3자로 이루어진 한자어와 4자로 이루
어진 성어로 구분할 수 있다. 중학교 한문교과서는 바로 한자어 학습을

---

4)「중학교 교육과정」, 『나. 교수·학습 방법』, 교육부, 1992, 87면.

위한 교재라고 해도 무방할 정도로 절대적인 비중을 차지하고 있다. 이들은 일상 생활어와 고사 성어들로 이루어져 있는데 이들은 단순히 한자의 결합체인 것도 있고 국어 어휘로 고정된 한자어도 있으며 한문 문장의 축약인 한자어도 있다. 이러한 '한자어'에 대한 지나친 강조는 한문 문장을 익히는 데 오히려 지장과 혼란을 초래할 뿐만 아니라 제한된 시간에 효과적인 학습을 하는 데 장애가 되는 것 또한 사실이다.

'한문' 영역에서는 단문과 장문 및 한시로 구분하였다. 각 교과서마다 1,2학년에서는 한문 문장을 가르치지 않고 단문이 있는 경우도 문장이라기보다는 구절에 불과하다. 3학년에서는 비교적 길이기 긴 문장을 가르치기는 하지만 몇 개의 구절을 결합한 문장에 불과하여 본격적인 한문 문장으로 이해하기 어렵다. 한시의 경우에도 1학년에서는 거의 가르치지 않고 2,3학년에서 간이한 한시 구절을 중심으로 가르치는 정도이다.

결국 중학교 한문의 내용 구성은 세 영역 중에서 한자와 한자어가 절대적인 비중을 차지함으로써 한문 영역이 상대적으로 소홀하게 다루어지고 있다.


## 2. 고등학교 한문교과의 내용 구성

제6차 고등학교 한문과의 내용은 '내용체계'와 '내용'의 두 부분으로 되어 있다. 내용체계는 제6차 교육과정에서 새로이 신설된 부분으로, 한문과에서 학습할 핵심 내용을 간명하게 체계화하여 일목요연하게 제시한 체계표이다. 제6차 교육과정의 내용체계는 한문교과의 영역을 '한자, 한자어, 한문'으로 구분하였다. 한문과의 영역을 '한자, 한자어, 한문'으로 구분한 것은 한문 교과의 특성에서 기인된 것이다.

'내용'은 '내용체계'를 바탕으로 하여 영역별 학습 내용을 몇 개 항목
으로 나누어 구체적으로 제시한 것이다.5)

교육부에서 고시한 고등학교 교육과정의 한문교과 항목에는 '중학
교 한문보다 심화된 학습'이라는 말로 중학교 한문교과와의 차이를
밝히고 있다. 그러나 실제로 그 내용 구성을 보면 중학교 3학년의 내
용체계를 그대로 옮겨놓고 있다. 다음은 고등학교『한문Ⅰ』의 내용
체계를 영역별, 내용별로 도표로 그린 것이다.

〈표 3〉 고등학교 『漢文Ⅰ』의 내용체계

| 영역 | 내용 | |
|------|------|---|
| 한자 | ·한자의 음과 뜻<br>·한자의 짜임 | ·한자 쓰기<br>·한자의 활용 |
| 한자어 | ·한자어의 음과 뜻<br>·한자어의 활용 | ·한자어의 짜임<br>·고사성어 |
| 한문 | ·산문의 독해<br>·문장의 형식<br>·한시의 풀이와 감상<br>·선인들의 사상과 감정 이해 및 가치관 형성<br>·전통문화의 이해와 계승, 발전 | ·문장의 구조<br>·허자의 쓰임과 구실 |

고등학교 한문의 내용체계 역시 중학교와 다르지 않다. 이는 한문
과의 교과성격상 중학교와의 연계성을 고려한다면 자연스러운 현상
으로 이해되지만, 중학교와 고등학교의 내용체계는 엄연히 그 위계성
이 보장되어야 할 것이다. 그리고 내용체계의 영역이 '한자-한자어-
한문'으로 구성되어 있어 중학교의 경우와 마찬가지로 문제점으로 지
적될 수 있다. 특히 '한자어' 영역에는 (1)한자어의 음과 뜻 알기 (2)
한자어의 짜임을 통하여 한자어 풀이하기 (3)한자어의 짜임을 통하여

---

5)『고등학교 한문과 교육과정 해설』, 교육부, 1995, 81면.

문장의 구조 이해하기 (4)한자어를 익혀 언어생활과 문장 독해에 활용하기 (5)고사성어를 풀이하고 이해하기 등으로 내용을 삼고 있는데, 이러한 내용이 과연 한문교과의 고유한 성격과 어느 정도 부합되는지 의문스럽다.

교육부에서 발간한『한문과교육과정해설』에는 한자어의 개념을 규정하기를, '한자어란, 한 자 또는 두 자 이상의 한자가 결합하여 우리 국어의 어휘로 쓰이고 있는 것을 뜻한다.'6)라고 하였다. 그렇다면 한자어란 한문에는 본래 존재하지 않으며 이는 한자로 이루어진 국어 어휘를 설명하는 말이다. 사실상 한자는 표의문자이기 때문에 각 글자마다 독자적인 의미를 지니고 있다. 따라서 글자 수의 다소와는 무관하게 모든 한자는 일정한 어휘로서의 구실을 하고 있는 것이다. 결국 '한자어'라는 용어는 국어에서 사용되는 것이지 한문과는 상관이 없는 용어이다. 이러한 한자의 기본적인 속성을 무시한 채 고등학교에서까지 한문교과서와 한문시간에 한자어를 중점적으로 가르치는 것은 결과적으로 한문교과의 독자적인 성격을 위축시키고 국어교과의 부수적인 역할만을 상조하는 셈이 된다. 더구니 6치 교육과정부터는 한문이 선택교과로 지정됨으로써 절대적으로 시간이 부족한 상황에서는 이 점을 간과해서는 안 될 것이다.

다음은 제6차 교육과정에 의해 편찬되어 현재 사용되고 있는 고등학교『한문Ⅰ』교과서의 내용을 영역별로 분석한 것이다.

---

6)『고등학교 한문과 교육과정해설』, 교육부, 1995.

〈표 4〉 고등학교 『漢文Ⅰ』의 영역별 내용

| 영역<br>교과서 | 한자 | 한자어 | | | 한문 | | | | | | |
|---|---|---|---|---|---|---|---|---|---|---|---|
| | | 成語 | 俗談 | 格言 | 短文 | 長文 | 漢詩 | 史書 | 經書 | 名文 | 其他 |
| 한샘출판(주) | 899<br>(64) | 6과<br>(57) | 2과<br>(16) | 1과<br>(6) | 5과<br>(26) | 4과<br>(4) | 3과<br>(5) | 3과<br>(3) | 3과<br>(9) | 3과<br>(3) | 理解:<br>3과 |
| (주)보진재 | 891<br>(93) | 4과<br>(40) | 2과<br>(16) | 2과<br>(15) | 0 | 16과<br>(18) | 4과<br>(6) | 4과<br>(5) | 4과<br>(9) | 6과<br>(6) | 入門:<br>5과 |
| (주)중앙교육 | 902<br>(114) | 10과<br>(110) | 1과<br>(7) | 2과<br>(13) | 3과<br>(6) | 9과<br>(9) | 6과<br>(10) | 3과<br>(3) | 4과<br>(10) | 4과<br>(4) | 0 |
| (주)천재교육 | 899<br>(97) | 1과<br>(15) | 1과<br>(5) | 0<br>(4) | 2과<br>(11) | 13과<br>(17) | 3과<br>(9) | 3과<br>(3) | 3과<br>(7) | 3과<br>(3) | 基礎:<br>2과 |
| 을유문화사 | 910<br>(94) | 0<br>(16) | 2과<br>(9) | 1과<br>(3) | 16과<br>(22) | 11과<br>(11) | 4과<br>(8) | 3과<br>(3) | 3과<br>(13) | 0 | 0 |
| 재능교육 | 900<br>(89) | 3과<br>(39) | 2과<br>(9) | 2과<br>(9) | 4과<br>(9) | 7과<br>(8) | 5과<br>(9) | 2과<br>(2) | 5과<br>(9) | 6과<br>(6) | 初學:<br>4과<br>(16) |
| 교학연구사 | 900<br>(15) | 3과<br>(36) | 1과<br>(8) | 1과<br>(8) | 7과<br>(35) | 8과<br>(8) | 4과<br>(10) | 2과<br>(2) | 4과<br>(11) | 0 | 理解:<br>2과 |
| 동아출판사 | 893<br>(88) | 7과<br>(67) | 1과<br>(7) | 2과<br>(11) | 8과<br>(31) | 10과<br>(10) | 4과<br>(6) | 4과<br>(6) | 3과<br>(7) | 4과<br>(4) | 0 |

* 한자는 신출자이고 ( )는 교육용한자에서 벗어나는 한자임.
* '과'는 소단원의 수를 말하고, ( )안의 숫자는 성어나 문장의 수를 말함.
* 속담과 격언은 4자성어 또는 한 두 구절로 이루어진 문장이므로 한자어에 포함시킴.
* 한문에서 短文은 문장의 길이가 3-4행 이내이고, 長文은 5행 이상이며, 名文은 古文眞寶 등의 文選集이나 小說 등의 문학작품에서 全文 또는 一部를 발췌한 글을 말함.

위의 〈표 4〉를 보면 고등학교 한문에서도 역시 한자와 한자어가 상당한 비중을 차지하고 있음을 알 수 있다. 8종 교과서의 전체적인 구성은 대단원이 9-14과, 소단원이 29-43로 이루어져 있다. 각 영역별로 그 구성을 보기로 한다.

'한자' 영역에서는 각 교과서마다 매 소단원에서 적게는 5자부터 많게는 43자까지 신출한자를 익혀서 고등학교 교육용 기초한자 900자를 학습하도록 구성하였다. 여기에서 주목해야 할 것은 대부분의 교과서에서 본문보다는 '보충', '연구', '발전', '탐구', '활용' 등의 난을 두어서 한자를 익히게 하고 있는 점이다. 실제로 몇 종의 교과서를 보면 한샘출판사는 본문에서 199자, '활용과 탐구'란에서 700자를 익히게 하였고, 재능교육은 본문에서 180자, '연구'와 '발전'에서 720자를 익히게 하였으며, 천재교육은 본문에서 217자, '발전'과 '언어생활' 등에서 682자를 익히게 하였고, 을유문화사에서는 본문에서 174자, '연구'와 '활용' 등에서 736자를 익히게 하였다. 본문 이외의 각 항들은 본문을 통해서 익힌 한자를 활용하거나 본문의 내용을 보충 학습하기 위해서 존재하는 것이라기보다는 한자를 익히기 위해서 설정된 듯하다. 그리고 각 소단원에서 익혀야 할 신습한자도 각 소단원마다 불균형을 이루고 있다. 한샘출판사는 소단원마다 최소 18자에서 최대 43자, 재능교육은 최소 12자에서 최대 27자, 천재교육은 최소 24자에서 최대 39자, 을유문화사는 최소 5자에서 최대 37자를 익히도록 하였다.

'한자어' 영역에서는 중학교보다는 전체에서 차지하는 비중이 줄기는 하였지만 여전히 한문교과에서 높은 비중을 차지한다. 위의 〈표 4〉에서 8종의 교과서 중 가장 낮은 비중으로 구성된 을유문화사의 경우와 가장 높은 비중으로 구성된 중앙교육의 경우를 살펴보기로 한다. 을유문화사에서는 '한자어'를 독립된 단원으로 설정하지 않고 속담과 격언 단원에서 4자 성어를 익히게 하였다. 한편 매 단원마다 '활용'란을 두어 한자와 한자어를 익히게 하였으며, 대단원이 끝날 때마다 각 '교과관련 단어'란을 두어 한자어를 익히게 하였다. 중앙교육에서는 전체 42단원 중 10단원을 한자어에 할애하였고 속담과 격언까지 합하면 그 비중은 더 늘어나게 된다. 한편 매 단원마다 본문 아래에 '보충'란을 두어 한자어와 단문을 제시하였고, '활용'란에서도 한자와 한자어를 익히게 하였다.

'한문' 영역에서는 8종의 교과서가 비슷한 내용으로 구성되어 있다. 대체로 '短文'에는 고사, 학문, 독서 등과 관련된 내용이 중심을 이루고, '長文'에는 교훈, 설화, 지혜 등의 내용이 중심을 이룬다. '漢詩'는 서정적인 내용이, '經書'는 사서와 제자서에서 발췌한 내용이, '史書'는 역사적인 인물의 생애를 간략하게 소개한 내용이, '名文'은 『고문진보』나 『동문선』 등에 소재된 명문장과 소설작품이 중심을 이룬다. 그리고 교과서의 앞 부분에 한자와 한문에 대한 기초적인 이해를 돕기 위해 대단원을 설정한 교과서도 있고, 초학교재를 대단원으로 다룬 교과서도 있다.

## Ⅲ. 한문과 '내용체계'의 문제점

이 장에서는 내용체계의 구성을 중심으로 그 문제점을 거론하는데, 여기에서 지적되는 문제점은 다음 장에서 제시할 해결방안과 결부되어 논의하여야 하겠지만 편의상 장을 나누어 논하기로 한다. 우선 '내용체계' 설정의 타당성은 한문과의 성격 및 목표와 관련지어 검토하기로 한다. 그리고 내용체계의 연계성과 위계성은 학교급별, 학년별로 나누어 살피되 학교 현장에서 실현 가능성 등도 검토하기로 한다. 마지막으로 제6차 교육과정에 제시된 '한자-한자어-한문'이라는 세 영역의 설정이 타당한지, 이러한 단계가 한문을 학습하는 데 효과적인 순서인지 살펴볼 것이다.

## 1. 내용체계 설정의 타당성 문제

제6차 교육과정에서는 한문과의 성격을, "한문과는 한자와 한자어를 익혀 언어생활에 활용하게 하고, 한문을 독해할 수 있는 능력을 기르게 하며, 한문 문장의 독해를 통하여 전통 문화를 이해하고 계승, 발전시키려는 태도와 올바른 가치관을 가지게 하는 교과이다."[7]라고 제시하였다.

이와같은 한문과의 일반적인 성격에 근거하여 중학교 한문과의 성격은, "한문과의 일반적인 성격을 바탕으로 하되, 한문이 중학생들에게 학교 교육의 정규 교과로 처음 제공되는 점을 감안하여, 학생들이 쉽고 재미있게, 체계적이며 계획적으로 한문에 접근할 수 있도록 하는 데에 중점을 둔다."[8]고 규정하였다.

고등학교 한문과의 성격은, "중학교 '한문'보다 심화된 한문 학습을 체계적으로 할 수 있도록 하기 위한 교과이다. 그러므로 고등학교 한문과에서는 한국인의 일반 교양으로 필수적인 한자와 한자어를 익혀 언어생활을 원활히 하고, 한문 문장 학습을 통하여 선인들이 남겨 놓은 전적을 독해할 수 있는 능력을 기르는 데 중점을 두며, 전통문화를 바르게 이해하고 계승, 발전시키려는 태도와 올바른 가치관을 확립하게 한다."[9]고 규정하였다.

교육부에서 규정한 중고등학교 한문과의 성격은 '한자와 한자어 익히기, 한문 독해하기, 전통 문화 이해, 계승, 발전시키기, 올바른 가치관 가지기' 등의 4가지 영역으로 요약할 수 있다. 이렇게 규정된 성

---

7) 『중학교 교육과정』, 교육부, 1992년, 179면.
8) 『중학교 교육과정』, 교육부, 1992, 180면.
9) 『고등학교 교육과정』, 교육부, 1992, 75면.

격에 따라 교과목표가 설정되고 여기에 근거하여 교과내용이 정해지는 것이다. 제6차 교육과정에서 설정한 중학교 한문과 교육목표는 다음과 같다.

> 한자와 한자어를 익혀 언어생활에서 바르게 읽고 쓰게 하고, 한문을 독해할 수 있는 <u>기초적인 능력</u>을 기르며, 전통문화를 <u>이해하고 계승</u>, 발전시키려는 태도와 올바른 가치관을 가지게 한다.
> 가. 한자를 알고 활용하게 한다.
> 나. 한자어를 익혀 언어생활에 활용하게 한다.
> 다. 간이한 한문을 독해할 수 있는 기초적인 능력을 기르게 한다.
> 라. 한문 기록에 담긴 선인들의 사상과 감정을 이해하고 올바른 가치관을 가지게 한다.[10]

고등학교 한문과의 목표는 위에서 제시된 중학교 목표를 그대로 답습하고 있다. 밑줄 친 부분에서 수식어가 약간 다를 뿐 전체적인 의미는 대동소이하다. 예컨대 밑줄 친 '기초적인 능력을'이 '능력을 체계적으로', '이해하고 계승'이 '애호하고'로 바뀐 정도이다. 그리고 하위 목표에서도 한자, 한자어, 한문으로 설정하여 별다른 차이를 발견할 수 없다.

이와 같이 중학교와 고등학교의 교과목표가 동일하게 설정된 것은 교육의 일관성이란 부분에서는 긍정정인 측면으로 이해할 수 있으나, 효과적인 교육을 위해서는 중학교와 고등학교를 차등을 두는 것이 바람직하다. 특히 한자를 익히고 이를 활용하여 한자어를 익히고 다음에 한문을 익힌다는 단계적인 목표 설정은 여러 가지 측면에서 재고할 필요성을 지닌다.

---

10)『중학교 교육과정』, 교육부, 1992, 180면.

교육과정에 제시된 한문과의 성격과 목표가 일견 체계적으로 보이지만 내면을 들여다보면 지나치게 포괄적이고 추상적임을 알 수 있다. 우선 중고등학교에서 익혀야 할 교육용 기초한자가 1,800자이므로 이를 완벽하게 소화하기에는 현재의 수업시수로는 불가능한 실정이다. 현재의 교육과정에서는 교육용 기초한자 중에서 중학교에서 900자, 고등학교에서 900자를 익히도록 하고 있다. 따라서 학생들은 중학교에서는 매 학년마다 300자씩 3년간 익혀야 하고 실제 교과서에도 이를 기준으로 신습한자를 제시하고 있다. 그렇지만 현재의 교육과정상 중학교에서는 3개 학년에서 한문을 선택하지 않을 경우 300자나 혹은 600자만 익히고도 졸업할 수 있다. 그렇게 되면 나머지 600자 혹은 300자는 익히지 못한 채 고등학교에 진학하여 고등학교용 900자를 배워야 하는 셈이다. 이러한 현실적인 모순을 안고 있는데도 이를 보완할 수 있는 방안은 전혀 마련되지 않은 채 일선학교에서는 한문교사들이 알아서 가르치라는 식이다. 그리하여 2개 학년에서 3권의 교과서를 가르치는 학교도 있고 심지어는 1개 학년에만 한문을 가르치는 학교도 있다.

더구나 교육용 기초한자라는 것도 지정한지 벌써 20여년이 지났다. 그간에 생활 환경의 변화에 따라 언어생활이 엄청나게 변화되었고 학습자들의 지적 수준이나 언어 능력 또한 차이가 많을 것이므로 이에 대한 재검토가 필요하다. 아울러 교육용 한자를 굳이 1,800자로 지정해야 할 필요성에 대해서도 충분히 검토하여 축소 또는 확대해야 할 것이다. 참고로 북한에서는 우리나라 초등학교 5학년부터 중학교 3학년에 해당하는 고등중학교에서 1,500자를 가르치고 있고, 일본에서는 초등학교에서 1,006자, 중학교에서 939자, 도합 1,945자를 가르치고 있다고 한다.[11]

그리고 제6차 교육과정의 목표에서는 한문 교과를 통하여 일상적인 언어생활과 관련지어 활용할 수 있도록 유의하였다는 점이 그 특징의 하나이다.[12] 이는 우리 국어 어휘의 70%이상이 한자 어휘로 이루어져 있는 점에 착안하여 한문교과의 도구적 성격을 강조한 데에서 기인한 발상이다. 한편으로는 교육 현장에서 한문교과의 필요성에 대한 인식이 다른 교과에 비해 상대적으로 낮은 점을 감안하여 한문교과의 실용적인 측면을 부각하려는 의도에서 나온 주장일 수도 있다. 또 한문교과의 내용이 다른 교과보다 난해하다는 지적이 있기 때문에 이를 극복하기 위한 방편으로 제시된 것일지도 모른다. 어쨌든 한문교과를 통하여 언어생활을 풍부하게 하고 편리하게 하자는 의도는 당연한 것이지만 이를 달성하기 위하여 제한된 한문 시간에 일상적인 한자 어휘를 집중적으로 가르치게 되는 것은 한문 교육의 본질을 외면하는 결과를 가져오게 된다. 현재 중학교에서 가르치는 교과서를 살펴보면 한문의 짜임이나 특징과는 무관하게 일상적인 생활어를 지나치게 배치하고 있어 한문 교과의 고유한 성격을 흐리게 하고 있다. 따라서 어휘력을 향상시켜 언어생활에 유용하게 해야 한다는 측면도 한문 교과의 본래적인 성격에 어긋나지 않게 한문 문장 학습을 통하여 이루어져야 할 것이다.

제6차 교육과정의 또 다른 특징은 총괄목표에서 가치관의 확립이라는 측면을 명시한 점이다. 이는 우리 사회가 겪고 있는 가치관의 혼란이라는 위기를 극복하는 데 있어서 한문 교과의 역할을 강조한 것이다.[13] 사실상 이러한 목표를 달성하는 데에는 한문 학습이 무엇

---

11) 박천규, 「한문교육은 국제 경쟁력 제고에 공헌」, 『한문교육연구』 9호, 한국한문 교육연구회, 1995, 7면.

12) 『고등학교 교육과정 해설』, 교육부, 1995, 74면.

보다 효과적일 수 있다. 소위 전통적인 초학교재인『童蒙先習』,『童蒙須知』,『明心寶鑑』,『小學』등의 내용은 대부분이 인륜과 관련되는 내용들이다. 이러한 내용 가운데 현대 청소년들의 감각에 맞으면서 실천 가능한 부분들을 대폭 수용하여 이들의 정서와 생활에 지표를 마련하는데 이바지하도록 해야 할 것이다. 그러나 현재 교과서의 내용들은 이러한 측면보다는 고답적이고 형이상학적인 내용들로 이루어져 오히려 청소년들에게 지적인 부담만 가중시키는 결과를 초래하는 형편이다.

위에서 살핀 바 제6차 교육과정에서 명시한 교과목표에는 한문교과의 성격에 맞지 않거나 현실적인 측면에서 타당하지 못한 측면이 있음에 따라 목표를 구현하는 내용에까지 그 문제가 파급된 것이다. 이는 교육부에서 교육과정을 개편할 때 한문교과의 성격을 제대로 파악하지 못했거나 현실적인 실현성을 간과한 데 일차적인 책임이 있다. 교육부에서 설정한 목표를 달성하기 위해서는 한문교과는 필수과목으로 전환되어야 마땅하며 주당 학습할 단위 시간도 지금보다는 훨씬 늘려야 한다. 그렇게 하지 않는다면 교과 목표를 현실적으로 실현 가능하도록 수정해야 할 것이다.

## 2. 내용체계의 연계성과 위계성 문제

어느 교과에서나 학습의 효율성을 제고하기 위해서는 학습의 연계성과 위계성을 강조하고 있다. 중, 고등학교의 교육과정상 한문교과라는 전체적인 틀 속에서 학교간, 학년간의 연계성과 위계성을 고려하여 학습목표가 설정되어야 하고 이에 따라 학습내용이 정해져야 한

---

13)『고등학교 한문과 교육과정 해설』, 교육부, 1995, 74면.

다. 그러나 6차 교육과정의 내용체계를 살펴보면 이러한 측면을 소홀하게 취급했음을 발견할 수 있다. 위의 〈표 1〉과 〈표 3〉에 제시된 것처럼 중학교와 고등학교의 내용체계가 비슷할 뿐 아니라 중학교의 각 학년별 내용 또한 동일한 것으로 판단된다. 이와같이 내용체계가 학년별, 학교별로 연계성과 위계성을 갖추지 못함에 따라 이를 근간으로 삼는 실제 교육현장에서는 파행적인 교수, 학습이 이루어질 수밖에 없는 것이다.

제6차 교육과정부터는 중학교에서 선택과목이 됨에 따라 학년별 학습이 이루어지기 어려운 상황에 있는 학교가 상당히 있다.14) 대체로 2개 학년에 한문을 선택한 학교에서는 2년동안 3권의 교과서를 가르치도록 하고 있다. 교육 현장의 이러한 실정을 고려하지 않은 채 학년별로 교과 내용을 구성한 것부터 문제의 소지를 안고 있는 셈이다. 그리고 중학교에서 한문을 학습한 기간이나 정도가 각각 다른 학생들이 고등학교에 진학했을 때의 문제는 더욱 심각하다. 극단적인 경우 현행 교육과정상으로는 중학교에서 한문을 전혀 배우지 않을 수도 있고 매학년 2시간씩 3년간 배울 수도 있다. 이와같이 절대적인 학습량에 편차가 심한 학생들이 고등학교에 진학하여 동일한 내용을 학습했을 때의 문제는 보다 복잡하고 심각한 것이다. 이러한 문제에 대해 고려하지 않고 단일한 교과 내용을 제시한 것은 안이한 인식이라 할 수밖에 없다.

이러한 한계는 제도만 고쳐 놓고 이에 상응하는 후속적인 조처를 강구하지 못한 교육부의 정책 입안에서부터 그 문제가 파생된 것이

---

14) 실제 조사한 바로는 대구시내의 중학교에서 3개 학년 전 학년에 한문을 선택한 경우는 많지 않았다. 대부분 1학년에는 컴퓨터를, 2,3학년에는 한문을 선택하고 있었으며, 소수이기는 하지만 1개 학년에만 한문을 선택하는 학교도 있었다.

다. 한문교과를 선택 과목으로 전환하였다면 그러한 성격에 맞게 교육 내용을 수정해야 함에도 불구하고 교과내용을 필수교과이던 때와 동일하게 설정해 놓았으니 이는 교육 현실을 고려하지 않은 발상이다. 다만 일선 학교에서 교과목을 담당하는 교사들이 적당하게 알아서 가르치라는 식의 태도는 교육을 망치는 결과를 초래할 것이다. 이 문제에 대하여 교육부에서는 다음과 같이 설명하고 있다.

> 한문과의 기본적인 교과목표는 중학교 한문교육용 기초한자 900자를 바르게 읽고 쓰며, 이를 언어생활에 활용하는데 있으므로, 주당 1시간씩 1개 학년에서만 선택해서는 도저히 900자를 다 지도할 수 없다. 그러므로 위의 5-8번(1개 학년 선택이나 모두 선택 안할 경우-필자 주)의 경우는 고려해 볼 가치조차 없는 경우이다.
>
> 한문학습을 제대로 하기 위해서는 매 학년에서 모두 선택하거나, 2개 학년에서만 선택하되 어느 1개 학년에서는 2시간 모두 한문을 택하여 1, 2학기에 걸쳐 각각 2개 학년분을 학습하도록 해야 한다.
>
> 학교 현장에서 한문과의 교수, 학습 계획을 수립하는 교사는 반드시 이 점에 유의하여 학교에서 선택교과를 운영할 때에 이러한 의사가 충분히 반영되도록 관심을 기울여야 할 것이고, 선택 교과의 운영에 직접 관여하는 학교장, 교감, 교무주임, 기타 담당 교사들도 이점에 특별한 관심을 기울여야 할 것이다.[15]

여기에서 교육부에서 제시한 내용을 보면 우리의 교육 현실을 염두에 두고 있지 않다. 실제 고려할 가치조차 없다고 하는 '모두 선택하지 않는 경우'나 '1개 학년에서의 선택'이 학교 현장에서 이루어지고 있으니 문제는 심각할 수밖에 없다. 학교 현장에서 일개 교과목을 담

---

15) 『중학교 한문과 교육과정 해설』, 교육부, 1994, 109면.

당하는 교사가 학교장의 재량으로 되어 있는 선택과목에 대하여 영향력을 행사하기에는 한계가 있다. 대체적으로 일선 학교에서 선택과목을 지정할 경우, 학생과 학부모의 의견을 수렴하고 여기에 교사들의 의견을 참고하여 학교장이 결정하기는 하지만 교과목 담당교사의 입지는 매우 제한되어 있다고 한다. 교육용 기초한자 900자를 중학교 과정에서 읽고 쓰게 하기 위해서는 3개 학년에서 한문을 선택할 경우에만 가능할 것이다. 이러한 현실적인 제약을 고려하지 않은 채 교과 내용을 설정한 것은 문제로 지적되어 마땅하다.

현실적으로 똑같은 교과과정을 통하여 교육을 받은 학생들도 개인적인 편차가 커서 같은 내용을 지도하는 데 어려움이 많아서 능력별로 반편성을 허용하고 있는 실정이다. 그런데 선택과목인 한문교과의 경우 각기 다른 교육과정을 이수한 학생들을 한 교실에서 같은 내용으로 가르친다는 것은 불가능한 일이다. 그리고 6차교육과정부터는 초등학교에서도 학교장 재량시간이 있어서 한자를 가르치는 학교가 더러 있다. 이와 같이 기초적인 한자를 초등학교에서 익힌 학생들이 중학교에 진학했을 경우를 대비한 대책도 마련되어야 할 것이다. 이러한 제반 문제를 두루 수용하여 중고등학교에서의 한문교육이 정상적으로 이루어지도록 하기 위해서는 한문교육 전반에 대한 연구와 실험 등을 통하여 신중하게 교육 정책을 세워야 할 것이다.

결국 현재 교육부에서 제시한 교과내용은 중학교와 고등학교간의 위계성이나 연계성을 충분히 고려하지 않은 문제가 있다. 학교별, 학년별로 내용체계가 동일한 것도 문제이지만 그보다는 현실성을 고려하지 않은 것이 더 심각한 문제이다. 이러한 개인적인 학습량의 편차와 선택과목이란 제도에 따른 차이를 최소한으로 줄이는 방안이 수립되어야 한다. 이는 현재의 교과내용을 중학교 또는 고등학교라는 학교급별로 구성하거나 각 학년별로 단일하게 구성해서는 해결하기 어려운 문제이다. 이를 위해서 다양한 수준의 교과내용을 제시해 놓고 학습자의 개별적인 수준에 맞게 교과내용을 선택하여 학습할 수 있는 제도적인 장치를 마련해야 할 것이다.

## 3. '한자-한자어-한문'의 영역 구분의 타당성 문제

여기에서는 제6차 교육과정에 의해 편찬된 중, 고등학교 한문교과서에 수록된 한자어를 분석하여 한문교과의 내용체계에서 '한자, 한자어, 한문'으로 세가지 영역을 설정한 것이 타당한 지와 '한자-한자어-한문'의 순서가 한문학습 단계로서 효과적인 지를 검토할 것이다. 특히 제5차 교육과정부터 '한자어'를 독립된 영역으로 설정하여 제6차 교육과정에서는 단순히 한자어를 읽거나 쓰는 차원을 넘어서 일상적인 언어생활에 활용할 수 있도록 강조하고 있다. 이에 따라 중, 고등학교 한문 교과서에는 많은 분량의 한자어가 수록되어 있는데, 이러한 학습이 한문 학습에 긍정적으로 기여하는지 의문이다.

한편으로는 한자와 한자어의 짜임을 익혀서 한문 문장의 짜임을 익히게 한다고 한다. 하지만 교과서에 수록된 한자어가 한문식 한자어가 아닌 소위 국어식 한자어가 대부분이기 때문에 한문 문장을 익히는 데 별반 도움이 되지 않는다. 이는 교과서에 수록된 한자어의 성격이나 짜임을 분석해 보면 분명하게 드러날 것이다.

아래에서 중학교 한문 교과서에 수록된 4자로 이루어진 한자어 중 빈도수가 2회 이상인 성어를 現代의 日常成語와 古來의 傳承成語로 나누어서 분석해 보고자 한다.

〈표 5〉 중학교 『漢文』의 日常成語의 내용

| 내용<br>구분 | | 성어 | 빈도 |
|---|---|---|---|
| 生活<br>·<br>文化 | | 固有文化 古典小說 公正報道 公害追放 國立公園 綠色運動 외 18개 | 2 |
| | | 加減乘除 共同生活 大衆傳達 獨立運動 心身修練 學問硏究 | 3 |
| | | 公衆道德 公害防止 文化遺産 自我實現 | 4 |
| | | 自然保護 | 5 |
| 政治 | | 公明選擧 公明正大 機會均等 代議政治 民間外交 民族精氣 외 4개 | 2 |
| | | 共存共榮 南北對話 民主政治 自主國防 | 3 |
| | | 三權分立 主權在民 地方自治 平和統一 | 4 |
| | | 民主市民 祖國統一 | 6 |
| 經濟<br>·<br>産業 | | 科學技術 科學立國 勞使和合 産業發展 輸出增大 市場開放 외 6개 | 2 |
| | | 高速電鐵 公正去來 勞使協調 所得增大 遺傳工學 電子計算 海洋開發 | 3 |
| | | 物價安定 | 4 |
| | | 高度成長 | 5 |

현대의 일상 성어는 전체성어 930개 중에서 378개로 40.6%를 차지하고 있다. 그리고 빈도수 2개 이상의 성어는 생활·문화와 관련되는 성어가 35개, 정치 관련 성어가 20개, 산업·경제 관련 성어가 21개로 모두 76개이다.[16] 이와 같이 현대의 일상생활에서 사용되는 성어가 40% 이상을 차지하고 있음은 한자어를 익혀 언어생활에 활용하게 하라는 교과 목표를 충실히 지키는 것으로 이해할 수 있다. 그렇지만 이들은 이미 우리의 국어 어휘에 용해되어 있기 때문에 굳이 한자로 쓰지 않아도 의미 파악에 별다른 지장을 초래하지 않는 어휘들이다. 이러한 국어 어휘들의 의미를 정확하고 분명하게 알기 위하여 한문 시간에 집중적으로 학습하게 되면 이는 국어교과의 어휘 풀이를 한문교과가 담당하는 격이 될 것이다. 실제로 각 교과서에는 성어들

---

16) 김길용, 위의 논문, 94면.

의 짜임을 분석하여 그 관계를 설명하고 있는데, 이는 한문 문장의 짜임과는 차이가 날 뿐 아니라 한문 문장을 이해하는 데 오히려 혼란을 가중시키게 된다.

물론 국어 어휘의 원래적인 의미를 파악하는데 한자를 통하여 익히면 효과적일 수 있다. 그렇지만 약간의 실용적인 효과를 위해 교과목 본래의 영역을 도외시하고 다른 교과를 위한 부수적인 역할을 할 필요는 없는 것이다. 따라서 국어 어휘로 이미 고정된 낱말들을 다시 한자로 바꾸어서 음과 뜻을 익히게 하고 이를 활용하는 방안으로 한자어를 익히게 하는 것은 한문 교과에서 맡을 영역이 아니다. 그러다가 다른 교과목의 어휘들까지도 한문시간에 가르치게 된다면 결국 한문 교육이 한자교육으로 전환될 것이다. 이러한 어휘력 신장에 대한 문제는 필요한 경우 국어 사전을 이용하거나 한자 자전을 활용하면 쉽게 해결될 수 있다. 더구나 부족한 한문 시간에 국어 어휘를 학습하는 것은 도대체 이해하기 어렵다. 한문시간에는 한문 문장을 주로 익히고 문장을 학습하는 과정에서 한자를 알게 될 것이며 한자의 활용을 통하여 어휘력을 향상시킬 수 있을 것이다. 그렇게 되면 한문교과의 고유한 영역을 찾으면서 다른 교과를 위한 기초적인 어휘력 향상에도 이바지하게 될 것이다.

현대적인 일상성어와 마찬가지로 고래의 전승성어 또한 한문 문장을 이해하는 데 크게 도움되지 않는다. 다음은 중학교 한문 교과서에 나오는 고래의 전승성어 중 빈도수 3회 이상인 것만 취해서 내용별로 나눈 것이다.

<표 6> 중학교 『漢文』의 傳承成語의 내용

| 구분 \ 내용 | 성어 | 빈도 |
|---|---|---|
| 故事, 俗談, 格言 | 見危授命 過猶不及 九牛一毛 近朱者赤 東問西答 百戰百勝 외 9개 | 3 |
| | 九死一生 多多益善 明若觀火 目不識丁 莫逆之友 雪上加霜 외 17개 | 4 |
| | 見利思義 難兄難弟 大器晩成 馬耳東風 我田引水 易地思之 외 4개 | 5 |
| | 鷄卵有骨 燈下不明 聞一知十 事必歸正 漁父之利 牛耳讀經 외 6개 | 6 |
| | 結草報恩 殺身成仁 吾鼻三尺 溫故知新 有備無患 他山之石 泰山北斗 | 7 |
| | 苦盡甘來 | 8 |
| 學問 | 開卷有益 手不釋卷 學如不及 | 3 |
| | 敎學相長 燈火可親 | 4 |
| | 文房四友 | 6 |
| | 晝耕夜讀 紙筆硯墨 | 7 |
| 人倫 | 敬天愛人 金石之交 兄友弟恭 | 3 |
| | 交友以信 同根連枝 忘年之交 父慈子孝 事君以忠 事親以孝 | 4 |
| | 君臣有義 朋友有信 夫婦有別 父子有親 長幼有序 | 6 |
| 處身, 處世 | 公明正大 外柔內剛 利用厚生 因果應報 自信滿滿 知過必改 외 3개 | 3 |
| | 殺生有擇 安貧樂道 臨戰無退 | 4 |
| | 國利民福 國泰民安 同苦同樂 先見之明 一片丹心 | 5 |
| | 先公後私 是是非非 始終如一 言行一致 樂山樂水 意氣揚揚 | 6 |
| 傳統 文化 | 訓民正音 | 3 |
| | 單一民族 大韓民國 三國史記 三國遺事 歲時風俗 | 4 |
| | 立春大吉 弘益人間 | 5 |
| | 送舊迎新 | 6 |
| | 美風良俗 白衣民族 | 7 |
| 其他 | 甲男乙女 今昔之感 百花爭發 富貴榮華 三三五五 三寒四溫 외 10개 | 3 |
| | 乾坤一色 高低長短 句句節節 獨也靑靑 東西南北 滿山紅葉 외 3개 | 4 |
| | 落落長松 東西古今 陽春方來 前後左右 淸風明月 | 5 |
| | 莫上莫下 非一非再 正正堂堂 形形色色 | 6 |
| | 明明白白 喜怒哀樂 | 7 |

고래의 전승성어는 정체 성어 930개 중에서 552개로 59.4%를 차지하고 있으며, 빈도수 3회 이상의 성어는 위의 〈표 6〉에서 제시된 바 160개이다. 이 중에서 고사, 속담, 격언에 관한 성어가 68개로 43%를 차지하여 가장 높은 비중을 차지 한다. 이는 고사와 관련된 성어를 통하여 학습 동기를 유발하는 한편 교양있는 언어생활을 누리도록 배려한 듯하다. 더욱이 이들 성어에는 도덕적이고 교훈적인 내용이 포함되어 있으므로 교육적인 효과를 얻음은 물론 선인들의 지혜나 진리 등도 내표되어 있는 긍정적인 측면을 가진다.

그럼에도 불구하고 이들 성어는 대부분 고사와 관련을 가지고 구성되었으므로 자연스러운 한문 문장의 짜임을 이루고 있지는 못하다. 그리고 대부분은 이미 국어의 어휘로 형성되어 우리의 언어생활에 흔히 쓰이는 성어들이다. 어떤 경우에는 우리의 속담이나 격언을 한문으로 번역한 성어도 있으므로 이들은 한문 문장의 전통적인 표현과도 거리가 있는 문장들이다. 이와 같이 본래의 한문 문장과는 동떨어진 성어들을 한문 교과서에 많은 비중을 차지하도록 수록하여 일선 학교에서 가르치게 한 것은 한문교과의 본실을 잘못 이해한 결과이다. 한문 시간에는 당연히 한문 문장을 중심으로 가르쳐야 할 것이다.

물론 한문을 처음 배우는 학생들에게 처음부터 한문 문장을 익히게 하기에는 어려움이 있는 것은 사실이다. 그렇지만 초기에는 짜임이 단순한 문장을 중심으로 단계적으로 여러 가지 한문 문장에 접하도록 해야 할 것이다. 이는 한문 문장의 문법적인 특수성을 가미하여 하나하나 체계적으로 가르치면 가능할 것이다. 아무리 한문이 어렵다고 하더라도 체계적인 방법으로 교육한다면 소기의 성과를 거둘 수 있으리라 확신한다. 비근한 예로 여타 외국어 분야의 교과서에도 단순히 단어만 나열하여 가르치도록 구성된 교과서는 없으며, 대체로 문장이나 일상 생활 언어를 중심으로 교육하고 있다. 한문은 음성언어로서의 기능은 처음부터 국어에 이양하였고 문자언어로서의 기능만을 지닌 특수성이 있다. 이러한 文語로서의 특징을 전제로 하여 독해력을 향상하도록 하는 것이 본래의 한문교육의 내용이 되어야 할 것이다.

다음으로 고등학교 한문 교과서에 수록된 한자어를 살펴보면, 전체에서 고전적인 성어가 차지하는 비중이 중학교보다 높을 뿐 난이도에서는 대동소이하다. 이는 고등학교 한문의 주요한 교과 목표 역시 한자어를 익혀서 일상생활에 활용하고 한자어의 짜임을 통하여 문장을 익히게 하도록 했기 때문이다. 제6차 교육과정에 따라 편찬된 8종의 교과서에 제시된 한자어는 모두 397개인데 그 중 2자어는 7개, 3자어는 15개, 4자어는 358개, 5자 이상 한자어는 15개이다. 4자 성어는 전체 358개 중 2회 이상 나오는 성어는 65개인데 그것을 고전적 성어(고사성어)와 현대적 성어(일상생활성어)로 나누어보면 다음 표와 같다.

〈표 7〉 고등학교 『漢文 I』의 성어의 내용

| 구분 \ 내용 | 성어 | 빈도 |
|---|---|---|
| 고사성어 | 矯角殺牛 交友以信 錦衣還鄕 大器晚成 同價紅裳 同病相憐 同床異夢 不恥下問 事必歸正 殺身成仁 漁父之利 於異阿異 緣木求魚 榮枯盛衰 溫柔敦厚 月明星稀 流水不腐 以文會友 仁義禮智 截長補短 坐井觀天 指鹿爲馬 滄海一粟 天高馬肥 破邪顯正 會者定離 | 2 |
| | 結草報恩 勸善懲惡 毛遂自薦 拔本塞源 桑田碧海 守株待兎 脣亡齒寒 烏飛梨落 轉禍爲福 靑出於藍 咸興差使 弘益人間 | 3 |
| | 刻舟求劍 改過遷善 山紫水明 切磋琢磨 | 4 |
| | 孤掌難鳴 塞翁之馬 | 5 |
| 일상 생활성어 | 國難克服 技術革新 勞使和合 大同團結 貿易振興 民族繁榮 殉國先烈 歷史悠久 衛正斥邪 賃金協商 資源確保 販路擴大 環境保全 孝悌忠信 | 2 |
| | 砂上樓閣 素質啓發 汚染防止 秩序確立 | 3 |
| | 錦繡江山 倍達民族 | 4 |

위의 〈표 7〉에 제시된 성어를 보면 고사와 관련되는 성어가 높은 비중을 차지함으로써 일상적인 언어생활을 편리하게 하기는 어렵다고 보인다. 고사성어는 한자들이 독특하게 짜여서 구성된 한자어로써 한문 문장의 구조와는 근원적으로 다르다. 그리고 고등학교의 성어 가운데 중학교에서 이미 익힌 성어에 있어서 학습의 중복감을 면치 못한다.

이상 논의한 것처럼 한문교과의 학습순서를 '한자-한자어-한문'이라는 세 영역으로 구분하여 제시한 것은 문제가 많음을 알 수 있다. 따라서 이러한 순서가 한문을 학습하는데 도움이 되지 않으므로 중고등학교 한문시간에는 '한문'중심으로 교육이 이루어져야 한다. 아울러 교과서의 내용도 교육용 기초한자를 익히도록 하는 데 치중할 것이 아니라 간이하면서도 유익한 한문 문장 중심으로 바뀌어야 할 것이다. 한문 문장을 학습하는 가운데 한자나 한자어도 동시에 익힐 수 있도록 구성되어야 한다.

그리고 한자 및 한자어를 익혀 언어생활에 활용하고자 하고 있지만 이는 오히려 역효과를 낼 소지가 있나. 한문 교과에서 힌자니 힌지어를 익히는데 중점을 두게 되면 무미건조하고 지겨운 시간이 되기 십상이다. 이처럼 한문시간에 한자나 한자어 교육에 치중하게 되면 결국 국어교과를 학습하기 위한 부수적인 역할을 하는 과목이 되고 말 것이다. 따라서 한문교육을 전공한 교사가 아니라도 한자만 많이 알면 한문 교과를 담당할 수 있다는 편견을 일으킬 수 있고 종국에는 한문 교육을 파행으로 치닫게 하는 결과를 초래할 것이다.

## Ⅳ. 해결방안 – 결론을 대신하여

이상에서 제기한 문제점에 대하여 나름대로의 해결방안을 제시하면서 결론을 대신하고자 한다.

첫째, 제6차 교육과정에서 선택교과로 전락한 한문교과를 필수교과로 환원하기 위해서는 한문교과의 고유성과 도구성을 확보해야 할 것이다. 다시 말하면 한문교과의 독자적인 영역을 확보하고 난 뒤에 다른 교과를 학습하는 데 기초적이고 도구적인 역할을 하도록 해야 할 것이다. 이를 위해서는 한문교과의 내용체계를 한자, 한자어, 한문이라는 세영역으로 나눌 필요가 없다고 본다. 한문문장 학습을 통하여 한자를 익히게 하고 익힌 한자를 활용하여 어휘력을 신장하여 언어생활에 유용하게 하고 다른 교과를 학습하는데 도움을 주도록 해야 할 것이다. 이러한 교과의 위상 확보는 한문이 필수교과이든 선택교과이든 상관없이 이루어져야 할 것이다.

둘째, 제6차 교육과정에서는 한문교과가 중학교에서는 학교장 선택교과로, 고등학교에서는 시도교육청 선택교과로 편성되었다. 따라서 중, 고등학교에서는 다양한 방식으로 선택하도록 제도가 변경되었음에도 이에 따른 후속 조치는 전혀 이루어지지 않았다. 따라서 현재 학년별로, 학교급별로 편찬된 교과서는 도저히 변경된 제도를 수용할 수 없다. 그러므로 한문교과서는 수준별 혹은 단계별로 편성되어 학습자의 학습정도에 맞게 가르칠 수 있도록 바뀌어야 한다. 현재 중학교에서는 각기 다른 선택 방식으로 인하여 한문을 전혀 배우지 않는 학생과 3년동안 한문을 배우는 학생들도 있는 것이다. 당장 내년에는 이들이 고등학교에 진학하게 되므로 현장 교육의 혼란은 명약관화한 사실이다. 이와같은 파행적인 교육을 막기 위하여 우선 교과서를 수준별로 재편찬해야 한다.

셋째, 한문 학습에서 능률적인 방법을 모색하여 가장 경제적이고 효율적인 학습이 이루어 지도록 지혜를 모아야 할 것이다. 이를 위해서는 한문을 처음 배우는 중학교에서부터 문장을 독해하는 능력을 체계적으로 기르도록 지도해야 할 것이다. 한문 문장을 학습하는 순서는 간이하면서도 기본형이 잘 갖추어진 문장부터 학습해야 할 것이고, 그 내용은 청소년들이 인성을 함양하고 가치관을 형성하는 데 도움이 될만한 문장을 중심으로 해야 할 것이다. 아울러 고전적이고 우리의 미풍양속이나 전통문화와 관련되는 내용도 포함되어야 할 것이다. 그리고 한문 문장을 체계적으로 학습하기 위해서는 한문문법에 대한 기초적인 이해를 바탕으로 해야 할 것이다. 현재 한문문법은 국문법을 준용하도록 규정하였는데 이는 천만부당한 말이다. 적어도 학교에서는 통일된 문법을 가르칠 수 있도록 규범문법의 제정이 꼭 필요한 과제이다. 가능하면 한문학계에서 시안을 내고 이를 토대로 한문문법의 통일안을 만들어 각급학교에서 교육되도록 해야 한다.

넷째, 제5차 교육과정부터 한문교과의 내용으로 등장한 '한자어' 교육에 대해서는 재고해야 할 것이다. 한자를 익히고 이를 통하여 한자어를 익힌 다음 한문 문장을 학습하게 하는 순서는 한문을 학습하는 바른 순서가 아니다. 한자는 표의문자로서 결합력이 매우 강한 특징이 있으므로 한문 문장 학습을 통하여 한자를 익힌 다음 한자어를 활용하게 해야 할 것이다. 결국 학습순서를 '한문–한자–한자어'로 재조정해야 한다는 것이다. 한자 어휘는 한자자전을 통해 활용하도록 하고 국어 어휘는 국어사전을 통해 활용하도록 하면 더 효과적으로 한자어를 활용할 수 있을 것이다.

본고에서 제시한 몇 가지 문제와 해결 방안은 시안에 불과하고 이 또한 내용체계를 형식적 측면에서 분석한 데 지나지 않는다. 그렇지만 이러한 논의를 바탕으로 한문교육의 현재를 진단하여 그 문제점을 비판하고 올바른 방향을 정립하려는 노력은 지속되어야 하리라 생각한다. 앞으로도 제6차 교육과정에 의해 편찬된 중고등학교 한문 교과서의 내용을 분석하여 그 문제점을 제기하고 이를 해결할 수 있는 대안이 제시되어야 할 것이다.

이 글은 『漢文敎育硏究』 10호(韓國漢文敎育學會, 1996)에 수록한 논문을 재수록한 것이다.

# 제6·7차 한문과 교육 과정의 비교 연구

鄭載喆

## I

이 글은 최근 개정된 제7차 한문과 교육 과정을 제6차 한문과 교육 과정과 비교하여 분석한 것이다. 한문과 교육 과정은 학습자에게 한문 교과로서의 교육적 성취를 의도하여 학교에서 활용할 수 있는 지식·사고의 양식·경험 등 한문 교과에 관계된 내용을 재구성한 모든 수준의 계획이다. 한문과 교육 과정은 1972학년도 2학기부터 한문과가 독립 교과로 되면서 목표 및 내용, 그리고 방법 등이 지금과 같이 과학적이며 체계적으로 갖추어지게 되었다. 이후 지식의 변화, 사회 여건의 변화, 교육 이론의 발전, 그리고 현존하는 교육 프로그램의 적절성에 대한 계속적인 평가 등에 의하여 주기적으로 개정되어 왔다.

중·고등학교의 한문과는 한문이 지니고 있는 우리 언어나 문화와의 특수성에 비추어 보거나 한문을 익혀야만 한자 문화권의 중심에 자리할 수 있다는 사실로 미루어 독립 교과로서의 입지를 충분히 담보할 수 있는 교과이다. 그러나 우리는 21C를 앞두고 한문 교과의 위상이 그 존폐가 문제시될 정도로 현저히 약화된 현실과 마주하고 있다. 우리는 25년간 중·고등학교 한문 교육을 담당해온 입장에서 사태가 이 단계에까지 이르게 된 원인을 냉철히 돌이켜보고, 중·고등학교에서 독립 교과로서의 한문 교과의 위상을 확고하게 정립시키고자 노력해야 할 것이다. 이 글에서는 제6·7차 교육과정을 비교 분석하는 과정을 통하여 7차 한문과 교육 과정의 방향과 중점, 그리고 한문과 교육 과정의 문제점과 향후 과제 등에 대해 살펴보기로 한다.

## Ⅱ. 제6·7차 한문과 교육 과정의 비교 분석[1)]

### 1. 성격

성격은 한문 교과의 특성·학문 영역·강조점·총론의 정신·목표와의 관련성을 서술해 한문과의 성격을 서술한 것이다. 6차 한문과 교육 과정에서는 중학교『한문』과 고등학교『한문Ⅰ』, 『한문Ⅱ』를 한문과의 공통적인 성격과 학교급별 성격으로 나누어 한자·한자어·한문의 학습을 통하여 언어생활에 도움을 주고, 우리의 전통 문화를 이해하고 올바른 가치관을 확립하는데 도움을 주기 위한 교과로 설정하였다. 그러나 성격의 진술 내용이 실용성을 강조하는 '한자', '한자어' 학습과 '한문' 학습의 관계가 명료하게 드러나지 않고 있으며, 학교급별 성격의 제시에서도 중학교『한문』에서 고등학교『한문Ⅰ』, 『한문Ⅱ』로 이어지는 학습의 연계성과 그 속에서 중점이 되는 학습의 성격과 목표가 분명하게 부각되지 않았다.

7차 교육 과정에서는 한문 교과의 일반적인 성격으로 '① 한자와

---

1) 이 부분은 주로「제7차 중·고등학교 한문과 교육 과정 연구 개발」(교육과정개정 연구위원회, 1997, 한국교육개발원)의 내용을 참고하여 작성하였다.

한자어 학습을 통해 원만한 언어생활 도모, ② 일반 교과 학습에 필요한 도구 교과, ③ 한자로 기록된 각종 한문 전적 이해를 위한 기초 능력 배양, ④ 각종 한문 기록과 고사성어·격언·속담·명언·명구 학습을 통한 선인들의 삶의 모습과 지혜·사상 정서 이해·건전한 가치관과 바람직한 인성 함양·전통 문화의 올바른 이해와 창조적 발전에 기여, ⑤ 한자 문화권 상호 이해 증진과 조화로운 발전에 기여' 등으로 설정하여, 각 영역간의 학습 관계를 명료하게 하였다. 또한 한문과의 일반적인 성격과 관련해 중학교『한문』, 고등학교『한문』과『한문고전』의 성격을 학교급별 수준에 맞추어 난이도를 적절하게 조정하였다.

## 2. 목표

목표는 한문 교과를 통해 궁극적으로 달성시키고자 하는 목표를 말한다. 교육 과정의 교과 목표는「전문」과「하위 목표항」으로 되어 있다.「전문」은 한문과의 일반 목표의 성격에 해당하는 의미를 지니며, 각 학교급별·과목별 목표를 요약적으로 제시하는 성격도 아울러 갖고 있다.「하위 목표항」은「전문」에서 제시된 목표를 구체적으로 제시하는 것이다. 한문과 교육의 목표를 어디에 둘 것인가 하는 문제는 학교 교육에서 한문 교과의 독자성 및 정체성을 확보하는 문제와 직결된다. 6차 교육 과정의 목표는 학교급별 성취 수준의 질적인 차이를 알기 어려울 뿐만 아니라, 층위가 가지런하다고 보기 어려운 면이 발견된다. 또한, 한문과 목표가 단지 선언적 의미에 그치고 있을 뿐 학생의 성취 수준을 알려주는 방식을 구체적으로 제시하지 못하였다.

7차 교육 과정의 교과 목표「전문」에서는 한문과의 일반적인 목표 요소를 '① 언어생활에서 바르게 읽고 쓰기, ② 한문을 독해할 수 있는 기초적인 능력 배양, ③ 한문 기록에 담긴 선인들의 삶과 지혜를 통해 건전한 가치관과 바람직한 인성의 확립, ④ 전통 문화를 이해하고 계승 발전시키려는 태도의 정립'으로 제시하였다. 또한 7차 교육 과정의 목표「하위 목표항」은 모두 5개 항목으로 구성하고, ①, ②, ③항은 한자·한자어·한문으로 나누어 제시하였으며, ④항과 ⑤항은 한자·한자어·한문 영역에서 모두 달성하는 것으로 설정하였다. 그리고 각 항의 내용에 있어서도 6차 교육 과정에서의 일반적인 진술과는 달리 학생들이 도달해야할 내용과 방법을 구체화하였다.

## 3. 내용

### 1) 내용 체계

내용은「내용 체계」와「학년별 내용」으로 나누어진다.「내용 체계」의 내용 요소들은 한문과 교육에서 교수·학습되어야 할 핵심적인 내용이다. 따라서 내용 체계의 내용 요소들은 한문 교과의 학문적 체계와 일치한다고 볼 수 있다. 제6·7차 중학교 한문과 교육 과정의 내용 체계를 표로 제시하면 다음과 같다.

〈표 1〉 제6·7차 중학교 한문과 교육과정의 내용체계

| 6차 교육 과정 | | | | 7차 교육 과정 | |
|---|---|---|---|---|---|
| 학년<br>영역 | 1학년 | 2학년 | 3학년 | 내용<br>영역 | 내용 |
| 한자 | ·한자의 음<br>과 뜻<br>·한자 쓰기<br>·한자의 짜임<br>·한자의 활용<br>·자전에서<br>한자 찾기 | ·한자의 음<br>과 뜻<br>·한자 쓰기<br>·한자의 짜임<br>·한자의 활용<br>·자전에서 한<br>자 찾기 | ·한자의 음<br>과 뜻<br>·한자 쓰기<br>·한자의 짜임<br>·한자의 활용 | 한자 | ·한자<br>익히기 → ·한자의 음과 뜻 알기<br>·한자의 짜임을 통해 음<br>과 뜻 알기<br>·자전에서 한자 찾기<br>·필순에 맞게 한자 쓰기<br><br>·한자 활용<br>하기 → ·언어생활에 활용하기<br>·문장 독해에 활용하기 |
| 한자어 | ·한자어의<br>음과 뜻<br>·한자어의<br>짜임<br>·한자어의<br>활용<br>·고사 성어 | ·한자어의<br>음과 뜻<br>·한자어의<br>짜임<br>·한자어의<br>활용<br>·고사 성어 | ·한자어의<br>음과 뜻<br>·한자어의<br>짜임<br>·한자어의<br>활용<br>·고사 성어 | 한자어 | ·한자어<br>알고 읽기 → ·한자어의 음과 뜻 알기<br>·한자어의 짜임을 통해<br>뜻 알기<br>·한자어를 읽고 쓰기<br>·성어의 속뜻 알기<br><br>·한자어<br>활용하기 → ·언어생활에 활용하기<br>·문장 독해에 활용하기<br><br>·가치관<br>형성하기 → ·선인들의 삶과 지혜를 이<br>해하고 가치관 형성하기 |
| 한문 | ·간이한 문장<br>의 풀이<br>·문장의 구조<br>·선인들의<br>사상과 감정<br>이해 | ·간이한<br>문장의 풀이<br>·문장의 구조<br>·허자의 쓰임<br>·평이한<br>한시의 풀이<br>·선인들의<br>사상과 감정<br>이해 및<br>가치관 형성<br>·전통 문화의<br>이해 | ·간이한<br>산문의 독해<br>·문장의 구조<br>·문장의 형식<br>·허자의 쓰임<br>과 구실<br>·평이한 한시<br>의 풀이와<br>감상<br>·선인들의 사<br>상과 감정<br>이해 및 가<br>치관 형성<br>·전통 문화의<br>이해와 계승<br>발전 | 한문 | ·한문<br>익히기 → ·문장을 읽고 뜻 알기<br>·문장의 구조를 통해 문<br>징 풀이하기<br>·허자의 쓰임을 알고 활<br>용하기<br>·문장의 형식을 알고 활<br>용하기<br><br>·한시<br>익히기 → ·시구 및 한시 풀이하고<br>감상하기<br><br>·한문<br>활용하기 → ·격언·속담·명언·명구 등<br>을 일상생활에 활용하기<br><br>·가치관<br>형성과<br>전통 문화<br>계승, 발전<br>시키기 → ·선인들의 삶과 지혜를 이<br>해하고 가치관 형성하기<br>·전통문화를 이해하고<br>계승, 발전시키려는 태도<br>지니기 |

6차 교육 과정 중학교『한문』의 내용 체계는 한문의 영역이 '한자'·'한자어'·'한문'의 세 영역으로 구성되어 있으나, 학교급별「내용 체계」와「내용」이 일부 용어 표현상의 차이에 그칠 뿐 기본적으로는 거의 같은 진술로 반복되어 있다. 또한, 각 영역별 내용 체계가 학년별 내용 선정의 준거가 되기에 미흡한 점이 엿보인다.

7차 교육 과정은 먼저 현행의 학년별 내용 체계를 영역별 내용 체계로 전환하는 한편, 한자·한자어·한문 영역의 내용을 수준, 체계가 동시에 파악할 수 있도록 구성하였다. 또한, 한문 교과의 3대 영역인 한자·한자어·한문의 각 영역별 내용 요소들을 추출하였다. 먼저 한자 영역의 내용 체계는 '① 한자 익히기, ② 한자 활용하기'로, 한자어 영역의 내용 체계는 '① 한자어 익히기, ② 한자어 활용하기 ③ 가치관 형성하기'로, 한문 영역의 하위 항목으로 '① 한문 익히기, ② 한문 활용하기, ③ 한시 익히기, ④ 가치관 형성과 전통 문화 이해하기' 등으로 설정하였다. 그리고 이 내용 요소들에 근거해 영역별 내용을 한 단계 더 상세히 하였다.

## 2) 학년별 내용

'학년별 내용'을 설정할 때에는 각 영역별 비중, 내용 요소의 선후 학습 관계를 고려하여 각 영역간과 내용 요소간 학습의 위계성과 연계성이 이루어지도록 해야 한다. 그리고 이론적 근거나 과학적인 연구를 바탕으로 어느 수준에서 어떤 학습의 내용이 학습되어야 하는가를 결정해야 한다. 중학교 학년별 내용 중 '한자' 영역을 6·7차 교육 과정과 비교해 보면 다음과 같다.

〈표 2〉 제6·7차 중학교 한문과 교육 과정 학년별 내용(한자 영역)

| 구분<br>학년 | 6차 교육 과정 | 7차 교육 과정 |
|---|---|---|
| 1학년 | (1) 한자의 음과 뜻 알기<br>(2) 한자의 기본 필순을 알고 바르게 쓰기<br>(3) 한자의 짜임을 통하여 한자의 형·음·의 이해하기<br>(4) 한자를 익혀 언어생활에 활용하기<br>(5) 부수에 대하여 알고, 자전에서 한자 찾기 | (1) 한자의 음과 뜻을 알고 바르게 읽는다.<br>(2) 한자의 음과 뜻을 한자의 짜임을 통해 안다.<br>(3) 자전에서 한자의 음과 뜻을 찾는다.<br>(4) 한자의 기본 필순을 알고 바르게 쓴다.<br>(5) 한자로 이루어진 한자어를 이해하고, 언어생활에 활용한다.<br>(6) 한자를 이용하여 문장의 내용을 이해한다. |
| 2학년 | (1) 한자의 음과 뜻 알기<br>(2) 한자의 기본 필순을 알고 바르게 쓰기<br>(3) 한자의 짜임을 통하여 한자의 형·음·의 이해하기<br>(4) 한자를 익혀 언어생활이나 문장 독해에 활용하기<br>(5) 자전에서 여러 방법으로 한자 찾기 | (1) 한자의 음과 뜻을 알고 바르게 읽는다.<br>(2) 한자의 음과 뜻을 한자의 짜임을 통해 안다.<br>(3) 한자의 필순을 알고 바르게 쓴다.<br>(4) 학습한 한자로 이루어진 한자어를 찾아보고 언어생활에 활용한다.<br>(5) 학습한 한자를 문장의 내용 이해에 활용한다. |
| 3학년 | (1) 한자의 음과 뜻 알기<br>(2) 한자 바르게 쓰기<br>(3) 한자의 짜임을 통하여 한자의 형·음·의 이해하기<br>(4) 한자를 익혀 언어생활이나 문장 독해에 활용하기 | (1) 한자의 음과 뜻을 스스로 알고 바르게 읽는다.<br>(2) 한자의 음과 뜻을 한자의 짜임을 통해 스스로 안다.<br>(3) 한자를 필순에 맞추어 바르게 쓴다.<br>(4) 학습한 한자를 언어생활에 활용한다.<br>(5) 학습한 한자를 문장의 내용 이해에 활용한다. |

6차 교육 과정의 학년별 내용은 한자, 한자어, 한문의 각 영역별 내용을 난이도에 따라 학년별로 합리적으로 구분하지 않고, 단지 각 학년별로 중복해 기술하고 있는 점이 문제로 지적되었다. 7차 교육 과정에서는 각 학년별 수준을 고려하여 그 난이도를 조정해 학년별 내용을 기술하였다. 그리고 1학년에서는 한자에 보다 많은 비중을 두고 2학년과 3학년에 올라갈수록 한문의 비중을 크게 하였다. 곧, 중학생들이 처음 한문을 접한다는 점을 고려하여 한문 교육의 초기에는 한

자나 한자어 중심으로 하고, 한문 교육이 진행되면서 한문 중심으로
이어지도록 유도하여 학생들이 한문 학습의 흥미를 갖도록 하였다.


## 4. 방법

### 1) 교수·학습 방법

#### (1) 교수·학습 계획

6차 교육 과정에 제시된 교수·학습 계획의 내용은 그 정보가 지극
히 추상적이거나 일반 지침 수준이어서 교사가 한문과 교육을 계획하
는데 필요한 실제적인 정보 제공에 크게 미흡한 실정이다. 7차 교육
과정은 교수·학습 계획을 세울 때 고려해야 할 사항을 다음과 같이
제시하였다.

첫째, 중학교 한문과 교육 목표를 충분히 반영하되, 학습자 또는
주변 환경의 요구를 수렴한다.

둘째, 교수·학습 계획은 학습 장면이나 학습자의 특수 상황을 고려
하여 융통성 있게 계획하되, 전후 학습간에 연속성이 유지될 수 있도
록 구조화 및 난이도를 고려한다.

셋째, '한자'·'한자어'·'한문'은 통합적인 교육이 이루어 질 수 있도
록 하되, 반복 학습의 효과를 얻을 수 있도록 계획한다.


#### (2) 교수·학습 방법

6차 교육 과정에서는 한문과 교수·학습 방법의 특성별, 영역별 교
수·학습의 모형이나 방법이 구체적으로 다양하게 제시되어 있지 않
다. 7차 교육 과정의 교수·학습 방법에서는 학생들이 다양한 수업 방

법과 멀티미디어의 이용 등을 통해 한자·한자어·한문의 3개 영역이 가능한 한 통합적인 지도가 될 수 있도록 하였다.

첫째, 한자 지도의 다양한 수업 방법으로는 부수 중심 지도법, 구조분석법, 조어학습법, 언어활용법, 색출법, 비교학습법, 컴퓨터 보조수업법(CAI) 등이 있다.

둘째, 한자어 지도의 다양한 수업 방법으로는 조어학습법, 개념분석 학습법, 컴퓨터 보조수업법(CAI) 등이 있다.

셋째, 한문 지도는 구조분석법, 개념분석 학습법, 집단탐구 학습법, 역할놀이법, 컴퓨터 보조수업법, 토의 학습법, 질문 학습법, 소집단 토의 학습법 등이 있다.

넷째, 한자·한자어·한문 지도는 과제 학습법을 통한 학습자 중심의 다양한 수업 방법을 적용하여 지도하며, 멀티미디어 시스템을 이용하여 시간적 공간적 제약이 없이 수업을 실시한다.


### (3) 교수·학습 자료

7차 교육 과정에서 교수·학습 자료를 선정할 때 다음과 같은 사항에 유의하도록 하였다.

첫째, 한문과의 교수·학습 자료는 카드, 융판, 괘도, 컴퓨터, O·H·P, 멀티미디어 등 시청각 자료를 각 학습 방법의 특성에 맞게 지도한다.

둘째, 한문과의 교수·학습 자료는 바람직한 인간상을 구현하고 실생활에 활용도가 높으며, 전통문화의 이해와 올바른 가치관을 확립하는데 도움이 되도록 한다.

셋째, 한문과의 교수·학습 자료는 가능한 한 학습자의 흥미를 유발하며, 학습자 위주의 자율 학습이 이루어지도록 체계적으로 구성한다.

## 2) 교과서 개발 및 심의의 기준

7차 교육 과정이 6차 교육 과정과 다른 가장 큰 특징의 하나는 교수·학습의 방법에서 「교과서 개발 및 심의의 기준」을 명시한 것이다. 이는 6차 교육 과정에서는 교과서의 개발에 관한 사항을 교수·학습 자료에서 간략하게 언급하는데 그칠 뿐, 한문 교과서의 효과적인 개발에 유의하여 교과의 구성 형식, 교과 내용의 전개 방식, 학습 분량 등에 관한 사항이 구체적으로 명시하지 않았다는 지적에 따른 것이다.

7차 교육 과정에 따른 한문과의 교과서는 좋은 교과서로서 갖추어야 할 보편성과 특수성을 갖추고, 21C의 세계화 정보화 시대를 주도할 자율적이고 창의적인 한국인을 양성하는데 도움이 되도록 하였다. 그리고 바람직한 인간상을 구현하고 실생활에 활용도가 높으며, 전통 문화의 이해와 올바른 가치관을 확립하는데 도움이 되는 정선된 학습 내용으로 구성되도록 하였다. 그리고 한문과 교과서는 교육 과정에 제시된 교과의 성격·목표·내용·방법·평가에 부합되도록 한자·한자어·한문에 관한 주요 학습 요소를 정선하여, 중·고등학교 한문 교육용 필수 학습 교재로서의 기능을 충실히 구현할 수 있도록 하였다.

## 5. 평가

### 1) 평가 지침

6차 교육 과정은 평가에 관한 지침이 매우 추상적이고 포괄적인 수준으로 제시되어 있다. 7차 교육 과정은 가능한 한 각 단원의 특성에 맞는 평가 문항을 제작하여 학습 목표의 달성하도록 다음과 같이 제시하였다.

첫째, 한자의 평가는 중·고등학교 한문 교육용 기초한자 1800자를 바르게 읽고 쓰며, 바르게 사용하는가에 중점을 둔다.

둘째, 한자어의 평가에 있어서도 그 음과 뜻을 정확히 알고 이를 한자어와 한문 문장의 활용하는 데에 중점을 두고, 한자의 짜임 등 문법에 관한 사항에 편중되지 않는다.

셋째, 한문의 평가는 한문 문장과 한시를 바르게 해석하고 이해하며, 감상할 수 있는가에 중점을 두어 평가한다.

## 2) 평가 방법

6차 교육 과정의 평가 방법은 학생들의 학습 성취 수준을 정확하게 평가할 수 있는 보다 구체적이고 실질적인 내용이 실제 예를 통해 제시되어 있지 않다. 7차 교육 과정은 각 영역별 평가시에 활용할 평가법을 예로 들면 다음과 같다.

첫째, 학생들의 학업 성취도를 가능한 한 정확하게 평가하기 위하여 낭독 평가법, 해석 평가법, 문답 평가법, 지필 평가법, 과제 평가법 등 다양한 평가법을 선정하여 평가한다.

둘째, 컴퓨터 보조 학습 프로그램에 의한 평가에 역점을 두어 시간적 공간적 제약 없이 언제 어디서나 평가를 실시하되, 한자·한자어·한문의 평가 또는 그 전체의 통합적 평가를 실시한다.

셋째, 방법에서 제시한 교수·학습 지도에 따라서 [(개별화 수업, 소집단 수업, 일제 수업)+(다양한 평가방법)]을 적용하여 수업 상황에 맞는 평가를 실시한다.

## 3) 평가 결과의 활용

6차 교육 과정은 평가 결과를 학생들의 학습 성취 수준의 판단에 활용함과 동시에 교사의 교수·학습을 개선하는데 활용하는 방안에 대한 실질적인 정보의 제공이 미흡하였다. 7차 교육 과정은 평가 결과를 다양하게 활용하도록 다음과 같이 제시하였다.

첫째, 교수·학습을 시작하기 전이나 도중에 실시하여 선수 학습의 정도나 성취 수준의 진단, 학습 목표의 성취 가능성을 알아보는 데 활용한다.

둘째, 평가 결과를 통해 학생들이 지니고 있는 개성이나 가치관을 알아 이를 인성 교육이나 진로 지도에 활용하고, 바람직한 교수·학습의 모형 개발에 활용한다.

셋째, 기말이나 연말의 총괄 평가를 통해 총론이 요구하는 방향과 한문과 고유의 교육 목적의 달성 여부를 알아보며, 차기 수업 목표에 활용한다.

# Ⅲ. 한문과 교육 과정의 문제점과 향후 과제

우리 나라 중·고등학교에서 독립 교과로서 한문 교육이 실시된 것은 1972년 2월 28일 교육법 시행령 109조의 '우리의 고전 문화를 계승하고 한자 문화권 안에서 주체적이며 조화적인 문화 발전을 위하여'라는 조항에 의해서이다. 한문 교과가 독립 교과의 지위를 확보함으로써 한문 교육에도 많은 변화가 있었다. 비로소 한문 교과서라는 독자적인 교과서로 한문 교육을 실시하게 되었으며, 1973년, 1981년, 1987년, 1992년 네 차례에 걸쳐 교육 과정을 개정하면서 한문 교과의 성격·목표·내용·방법·평가 등 그 체계를 다듬고 정교화하는 계기를 마련하였다. 동시에 각 대학의 한문교육과나 한문학과에서 정규과정을 이수한 한문 전공자가 교사로 진출함으로써 학교의 한문 교육은 양적, 질적으로 많은 성장을 가져왔다. 그러나 6차 교육과정에서 중학교 한문이 필수 교과에서 선택 교과로 바뀌게 되면서 한문 교육의 위상이 현저히 약화되었다.

21C에 적용되는 제7차 교육 과정은 한문 교과에 또 한 차례 전환기를 가져다 줄 것으로 보인다. 즉, 7차 교육 과정은 학습자를 중시하는 교육 과정을 구현하여 교육의 질을 높이겠다는 기본 방향을 설정하고 이른바 수준별 교육 과정의 개념을 도입하였다. 이에 따라 초등학교 1학년부터 고등학교 1학년까지 10년간을 국민 기본 공통 교육 기간으로 설정하고 이 기간에 적용할 10개의 국민 기본 공통 교과를 설정하였으나, 한문 교과는 10개 교과에서 제외된 채 '재량 시간'에서 선택 교과로 설정되었다. 고등학교 2·3학년 과정 또한 '과정별 필수 과목'에서 '선택 과목'으로 전환되었다. 21C의 한문 교육은 세기 벽두에서부터 교육 수용자인 학생이 선택할 만한 필요를 느끼시 않으면 선택되지 않을 수 있는 선택 교과가 된 것이다. 이제 한문과 교육 과정에 내재되어 있는 문제점을 살펴보고 이의 개선을 위한 향후 과제를 제시하면 다음과 같다.

첫째, 어문 정책에 효과적으로 대응하기 위해 한문 교과의 교육 이념을 재정립해야 한다.

우리나라의 어문 정책은 해방 후 한글 전용과 국한문 혼용이 십 수 차례 뒤바뀌게 되었고, 이에 따라 한문 교육도 심한 변동을 겪어 왔다. 우리나라 어문 정책과 관련된 법률은 1948년 10월 9일에 공포된 법률 제6호에서 "대한민국의 공용 문서는 한글로 쓴다. 다만 얼마 동안 필요한 때는 한자를 병용할 수 있다"라는 조항이다. 이 법에 명시된 '얼마 동안'이라는 기간은 50년이 지난 지금까지도 유효한 채로 남아있으며, 앞으로도 얼마나 지속될 지 알 수 없는 상태이다. 이와 같이 한글로 쓰고 한자도 병용할 수 있는 애매한 법률 조항에 의해 한글 전용과 국한문 혼용이 첨예하게 대립되었고, 그 여파로 중·고등학교의 한문 교육만 고래 싸움에 새우 등 터지듯 심한 상처를 입고 있다. 특히 6차 교육 과정부터 국어 등 일부 국정 교과서에 한자어가 (  )속에 병기되고 한문 교과가 필수 교과에서 선택 교과로 바뀌게 된 것도, 한문 교과가 어문 정책과 결코 무관하지 않은 것으로 보인다.

지금 일부 국정 교과서에 병기된 한자와 한자어는 담당 교사의 무지와 무관심으로 효과적인 교수·학습이 전혀 이루어지지 않고 있다. 그리고 한문 교과에서 교수·학습되어오던 '한자'·'한자어'·'한문'의 3개 영역에서 '한자', '한자어' 영역의 일부 역할을 이들 국정 교과서가 담당하게 되면서 한문 교과의 위상은 상대적으로 저하되는 결과를 초래하게 되었다. 결국 한자 문화권과의 경제적, 문화적 교류가 확대되면서 한문 교육의 필요성은 더욱 증대하는데 반하여, 중·고등학교에서의 한문 교과는 선택 교과로 바뀌면서 고입 시험이나 대학 수학 능력 시험에서 제외되는 등 매우 부실하게 운영되는 결과를 가져왔다. 이는 한문 교과를 필수 교과에서 선택 교과로 바꾸는 과정에서 초래될 각계의 반발을 염두에 두고, 한글 전용과 국한문 혼용의 요구를 절충한다는 명분아래 일부 국정 교과서에 (  )속에 한자어를 병기하도록 한데 따른 당연한 결과로 생각된다.

우리 학계는 최근 새롭게 모색되고 있는 우리 나라의 어문 정책의 향방에 대해 지대한 관심을 가지고 주시하면서 이에 따른 대처 방안을 철저히 모색해야 할 것이다. 먼저 국정 교과서 (  )속에 한자어를 계속 병기할 경우 한문 교육의 방향을 어떻게 설정해야 할 것인가. 다시 ( )속에 한자어를 병기하지 않을 경우 우리 어휘의 70% 이상을 차지하는 한자어를 어떻게 효과적으로 가르칠 것인가. 그리고 ( )속에 병기가 아닌 완전한 국한문 혼용으로 바뀔 경우 중·고등학교에 한문 교과가 독립 교과로 유지·발전할 수 있을 것인가. 그 어느 경우이든 21C 한문 교육의 존폐를 결정할만한 중대한 문제가 아닐 수 없다. 우리는 과연 어느 경우가 한문 교과의 위상을 확고히 하면서 중·고등학교에서의 한문 교육이 효율적으로 진행될 수 있는지 면밀히 검토해야 한다. 그리고 이를 토대로 어문 정책과 관련한 한문 교과의 교육 이념을 재정립하고, 이것이 우리 나라의 어문 정책에 반영되도록 심혈을 기울여야 할 것이다.

둘째, 한문과 교육 과정에 제시된 내용 요소들에 대해 과학적인 검증 작업을 거쳐야 한다.

교육 과정의 총론이나 각론을 개정하는 과정에 있어서 과학적인 이론에 기초하지 않고 한문 교육의 당위만을 역설하거나 비분강개하는 태도는, 한문과 교육 과정이나 한문 교육의 질적 향상을 위해 전혀 도움이 되지 않는다. 무엇이 한문 교육의 본질인가에 대한 반성적 성찰을 거쳐야만 교육 과정을 연구하는 학자들에게 한문 교육의 필요성을 강하게 어필할 수 있다. 그러나 우리는 아직 학생들의 한자 습득 양상, 한자 학습 과정, 한문 독해력을 구성하고 있는 요인, 창의력 개발과 관련된 평가 문제, 한문 학습의 필요와 요구에 대한 과학적인 기초 자료를 전혀 가지고 있지 못하다. 따라서 한문 교과의 성격을 학생들의 요구, 사회적인 요구, 시대의 변화 상황 등을 종합적으로 고려하여 보다 정치하게 마련할 필요가 있다.

우선 한문 교과의 중요성과 관련해 제시된 도구 교과의 문제에 대한 보다 과학적인 접근이 필요하다. 한문 교과에서 가르치는 한자, 한자어는 다른 모든 교과 학습의 도구가 되므로 한문 교육은 다른 모든 교과의 교육 효과를 제고시키는 역할을 하고 있다. 그러나 한문 교과가 모든 교과의 도구 교과임을 설득력 있게 주장하려면 적어도 초·중·고교의 각종 교과서에 수록된 내용의 핵심을 이루는 어휘 중에 한자어의 비중이 얼마나 되는가, 각 교과에 쓰여진 한자어의 이해와 한문 교육은 어떤 상관 관계가 있는가 등에 대한 심도 있는 연구가 필요하다. 또한 교육 과정에 제시된 목표의 내용이 다른 교과에는 없는 한문과의 고유한 목표가 명확하지 않은 점이 지적되어 왔다. 언어 생활과 문장 독해는 국어과의 목표와 중복되고, 선인들의 사상 감정의 이해나 전통 문화의 계승 발전은 사회(국사)과와 중복되며, 올바른 가치관의 함양은 윤리과와 중복된다. 앞으로 한문 교과가 이러한 목표를 설정한 이유에 대해 정연한 논리로 설명할 이론을 개발하고 체계화해야만 독립 교과로서의 설득력을 얻을 수 있을 것이다.[2]

다음 한문과 교육 과정의 내용으로 설정된 한자·한자어·한문 영역 간의 관계를 명확히 하고 이를 토대로 지도·학습할 내용을 적절히 안배해야 한다. 학계 일부에서는 한문 교과서의 내용을 고전의 문장 중심으로 편성하고, 한자어는 실생활에 꼭 필요한 것만을 쓰고 읽게 할 수 있도록 하거나,[3] 학습 순서를 '한문-한자-한자어'로 재조정하여 한문 문장의 학습을 통하여 한자를 익힌 다음 한자어를 활용하게 하도록 하는[4] 등 한문 문장 중심의 교육을 제기하고 있다. 이에 반해

---

2) 신용호, 「중·고등학교 교육 과정과 한문 교과」, 『제7차 한문과 교육 과정 방향 모색』, 제7차 한문과 교육 과정 구성을 위한 워크숍 발표요지, 1997.6.28, 성균관 대학교.
3) 최오현, 「중학교 한문 교과서의 문제점과 그 개선 방안에 대한 一考」, 『한문교육 연구』 11호, 1997, 한국한문교육학회.

중·고등학교 한문 교사들을 대상으로 한 설문조사에 따르면, 중학교 교사의 경우 제7차 교육 과정에서 한자·한자어 교육을 강화해야 한다고 한 응답 비율이 전체의 79%를 차지하고, 고등학교 교사의 경우 한문의 이해와 감상, 한문 전적의 독해보다는 한자·한자어 교육을 강화해야 한다는 반응이 전체의 50.2%가 되었다.[5] 이와 같이 상충된 의견에 대한 심도 있는 논의 과정이 절실히 요구된다.

또한 한문 교육용 기초한자 1800자의 필요성에 대한 검토 작업이 필요하다. 이 기초 한자 1800자는 25년 전에 제정했을 당시와 현실과는 사정이 많이 다르고, 이로 인해 존재 자체의 타당성에 여부에 대한 문제가 여러 형태로 제기되고 있다. 이 교육용 한자가 현실적으로 타당한 것인가, 이를 학습해야 한문 교육의 궁극적 목표인 한문 독해력 신장을 도모할 수 있을 것인가, 그렇지 않다면 교육용 한자를 다시 제정할 필요는 없는가, 이 기초 한자를 일방적으로 도외시한다면 독립 교과로서의 한문 교과의 위상이 약화되는 것은 아닌가 등에 대한 학회 차원의 검토가 필요하다. 이와 함께 7차 교육 과정에서 교수·학습 방법으로 제시된 부수 중심 지도법, 구소분석법, 언어활용법, 색출법, 비교학습법, 컴퓨터 보조수업법, 개념분석 학습법 등에 대한 이론의 개발과 함께 현장에서의 활용 결과에 대한 논의를 통하여 수정·보완하는 작업이 지속적으로 진행되어야 할 것이다.

셋째, 한문과 교육 과정의 내용이 적절하게 반영된 미래지향적 교과서를 개발해야 한다.

---

4) 박영호, 「제6차 한문과 교육 과정 중 '내용체계'의 문제점과 해결방안」, 『한문교육연구』 10호, 1996, 한국한문교육학회.

5) 한국교육개발원 교육과정개정연구위원회, 「제7차 중·고등학교 한문과 교육 과정 개발 연구」, 1997, 한국교육개발원.

교과서는 당 시대 사람들이 소망하는 수많은 요구·이념·사상의 체계적 성장과 과학의 발달, 나아가 원대한 미래지향적 설계로 구도한 종합적인 결정체이다. 21C를 목전에 둔 지금 우리 시대가 요구하는 교과서는 고도로 과학화되고 세계화되는 시대에 부응하는 인간의 육성을 양성할 수 있어야 한다. 그리고 세계화 시대에 있어서의 교육은 서구의 문화만을 맹종하는 인간이 아니라, 새로운 질서에 능동적으로 대응하는 국적 있는 인간을 양성해야 한다. 한문 교과서 역시 21C를 맞아 올바른 언어생활과 가치관을 통하여 개인의 주체적 인격을 도야하고, 한자와 한자어의 학습을 통하여 국가의 경쟁력을 제고하며, 한문의 학습을 통하여 한자 문화권에서의 조화로운 삶을 영위하는데 중점을 두어야 한다.[6)]

그러나 지금의 한문 교과서는 어떠한가? 한문 교과서는 한문과 교육 과정이나 한문 교육의 현장에 대한 이해 없이도 서당에서 한문 꽤나 읽은 사람이라면 누구나 필자가 될 수 있다고 생각하지는 않았는가? 출판사 또한 가장 적은 투자로 많은 이익을 가져다주는 책이라는 인식아래 무분별하게 달려들지는 않았는가? 그래서 학교 현장에서 한문 교과는 전공 교사가 아닌 모든 교과의 교사들, 심지어는 예체능 교사들까지도 한자깨나 아는 교사들이 맡아 쉬엄쉬엄 시간이나 보내는 교과로 인식되지는 않았는가. 한문이 수천 년간 우리의 사유 방식을 형성한 기본 도구였고, 우리의 정신 세계를 총체적으로 포괄하고 있으며, 현재를 살아가는 우리의 삶의 방식을 결정하는데 크게 기여한다는 확고한 신념을 가지고 이를 한문교과서에 구현시키고 있는가. 한문 교과서 전반에 걸친 문제점에 대해 통렬한 반성을 거쳐야만 21C

---

6) 허천행, 「한문 교육과 교과서」, 『교과서 연구』 23호, 1995, 한국2종 교과서 협회.

에도 한문 교과가 살아남을 수 있을 것이다.

제7차 교육 과정에서는 기존의 밀실 위주의 교과서 심사 방식에서 벗어나 방법에서 「교과서 개발 및 심의의 기준」을 명시하였다. 앞으로 교육 과정에 제시된 내용을 토대로 교과서의 판형, 자형, 지질, 색도, 편집 등 외적 형식에 대한 검토와 함께 한자·한자어·한문 영역으로 구성된 질적 내용의 검토가 다각도로 논의되어야 한다. 또한 학생이 학습의 주체가 되어 자율적으로 학습에 필요한 자료나 정보의 이해·분석·적용·활용할 수 있는 능력을 신장시킬 수 있는 방안을 깊이 있게 강구하여야 한다. 그리고 학습 방법·탐구 방법·활용 방법 등의 내용에 있어서도 기초 한자를 소화하기에만 급급하던 방식에서 벗어나 학습 효과를 높일 수 있는 자료, 상황, 환경 등과 같은 정보가 제공되도록 해야 한다. 또한 사회에서 활용되는 컴퓨터로 배우는 한자 공부, 만화로 풀어쓰거나 노래로 배우는 한자 공부 등의 학습 방법도 한문 교과서에 적극 반영시키는 방안을 강구해야 한다. 그래야만 학생들이 한문 학습에 대한 흥미를 가질 수 있을 것이다.


# Ⅳ. 결론

이 글은 최근 개정된 제7차 한문과 교육과정의 내용을 제6차와 비교 분석한 것이다. 제7차 한문과 교육 과정은 총론이 지향하는 교육 과정 개정의 기본 방향과 중점 사항을 고려하고, 한문 교과 교육 과정이 안고 있는 내재적 문제를 해결하는데 중점을 두고 구성하였다. 그 내용으로 중학교에서 선택 과목으로 되어 있는 『한문』 과목을 학교나 학생들이 즐겨 선택할 수 있도록, 총론의 기본 방향에서 제시한 내용에 맞추어 한자 및 한자어, 한문 문장의 범위와 수준을 학교별, 또는 학년별로 적절히 조정하였다. 그리고 중·고등학교 교육이 기본 적으로 국민 보통 교육을 지향한다는 점에 유의하여 한문 교육용 기초한자 1800자를 익혀 이를 언어생활에 활용하고, 우리의 전통 문화를 이해하고 이를 계승하는데 중점을 두었다. 또한, 학년별 내용에 있어서도 기본 방향이 지향하는 바와 같이 학생의 학습 부담을 경감시키고 학생의 학습 수준에 맞추어 학습량을 적정화하였다.

그러나 7차 교육 과정은 한문과의 성격이나 목표·내용·방법 등을 설정함에 있어서 학계와 현장의 요구를 면밀하게 검토하고 설문 조사나 학술 토론 등의 검증 과정을 통하여 최선의 방안을 마련하지 못한 아쉬움이 있다. 중등 보통 교육의 일환으로 계획하는 한문 교육이 보다 정치하게 진행되기 위해 중·고등학교 한문과 교육 과정은 현실적 요구 특히, 학생들의 요구, 사회적인 요구, 시대의 변화 상황 등을 종합해 반영시키려는 노력이 지속되어야 한다. 그리고 21C 한문 교육의 존폐와 밀접하게 관련되어 있는 어문정책의 향방을 주시하고 한문 교육의 생존 전략적 차원에서의 한문 교과의 교육 이념을 적극 모색해야 한다. 또한 교육 과정을 개정할 때마다 제기되는 문제로서 교육 과정의 기초 연구를 위한 충실화와 연구 개발의 합리성을 도모해야 한다. 그리고 한문 교과서의 문제점을 철저히 살펴 기존의 실생활과 유리된 관념적이고 추상적인 내용에서 벗어나 창의적이며 미래지향 적인 한문 교과서를 개발하도록 노력해야 할 것이다.

이 글은 『漢文敎育硏究』 13호(韓國漢文敎育學會, 1999)에 수록한 논문을 재수록한 것이다.

# 7차 교육 과정의 제 문제

## -7차 교육 과정에서 한문과의 위상

金血祚

# Ⅰ. 머리말

제7차 교육 과정은 2000년 3월부터 초등학교 1, 2학년에 적용되기 시작하여 2001년 3월에는 초등학교 3, 4학년, 중학교 1학년에 적용되었다. 2002년에는 초등학교 5, 6학년, 중학교 2학년, 고등학교 1학년이 적용되며, 2004년 3월에 고등학교 3학년까지 적용되면서 전 교육 과정이 7차 교육 과정에 의해 진행될 것이다.

교육 과정이란 학교 교육에서 교육목표, 교육내용과 방법, 평가를 위한 공통적·일반적 기준이다. 7차 교육 과정은 21세기 '정보화 사회 지식사회로 표현되는 새로운 문명 시대에 세계 속의 중심 국가로 살아남기 위한 신교육 체제의 수립이라는 국가·사회적 요구'[1]에 부응하기 위해 마련되었다고 한다.

6차 교육 과정이 건강한 사람·자주적인 사람·창의적인 사람·도덕적인 사람을 표방하면서 도덕성과 공동체 의식이 투철한 민주 시민 육성을 목표로 하였다면, 7차 교육 과정은 ① 전인적 성장의 기반 위

---

1) 『고등학교 교육 과정 해설』, 교육부.

에 개성을 추구하는 사람 ② 기초 능력을 토대로 창의적인 능력을 발휘하는 사람 ③ 폭넓은 교양을 바탕으로 진로를 개척하는 사람 ④ 우리 문화에 대한 이해의 토대 위에 새로운 가치를 창조하는 사람 ⑤ 민주 시민 의식을 기초로 공동체의 발전에 공헌하는 사람을 통해 21세기의 세계화·정보화 시대를 주도할 자율적이고 창의적인 한국인 육성을 그 목표로 한다. 이러한 교육 목표는 21세기의 변화하는 시대상을 반영하기 위해 만들어진 것이라 할 수 있다.

교육과정이 현실에 맞지 않고, 또 새로운 시대상이 요구하는 인간형을 길러내는 데 부적절하다면 이를 개정하는 것은 지극히 당연한 일이다. 그런데 교육과정의 개정이 그 개정 시기마다 과연 필요한 인간형을 제대로 길러냈는가 하는 것은 일단 별문제로 치고, 교육과정의 개정은 지금까지 곧 어떤 특정 교과목의 축소 내지 통폐합의 결과로 이어져왔다. 그리하여 교육과정의 개정 때마다 중소교과목 곧 입시에서 큰 비중을 차지하지 못하는 교과목은 혹시 폐지되지나 않을까 하는 우려를 낳게 되었다. 중소교과목 담당자는 개정 때마다 전전긍긍 해왔던 것이 사실이다.

우리는 지난 제6차 교육 과정이 시행되는 과정에서 한문과의 위상이 매우 위축되는 위기 상황에 직면하였던 기억이 있다. 교육 과정의 시행을 둘러싼 한문교사 및 한문과에 종사하는 여러 분들의 적극적인 노력에 의해 한문과는 겨우 그 생명력을 유지할 수 있었다. 그런데 7차 교육 과정을 통해 한문과는 심각한 위기에 직면하게 되었다.

교육 과정이 개정될 때마다 한문과의 위상에 변화가 초래되고 그 영역이 협소해지는 현실을 어떻게 이해할 것인가? 아니 매번 교육 과정이 바뀔 때마다 이러한 상황을 되풀이할 것인가?

7차 교육 과정 개정의 주안점은 학생들의 능력, 흥미, 적성, 진로를

중시한 다양한 선택 과목 개설과 학생 중심의 교육 과정 체제 확립이
다. 가장 핵심적인 사안은 국민공통 기본 교육 과정의 도입과 고등학
교 선택 중심 교육 과정의 도입이라 할 수 있다. 이 과정에서 한문과
는 어떤 위상을 갖게 되었는지, 그리고 향후 한문과의 위상은 어떻게
될 것이며, 올바른 위상 정립을 위해 무엇을 해야 할 것인가에 대해
생각해보아야 할 것이다.


## Ⅱ. 교육 과정의 개정과 한문과의 위상

한문은 1972학년도 2학기부터 중·고등학교에서 필수과목으로 지
정되었다. 이후 각 대학에 한문학과·한문교육과가 설립되고 전공을
이수한 한문교사가 정식으로 배출되기 시작하면서, 한문과는 교과 내
용과 학습 방법 등에 대한 수준 높은 연구를 바탕으로 내적 성장을
이루어 왔다.

그러나 이러한 내적 성장과 상관없이 한문과의 위상은 점점 더 위
축되고 있는 것이 오늘의 현실이다. 중학교는 제 6차 교육 과정이 시
행되면서 환경·컴퓨터·기타과목 중에서 학교장이 선택하는 교과로,
고등학교는 96학년도부터 시도교육청이 지정하는 교과로 격하되었
던 것이다.

그리하여 학교장의 주관적 판단 아래 중학교 과정에서 한문을 배우
기도 하고, 혹 배우지 않기도 하였으며, 배우는 경우에도 학교마다
이수단위가 각각 달랐다. 또한 한문을 전혀 배우지 않은 학생들이 고
등학교에 진학하여 배운 학생들과 함께 혼재되면서 학생들간의 수준
차가 심각한 상황에 이르는 결과를 낳기도 하였다.

이후 교육 정책을 비판하고 한문교육의 위상을 제고하기 위한 많은 노력이 진행[2]되었다. 아울러 열악한 조건에서도 일선 현장의 교사들은 교과목의 특성을 살린 다양하고 재미있는 교수 학습 방법의 개발에 매진하였다.

7차 교육 과정안이 제출된 이후, 한문교육학회를 비롯한 한문관련 단체는 한문교육 정상화의 노력을 경주하였다.[3] 그러나 한문교육 정상화를 위한 노력[4]과 기대는 교육 과정에 전혀 반영되지 못하였다. '제7차 교육 과정'의 개정에 한문 교과에 종사하는 사람들의 의견이 전혀 반영되지 않았고, 오히려 한문교과의 문외한인 교육과정 전공자인 교육학자의 손에 의해 일방적으로 결정되었다고 해도 과언이 아니다. 공청회 등과 같은 열린 대화의 장이 있기도 했지만, 그것의 분위기는 자신들이 마련한 안을 홍보하거나 혹은 방어적 태도로 일관함으로써 다양한 의견이나 반대의 주장을 전혀 받아들이지 않았다.

---

2) 김상홍, 「제6차 교육 과정이 재개정되어야 하는 이유」, 『한문교육연구』 제9호, 한국한문교육학회, 1995; 김성진, 「제6차 교육 과정의 문제점과 개선방향」, 『한문교육연구』 제9호, 1995.

3) 1996년 9월 20일 발표대회 결의문 발송 및 간담회.
1996년 10월 1일 교육부 방문 제7차 교육 과정 관계건 학계 의견 전달.
1996년 10월 20일 임원회의 제7차 교육 과정 교육개발원(안) 건의문 작성.
1996년 10월 31일 각계 요로에 건의문 발송.
1996년 12월 4일 임원회의 제7차 교육 과정 교육개발원(안) 건의문 작성.
1997년 1월 29일 임원회의 제7차 교육 과정 교육개발원(안) 건의문 작성.
1997년 2월 7일 교육부 방문 한문과·한문교육과 교수 연명으로 건의문 전달.
1997년 3월 7일 교육부 방문 제7차 교육 과정 관계건 학계 의견 전달.
『한문교육연구』 제11, 12호(한국한문교육학회) 휘보 참조.

4) 「한문교육의 정상화를 위한 우리의 결의」, 한국한문교육학회.
「'중·고등학교 교육 과정 개정안' 중의 한문 교과에 관한 건의문」, 전국 대학 한문학과·한문교육과 교수 일동.
「신 교육 과정 총론(안) 중의 한문 교과에 관한 건의문」(이상 『한문교육연구』 제11호, 1997 所收).

　주지하다시피 7차 교육 과정의 주요 특징인 '국민 공통 기본 교육 과정'의 적용과 '수준별 교육 과정'의 도입5)이다. 한문과의 위상과 관련되어 문제되는 것은 국민공통 기본과목의 선정에 있다. 국민공통 기본과목은 국어·도덕·사회·수학·영어 등의 10과목과 재량활동·특별활동으로 구성된다. 중학교의 경우, 교과 재량활동의 연간 수업 시간 수는 102시간 이상이며, 한문, 컴퓨터, 환경, 생활 외국어(독일어, 프랑스어, 스페인어, 중국어, 일본어, 러시아어, 아랍어), 기타의 선택 과목 학습이 배정되어 있다.

　그러므로 중학교 한문은 학교의 재량활동 과목의 하나로 전락한 6차 교육 과정의 위상보다 더 나아진 것이 없다. 재량활동은 그 성격이 선택 과목으로서의 측면이 강한데, 한문은 국민 교통 기본 교과의 자율활용 및 범교과 학습, 자기주도학습 등에 의해 활용된 시간을 제외하고 여기에 더하여 컴퓨터, 환경, 생활 외국어(독일어, 프랑스어, 스페인어, 중국어, 일본어, 러시아어, 아랍어) 등과 함께 선택되어지게 되었다.

　'창의적 재량활동은 학교의 녹특한 교육적 필요, 학생의 요구 등에 따른 범교과 학습과 자기 주도적 학습을 위한 것'으로 규정6)되어 있다. 때문에 학생 및 학교에서 요구하지 않으면 한문은 교육 과정으로서의 역할을 할 수 없는 경우도 발생하고 있는 것이다. 정보화·세계화의 기치 아래 초등학교 때부터 외국어와 컴퓨터가 강조되고, 국민공통 기본 교과에 입시에서 중요한 비중을 차지하는 국어·영어·수학

---

5) 제7차 교육 과정의 특징은 다음과 같다.
　국민공통 기본 교육 과정의 편성, 학생 선택 중심교육 과정의 도입, 수준별 교육 과정의 도입, 재량 활동의 신설·확대, 학습량 최적화와 수준 조정, 교육 과정 평가 체제 확립, 창의성, 정보 능력 배양.
6) 「한문, 교련, 교양 선택 과목 교육 과정」, 교육부.

등 이른 바 핵심과목이 자리 잡고 있는 점을 고려한다면 선택과목으로서의 한문의 위상은 지속적으로 위축될 수밖에 없는 것이다.

『중학교 재량활동의 선택 과목 교육 과정』에 의하면,

> 한문과는 한자, 한자어, 한문을 익혀 언어생활에 활용하며, 한문 문장을 독해할 수 있는 기본적인 능력을 기르고, 선인들의 삶과 지혜를 이해하며, 건전한 가치관과 바람직한 인성을 함양하고, 전통 문화를 계승, 발전시키는 데 기여하는 교과이다. 또 한자문화권 내에서 상호 이해와 교류를 증진시키는 데 토대가 되는 교과이다.

라고 한문과의 성격을 규정하고 있다. 이는 교과목의 특성을 명확히 규정한 것이다.

각종 매스컴에서 한자·한문의 중요성에 대해 강조하는 것은 이제 흔히 볼 수 있는 일이다. 대학생 및 일반인들이 한자 및 한문을 제대로 익히지 못하여 나타나는 부정적인 현상을 개탄하는 소리도 끊이지 않는다. 한문이 국학 및 동양학은 물론 인문·사회·과학일반에 걸친 도구교과의 성격을 지니며, 한문교육이 올바른 언어생활은 물론 선인들의 생활 모습과 삶의 지혜를 배울 수 있고, 국제화 시대에 있어서 산업 정보 교환의 필수적 모체이라는 점7) 등을 고려할 때, 한문은 반드시 필수 교과로 되어야 한다.

그렇다면 왜 이러한 사태가 교육과정이 바뀔 때마다 발생하는가?

> 이번 교육 과정 개정의 배경 요인은 세계화·정보화·다양화를 지향하는 교육체제의 변화와 급속한 사회변동, 과학·기술과 학문의 급격

---

7) 「한문교육 정상화를 위한 우리의 결의」, 『한문교육연구』 제11호, 한국한문교육학회.

한 발전, 경제·산업·취업 구조의 변혁, 교육 수요자의 요구와 필요의 변화, 교육여건 및 환경의 변화 등 교육을 둘러싸고 있는 내외적인 체제 및 환경, 수요의 대폭적인 변화라고 할 수 있다.[8]

7차 교육과정의 기본 방향을 '21세기의 세계화·정보화 시대를 주도할 자율적2이고 창의적인 한국인 육성'으로 요약된다. 그러나 진정한 세계화·정보화는 민족의 정체성을 근거로 이루어지는 것이다. 민족의 삶과 괴리된 세계화·정보화는 어떤 의미도 지니지 못한다. 국제화 시대에 능동적으로 대응하는 인간을 만드는 문제는 매우 중요한 것이지만, 자기 문화의 건전한 뿌리에 인격을 두는 주체적 자세가 견지되지 못할 때 그 인간형은 자칫 맹목적 사대주의와 비주체적 자세로 외래적인 것을 추종하기 쉽다. 국제화의 필요성이 강조되면 될수록 여기에 올바로 대응할 수 있는 민족 주체적 한국인상의 정립이 시급하며, 이는 우리 민족의 역사와 함께 자라온 민족문화의 전통과 토대의 과학적 계승에서 가능한 것이다.

한문과의 중요성에 대한 지적은 이미 제6차 교육과정의 개정 시안에 대한 비판부터 본격적으로 주장된 것이다. 그러나 교육 당국의 자세에는 어떠한 변화도 없다. 그 이유는 세계화·정보화에 대한 그릇된 시각이 교정되지 않았기 때문이다. 결국 한문과의 위상에 대한 교육 당국의 몰이해가 파행적인 교육과정을 만든 주요 원인이 되었다. 중학교의 경우, '재량활동은 또 하나의 교과 활동에 불과하며, 국민공통 기본 교과가 10개로 되면서 남는 과목(한문, 컴퓨터, 환경 등)을 아예 없앨 수 없어 재량활동에 넣었'[9]다는 주장이 일견 설득력을 지니는

---

8) 교육부 홈페이지, 「제7차 교육 과정 개요」, 4면.
9) 전교조 문건, 「7차 교육 과정의 이해와 비판」.

것도 이 때문이다.

한문과 교육과정의 위상에 대한 몰이해는 고등학교 교과 과정에서 심각하게 나타난다. 고등학교 과정에서 한문교과는 일반 선택인 '한문'과목과 심화 선택인 '한문고전' 과목으로 구분되어 있다. 때문에 한문교과는 고등학교 2학년이 되어서야 비로소 일반 선택 과목으로 접할 가능성이 있다. 그것도 인문학 분야를 전공하고자 하는 학생에 국한된다.

교육 과정의 편성·운영 지침에 의하면 일반 선택 과목은,

> 학생들의 균형적인 이수를 위하여 ① 인문·사회 과목군(국어, 도덕, 사회) ② 과학·기술 과목군(수학, 과학, 기술·가정) ③ 예·체능 과목군(체육, 음악, 미술) ④ 외국어 과목군(외국어), ⑤ 교양 과목군(한문, 교련, 교양)으로 나눈다. 모든 학생은 교양 과목군에서는 2개 과목 이상, ①~④ 과목군에서는 각각 1과목 이상을 이수한다.[10]

라고 밝히고 있다. 교양 과목 군에 들어 있는 과목을 보면 한문(6), 교련(6), 철학(4), 논리학(4), 심리학(4), 교육학(4), 생활과 경제(4), 종교(4), 생태와 환경(4), 진로와 직업(4), 기타(4)이다. 이제 한문은 고등학교 과정에서도 10개의 교양 과목 군에 포함된 교과에 자리한 채, 선택되어야 하는 처지가 된 것이다. 그 선택의 기준은 학교의 실정과 학생들의 요구에 근거한다.[11] 때문에 한문과가 지니는 객관적인 위상과 의미는 중요하지 않다. 제6차 교육 과정에서 과정별 필수 과목이었던 한문이 6차 교육 과정에 교양선택이었던 과목들과 함께 묶이게 된 것이다. 이러한 양상은 6차에서 선택으로 바뀐 중학교 한

---

10) 교육부, 「한문, 교련, 교양 선택 과목 교육 과정」.
11) '선택 과목은 학교의 실정과 학생들의 요구를 반영해서 편성한다', 전게서.

문 교육 과정의 전철을 그대로 답습하는 것이다. 즉 6차, 7차 교육 과정을 거치면서 교과 과정으로서의 한문의 위상은 점점 부차적인 선택 과목으로 밀려난 셈이다.

6차 교육과정에서 과정별 필수 과목으로 설정되어 있던 한문Ⅰ과 한문Ⅱ를 고교 2, 3학년 일반 선택 '한문' 과목과 심화 선택 '한문고전'으로 구분되어 설정한 배경의 또 다른 근거는 7차 교육 과정의 정신에 따라 학습자에게 선택권을 주기 위한 것이라 한다. 그러나 학습자의 선택권을 주기 위하여 한문이 선택으로 바뀌었다면, 국민기본 공통 과목에서 제외된 이유를 명확하게 밝혀야 한다. 또한 그 명분이 타당한가에 대한 객관적인 검증이 이루어져야 할 것이며, 이 과정에 한문과 종사자 및 한문교육학회가 일정한 역할을 하여야 할 것이다.

7차 교육 과정에서는 '고등학교 일반 선택 한문은 중학교 한문에서 학습한 내용을 고려하여 수준별로 차별화 하는 지도'를 강조하고 있다. 이미 지적되었듯이, 중학교에서는 한문과의 위상이 축소되었다. 이는 6차 교육 과정에서도 나타나는 현상이다. 교육부 고시『고등학교 교육과정 해설』에서 지적하였듯이 '한문과 교육 목표를 달성하기 위해서는 적어도 매 학년에서 1시간 이상 선택하거나, 2개 학년에서 선택하되, 어느 1개 학년에서 2시간 한문을 택하여 1·2학기에 걸쳐 각각 2개 학년 분을 학습하도록 해야한다.

그러나 학교 현장에서는 각 시·도 교육청의 중학교 교육과정 편성·운영 지침에 따라 한문을 1개 학년이나 2개 학년에서 1시간, 혹은 모든 학년에서 선택을 하지 않은 경우도 있다.'[12] 한문을 전혀 배우지 않거나 부분적으로 한문을 이수한 학생들은 교육부에서 제정한 기

---

12) 교육부, 『고등학교 교육과정 해설 한문』, 55면.

초한자 중학교용 900자를 충분히 소화할 수 없다. 이와 같은 수준의 학생과 중학교 3년 과정에 정상적으로 한문을 배운 학생 사이에는 질적 차이가 존재한다. 이러한 문제를 교사 개인의 노력에 의한 '수준별로 차별화하는 지도'를 요구[13]하는 것은 정상적인 한문 교육을 방기하는 것에 다름 아니다.

이는 교사의 수업 부담 증가로 연결되며 곧바로 수업의 부실로 나타날 수밖에 없다. 그리고 궁극적으로 학생들의 학습 의욕 저하로 이어지게 된다. 특히 한문을 어렵게 생각하는 대다수 학생들의 여건을 고려할 때, 선택과목으로서의 한문 수업이 정상적으로 이루어지기는 기대하기 어렵다.

이러한 문제는 10학년제를 도입하여 학습의 연계성을 주요한 목표로 내세운 교육 정책과도 근원적으로 배치된다. 특히 한문 교과는 하루아침에 학습 효과를 기대할 수 없는 특수한 성격을 지닌 교과이다. 한자 및 한자어에 대한 학습만이 한문 교과의 전부가 아니다.

한문 문장에 대한 인식과 전통 문화 및 문학에 대한 종합적인 이해가 요구된다. 중학교 3년 과정의 교육 내용을 1년 간에, 그것도 고등학교 교육과정을 진행하면서 '별도의 보충학습'으로 소화할 수 있다는 것인가? 이러한 경우 교사의 헌신적 노력이 전제된다하더라도 중·고등학교 교육과정 모두의 부실을 초래할 수밖에 없다. 이러한 사실을 고려할 때, 어떻게 '일반 선택 과목은 선행 학습의 정도와 관계없이 선택할 수 있다'[14]는 논리가 성립할 수 있는가? 이는 바로 현행

13) (6)중학교에서 한문과 교육을 체계적으로 이수하지 않은 학생이 고등학교 '한문'을 이수하고자 할 때에는 중학교 교육과정에 근거하여 별도의 보충 학습 계획을 수립하여 지도한다. 상게서.
14) 전게서, 21면.

7차 교육 과정에서 한문과에 대한 인식이 얼마나 무성의한가를 단적으로 드러내주는 것이다.

한문고전의 경우, 현재 교과서 작업이 진행 중이다. 그런데 교과서 집필이 이루어지기는 쉽지 않다. 공식적으로 한문고전 집필을 신청한 출판사는 현재 한 곳에 지나지 않는다고 한다. 이는 출판사의 경제적 이해논리와 관계된 것으로 짐작된다. 그러나 그 이면에는 한문고전이 과연 심화 학습으로 선택될 것인가에 대한 회의가 기본적으로 깔려 있다. 심화선택 과목은 매우 폭 넓게 설정되어 있다. 그러나 심화선택학습에 주어진 112단위 가운데 국어 영어 수학에 집중되고, 부분적으로 중국어·일본어 등 외국어가 선택될 가능성이 매우 높다. 결국 한문 고전은 7차 교육과정에서 별다른 의미가 없는 것으로 판단된다.


## Ⅲ. 한문교육의 연구 동향과 향후 과제

교육 과정이 바뀔 때마다 한문 교과의 위상에 대한 논의가 집중되곤 하였다. 그렇지만 이러한 논의가 교육 과정의 입안 과정에 별다른 기능을 하지 못하였다는 사실은 경험을 통해 알 수 있다. 이제는 한문과 위상 및 교재 연구, 교수 학습 방법 등에 대한 지속적인 작업이 절실하게 요구되는 때이다. 여기서 최근 10년 간의 한문교육과 관련된 논문[15]을 살펴보는 것은 우리의 현재를 되돌아보고 앞으로의 과제를 이해하는데 유의미할 것이다.

한문교육에 대한 이론은 한문교과의 기본적인 위상과 성격에 대한 논의를 바탕으로 구체적인 교과과정에 맞는 이론을 개발하는 것으로

---

15) 한국한문교육연구회에서 간행한 『한문교육연구』를 중심으로 논의를 전개한다.

나타난다. 특히 6차 교육 과정을 계기로 한문과의 위상에 심각한 변화가 발생하면서 이에 대한 비판과 아울러 '한문의 위상'에 대한 심도 있는 논의가 이루어졌다.16) 그 핵심은 교육 과정의 변화에 따른 한문 교과의 위상 재정립이라 할 수 있는 바, 한문의 필요성 및 중·고등학교에서 한문을 가르쳐야하는 이유에 대한 것이다. 이와 관련된 논의는 비교적 집중적으로 이루어졌지만 보다 명확한 객관성을 확보하고 대중적 공감대를 형성할 수 있는 데까지 발전할 수 있도록 해야 할 것이다.

이와 함께 한자 및 한자어를 어떻게 효과적으로 학습할 것인가에 대한 논의가 활발하게 이루어졌다. 이는 일선 학교의 경험과 교육 이론의 접목이라는 차원에서 고무적인 현상이다. 한자 교육에 대한 연구는, 한자·한자어 지도 방법에 대한 논의와 효과적인 한문 학습을 위한 모색으로 나타난다.17) 그 기본 관점은 어떻게 학생들에게 쉽고 재미있게 가르치면서, 학습 효과를 증진시킬 것인가로 모아진다. 근래에도 다양한 시도가 이루어지고 있는 바, 지속적인 연구 개발을 통

---

16) 송재소, 「한문교과의 성격」, 『한문교육연구』 제6호.
　　신용호, 「중등학교 한문의 변천 과정과 문제점」, 『한문교육연구』 제6호.
　　김혈조, 「제6차 교육 과정 개정시안에 대한 비판적 검토」, 『한문교육연구』 제6호.
　　권문봉, 「6차 교육 과정 개정시안의 문제점」, 『한문교육연구』 제6호.
　　양광석, 「6차 한문과 교육 과정 개정안에 대한 의견」, 『한문교육연구』 제6호.
17) 대표적인 성과를 들면 다음과 같다.
　　김이곤, 「한자의 필순에 대한 고찰 – 좌우 대칭되는 한자의 필순」, 『한문교육연구』 제6호.
　　이태희, 「근체시의 4단 구성과 그림으로 하는 한시 수업」, 『한문교육연구』 제11호.
　　백원철, 「한문과 학습의 전통적 낭독법에 대하여」, 『한문교육연구』 제11호.
　　조언영, 「한자어 이해도와 학업성취의 상관관계 연구」, 『한문교육연구』 제13호.
　　안재철, 「한문교육에 있어서 품사 분류 및 용어문제」, 『한문교육연구』 제10호.
　　신용호, 「21세기 한문교육에서의 중세적 사유의 문제」, 『한문교육연구』 제13호.

해 한문이 어렵다는 선입견을 타파하는 데 일조해야 할 것이다.

한문을 가르치는 교재로서의 한문교과서는 보다 정확하고 체계 있게 구성되어야 한다. 때문에 교육 과정이 바뀔 때마다 새롭게 만들어지는 교과서에 대한 엄정한 검토와 비판[18]이 요구되는 것은 당연한 일이다. 단원 설정의 효율적인 배치에서부터 중·고등학교 교과서에 대한 종합적인 검토, 문법의 통일성, 현토와 해석, 교과서 내용의 정확성을 따지는 것까지 활발한 연구가 이루어지고 있다. 7차 교육과정의 특징 가운데 하나는 교과서의 형식과 틀이 전면적으로 바뀐 것이다. 이는 시대의 흐름에 맞는 것이라 할 수 있다. 보다 참신하고 다양한 교과서의 개발에 대한 관심과 연구가 요구된다.

수업 방식에 대한 검토는 현장의 활발하고 참신한 시도에 비해 아직 구체적인 연구 성과로 제출된 예가 드물다. 그러나 전통을 바탕으로 현대의 과학문명을 창의적으로 도입하여 새로운 방식을 모색하는 시도[19]는 매우 바람직하다. 이는 학습 효과의 측면 뿐 아니라 한문에

---

18) 대표적인 성과를 들면 다음과 같다.

최상익, 「고등학교 『한문(상)』교과서의 문제점 연구」, 『한문교육연구』 제6호; 「중학교 한문 교과서의 문제점과 그 개선 방안에 대한 일고」, 『한문교육연구』 제11호.

송병렬, 「漢文科 敎科敎育에 있어서 敎科書 問題」, 『漢文敎育研究』 제14호.

박준호, 「高等學校 漢文敎科書 硏究(1) ―現行 11種(Ⅰ·Ⅱ)의 敎科書에 수록된 漢詩를 중심으로―」, 『한문교육연구』 16호.

백원철, 「中·高校 漢文敎科書 文章의 懸吐와 解釋에 관한 硏究 ―現行 漢文敎科書 文章의 懸吐와 解釋의 誤謬 및 問題點 중심으로」, 『漢文學報』 제2집, 우리한문학회, 2000.

안재철, 「현행 고등학교 한문교과서에 나타난 평가문제 분석 연구―한시 평가 문제를 중심으로―」, 『교과교육연구』, 창간호, 1998.

고승희, 「중학교 한문과 학습평가의 문제점과 개선방향」, 성균관대 교육대학원 석사논문, 2000.

19) 백원철, 「한문과 학습의 전통적 낭독법에 대하여」, 『한문교육연구』 제11호.

이태희, 「근체시의 4단 구성과 그림으로 하는 한시 수업」, 『한문교육연구』 제11호.

대한 새로운 관심과 이해를 위해서도 필요한 것이라 할 수 있다.

도구과목의 성격을 지니는 한문과의 실용성에 대한 논의는 한자어의 빈도 및 여타 교과에서의 활용도에 대한 연구[20]로 나타난다. 이러한 작업은 실증적인 연구를 통해 한문의 위상을 적절하게 드러낼 뿐 아니라 한문교육이 어떤 기능을 하는지를 보여준다는 점에서 의미를 지닌다. 특히 도구교과로서의 위상과 실생활에서 한문이 차지하는 위상을 과학적으로 검증할 수 있다는 점에서 의미를 지닌다. 보다 종합적이고 실질적인 작업이 지속되어야 할 것이다.[21]

---

송병렬, 「현토 교육의 유효성과 토의 문법적 성격」, 『한문교육연구』 제12호.

홍종효, 「시청각 교재가 한문 수업 성취에 미치는 영향」, 성균관대 교육대학원 석사논문, 1998.

20) 조언영, 「한자어 이해도와 학업성취의 상관관계 연구」, 『한문교육연구』 제13호.

김백선, 「한문과의 학습성취도가 타교과의 학습에 미치는 영향 - 흥미중심의 자율적인 한문과제 학습을 중심으로」, 『한문과교육론』, 한국한자한문교육연구회, 한샘출판사, 1993.

최언영, 「한자어 이해도와 학업성취의 상관관계 연구 - 중학교 2학년 과학 교과를 중심으로」, 공주대 교육대학원 석사논문, 1998.

김영신, 「초등교과서의 한자실태와 빈도수 연구 - 한문교육용 기초한자 1800자와의 관련 을 중심으로-」, 영남대 교육대학원 석사논문, 2000.

21) 이상의 논의는 대체로 한문교과서를 대상으로 한 것이라 할 수 있다. 이와 별도로 북한의 한문교육에 대한 분석, 전통 교육에서 사용된 초학 교재에 대한 연구, 다양한 분야에서 연구가 이루어지고 있다.

진재교, 「북한의 어문정책과 한문교육」, 『한문교육연구』 제14호. 2000.

안재철, 「북한 한문교과서 분석 연구」, 『한자한문교육』 제5집, 1999.

주동일, 「북한의 한문교육 연구」, 교원대 석사논문, 1999.

임성원, 「愛國啓蒙期 漢文教科書 「速成漢字課本」 分析」, 성균관대 교육대학원 석사논문, 1999.

# Ⅳ. 마무리

이상에서 살펴본 바와 같이 6차 교육 과정에서 위축된 한문교과의 위상은 7차 교육 과정을 통해 더욱 심각한 위기에 몰리고 있다. 우리는 지난 과정에서 교육 과정의 개편 시기마다 적극적으로 한문과의 위상을 높이기 위해 노력해왔다. 그러나 이제는 특정 시기에 국한된 논의와 활동에서 벗어나 보다 조직적이고 체계적인 연구와 활동을 벌여나가야 할 것이다. 그 기본적인 틀은 한문교과의 기본적인 위상과 성격에 대한 체계적인 논의, 한자 및 한자어, 한문의 효율적인 지도, 한자와 여타 교과의 상관성에 대한 분석 등으로 이루어져야 한다. 특히 한문교과의 자기 정체성이 대중에게 확고히 자리잡지 못하고 있는 것이 작금의 현실이다. 한문과에 종사하는 연구자 및 교사들의 논의가 사회에서 보다 설득력을 지니며 그 교육적 기능과 효과를 인정받도록 한층 견고하고 설득력 있는 논의가 이루어져야 할 것이다. 이러한 문제 제기는 과거에도 수차례 있었다. 그러나 이제는 한문교육학회를 중심으로 한문과의 위상에 대한 객관적인 논리의 정립이 이루어져야 할 것이며, 한문을 쉽고 재미있게 익힐 수 있는 다양한 연구 방법이 개발되어야 할 것이다. 특히 정보화시대를 살면서 이에 맞는 효과적인 교재 및 교수법의 개발이 시급하다 할 것이다. 또한 한자능력시험과 같은 종류의 시험에 대해서도 학회가 보다 적극적인 태도를 취하면서 한자 한문의 대중화에 관심을 기울일 시점[22]이 된 것으로 판단된다.

---

22) 현재 진행되는 한자능력시험의 경우, 많은 한문학과 및 한문교육과가 한국어문학회의 하청인으로 전락하여 시험에 동원되는 현실에 대해 진지하게 반성할 필요가 있다.

사교육에서 한문의 위상이 점점 높아지고, 매스컴 등 각종 언론에서 '한문의 무지'에 대한 개탄의 소리가 끊이지 않는 지금, 공교육에서는 한문과의 위상이 점점 위축되고 있다는 현실은 아이러니다. 그러나 책임을 교육정책 입안자들에게만 돌릴 수는 없다. 이제라도 학회가 나서서 조직적으로 역량을 강화하여 이론을 개발하면서 대중화 작업을 진행해야 할 때인 것이다.

8차 교육 과정에서 한문의 위상은 어떻게 될까? 또다시 이런 씁쓸한 논의가 이루어지지 않기를 기대해본다.

이 글은 『漢文敎育硏究』 17호(韓國漢文敎育學會, 2001)에 수록한 논문을 재수록한 것이다.

# 漢文科 敎育課程의 領域과 內容 體系의 문제

宋秉烈

## Ⅰ. 들어가는 말

해방 이후 中等 課程(중·고등학교)에서 한문 교과가 독립 교과의 지위를 확보한 것은 1972년 교육법 시행령이 부분 개정되면서부터이다. 이는 독립적인 교육과정을 갖게 된 것을 의미하는 것이다. 따라서 1, 2차 교육과정 시기에 국어과에서 '한문'을 가르친 것은 '한문교과 교육'이 아니라, '한자·한문 교육'이었다.

애초 한문 교과의 독립 편제는 '한문 교육'의 내적인 요인에 의해서 역량이 高揚되어 이루어진 것이 아니다. 국어과 내에서 한글 전용 정책이 전면화되고 강화되자, 한국학의 상대적 열악성과 한문 교육의 약화를 보완하라는 여론에 떠밀려서 이루어진 결과이다. 한문 교과의 독립 편제는 외적인 영향 속에서 이루어진 일이긴 하나, 한문 교과의 교육과정을 체계화할 수 있다는 점에서는 잘 된 일이었다. 그럼에도 불구하고 독립 편제의 과정은 한국학의 전반적인 발전을 고려한 것이 아니라, 임시적인 조치였다는 점에서 준비없는 출발이었다.

한문과 교육과정은 3차 교육과정(1973년)에서 처음 정리된 이후, 4차 교육과정(1981년), 5차 교육과정(1987년), 6차 교육과정(1992년)을 거쳐, 현행 7차 교육과정(1997년)에 이르게 되었다. 3차와 4차 교육과정에서 '한문과 교육과정'은 이전의 '국어과 교육과정'에 들어있던 '한문교육'의 영역을 떼어내서 정리하는 수준에 머물렀다. 체계를 갖춘 '한문과 교육과정 해설서' 5차에 와서야 비로소 정리가 되었다. 체계화된 한문 문법이 교육과정 해설서에 반영된 것도 이때가 처음이었다.

제1, 2, 3, 4, 5차 한문과 교육과정의 체제는 '목표, 내용, 지도상의 유의점'으로 되어 있다가 제6차 교육과정에 와서 '성격, 목표, 내용, 방법, 평가'의 체계를 갖추었다.[1] 6차의 체계가 이전과 다른 것은 '성격'이 추가되었으며, 지도상의 유의점이 방법과 평가로 나누어져서 구체화되었다는 점이다.

6차 한문과 교육과정 해설서의 내용 영역은 5차를 그대로 옮기는 수준에서 정리가 되었으며, 평가만 따로 추가되었다. 7차 한문과 교육과정 해설서는 제1, 2, 3, 4, 5, 6차가 '한문1, 한문2'로 되어 있던 것을 '한문'과 '한문고전'으로 바뀌는 바람에 '한문1'이 '한문'으로 '한문2'가 '한문고전'으로 편제만 조금 바뀌었을 뿐이다. 따라서 5차 한문과 교육과정 해설서가 그대로 연장된 것이라고 해도 과언이 아니다. 한문과 교육과정의 내용영역은 3차 교육과정에서부터 완벽하게 준비되었어야 했지만, 교과 전문가의 부재로 인하여 부실하게 출발하였다. 게다가 교육과정 개편 시 바로잡을 수 있는 기회가 있었으나, 교과 생존의 문제에만 매달리다보니 좋은 기회를 놓치고 말았다. 그러나 지금이라도 문제를 따져보고 바람직한 내용 영역을 분류하는 것이 바람직할 것이다.

---

1) 교육부(1997a). 5면.

## Ⅱ. 領域 分類의 問題

### 1. '漢字, 漢字語, 漢文'의 영역 문제

'漢字, 漢字語, 漢文'은 漢文科 학습 과정의 領域이다. 영역은 곧 학습의 모든 과정 및 도달하여야 할 목표가 된다. 이를 전제로 한다면 한문과의 최종의 목표는 한자, 한자어, 한문의 습득이 된다. 한문의 습득만이 한문과의 최종목표가 되는 것은 한문과 교육과정의 성격에 따른 한문과의 교과 정체성을 결정하는 문제이므로 매우 중요한 문제가 아닐 수 없다. 따라서 한문과 교과정의 성격을 분석해 볼 필요가 있다.

7차 교육과정 한문과 해설서에는 한문과의 공통적 성격을 다음과 같이 규정하였다.

> ① 한문과는 국어 어휘의 많은 부분을 차지하고 있는 한자어의 학습을 통하여 언어생활을 원활하게 하고, 다른 교과를 학습하는 데 도움을 주는 도구 교과이며, 한문의 학습을 통하여 한자로 기록된 각종 한문을 이해하는 데 필요한 기본적인 능력을 기르기 위한 교과이다.
>
> ② 한문과는 각종 한문 기록과 고사성어, 격언·속담, 명언·명구 등의 학습을 통하여 선인들의 삶과 지혜, 사상과 감정을 이해하고, 건전한 가치관과 바람직한 인성을 함양하며, 우리 생활 전반에 면면히 이어 온 전통 문화를 바르게 계승하고 창조적으로 발전시키는 데 기여하는 교과이다.
>
> ③ 한문과는 과거와 현재는 물론이고, 미래에도 한자 문화권 내에서의 상호 이해 증진 및 조화로운 발전에 기여할 수 있는 교과이다.[2]

①에는 언어생활을 위한 한자어 능력과 한문의 학습을 통해서 한문

---

2) 교육부(2000), 12~14면.

전적에 대한 해독 능력을 키운다는 '한문 해독의 기능' 성격이 들어 있다. ②에는 한문 기록에 대한 이해[3]와 가치관의 함양과 그리고 전통 문화에 대한 태도 등이 들어 있다. ③에는 동아시아 고전의 보편성을 통해서 현재 진행되는 세계화의 진행에 잘 적응하자는 성격이 들어 있다.

①에 규정된 성격은 한문의 기록을 이해하기 위한 능력을 키운다는 목표를 담고 있으므로 '한자, 한자어, 한문'의 영역이 어느 정도 부합된다. ②에 서술된 성격의 목표는 한문의 습득이 아니라, 이미 습득된 한문의 해독 능력을 통해서 한문으로 남겨진 기록들이 지니고 있는 텍스트에 대한 '이해'가 설정된 것이다. 게다가 건전한 가치관, 바람직한 인성의 함양이라는 '윤리'적인 목표와 전통문화에 대한 태도까지도 목표로 설정되었다. '이해'는 한문 고전이라는 텍스트의 주요한 대상으로 학습 내용의 주된 영역이 되어야 하므로 성격에 들어간 것은 매우 바람직한 것이다. 그러나 건전한 가치관과 바람직한 인성의 함양은 매우 주관적인 가치 판단의 문제임에도 불구하고 한문과의 성격으로 규정된 것은 우리 사회가 지향하는 '윤리'적 가치 기준이 한문에 모두 들어 있는 것으로 선언한 것과 다름없다. 한문의 학습 내용(텍스트)에는 건전한 가치관과 바람직한 인성이 전부라는 표현으로 오해될 소지를 충분히 안고 있다. 오히려 한문의 학습 내용을 학습한 결과 부수적인 결과로 동반될 수는 있을지언정, 그것이 한문 텍스트의 일반이라고 한다면 한문과의 성격을 왜곡한 것이다.

③의 성격은 7차 교육과정의 개편 방향이 '21세기의 세계화·정보화 시대를 주도할 자율적이고 창의적인 한국인 육성'이므로 개편 방

---

3) 여기서 '기능'과 '이해'는 교육학 개념이 아니다. '기능'은 텍스트 이해를 위한 한자, 한문의 '기능'을 뜻하며, '이해'란 완성된 작품이나 문장에 대한 '이해'를 의미한다.

향에 부응한 서술이라고 할 만하다. 이는 동아시아의 여러 나라가 과거에 한문 문화를 보편적으로 공유하고 있었으므로 동아시아의 보편적 전통 문화의 이해를 통한 상호 교류는 긍정적이다. 그러나 이는 독립적인 영역이 될 수는 없고, 텍스트의 '이해'를 통해서 실현되는 '내용'이 되는 것이다.

위에서 본 바와 같이 한문과의 성격에서 볼 수 있듯이 한문과의 성격은 '한문의 **기능**을 학습하여 한문 기록을 **이해**하는 것이다.' 따라서 위의 규정된 한문과 성격의 옳고 그름을 따지는 것은 다음으로 미룬다 하더라도 이들을 가지고 영역을 구분하여 본다면, 한문과 학습 영역은 '한자, 한자어, 한문'으로는 다 포괄할 수 없음을 알 수가 있다. 사정이 이와 같은데도 지금까지 한문과 교육과정은 영역을 '한자, 한자어, 한문'으로 분류함으로써 많은 문제점을 드러내고 있다.

한문과의 교육과정의 영역을 구체적으로 실현해 주는 것은 교과서이다. 따라서 교과서의 구성은 '영역'의 분류에 따라서 구성하고, 성격에 따른 목표를 대단원과 소단원에서 진술한다.

현행 한문과 교과서의 구성은 텍스트인 '한문·한자어'와 텍스트를 풀이하는 능력을 달성시키기 위해서 '신출한자' '어구 풀이'가 있다. 이는 교육과정 영역이 '한자, 한자어, 한문'으로 되어 있기 때문이다. 해독 능력인 '기능'을 습득하여 한문 텍스트 '이해'에 대한 내용은 필요 없게 된 것이다. 그 결과 작금의 한문과 교과서 서술된 학습의 목표는 대부분이 '한자의 습득, 한자어의 활용, 한문의 해독'으로만 되어 있다.

따라서 교육과정의 내용 영역에서 '이해'가 빠짐으로써, 그에 따른 내용 체제의 不在로 이어지고, '이해'에 대한 내용 체제의 부재는 교과서의 개발에도 영향을 미치게 되어, 교과서는 해독 위주의 교과서 수준을 유지할 수밖에 없게 된 것이다. 따라서 교과서에는 '이해' 영

역에 필요한 모든 학습 과정이 생략 되거나, 또는 있더라도 본문의
과정이 아닌 보충이나 연구 또는 심화 과정 등에서 다루어지고 있다.
이러한 방식의 교과서 서술 방식은 편법인 것이다. 결국 교사들로 하
여금 올바른 교수–학습의 방법을 추구할 수 없게 만드는 것이다.

## 2. '漢字, 漢字語, 漢文'의 위계성의 문제

한문과 영역이 '한자, 한자어, 한문'으로 됨에 따라, 중학교 한문과
학습은 거의 한자어 학습을 위주로 이루어지고 있다. 이에 한자어를
많이 학습하고 있는 중학교 현장에서는 학습의 지루함과 내용의 유치
함을 벗어나지 못한다는 문제가 지속적으로 제기되고 있다.

한자, 한자어, 한문을 위계성이 있다고 판단한 것은 한자·한문의
길이 때문이다. 한자는 낱글자이고 한자어는 낱글자가 둘 이상 모여
서 된 어휘이며, 한문은 이러한 어휘가 또 더해져서 긴 글이 되었으
므로 학습의 과정상 길이가 짧은 것이나 낱글자는 쉽다고 여긴 것이
다.4) 따라서 한자 → 한자어 → 한문의 위계적 관계는 그리 문제 될
것이 없어 보인다. 그런데 바로 여기에 문제가 있다.

① 臣事君(신하는 임금을 섬긴다.)
② 君使臣(임금은 신하를 부린다.)5)

위 인용문은 교육과정 해설서의 '한문 내용'에서 제시한 보기의 문

---

4) 참고로 국어를 비롯해서 같은 언어 교과인 영어와 외국어 교과목에서는 형태소
→ 단어 → 문장의 길이를 가지고 위계적인 교과 과정을 설정하지 않았다. 바로
문장 학습으로 들어가도록 하였다.
5) 교육부(1997a). 31~32면.

장이다. ①과 ②는 각기 3개의 漢字가 결합된 것이다. 여기서 사용된
어휘를 보면 '臣, 事, 君, 使'로 4개의 어휘가 쓰였다. 2음절의 이상의
한자어(이하 2음절 한자어)가 없어도 문장이 성립되었다.

③ 孔子問禮於老子[6)

③은 『논어』의 序說에서 '適周, 問禮於老子'를 취해다 쓴 글이다.
'孔子, 老子'는 2음절의 한자어이나 고유명사이다. '問, 禮, 於'는 각
각 1음절의 한자이다.

④ 子曰, "學而時習之, 不亦說乎? 有朋自遠方來, 不亦樂乎? 人不知
而不慍, 不亦君子乎?"『論語』「學而」

④는 『論語』의 첫 구절이다. '子, 曰, 學, 而, 時, 習, 之, 不, 亦,
說, 乎, 有, 朋, 自, 遠, 方, 來, 樂, 人, 知, 不, 慍, 君子' 23개의 어휘
가 쓰였다. 모두 1음절의 漢字이고, 君子만 2음절의 漢字語이다. 한
자와 한자어는 글자 수만 다를 뿐이지 어휘로서의 성격은 같다. 글자
수가 1음절인 어휘냐 아니면 다(多)음절인 어휘냐의 차이뿐이다. 한
문의 어휘는 고문과 현대어에서 차이가 있다. 한자, 한자어가 위계적
인 성격의 것이 아님을 알 수 있다.

고문의 어휘는 1음절 즉, 單音節에서 출발한다. 따라서 한문을 읽
다가 보면 1음절 한자어의 多義性 문제와 늘 부딪친다.

⑤ 孟子對曰 王好戰 請以戰喩 塡然鼓之 兵刃旣接.(『孟子』, 梁惠王)
⑥ 寡人已知將軍能用兵矣.(『史記』「列傳」 孫子吳起)
⑦ 子貢問政. 子曰, "足食, 足兵, 民信之矣."『論語』「憲問」

---

6) 앞의 책.

⑤, ⑥, ⑦에서 모두 '兵'이 쓰였지만, 각각의 것이 의미가 다르다. ⑤는 '무기'로 쓰였고, ⑥은 '군대'로 쓰였고 ⑦은 포괄적인 '군대의 일' 즉, '국방'이란 의미로 쓰였다. 이는 고문에서의 기본적인 어휘 단위는 1음절이 위주임을 알 수 있다. 반면, 고문에서도 2음절 이상의 다음절이 종종 쓰이고 있기는 하다. 이는 형용을 나타내는 어휘들이 그것이다. 예를 들면 '參差, 輾轉, 猶豫, 首鼠, 繽粉, 躊躇, 憔悴, 匍匐, 彷佛' 등이 있다. 이들 어휘 가운데는 오늘날에도 계속 쓰이는 것이 있다. 그러나 이러한 어휘가 그렇게 많은 것은 아니다.

그런데 현대어는 구어와 문어가 일치하는 쪽으로 진행되었다. 과거 문어에서 주로 사용했던 1음절 위주의 어휘는 2음절의 어휘로 바뀌었다. 현대의 구어는 명백한 의미를 요구하기 때문이다. 이는 동아시아의 모든 나라들이 똑같이 경험한 과정이었다. 따라서 고문에서 쓰이던 '戰, 爭, 鬪' 등의 1음절 어휘가 현대어에 오면 '戰爭, 鬪爭, 戰鬪' 등의 2음절 어휘로 전환해서 쓰이게 되는 것이다. 현대어의 구어가 말하는 즉시 이해가 되어야 하는 명확성이 요구되었고, 고문의 1음절 어휘로는 명확한 의사전달이 불가능해졌기 때문이다.

근대 이후에 동아시아 3국은 각각의 다음절 한자어를 추구하였다. 그러나 각각의 나라들마다 근대적 어휘의 개발에 대한 노력은 차이가 있었다. 현대 동아시아에서 보편적으로 사용하는 한자어는 일본식 한자어가 많다. 일본은 근대로 진입하던 명치시대에 서구로부터 학문과 산업을 수용하고 그 학문과 산업에 관련된 용어를 해석하고 한자어로 전환하는데 힘써 왔다. 일본이 현대어에 필요한 한자어를 체계적으로 추구하였던 것이다.

우리는 근대로 들어서는 시점에서 외세의 침략에 대항하는 애국계몽운동을 전개하느라고 독자적인 근대용 2음절 한자어 어휘를 만드는데 노력을 경주할 수 없었다. 이는 중국도 비슷한 처지였다. 중국은 한문의 종주국이면서도 한자어에 있어서는 일본에 자리를 양보할 수밖에 없었다.

결국 2음절 한자어는 현대어의 언어생활 속에서 필요에 의해 만들어진 것이 확인되었다. 한문의 문장 학습과는 별개의 것으로 추진되어 온 것이다. 따라서 한문의 문장 속에서 사용되는 한자·한자어(어휘)와 오늘날 구문 일치 속에서 사용되는 어휘는 그 성격과 텍스트가 다르다. 즉, 한자·한자어 어휘의 텍스트는 漢文이고, 언어생활 어휘의 텍스트는 국어이다.

사정이 이러함에도 불구하고 2음절 한자어가 한문과 내용체계에 중간 단계로 끼어든 것은 한문을 국어 생활 위주의 시각으로 보는 태도에 의해서 조장된 것이라고 할 수 있다. 이 때문에 한문과의 어휘학습은 두 개의 텍스트(漢文과 國語)를 읽기 위한 학습 과정을 떠 맡은 것이다. 결국 문제가 매우 복잡해졌다. 풀어야 할 문제가 하나가 아니라, 둘이 된 셈이다. 한문과 학습 내용에서 위계성의 문제와 이중의 텍스트로 인한 학습 과정의 부담이다. 이러한 문제의 해결은 간단치 않을 것이다.

## Ⅲ. 內容 體系의 問題

교육과정에서 내용 체계는 영역의 구체적이고 실제적인 진술이다. 앞장에서 영역 분류의 문제를 다루다 보니, 두 가지 문제가 발생하였다. 하나는 한문과의 성격을 분석해 보면 현재 '한자, 한자어, 한문'의 영역은 한문과의 성격과 목표를 모두 반영할 수 없다는 것이다. 나머

지 하나는 '한자, 한자어, 한문'으로 되어 있는 위계성에 상당한 문제
점이 발견된다는 것이다. 그런데, 이들 문제는 영역의 분류에서만 그
치는 것이 아니라, 그의 하위인 내용 체계에도 많은 영향을 끼쳤다.
다음은 중학교, 고등학교 7차 한문과 교육과정에 공통으로 실린 영역
과 내용 체계의 도표이다.[7]

〈표 1〉

| 영 역 | 내 용 | |
|---|---|---|
| 한 자 | 한자 익히기 | · 한자의 음과 뜻 알기<br>· 한자의 짜임을 통해 음과 뜻 알기<br>· 자전에서 한자 찾기<br>· 필순에 맞게 한자 쓰기 |
| | 한자 활용하기 | · 언어생활에 활용하기<br>· 문장 독해에 활용하기 |
| 한자어 | 한자어 익히기 | · 한자어의 음과 뜻 알기<br>· 한자어의 짜임을 통해 뜻 알기<br>· 한자어를 읽고 쓰기<br>· 성어의 속뜻 알기 |
| | 한자어 활용하기 | · 언어생활에 활용하기<br>· 문장 독해에 활용하기 |
| | 가치관 형성하기 | · 선인들의 삶과 지혜를 이해하고 가치관 형성하기 |
| 한 문 | 한문 익히기 | · 문장을 읽고 뜻 알기<br>· 문장 구조를 통해 문장 풀이하기<br>· 허자의 쓰임을 알고 활용하기<br>· 문장의 형식을 알고 활용하기 |
| | 한시 익히기 | · 시구 및 한시 풀이하고 감상하기 |
| | 한문 활용하기 | · 격언·속담, 명언·명구를 일상 생활에 활용하기 |
| | 가치관 형성과 전통 문화 계승, 발전시키기 | · 선인들의 삶과 지혜를 이해하고 가치관 형성하기<br>· 전통 문화를 이해하고 계승, 발전시키려는 태도 지니기 |

---

7) 교육부(1997a), 18면, 교육부(1997b), 528면.

한문과는 독해 능력인 '기능'을 습득해서 고전을 '이해'하는[8] 것이다. 그런데, 위의 도표에 따르면 '기능'과 '이해'가 대등한 것이며 단계적인 것임에도 불구하고, 한문을 익히는 '기능'[9] 영역에 한문의 텍스트인 고전에 대한 '이해' 영역이 하위 영역으로 혼재되어 있다.

이러한 문제의 발단은 내용에 대한 개념의 모호함에서 비롯한 것이다. 교과 교육과정에서 내용이란 학습 교과 단원에서 다루어야 하는 素材가 아니라, 학습 素材를 학습할 때에 필요한 요소를 의미한다. 따라서 내용은 학습의 내용의 문제와 관련한 분류가 되어야 한다.

국어과의 경우 영역의 분류는 '듣기, 말하기, 읽기, 쓰기, 국어지식, 문학' 등으로 되어 있다. 듣기, 말하기, 읽기, 쓰기 영역에 따른 내용 체계는 주로 '~의 본질, ~원리, ~태도'로 되어 있다. '~의 본질'은 필요성, 목적, 개념, 방법, 상황, 특성으로 되어 있고, '~원리'는 각각 식별, 발음, 이해, 감상으로 되어 있다. '~의 태도'는 동기, 흥미, 습관, 가치 등으로 분류되어 있다. 국어지식은 본질, 이해와 탐구, 태도로, 문학은 본질, 수용과 창작, 태도로 되어 있다. 따라서 구체적인 단원의 소재에 대해서 학습할 내용의 요소들이 매우 다양하게 지적됨을 알 수 있고, 복잡하지만 학습에서 필요한 사항이 무엇인지

---

8) 실제로 중·고등학교 학습의 분량과 요즘 학생들의 한문에 대한 관심도를 가지고는 한문 텍스트를 번역해 낸다는 것은 거의 불가능하다. 그러나, 여기서 한문의 해독 능력을 요구하는 것은 많은 분량의 어려운 문장을 의미하는 것은 아니다. 짧은 구절에 한정해서라도 원전을 해독해내는 것을 요구하는 것이다. 또한 텍스트 〈읽기〉에 대한 요구는 교과서 진술 방식에서 해결해야 하는 문제이다. 지금까지 한문 교과서는 원전의 일부(산문이나 소설의 경우)를 발췌해서 실었다. 그러나 대부분 해독을 위한 것이었으며, 고전 텍스트에 대한 〈읽기〉는 아니었다. 따라서 원전의 일부를 번역하거나 요약해서 제시하고, 주요한 부분이나 필요한 부분은 원문으로 제시하는 등의 교과서 서술의 방법적 전환이 필요하다.
9) 여기서 〈기능〉이라 함은 한문독해 능력의 습득 과정을 의미한다.

를 한 눈에 볼 수 있다.

반면, 한문과 영역 분류는 한자 → 한자어 → 한문으로 분류함으로 써, 내용의 체계는 다음과 같이 반복적인 틀을 면할 수 없게 된 것이다. 한자는 익히기, 활용하기로 되어 있고, 한자어는 익히기와 활용하기에 가치관 형성하기를 추가하였다. 한문은 익히기, 한시 익히기, 한문 활용하기, 가치관 형성과 전통문화 계승, 발전시키기로 되어 있다. 따라서 익히기는 무엇을 익힐 것인가, 활용은 무엇을 어떻게 활용할 것인가가 분명치 않게 된 것이다.

평가의 문제와 연관해 보면 내용의 문제가 바로 드러난다. 한문과의 텍스트를 가지고 평가를 해 본다면, ① '음을 읽는 문제, 한자의 쓰기, 또는 작문 문제, 해석의 문제'와 ② '내용 파악과 감상 그리고 이해' 등이다. ①은 '기능'의 영역이고, ②는 '이해'의 영역이다. 따라서 '가치관 형성, 전통문화 계승, 발전시키기' 등은 내용 체계에 있어서 타당성이 떨어진다.

위의 도표에 따르면, 한문 영역의 상위 내용은 한문 익히기, 한시 익히기, 한문 활용하기, 가치관 형성과 전통 문화 계승, 발전시키기 등으로 되어 있다. 그런데, 이들 하위 내용의 진술을 살펴보면 그 층위가 사뭇 다르다.

한문 익히기는 "문장을 읽고 뜻 알기, 문장 구조를 통해 문장 풀이하기, 허자의 쓰임을 알고 활용하기, 문장의 형식을 알고 활용하기" 등으로 문법과 해석에 초점을 맞추고 있다. 즉 영역으로 보면, '기능' 영역이다. 한시 익히기는 "시구 및 한시 풀이하고 감상하기"로 '기능' 영역과 '이해' 영역이 다 들어 있다. 한문 활용하기는 "격언·속담, 명언·명구를 일상생활에 활용하기"로 '기능' 영역이다. 가치관 형성과 전통 문화 계승, 발전시키기는 "선인들의 삶과 지혜를 이해하고 가치관 형성하기, 전통 문화를 이해하고 계승, 발전시키려는 태도 지니기" 등은 '기능'과 '이해'의 영역을 벗어나 있다.

게다가 상위 내용에서 한문과 한시의 관계도 애매하다. 한문 안에 한시가 포함되어야 함에도 불구하고, 한문과 한시가 따로 취급되고 있다. 따라서 여기서 한문은 한문산문 정도로 취급된 것이다. '한시 익히기'는 하위 내용에서 다루어야 할 것인데 상위 내용으로 끼어든 것이다. 결국 이러한 교육과정의 문제는 교과서 내용의 문제로 연결되고, 교수-학습의 문제로도 연결되어 많은 파행을 낳게 된 것이다.


## Ⅳ. 나오는 말 -해결의 실마리-

이상에서 영역의 분류 문제와 영역에 따른 내용 체계의 문제에 대해서 다루어 보았다. 밝혀진 문제는 '한자, 한자어, 한문'의 위계성이 한문과 내용 영역의 위계성에 위배된다는 것과 학습 내용이 '기능' 중심으로 되어 있고, '이해'가 '기능'의 하위 영역에 혼재되어 있다는 것이다. 따라서 이러한 문제가 보완된 한문과 교육과정이 필요하다.

문제의 제기는 대안의 모색으로 이어져야 한다. 다만, 대안을 제시할 때에는 다음과 같은 몇 가지 사항이 고려되어야 할 듯 싶다.

첫째, 앞서 제시한 것처럼 영역과 내용 체계의 분류이다. 영역(대영역)은 현행 '한자, 한자어, 한문'의 위계적 영역을 '기능', '이해'의 과정 영역으로 해야 한다.

둘째, '한자, 한자어, 한문'의 위계성은 한자·한자어↔한문의 상호성 또는 상호 관계로 파악하고, '기능' 영역의 하위 내용(소영역)에서 취급해야 할 것이다.

셋째, '이해' 영역의 하위 내용의 항목을 한문과 성격과 목표에 맞게 구체적으로 진술되어야 한다.

넷째, 올바른 영역 분류를 위해 내용적인 고려가 되어야 한다. 즉 文, 史, 哲이 영역 분류에서 고려해야 한다. 특히 이 경우도 문학적 분류의 기준도 함께 필요할 것이다. 예를 들면, 시, 산문, 소설이 그것이다.

다섯째, '기능'과 '이해'의 영역의 소영역을 '본질' '원리' '실제' 등으로 하여 실제적인 학습의 내용과 영역을 구성할 수 있게 하여야 한다.

다음은 앞의 한문과의 영역과 내용을 새롭게 구성해본 것이다.10)

〈표 2〉

| 대영역 | 중영역 | 소영역 | |
|---|---|---|---|
| 기능 | 어휘 | 한자 및 어휘의 본질 | · 한자의 특징을 안다.<br>· 한자 다의성의 특징을 안다.<br>· 어휘의 특징을 안다.<br>· 고사성어의 압축성을 안다. |
| | | 한자 및 어휘의 원리 | · 한자 제자(製字)의 원리를 안다.<br>· 한자의 다의성을 안다.<br>· 어휘 구조(문법적)의 원리를 안다.<br>· 고사성어의 典故的 원리를 안다. |
| | | 한자 및 어휘의 실제 | · 한자의 짜임을 통해 형·음·의 알기<br>· 한자의 다의성을 통해 문장 이해하기<br>· 어휘 구조를 통해 단문 알기<br>· 언어생활에 활용하기<br>· 문장 독해에 활용하기<br>· 고사성어의 속뜻 알기 |
| | 한문 | 한문의 본질 | · 문장 형식의 특성을 안다.<br>· 허자의 특징을 안다.<br>· 문장 구조를 안다. |

---

10) 위 도표는 강경모 교사(안양 신성고)의 도움을 받아 작성하였다. 대체적인 견해는 서로 유사하나 문, 사, 철의 영역 분류에서는 異見이 있었다. 이견이 있는 부분은 필자의 생각으로 구성하였다.

| 기능 | 한문 | | 한문의 원리 | · 허자의 쓰임을 안다.<br>· 문장 형식의 쓰임을 안다.<br>· 문장 구조의 쓰임을 안다. |
|---|---|---|---|---|
| | | | 한문의 실제 | · 허자의 쓰임을 통해 문장 해독에 활용하기<br>· 문장 형식의 쓰임을 통해 문장 해독에 활용하기<br>· 문장 구조의 쓰임을 통해 문장의 내용 알기<br>· 격언·속담, 명언·명구를 일상생활에 활용하기 |
| 이해 | 한문고전의 이해 | 문학고전 | 한문 문학고전의 본질 | · 속담·고사·일화의 특징을 안다.<br>· 우화·설화의 특징을 안다.<br>· 산문의 특징을 안다.<br>· 한시의 특징을 안다.<br>· 한문소설의 특징을 안다. |
| | | | 한문 문학고전의 원리 | · 고사·일화의 종류를 안다.<br>· 우화·설화의 종류와 성격을 안다.<br>· 산문을 종류와 작법을 안다.<br>· 한시의 기초적인 형식을 안다.<br>· 한문소설의 발전 과정과 다양한 양식을 안다. |
| | | | 한문 문학고전의 실제 | · 속담·고사·일화의 내용 이해하기<br>· 우화·설화의 내용 이해하기<br>· 산문을 감상하기<br>· 한시를 감상하기<br>· 한시의 내용을 이해하기<br>· 한시와 구비·국문 시가의 관련을 이해하기<br>· 한문소설의 내용을 이해하기<br>· 작가의 생각을 이해하기<br>· 가치관 형성하기<br>· 한자 문화권 내에서의 상호 이해 증진하기 |
| | | 역사고전 | 한문 역사고전의 본질 | · 역사 산문의 특징을 안다. |
| | | | 한문 역사고전의 본질 | · 역사 산문의 종류와 성격을 안다. |
| | | | 한문 역사고전의 실제 | · 역사 산문의 내용을 이해하기<br>· 선인들의 삶과 지혜를 이해하기<br>· 전통시대의 사회와 역사를 구체적으로 이해하기<br>· 가치관 형성하기<br>· 한자 문화권 내에서의 상호 이해 증진하기 |

| 이해 | 한 문 고 전 의 이 해 | 철 학 고 전 | 한문 철학고전의 본질 | · 철학 산문의 특징을 안다. |
|---|---|---|---|---|
| | | | 한문 철학고전의 원리 | · 철학 산문의 종류와 성격을 안다. |
| | | | 한문 철학고전의 실제 | · 철학 산문의 내용을 이해하기<br>· 철학 산문의 담긴 사상을 이해하기<br>· 실학사상을 이해하기<br>· 유가와 제자백가의 사상을 이해하기<br>· 전통의 사상을 이해하기<br>· 가치관 형성하기<br>· 한자 문화권 내에서의 상호 이해 증진하기 |

위의 한문과 내용과 영역 분류의 특징은 다음과 같다. 대영역은 〈기능〉과 〈이해〉로 단계적으로 나누었다. 〈기능〉의 중영역은 어휘와 한문으로, 〈이해〉의 중영역은 문학고전과 역사고전과 철학고전으로 하였다. 소영역은 '본질' '원리' '실제' 등으로 하여 위계성을 부여하였다. 한자어는 한문에서 만날 수 있는 2음절 한자어와 언어생활 속에서 어휘가 된 2음절 한자어는 각기 텍스트와 성격을 달리하는 것이므로 넣지 않았다. 즉 현행 3단계로 되어 있는 영역의 한자 → 한자어 → 한문을, 한자·한자어, 한문의 2단계의 상호적 관계로 하였다.

이와 같이 한문과의 학습 내용과 영역을 재구성해보았으나, 문제는 남는다. 한문과 교육과정이 학습 내용과 영역이 결정된다고 해서 모든 것이 해결되는 것이 아니다. 내용과 영역의 구성은 한문과 교육과정의 시작이다. 내용과 영역에 따른 학습 내용 요소가 뒤따르기 때문이다. 따라서 장기적으로는 한문과 학습 내용 요소의 다양한 개발이 필요하다. 현재 많은 연구자들이 한문학을 연구하고 있다. 이렇게 연구된 한문학의 내용학은 다시 교과교육학으로 재해석되고 학습 요소로 개발되어야 한다. 이를 바탕으로 학습 내용의 체계화 과정이 필요한 것이다. 학습 내용 요소가 개발이 되어야 한문과 교육의 구조가 세워지기 때문이다.

본고에서 제시한 학습 내용과 영역은 완성된 것이 아니라, 제안이다. 따라서 학계의 발전적인 논의가 필수적으로 필요하다. 앞으로 한문교육학계의 지속적인 논의를 기대하는 바이다.

**참고문헌**

7차교육과정 중·고등학교 한문 교과서.

강신웅(1983), 『교육과정』, 정민사.

교육부(1997a), 『고등학교 교육과정 해설-한문-』, 교육부 고시 1997-15호.

교육부(1997b), 『초·중등학교 교육과정-국민 공통 기본 교육 과정-』, 교육부 고시 제1997-15호 [별책 1].

교육부(2000), 『초·중·고등학교 국어과·한문과 교육과정 기준(1946~1997)』.

문교부(1988), 『고등학교 한문과 교육과정 해설』, 문교부 고시 제88-7호.

신동로(2000), 『교육과정과 교육평가』, 교육과학사.

이 글은 『동방한문학』 24집(동방한문학회, 2003)에 수록한 논문을 재수록한 것이다.

# 2007년 개정 漢文科 敎育課程의 구체적 내용 분석

尹在敏

## Ⅰ. 머리말

제7차 漢文科 敎育課程을 개정한 새 교육과정이 『교육인적자원부 고시 제 2007-79호 [별책 3] 중학교 교육과정』과 『교육인적자원부 고시 제 2007-79호 [별책 17] 한문 및 교양 선택 과목 교육과정』으로 2007년 2월 28일자로 告示되었다.

새 교육과정은 이전 교육과정들에서 제기되었던 과제들과 함께 이전과는 다른 새로운 과제들을 한문교육계에 제기하고 있다.

이하 새 교육과정의 구체적 내용을 제7차 교육과정과의 비교를 통해 분석해 보고자 한다.[1]

먼저 이해의 편의를 위해, 제7차 한문과 교육과정과 새 교육과정의 문서 체제 변화를 도표로 제시하면 다음과 같다.

---

[1] 이하 교육인적자원부(2006; 2007a; 2007b), 문영진 외(2006) 및 『2007년 개정 중학교 한문 과목 교육과정 해설서』(미출간)를 참조하여 서술하였다.

〈표 1〉 중·고등학교 한문과 교육과정 문서 체제의 변화

| 7차 교육과정 | | | 새 교육과정 | | | 비 고 |
|---|---|---|---|---|---|---|
| 한문(중) | 한문(고) | 한문고전 | 한문(중) | 한문 I | 한문 II | |
| 1. 성격 | 좌동 | 좌동 | 1. 성격 | 좌동 | 좌동 | 현행 체제 유지 |
| 2. 목표 | 좌동 | 좌동 | 2. 목표 | 좌동 | 좌동 | 현행 체제 유지 |
| 3. 내용<br>가. 내용체계<br>나. 영역별 내용<br>〈1학년〉<br>-한자-<br>-한자어-<br>-한문-<br>〈2학년〉, 〈3학년〉<br>: 〈1학년〉과 같음 | 3. 내용<br>가. 내용체계<br>나. 영역별<br>내용<br>-한자-<br>-한자어-<br>-한문- | 3. 내용<br>가. 내용체계<br>나. 영역별<br>내용<br>-한자·<br>한자어-<br>-한문- | 3. 내용<br>가. 내용체계<br>나. 영역별 내용<br>〈1학년〉<br>-한문-<br>〈읽기〉<br>〈이해〉<br>〈문화〉<br>-한문지식-<br>〈한자〉<br>〈어휘〉<br>〈문장〉<br>〈2학년〉, 〈3학년〉<br>: 〈1학년〉과 같음 | 3. 내용<br>가. 내용체계<br>나. 영역별 내용<br>-한문-<br>〈읽기〉<br>〈이해〉<br>〈문화〉<br>-한문지식-<br>〈한자〉<br>〈어휘〉<br>〈문장〉 | 좌동 | - 내용 체계 수정<br>- '한자/한자어/한문' 또는 '한자·한자어/한문' 영역을 '한문/한문지식' 영역으로 수정<br>- '한문' 영역의 중영역을 '읽기', '이해', '문화'로 구분하여 제시<br>- '한문지식' 영역의 중영역을 '한자', '어휘', '문장'으로 구분하여 제시 |
| 4. 방법<br>가. 교수·학습 계획<br>나. 교수·학습 방법<br>다. 교수·학습 자료 | 좌동 | 좌동 | 4. 교수·학습 방법<br>가. 교수·학습 계획<br>나. 교수·학습 방법<br>다. 교수·학습 자료 | 좌동 | 좌동 | - '방법'을 '교수·학습 방법'으로 명칭 변경 |
| 5. 평가<br>가. 평가 계획<br>나. 평가 방법<br>다. 평가 결과의 활용 | 좌동 | 좌동 | 5. 평가<br>가. 평가 계획<br>나. 평가 목표와 내용<br>다. 평가 방법<br>라. 평가 결과의 활용 | 좌동 | 좌동 | - '평가 계획'을 '평가 계획', '평가 목표와 내용'으로 구분하여 제시 |

# II. 새 한문과 교육과정의 내용 분석

## 1. 성격

제7차 敎育課程에서는 漢文 科目의 性格을 크게 두 부분으로 나누어 제시하였다. 그 중 하나는 漢文 敎科의 一般的 性格에 대한 진술 부분이다. 다른 하나는 漢文 敎科의 科目別 性格에 대한 진술 부분이다. 새 교육과정은 제7차 교육과정에서 제시하는 '性格'의 틀을 그대로 따르되, 그 내용은 부분적으로 수정·보완하였다.

한문 교과의 일반적 성격은 중학교『漢文』, 고등학교『漢文 I』·『漢文 II』가 공통적으로 가지고 있는 성격을 말한다. 제7차 교육과정은 한문 교과의 일반적 성격을 前文으로 먼저 제시하고, 이어서 이 前文의 내용을 세 단락으로 나누어 부연 서술하였다. 새 교육과정은 前文 없이, 한문 교과의 일반적 성격을 세 단락으로 나누어 서술하였다.

〈표 2〉 제7차 한문과 교육과정과 새 교육과정의 '성격' – 일반적 성격

| 7차 교육과정 | 새 교육과정 |
|---|---|
| 한문과는 한자, 한자어, 한문을 익혀 언어생활에 활용하며, 한문 문장을 독해할 수 있는 기본적인 능력을 기르고, 선인들의 삶과 지혜를 이해하며, 건전한 가치관과 바람직한 인성을 함양하고, 전통 문화를 계승, 발전시키는 데 기여하는 교과이다. 또한 한자 문화권 내에서의 상호 이해와 교류를 증진시키는 데 토대가 되는 교과이다.<br>한문과는 국어 어휘의 많은 부분을 차지하고 있는 한자어의 학습을 통하여 언어생활을 원활하게 하고, 다른 교과를 학습하는데 도움을 주는 도구 교과이며, 한문의 학습을 통하여 한자로 기록된 각종 한문을 이해하는 데 필요한 기본적인 | 한문과는 한자문화권에서 공통적으로 사용되었던 고전 문언문인 한문에 대한 기초적인 지식을 익혀 한문 독해와 언어생활에 활용하는 데 필요한 도구 교과이며, 한문의 학습을 통하여 다양한 유형의 한문 자료를 비판적으로 이해하고 심미적으로 향유할 수 있는 능력을 기르기 위한 교과이다. 한문과는 다양한 유형의 한문 자료에 담긴 선인들의 삶과 지혜, 사상과 감정을 이해하여 건전한 가치관과 바람직한 인성을 함양하며, 우리 생활 전반에 면면히 이어 온 전통 문화를 바르게 계승하고, 창조적으로 발전시키는 데 기여하는 교과이다.<br>한문과는 한자문화권의 문화에 대한 기 |

능력을 기르기 위한 교과이다. 한문과는 각종 한문 기록과 고사 성어, 격언·속담, 명언·명구 등의 학습을 통하여 선인들의 삶과 지혜, 사상과 감정을 이해하고, 건전한 가치관과 바람직한 인성을 함양하며, 우리 생활 전반에 면면히 이어온 전통 문화를 바르게 계승하고, 창조적으로 발전시키는 데 기여하는 교과이다.

한문과는 과거와 현재는 물론이고, 미래에도 한자 문화권 내에서의 상호 이해 증진 및 조화로운 발전에 기여할 수 있는 교과이다.

초적인 지식을 익혀, 과거와 현재는 물론이고 미래에도 한자문화권 내에서의 상호 이해와 교류를 증진시키는 데 기여할 수 있는 교과이다.

한문 교과의 일반적 성격 중 첫 번째 단락은 한문 교과의 道具敎科的 性格과 한문 능력의 배양에 대해 서술하고 있는 부분이다. 새 교육과정은 한문 교과의 도구교과적 성격을 제7차 교육과정과 달리 새롭게 규정하고, 漢文 能力의 배양에 대한 서술을 일부 수정·보완하였다.

한글이 창제되기 이전에 우리의 선조들은 주로 漢文으로 문자 생활을 영위하였다. 또한 한글이 창제된 이후에도 오랜 동안 한문은 우리 민족의 삶과 역사를 표현하고 기록하는 데에 중요한 역할을 하였다. 전근대 시대의 문자 생활에서 한문이 차지하는 이러한 특수한 사정은 우리나라뿐만 아니라 중국, 베트남, 일본 등 漢字文化圈의 여러 나라에 공통되는 것이기도 하다. 한문은 口語로서의 언어 구사 능력을 중시하는 현대의 중국어, 일본어, 영어 등 여타의 외국어와 달리 한자문화권의 여러 나라에서 공통적으로 사용되었던 古典 文言文으로서 일종의 국제적 표기수단의 하나였던 것이다. 한문과는 이와 같이 한자문화권에서 공통적으로 사용되었던 고전 문언문인 한문에 대한 기초적인 지식을 익혀 한문 독해와 언어생활에 활용하는 데 필요한 도구교과이다. 한문에 대한 기초적인 지식은 한자, 어휘, 문장의 차원에서 한문 독해와 언어생활에서의 활용을 위해 한문 교과에서 학습해야 할 최소한의 지식을 지칭한다. 한문 교과의 도구교과적 성격은 바로 이 한문에 대한 기초적인 지식의 학습으로서 얻어지는 한문 능력이 한문 독해와 언어생활에 활용하는 데 필수적인 도구로서의 성격을 갖는다는 점에서 유래하는 것이다.

그런데 제7차 교육과정에서는 한문 교과의 도구교과적 성격을 한자어의 학습에서 유래하는 것처럼 기술하였다. 물론 이 부분은 한문 교과에서 한자어 학습의 의의를 강조하여 제시된 것이다. 그러나 문제는 여기서 제시되는 한자어의 학습이 한문에서 사용되는 한자어의 학습으로서보다는 國語 漢字語의 學習으로서 제시되고 있다는 점이다. 한문에서 사용되는 한자어가 국어 한자어의 학습 및 언어생활에서의 활용과 연계된다는 것은 아무리 강조해도 지나치지 않을 것이다. 그러나 한문 교과에서 한자어 학습의 의의를 오직 국어 한자어의 학습 및 언어생활에서의 활용과만 연계시키는 것은 한문 교과의 성격에 대한 설명으로는 부적절한 것이다. 한문 교과의 도구교과적인 성격을 다른 교과 학습에서의 有用性에서 찾는 것 또한 결과적으로 국어 한자어의 학습을 강조하는 것이다. 다른 교과 학습에서의 유용성이란 한자어로 된 다른 교과 학습 용어를 이해하는 데에 한자, 한자어에 대한 지식이 도움이 된다는 것인데, 이 한자어로 된 다른 교과 학습 용어도 결국 국어 한자어의 일부일 것이기 때문이다.

한문 교과가 도구교과의 성격을 갖는다는 점은 부인할 수 없는 사실이다. 한문 교과의 학습을 통해서 길러야 할 한문 능력은 한문으로 이루어진 각종 한문 자료 및 이와 관련된 문화와 학문의 제 분야를 이해하기 위한 道具로서의 성격을 갖는 것이지 그 자체의 특정한 지식의 습득이 자신의 최종적인 목적이 되거나 곧바로 사회생활에 활용되는 특수한 技能이 될 수는 없는 것이기 때문이다. 그런데 한문 교과의 도구교과적 성격은 한자어의 학습에서 유래하는 것이 아니다. 한자어의 학습이 한문 교과의 내용에 포함되는 것은 당연한 것이지만, 한자어의 학습이 한문 교과의 최종적 목적이 될 수는 없는 것이다. 한자어의 학습은 국어 교과나 기타 교과에서 해당 단어나 용어의 보다 나은 이해를 위해 부수적으로 가르칠 수도 있는 성격의 것이지, 그 자체가 한문 교과의 중심적 내용 또는 본질적 성격으로 될 수는 없는 것이다.

또한 한문과는 한문의 학습을 통하여 다양한 유형의 한문 자료를 비판적으로 이해하고 심미적으로 향유할 수 있는 능력을 기르기 위한 교과이다. 한문의 학습에서 무엇보다도 먼저 이루어져야 하는 것은 한문을 읽고 풀이할 수 있는 능력을 기르는 것이다. 그러나 한문을 읽고 풀이할 수 있는 능력은 저절로 신장되는 것이 아니다. 한문은 시대에 따라 변화하고 문체에 따라 달라지는 다양한 유형의 자료로 이루어져 있다. 따라서 이들 다양한 유형의 한문 자료의 그 역사적 성격 및 문체적 특징에 대해서 최소한이나마 비판적으로 이해하고 심미적으로 감상할 수 있는 능력이 뒷받침되지 않는다면 한문을 읽고 풀이할 수 있는 능력 또한 제대로 기를 수 없을 것이다. 한문의 읽기와 풀이 및 이해와 감상은 상호 보완하는 관계에 있는 것이다.

한문 교과의 일반적 성격 중 두 번째 단락과 세 번째 단락은 '전통문화의 이해와 계승' 및 '한자문화권의 상호 이해와 교류'에 대해 서술하고 있는 부분이다.

한문은 기본적으로 古典語이며 또한 文言文으로서, 口語로서의 언어 구사 능력을 중시하는 여타의 외국어와 달리 한자문화권의 특수한 역사적 문화적 배경을 기반으로 하여 이루어진 것이다. 따라서 한문과는 가치중립적인 일반 외국어와 달리 그 자체 일정한 가치지향성을 포함하고 있는 교과이다. 선인들의 사상과 감정, 가치관과 문화 의식을 담고 있는 한문 자료의 학습은 그 자체 한문 독해 능력의 향상뿐만 아니라 전통적 가치관 및 문화에 대한 이해의 심화, 최소한의 인문적 교양을 가지는 데에 도움을 주기도 하기 때문이다. 또한 후자의 인문적 교양은 한문 독해 능력의 향상과도 밀접한 관련을 가지기도 한다. 일반적인 외국어 교과는 가치중립적인 문법의 학습만으로 해당 교과의 이해가 가능하지만, 한문은 가치중립적인 문법의 학습만으로 한문 자료를 온전히 이해할 수 없다. 한문에서는 그 문장에 쓰인 단어 자체가 갖는 典故性(그 단어 내지 용어가 갖는 특정한 문화적 역사적 배경)에 대한 이해가 문법적 요소에 대한 이해에 못지않게 중요하기 때문이다.

새 교육과정은 '전통 문화의 이해와 계승' 및 '한자문화권의 상호 이해와 교류'에 대한 제7차 교육과정의 서술을 그대로 따르되, 그 내용은 일부 수정·보완하였다. 특히 '한자문화권의 상호 이해와 교류'에 대한 서술에서는 한자문화권의 문화에 대한 기초적인 지식을 구체적인 학습 내용으로 제시하였다.

한문 교과는 學校 級別로는 중학교 漢文과 고등학교 漢文이 구별되고, 과목별로는 중학교 『漢文』, 고등학교 『漢文Ⅰ』, 『漢文Ⅱ』가 구별된다. 중학교 『漢文』, 고등학교 『漢文Ⅰ』, 『漢文Ⅱ』는, 그 연계성의 측면에서는 일반적 성격을 공통으로 가지고 있지만, 그 위계성의 측면에서는 서로 각기 구별되는 특수적 성격을 가지고 있다. 따라서 한문 교과의 과목별 성격은 한문 교과가 공통으로 가지고 있는 일반적 성격과 과목에 따라 구별되는 특수적 성격을 함께 고려하여 제시할 필요가 있다. 새 교육과정은 제7차 교육과정에서 제시하는 한문 교과의 과목별 성격에 대한 진술 부분의 틀을 그대로 따르되, 그 내용은

새로 수정한 한문 교과의 일반적 성격과 새로 추가하거나 재조정한
과목별 특수성격을 고려하여 수정 보완하고 있다.

〈표 3〉 제7차 한문과 교육과정과 새 교육과정의 '성격' – 과목별 성격

| 구분 | 7차 교육과정 | 새 교육과정 |
|---|---|---|
| 중학교 한문 | 　　중학교 한문은 한문과의 일반적인 성격을 근거로, 중학교 한문 교육용 기초 한자900자를 중심으로 한자, 한자어, 한문을 익혀 일상 생활에 활용하며, 평이한 한문 문장을 독해할 수 있는 능력을 기르고, 우리의 전통 문화를 이해하고 건전한 가치관을 함양하는 데 중점을 둔다. 특히, 한문 교과가 학교 교육의 정규 교과로는 중학교부터 시작된다는 점을 감안하여, 학생들이 쉽고 재미있게 접근할 수 있도록 하는데 유의한다. | 　　중학교 한문은 위와 같은 한문과의 일반적인 성격에 근거하여 중학교 한문 교육용 기초 한자 900자를 중심으로 한문에 대한 기초적인 지식을 익혀 한문 독해와 언어생활에 활용하며, 한문 자료를 이해하고 향유할 수 있는 기본적인 능력을 기르는 데 중점을 둔다. 그리고 한문 기록에 담긴 선인들의 삶과 지혜를 이해하여 건전한 가치관과 바람직한 인성을 함양하고, 전통 문화를 이해하고 계승 발전시키며, 한자문화권의 문화에 대한 기초적인 지식을 익혀 한자문화권 내에서의 상호 이해와 교류를 증진시키는 데 기여할 수 있도록 하는 데 유의한다. 특히, 한문 교과가 학교 교육의 정규 교과로는 중학교부터 시작된다는 점을 감안하여, 학습자가 쉽고 재미있게 접근할 수 있도록 하는 데 유의한다. |
| 한문 I | 　　고등 학교 한문과는 일반 선택 과목인 '한문'과 심화 선택 과목인 '한문고전'의 두 과목으로 구성되어 있다.<br>　　일반 선택 과목인 고등학교 '한문'은 중학교 한문 교육의 성과를 바탕으로, 한문에 체계적으로 접근하는 데 중점을 둔다. 고등학교 '한문'은 고등학교 한문 교육용 기초 한자 900자를 중심으로 한자, 한자어, 한문을 익혀 일상생활에 활용하도록 하고, 중·고등 학교 한문 교육용 기초 한자 1800자를 바탕으로 한문을 독해할 수 있는 능력을 기르며, 한문 기록을 통해 우리의 전통 문화 이해와 건전한 가치관의 형성 및 한자 문화권 내에서의 상호 이해 증진에 유의한다. | 　　고등학교 한문과는 보통 교과 선택과목인 '한문 I'과 '한문 II'의 두 과목으로 구성되어 있다.<br>　　고등학교 '한문 I'은 중학교 한문 교육의 성과 위에서 고등학교 한문 교육용 기초 한자 900자를 중심으로 중학교 '한문'에 비해 보다 심화된 한문 독해 능력의 신장에 중점을 둔다. 그리고 중·고등학교 한문 교육용 기초 한자 1,800자를 바탕으로 한문에 대한 기초적인 지식을 익혀 한문 독해와 언어생활에 활용하며, 한문 자료를 이해하고 향유할 수 있는 기본적인 능력을 기르는 데 중점을 둔다. 또한 한문 기록에 담긴 선인들의 삶과 지혜를 이해하여 건전한 가치관과 바람직한 인성을 함양하고, 전통 문화를 이해하고 계승, |

| 한<br>문<br>II | 고등 학교 한문과는 일반 선택 과목인 '한문'과 심화 선택 과목인 '한문 고전'의 두 과목으로 구성되어 있다<br><br>심화 선택 과목인 '한문 고전'은 중학교 '한문'과 고등 학교 '한문' 교육의 성과를 바탕으로 우리 나라와 동양의 선인들이 남긴 문(文)·사(史)·철(哲) 등 각종 한문의 독해 능력 신장에 중점을 둔다. '한문 고전'은 국학 및 동양학 분야의 학문 연구에 필요한 한문 독해 능력을 체계적으로 기르고, 한문 기록에 담긴 선인들의 생활과 사상을 바르게 이해하여 건전한 가치관을 확립하며, 전통 문화를 창조적으로 발전시키고, 한자 문화권 내에서의 상호 이해 증진에 주체적으로 기여할 수 있도록 하는 데 유의한다. | 발전시키며, 한자문화권의 문화에 대한 기초적인 지식을 익혀 한자문화권 내에서의 상호 이해와 교류를 증진시키는 데 기여할 수 있도록 하는 데 유의한다.<br><br>고등학교 한문과는 보통 교과 선택과목인 '한문 I '과 '한문II'의 두 과목으로 구성되어 있다.<br><br>고등학교 '한문II'는 중학교 '한문'과 고등학교 '한문 I '의 교육 성과를 바탕으로 하여 보다 심화된 한문 독해 능력의 신장에 중점을 둔다.<br><br>그리고 한문 자료를 이해하고 향유하며, 한문학 작품을 한문학사의 흐름에 비추어 이해할 수 있는 능력을 기르는 데 중점을 둔다. 또한 한문 기록에 담긴 선인들의 삶과 지혜를 이해하여 건전한 가치관과 바람직한 인성을 함양하고, 전통 문화를 이해하고 계승 발전시키며, 한자문화권의 문화에 대한 기초적인 지식을 익혀 한자문화권 내에서의 상호 이해와 교류를 증진시키는 데 기여할 수 있도록 하는 데 유의한다. |

제7차 교육과정에서와 마찬가지로 새 교육과정은 한문 교과의 학교 급별에 따라 구별되는 특수적 성격을 학교 급별로 정해진 한문교육용 기초한자에 의거하여 규정하고 있다. 따라서 중학교 『漢文』은 중학교 한문교육용 기초한자 900자에 의거하여, 그리고 고등학교 『漢文 I 』과 『漢文II』는 중학교 한문교육용 기초한자 900자에 고등학교 한문교육용 기초한자 900자를 더한 중·고등학교 한문교육용 기초한자 1,800자에 의거하여 먼저 그 학교 급별 성격을 규정하고 있다.

그런데 과목에 따라, 학교 급별로 정해진 한문교육용 기초한자와 해당 과목 사이의 관계는 그 성격이 각기 다르다. 한자를 익히는 識字敎育의 측면에서만 보더라도, 중학교 『漢文』에서 익혀야 할 중학교 한문교육용 기초한자 900자는 중학생이 이를 처음 접한 때로부터 산술적으로 1년에 300자씩 익혀도 중학교 3년의 과정을 마쳐야 비로소 다 익힐 수 있는 것이다. 또한 고등학교『漢文Ⅰ』은 중학교 '한문'의 이수, 곧 중학교 한문교육용 기초한자 900자를 모두 익힌 것을 전제로 하는 과목이지만, 고등학교『漢文Ⅰ』에서 익혀야 할 고등학교 한문교육용 기초한자 900자는 여전히 고등학생이 소정의 단계적 과정을 거쳐서 『漢文Ⅰ』의 과정을 마쳐야 비로소 다 익힐 수 있는 것이다. 그러나 고등학교『漢文Ⅱ』는 중학교 '한문', 고등학교『漢文Ⅰ』과 성격이 다르다. 고등학교『漢文Ⅱ』는 중학교 '한문'과 고등학교『漢文Ⅰ』의 이수, 곧 중·고등학교 한문교육용 기초한자 1,800자를 모두 익힌 것을 전제로 하는 과목이다. 따라서 적어도 識字 敎育의 측면에서,『漢文Ⅱ』에서 새롭게 익혀야 할 한문교육용 기초한자는 없다고 할 수 있다.

바로 이 과목에 따라 익혀야 할 한문교육용 기초한자와 해당 과목 사이의 관계가 가지는 그 특수한 성격을 살펴볼 때, 중학교 '한문'은 한문교육용 기초한자를 처음으로 익히기 시작하는 과목이라는 점이, 고등학교『漢文Ⅱ』는 한문교육용 기초한자를 모두 익힌 것을 전제로 하는 과목이라는 점이 각각 주목된다. 이에 따라 새 교육과정에서는 한문 교과의 과목에 따라 구별되는 특수적 성격으로, 중학교 '한문'에서는, 제7차 교육과정과 마찬가지로, "특히, 한문 교과가 학교 교육의 정규 교과로는 중학교부터 시작된다는 점을 감안하여, 학습자가 쉽고 재미있게 접근할 수 있도록 하는 데 유의"해야 한다는 부가 규정을 두었고, 고등학교『漢文Ⅱ』에서는, 제7차 교육과정에서는 명시하지 않았던, "한문학 작품을 한문학사의 흐름에 비추어 이해할 수 있는 능력을 기르기"에 대한 조항을 추가하고 있다.

한문 교과의 과목별 성격에 대한 서술 중에서 이상의 학교 급별, 과목별에 따른 특수적 성격에 의거한 서술을 제외한 나머지 서술들은

한문 교과가 공통으로 가지고 있는 일반적 성격에 의거한 서술들이
다. 제7차 교육과정에서는 이 한문 교과의 일반적 성격에 의거한 서
술 부분에서, 중학교 '한문'의 경우 '한자문화권의 상호 이해와 교류'
에 대한 서술 부분을 제외하였다. 그러나 새 교육과정에서는 이 한문
교과의 일반적 성격에 의거한 서술 부분에서 중학교『漢文』, 고등학
교『漢文Ⅰ』,『漢文Ⅱ』가 공히 그 내용을 같이 하도록 하고 있다.

한문 교과가 공통적으로 가지고 있는 일반적 성격에 의거한 서술들
을 통칭하여 '漢文 能力의 伸張'이라고 하고, 한문 교과의 연계성과
위계성, 곧 한문 교과의 일반적 성격과 특수적 성격을 함께 고려하여
한문 교과의 과목별 성격을 규정한다면, 이번 새 교육과정의 과목별
성격은 다음과 같이 요약될 수 있다.

곧 중학교『漢文』의 과목별 성격은 "중학교 한문교육용 기초한자
900자를 중심으로 한 한문 능력의 신장", 고등학교『漢文Ⅰ』의 과목
별 성격은 "중학교 한문 교육의 성과 위에서 고등학교 한문교육용 기
초 한자 900자를 중심으로 중학교『漢文』에 비해 보다 심화된 한문
능력의 신장", 고등학교『漢文Ⅱ』의 과목별 성격은 "중학교『漢文』과
고등학교『漢文Ⅰ』교육의 성과를 바탕으로 보다 심화된 한문 능력의
신장" 등이다.

여기서 학교 급별 한문교육용 기초한자의 범위는 그 자체가 識字
敎育의 대상과 목표가 될 뿐만 아니라 '한문 능력'의 수준별 학교 급
별 성격의 차이를 규정짓는 일차적인 근거로 작용하는 것이기도 하
다. 이 명확한 근거 이외에 새 교육과정에서 학교 급별, 과목별로 한
문 능력의 수준별 차이를 묘사하는 표현으로 사용된 것은, '한문 독해
능력의 신장'과 관련하여 사용된 '보다 심화된'이라는 다소 추상적인
표현뿐이다. 제7차 교육과정에서는 이를 '평이한 한문 문장의 독해'

(중학교『漢文』의 경우), '한문에 체계적으로 접근', '한문을 독해'(고등학교『漢文』의 경우), '우리나라와 동양의 선인들이 남긴 文·史·哲 등 각종 한문의 독해 능력의 신장'(고등학교『漢文古典』의 경우) 등으로 다양하게 표현하여 학교 급별, 과목별에 따른 수준별 차이를 묘사하고자 하였다. 그러나 이 표현들이 학교 급별, 과목별 성격의 차이를 과연 제대로 담보해 낼 수 있는 것인지는 의문이다. 중학교『漢文』에서 쓰인 '평이한 한문 문장'과 고등학교『漢文』에서 쓰인 '한문'의 차이는 결과적으로 중학교 한문 교육에서 '한문 독해 능력의 신장'을 약화시키는 역할을 하는 것 이외에 어떠한 차이가 있는지 불분명하다. 고등학교『漢文』에서 쓰인 '한문'과『漢文古典』에서 쓰인 '우리나라와 동양의 선인들이 남긴 文·史·哲 등 각종 한문'의 차이 또한 고등학교『漢文』에서 '우리나라와 동양의 선인들이 남긴 文·史·哲 등 각종 한문'을 제외하는 것이 아니라면 어떠한 차이가 있는지 불분명하기는 마찬가지다. '한문 독해 능력의 신장'은 한문 교과의 일반적 성격 중에서도 가장 기본이 되는 성격 요소이다. 따라서 이 '한문 독해 능력의 신장'은 추상적인 표현으로 보이는 '보다 심화된'이라는 표현이 오히려 그 초급, 중급, 고급으로 구분될 수준의 차이를 제대로 드러내는 것이라고 할 수 있다.

## 2. 목표

새 교육과정은 漢文 科目의 목표를 前文과 下位 目標로 나누어 제시한 제7차 敎育課程의 틀을 그대로 따르되, 그 내용은 한문 교과의 일반적 성격 및 특수적 성격과 한문 교과의 내용 체계 및 영역별 내용을 고려하여 수정·보완하였다.

前文은 제7차 교육과정과 마찬가지로 한문 교과의 일반 목표와 특수 목표를 함께 제시하되, 그 구별을 보다 명확히 하였다. 한문 교과의 일반 목표는 한문 교과의 일반적 성격을 고려하여 설정한 것으로서, 중학교『漢文』과 고등학교『漢文Ⅰ』, 『漢文Ⅱ』에서 공통적으로 성취되어야 할 목표를 말한다. 한문 교과의 특수 목표는 한문 교과의 학교 급별, 과목별에 따른 특수적 성격을 고려하여 설정한 것으로서, 중학교『漢文』과 고등학교『漢文Ⅰ』, 『漢文Ⅱ』에서 각기 수준별로 다르게 성취되어야 할 목표를 말한다.

〈표 4〉 제7차 한문과 교육과정과 새 교육과정의 '목표'- 前文

| 구분 | 7차 교육과정 | 새 교육과정 |
|---|---|---|
| 중 학 교 한 문 | 한자, 한자어, 한문을 익혀 언어 생활에서 바르게 읽고 쓰며, 한문을 독해할 수 있는 기초적인 능력을 기르고, 한문 기록에 담긴 선인들의 삶과 지혜를 이해하여 건전한 가치관과 바람직한 인성을 함양하며, 전통 문화를 이해하고 계승, 발전시키려는 태도를 지닌다. | 한문에 대한 기초적인 지식을 익혀 한문 독해와 언어생활에 활용하며, 다양한 유형의 한문 자료를 비판적으로 이해하고 심미적으로 향유할 수 있는 능력을 기른다. 또한 한문 기록에 담긴 선인들의 삶과 지혜를 이해하여 건전한 가치관과 바람직한 인성을 함양하고, 전통 문화를 바르게 이해하고 창조적으로 계승 발전시키며, 한자문화권의 문화에 대한 기초적인 지식을 익혀 한자문화권 내에서의 상호 이해와 교류 증진에 기여하려는 태도를 지닌다. |
| 한 문 Ⅰ | 한자, 한자어, 한문을 익혀 언어 생활에서 바르게 읽고 쓰며, 한문을 독해할 수 있는 능력을 기르고, 한문 기록에 담긴 선인들의 삶과 지혜를 이해하며 건전한 가치관과 바람직한 인성을 함양하며, 전통 문화를 계승 발전시키려는 태도를 지니고, 한자 문화권 내에서의 상호 이해와 교류 증진에 기여한다. | 상동 |

| | | |
|---|---|---|
| 한<br>문<br>Ⅱ | 한자, 한자어, 한문을 익<br>혀 언어생활에서 바르게 읽<br>고 쓰며, 각종 한문 전적의<br>독해 능력을 기르고, 한문<br>기록에 담긴 선인들의 삶과<br>지혜, 사상과 감정을 이해하<br>여 건전한 가치관과 바람직<br>한 인성을 함양하며, 전통<br>문화를 계승 발전시키려는<br>태도를 지니고, 한자 문화권<br>내에서의 상호 이해와 교류<br>증진에 기여한다. | 한문에 대한 기초적인 지식을 익혀 한문 독해<br>와 언어생활에 활용하고, 다양한 유형의 한문 자<br>료를 비판적으로 이해하고 심미적으로 향유하<br>며, 한국 한문학 작품을 한국 한문학사의 흐름에<br>비추어 이해할 수 있는 능력을 기른다. 또한 한<br>문 기록에 담긴 선인들의 삶과 지혜를 이해하여<br>건전한 가치관과 바람직한 인성을 함양하고, 전<br>통 문화를 바르게 이해하고 창조적으로 계승 발<br>전시키며, 한자문화권의 문화에 대한 기초적인<br>지식을 익혀 한자문화권 내에서의 상호 이해와<br>교류 증진에 기여하려는 태도를 지닌다. |

새 교육과정에서 중학교 『漢文』과 고등학교 『漢文Ⅰ』의 前文은 그 내용이 같다. 이것은 중학교 『漢文』과 고등학교 『漢文Ⅰ』이 공히 한문 교과의 일반 목표를 성취해야 할 목표로 삼고 있는 데 기인하는 것이다. 목표의 차원에서 중학교 『漢文』과 고등학교 『漢文Ⅰ』의 수준별 차이는 하위 목표에서 별도로 하나의 항목을 설정하여 제시하고 있다. 고등학교 『漢文Ⅱ』의 전문은 중학교 『漢文』과 고등학교 『漢文Ⅰ』에 공히 제시된 한문 교과의 일반 목표에다가 『漢文Ⅱ』에서 성취해야 할 과목별 특수 목표("한국 한문학 작품을 한국 한문학사의 흐름에 비추어 이해할 수 있는 능력을 기른다.")를 더하여 제시하고 있다.

새 교육과정의 하위 목표는 중학교 『漢文』과 고등학교 『漢文Ⅰ』, 『漢文Ⅱ』 모두 5개 항목으로 되어 있다. 하위 목표는 前文에 제시된 목표를 항목으로 나누어 구체화한 것이다. 단, 중학교 『漢文』과 고등학교 『漢文Ⅰ』은 중학교 한문교육용 기초한자 900자와 고등학교 한문교육용 기초한자 900자에 대한 항목을 각기 추가로 설정하여 학교 급별에 따른 수준별 성취 목표의 차이를 반영하도록 하고 있다. 따라서 하위 목표에서 이 추가 설정된 항목을 제외한 나머지 항목들, 곧 중학교

『漢文』과 고등학교『漢文Ⅰ』의 4개 항목과 고등학교『漢文Ⅱ』의 5개
항목은 모두 각기 그 前文의 내용과 조응하는 것이다.

〈표 5〉 제7차 한문과 교육과정과 새 교육과정의 '목표' - 하위 목표

| 구분 | 7차 교육과정 | 새 교육과정 |
|---|---|---|
| 중학교 한문 | 가. 중학교 한문 교육용 기초 한자 900자의 음과 뜻을 알고 쓸 수 있다.<br>나. 한자어를 바르게 읽고 쓰며 언어생활에 활용한다.<br>다. 간이한 한문을 독해할 수 있는 기초적인 능력을 기른다.<br>라. 선인들의 삶과 지혜를 이해하고, 건전한 가치관과 바람직한 인성을 함양한다.<br>마. 한문 기록에 담긴 전통 문화를 이해하고 계승, 발전시키려는 태도를 지닌다. | 가. 중학교 한문 교육용 기초 한자 900자의 음과 뜻을 알고 쓸 수 있는 능력을 기른다.<br>나. 한문에 대한 기초적인 지식을 익혀 한문 독해와 언어생활에 활용하는 능력을 기른다.<br>다. 다양한 유형의 한문 자료를 비판적으로 이해하고 심미적으로 향유할 수 있는 능력을 기른다.<br>라. 선인들의 삶과 지혜를 이해하고 건전한 가치관과 바람직한 인성을 함양하며, 전통 문화를 바르게 이해하고 창조적으로 계승 발전시키려는 태도를 지닌다.<br>마. 한자문화권의 문화에 대한 기초적인 지식을 익혀 한자문화권 내에서의 상호 이해와 교류 증진에 기여하려는 태도를 지닌다. |
| 한문Ⅰ | 가. 고등학교 한문 교육용 기초 한자 900자의 음과 뜻을 알고 쓸 수 있다.<br>나. 한자어를 바르게 읽고 쓰며 언어생활에 활용한다.<br>다. 한문을 독해할 수 있는 기초적인 능력을 기른다.<br>라. 선인들의 삶과 지혜를 이해하고 건전한 가치관과 바람직한 인성을 함양한다.<br>마. 한문 기록에 담긴 전통 문화를 계승 발전시키며, 한자 문화권 내에서의 상호 이해와 교류 증진에 기여한다. | 가. 고등학교 한문 교육용 기초 한자 900자의 음과 뜻을 알고 쓸 수 있는 능력을 기른다.<br>나. 한문에 대한 기초적인 지식을 익혀 한문 독해와 언어생활에 활용하는 능력을 기른다.<br>다. 다양한 유형의 한문 자료를 비판적으로 이해하고 심미적으로 향유할 수 있는 능력을 기른다.<br>라. 선인들의 삶과 지혜를 이해하고 건전한 가치관과 바람직한 인성을 함양하며, 전통 문화를 바르게 이해하고 창조적으로 계승 발전시키려는 태도를 지닌다.<br>마. 한자문화권의 문화에 대한 기초적인 지식을 익혀 한자문화권 내에서의 상호 이해와 교류 증진에 기여하려는 태도를 지닌다. |
| 한문Ⅱ | 가. 한자와 한자어를 익혀 언어생활과 문장 독해에 활용한다.<br>나. 문(文)·사(史)·철(哲) 등 각종 한문 전적을 독해할 수 있는 능력을 기른다.<br>다. 선인들의 삶과 지혜, 사상과 감 | 가. 한문에 대한 기초적인 지식을 익혀 한문 독해와 언어생활에 활용하는 능력을 기른다.<br>나. 다양한 유형의 한문 자료를 비판적으로 이해하고 심미적으로 향유할 수 있는 능력을 기른다.<br>다. 한국 한문학 작품을 한국 한문학사의 흐 |

| | | |
|---|---|---|
| 한<br>문<br>Ⅱ | 정을 이해하고 건전한 가치관과 바람직한 인성을 함양한다.<br>라. 한문 기록에 담긴 전통 문화를 이해하고 계승 발전시키며, 한자 문화권 내에서의 상호 이해와 교류 증진에 기여한다. | 름에 비추어 이해할 수 있는 능력을 기른다.<br>라. 선인들의 삶과 지혜를 이해하고 건전한 가치관과 바람직한 인성을 함양하며, 전통 문화를 바르게 이해하고 창조적으로 계승 발전시키려는 태도를 지닌다.<br>마. 한자문화권의 문화에 대한 기초적인 지식을 익혀 한자문화권 내에서의 상호 이해와 교류 증진에 기여하려는 태도를 지닌다. |

하위 목표 중 중학교 『漢文』과 고등학교 『漢文Ⅰ』의 〈가〉항과 『漢文Ⅱ』의 〈다〉항은 한문 교과의 학교 급별, 과목별에 따른 특수 목표로서 제시된 것이다.

제7차 교육과정에서는 중학교 『漢文』과 고등학교 『漢文』의 내용 영역을 '漢字', '漢字語', '漢文'으로 나누고(고등학교 『漢文古典』은 '한자·한자어', '한문'의 두 영역으로 나누었음 : 인용자), 위의 〈가〉항을 각기 중학교 『漢文』과 고등학교 『漢文』의 한자 영역에서 달성해야 할 목표로 제시하였다. 그러나 새 교육과정에서는 중학교 『漢文』과 고등학교 『漢文Ⅰ』, 『漢文Ⅱ』의 내용 영역을 공히 '漢文', '漢文知識'으로 나누고, 위의 〈가〉항을 각기 중학교 『漢文』과 고등학교 『漢文Ⅰ』의 한문, 한문지식 영역에서 모두 달성해야 할 목표로 제시하고 있다. 중학교 『漢文』과 고등학교 『漢文Ⅰ』에서 〈가〉항의 목표는 각기 〈나~마〉항이 제시하는 목표의 구체적인 성취 수준과 범위를 한정하는 성격을 갖는 것이기도 하기 때문이다. 고등학교 『漢文Ⅱ』의 〈다〉항은 이와는 그 성격이 다르다. 이 항목은 『漢文Ⅱ』의 한문 영역에서 달성해야 할 과목별 특수 목표로 이번 새 교육과정에서 새로 제시한 것이다.

특수 목표 항목을 제외한 나머지 4개 항목은 중학교 『漢文』, 고등학교『漢文 Ⅰ』, 『漢文 Ⅱ』에 공통되는 일반 목표로서 제시된 것이다.

제7차 교육과정에서는 위의 〈나〉, 〈다〉항(『漢文Ⅱ』의 경우에는 〈가〉,
〈나〉항, 이하 특별한 경우 이외에는 이를 따로 밝히지 않음)에 대해서, 前
文에서는 "한자, 한자어, 한문을 익혀 언어생활에서 바르게 읽고 쓰
며, 한문을 독해할 수 있는 능력(중학교『漢文』은 '한문을 독해할 수 있
는 기초적인 능력', 고등학교『漢文古典』은 '각종 한문 전적의 독해 능력'으
로 되어 있음 : 인용자)을 기르고"라고 하여 한자, 한자어, 한문 영역에
서 모두 달성해야 할 목표로서 제시하였으나, 하위 목표에서는 〈나〉
항을 "한자어를 바르게 읽고 쓰며 언어생활에 활용한다(『漢文古典』의
경우엔 "한자와 한자어를 익혀 언어생활과 문장 독해에 활용한다."로 되어
있음. 이하 이를 따로 밝히지 않음)."로 제시하여 한자어(『漢文古典』의 경
우엔 한자·한자어. 이하 이를 따로 밝히지 않음) 영역에서, 〈다〉항을 "한
문(중학교『漢文』은 '간이한 한문'으로 되어 있음)을 독해할 수 있는 기초
적인 능력을 기른다(『漢文古典』의 경우엔 "문(文)·사(史)·철(哲) 등 각종
한문 전적을 독해할 수 있는 능력을 기른다."로 되어 있음. 이하 이를 따로
밝히지 않음)."로 제시하여 한문 영역에서 달성해야 할 목표로서 설정
하여, 前文과 하위 목표가 상호 조응하지 않는 모순이 있었다. 또한
한자어 영역의 목표로서 제시한 "한자어를 바르게 읽고 쓰며 언어생
활에 활용하기"는 한자어의 학습을 결과적으로 한문 문장에서 사용되
는 한자어의 학습이 아닌 국어 한자어의 학습에 치중하도록 유도하여
한문 교과의 목표 규정으로서는 적절하지 못한 면이 있었다. 그리고
한문 영역의 목표로서 제시한 "한문을 독해할 수 있는 기초적인 능력
을 기르기"는 한문의 학습을 결과적으로 읽기와 풀이의 차원으로 제
한하고 이해와 감상의 차원을 소홀히 하여 역시 한문 교과의 목표 규
정으로서는 불충분한 면이 있었다.

새 교육과정에서는 중학교 『漢文』과 고등학교 『漢文 I』, 『漢文 II』
공히 〈나〉, 〈다〉항 모두 제7차 교육과정과 달리 前文과 하위 목표가
상호 조응하도록 하되, 〈나〉항은 한문지식 영역에서, 〈다〉항은 한문
영역에서 달성해야 할 목표로서 제시하고 있다. 이번 새 교육과정의
한문지식 영역은 제7차 교육과정의 한자, 한자어, 한문 영역의 일부
내용까지 두루 포괄하는 것이다. 한문 영역 또한 제7차 교육과정의
한문 영역과는 그 내용과 범위에서 성격이 다른 것이다. 따라서 각
항의 진술 형식 및 내용에서도, 〈나〉항에서는 한자어 영역의 목표 제
시에 한정되었던 제7차 교육과정과 달리 한자, 어휘, 문장의 차원을
두루 포괄하는 한문지식 영역의 목표 제시로 그 목표의 성격을 바꾸
는 한편, 한문지식 영역의 목표가 단순히 한문지식의 학습에 그치는
것이 아니라 한문의 읽기와 풀이 및 언어생활에서의 활용과 연계됨을
명시하여 "한문에 대한 기초적인 지식을 익혀 한문 독해와 언어생활
에 활용하는 능력을 기르기"로 하고 있고, 〈다〉항에서는 한문 영역의
목표를 읽기와 풀이의 차원에서만 제한적으로 제시했던 제7차 교육
과정과 달리 한문의 읽기와 풀이에서 나아가 한문의 이해와 감상 또
한 한문 영역의 목표에 속하는 것임을 명시하여 "다양한 유형의 한문
자료를 비판적으로 이해하고 심미적으로 향유할 수 있는 능력을 기르
기"로 하고 있다.

제7차 교육과정에서는 〈라〉항을 "선인들의 삶과 지혜를(『漢文古典』
의 경우엔 '삶과 지혜, 사상과 감정을'로 되어 있음) 이해하고, 건전한 가치
관과 바람직한 인성을 함양한다.", "한문 기록에 담긴 전통 문화를 이
해하고 계승, 발전시키려는 태도를 지닌다(고등학교 『漢文』, 『漢文古典』
은 "한문 기록에 담긴 전통 문화를 계승 발전시키며, 한자문화권 내에서의
상호 이해와 교류 증진에 기여한다."로 되어 있어 〈마〉항의 내용을 일부 포함

하고 있음)." 등의 2개 항목으로 나누고, 이를 한자, 한자어, 한문 영역
에서 모두 달성해야 할 목표로서 제시하였다. 그러나 새 교육과정에서
는 이 2개 항목(단, 고등학교『漢文』,『漢文古典』에서〈마〉항의 내용 부분
은 제외)을 하나의 항목으로 통합하고, 한문 영역에서 달성해야 할 목
표로 제시하고 있다.

　제7차 교육과정에서는〈마〉항의 목표를 위의 괄호 안의 내용과 같이
고등학교『漢文』,『漢文古典』에서는 제시하였으나 중학교『漢文』에서
는 따로 제시하지 않았다. 이는〈마〉항의 목표를 한문 교과의 일반
목표가 아닌 고등학교『漢文』,『漢文古典』에만 해당되는 학교 급별
특수 목표로 간주하는 것이다. 그러나 한문 교과의 성격을 설명하는
'성격' 부분에서는 이〈마〉항의 내용을 중·고등학교 한문 과목에 공통
되는 한문 교과의 일반적 성격 중의 하나로서 제시하여 '성격'과 '목표'
가 상호 조응하지 못하는 모순을 드러냈다. 새 교육과정에서는 이〈마〉
항의 내용을 한문 교과의 일반적 성격 중의 하나로서 뿐만 아니라 그에
조응하는 한문 교과의 일반 교육 목표 중의 하나로서 제시하되, 그
진술 형식 및 내용을 "한자문화권의 문화에 대한 기초적인 지식을 익혀
한자문화권 내에서의 상호 이해와 교류 증진에 기여하려는 태도를 지
니기"로 하고, '한문' 영역에서 달성해야 할 목표로 제시하고 있다.

## 3. 내용

### 가. 내용 체계

　제7차 교육과정은 내용 체계를 영역과 내용으로 구성하되, 내용을
다시 영역별로 하위 항목과 내용 요소로 제시하였다. 새 교육과정은
제7차 교육과정의 틀을 그대로 따르되, 하위 항목에 중영역의 성격을

부여하여 영역 – 중영역 – 내용 요소가 한문과 교육 내용의 선정과
조직의 준거로서 체계적으로 기능할 수 있도록 내용 체계의 내용을
대폭 수정·보완하였다.

〈표 6〉 제7차 중학교 한문과 교육과정의 '내용체계'

| 영역 | 내용 | | 비고 | | | |
|---|---|---|---|---|---|---|
| | | | 고등학교 한문 | 한문고전 | | |
| 한 자 | 한자 익히기 | 한자의 음과 뜻 알기<br>한자의 짜임을 통해 음과 뜻 알기<br>자전에서 한자 찾기<br>필수에 맞게 한자 쓰기 | 한자의 음과 뜻을 알고 쓰기<br>한자의 짜임을 통해 형·음·의 알기 | 한 자 · 한 자 어 | 한자와 한자어 익히고 활용 하기 | 한자와 한자어의 음과 뜻 알고 쓰기<br>성어의 속뜻 알기<br>언어생활에 활용하기<br>문장 독해에 활용하기 |
| | 한자 활용 하기 | 언어생활에 활용하기<br>문장 독해에 활용하기 | | | | |
| 한 자 어 | 한자어 익히기 | 한자어의 음과 뜻 알기<br>한자어의 짜임을 통해 뜻 알기<br>한자어를 읽고 쓰기<br>성어의 속뜻 알기 | 한자어의 음과 뜻을 알고 쓰기<br>한자어의 짜임을 통해 뜻 알기<br>성어의 속뜻 알기 | | | |
| | 한자어 활용 하기 | 언어생활에 활용하기<br>문장 독해에 활용하기 | | | | |
| | 가치관 형성 하기 | 선인들의 삶과 지혜를 이해하고 가치관 형성하기 | | | | |
| 한 문 | 한 문 익 히 기 | 문장을 읽고 뜻 알기<br>문장 구조를 통해 문장 풀이하기<br>허자의 쓰임을 알고 활용하기<br>문장의 형식을 알고 활용하기 | 산문을 읽고 풀이하기<br>문장 구조를 통해 문장의 내용 알기<br>허자의 쓰임을 알고 활용하기<br>문장의 형식을 통해 문장의 뜻 풀이하기 | 한문 익히고 활용하기 | | 문장을 읽고 풀이하기<br>문장의 구조와 형식을 알고 활용하기<br>허자의 쓰임을 알고 활용하기<br>문학류 산문을 풀이하고 감상하기<br>역사류 산문을 풀이하고 이해하기<br>사상류 산문을 풀이하고 이해하기<br>각종 산문의 특징을 이해하고 활용하기 |

| 한문 | 한시<br>익히기 | 시구 및 한시 풀이하<br>고 감상하기 | 한시를 풀이하고 감상하기<br>한시의 기초적인 형식과 특징 이<br>해하기 | | 한시<br>익히고<br>활용하기 | 한시를 풀이하고 감<br>상하기<br>한시의 형식과 특징<br>을 알고 활용하기 |
|---|---|---|---|---|---|---|
| | 한문<br>활용<br>하기 | 격언·속담, 명언·명<br>구를 일상생활에 활<br>용하기 | | | | |
| | 가치관<br>형성과<br>전통<br>문화<br>계승<br>발전<br>시키기 | 선인들의 삶과 지혜<br>를 이해하고 가치관<br>형성하기<br>전통 문화를 이해하<br>고 계승, 발전시키려<br>는 태도 지니기 | 가치관<br>형성하기 | 선인들의 삶과<br>지혜를 이해하고<br>가치관 형성하기 | | |
| | | | 전통 문화계승<br>발전시키기 | 전통 문화를 이해<br>하고 계승 발전 시<br>키기 한자 문화권<br>내에서의 상호 이<br>해 증진하기 | | 전통 문화를 창조적으로<br>계승하고 발전시키기<br>한자 문화권의 상호 이<br>해와 교류에 기여하기 |

〈표 7〉 중·고등학교 새 한문과 교육과정의 '내용체계'

| 영역 | 내 용 | | 비고(한문Ⅱ) |
|---|---|---|---|
| 한문 | 읽기 | 단문의 읽기와 풀이 | |
| | | 산문의 읽기와 풀이 | |
| | | 한시의 읽기와 풀이 | |
| | 이해 | 단문의 이해와 감상 | |
| | | 산문의 이해와 감상 | |
| | | 한시의 이해와 감상 | |
| | 문화 | | 한국 한문학의 흐름 |
| | | 전통 문화의 이해와 계승 | |
| | | 한자문화권의 상호 이해와 교류 | |
| 한문<br>지식 | 한자 | 한자의 특징 | 한자의 특징 |
| | | 한자의 짜임 | |
| | | 한자의 역사 | |
| | 어휘 | 단어의 형성 | |
| | | 단어의 갈래 | |
| | | 어휘와 의미 | |
| | 문장 | 문장의 구조 | |
| | | 문장의 유형 | |
| | | 문장의 수사 | |

내용 체계의 영역을 '漢字', '漢字語', '漢文'의 三分 體系에서 '漢文', '漢文知識'의 二分 體系로 전환한 것은 제7차 교육과정과 비교하여 볼 때 새 교육과정의 가장 두드러진 변화 중 하나일 것이다.

주지하듯이 제5차 교육과정 이래 제7차 교육과정에 이르기까지 적용되어 온 '漢字', '漢字語', '漢文' 三分 體系의 영역 구분은 영역들의 내포와 외연이 불명료하고 영역 설정의 기준 또한 모호하다는 지적들이 많았다[2]. 제7차 교육과정 중학교 한문 과목 해설서에서는 "한글전용 하에서의 국한문 혼용이라는 어문 정책의 현실적 여건을 고려하여 3분 체계를 그대로 유지"[3]한다고 하였다. 그러나 이러한 '어문 정책의 현실적 여건'은 한문과의 교과적 특성이나 학문적 체계에 부합하는 영역 설정의 근거로서는 아무래도 그 설득력이 부족하다고 하지 않을 수 없다[4]. 한편, 고등학교 한문 과목 해설서에서는 "제7차 교육과정은 한문 과목 교육의 내용을 선정하면서 각 영역별 비중, 내용 요소의 선후 학습 관계를 고려하여 각 영역과 내용 요소 간 학습의 위계성과 연계성이 이루어지도록 하였다."[5]라고 하여, '한자 → 한자어 → 한문'의 순서로 이루어지는 漢文의 先後 學習 관계가 三分 體系 영역 설정의 한 근거가 될 수 있음을 표명하였다. 그러나 漢文의 先後 學習 관계는 '한자 → 한자어 → 한문'의 上向式 모형 이외에도 그 역의 과정에 주목하는 下向式 모형과 이 두 모형을 절충한 상호 작용 모형으로도 접근 가능한 바, 상향식 모형 一方만으로의 접근은 언어 학습 과정에 대한 협소한 이해 방식이라고 하지 않을 수 없다[6].

---

2) 朴英鎬(1999); 宋秉烈(2003; 2005a; 2005b; 2006a; 2006b); 李明學(2005); 金王奎(2005). 참조.

3) 교육부(2000), 161면.

4) 金王奎(2005), 128면. 참조.

5) 교육부(2001), 17면.

새 교육과정은 한문 교과의 학문적 성격과 언어적 특질을 근거로 영역을 '漢文'과 '漢文知識'으로 설정했다. 곧, 한문 교과의 학문적 성격을 고려하여 한문에 대한 언어적, 문학적, 사상적, 문화적 이해 전반을 '한문' 영역으로 설정하되, 한문 교과의 언어적 특질을 고려하여 한문에 대한 文法的 이해 측면을 별도로 '한문지식' 영역으로 설정하였다.

새로운 영역 체계에 따라 영역의 하위 항목 또는 중영역의 성격과 그 내용 또한 바뀌었다. 제7차 교육과정에서 하위 항목은 영역의 내용 성격에 따른 구분(한문 익히기/한시 익히기 등)과 영역의 내용에 대한 학습자의 활동에 따른 구분(익히기/활용하기/가치관 형성하기 등)이 혼재되어 그 성격이 모호하였다. 또한 학교 급별 및 과목별에 따라 하위 항목의 수와 명칭을 달리 설정함으로써 한문 학습의 연계성과 함께 그 위계성을 강화하고자 하였으나, 하위 항목의 수와 명칭의 조정이 단순한 분리 또는 통합에 그침으로써 위계성을 제대로 살리지 못했을 뿐만 아니라 연계성 또한 혼란스럽게 하였다. 새 교육과정은 중영역을 영역의 성격에 따라, 한문 영역은 '읽기', '이해', '문화'로 설정하고, 한문지식 영역은 '한자', '어휘', '문장'으로 설정하되, 학교 급별 및 과목별에 따라 중영역의 설정에 차이를 두지 않음으로써 한

---

6) 여기서 사용한 상향식 모형, 하향식 모형, 상호 작용 모형 등의 용어는 읽기(언어 이해) 과정 연구에서 제기된 모형들을 원용한 것이다. "상향식 모형(bottom-up model)에서 언어 기호의 표상화 과정은, 작은 단위의 언어에서 시작하여 점진적으로 보다 큰 언어적 단위로 확대되고, 나아가 마지막으로 전체 의미가 형성된다고 가정하고 있다. (⋯) 하향식 모형(top-down model)에서 언어의 이해는 말이나 글의 의미에 대한 이해자의 가정 또는 추측에서부터 시작되며, 이 가정이나 추측이 언어 기호 번역의 시발점이 된다고 보고 있다. (⋯) 상호 작용 모형에서의 언어 이해는 메시지 내용에 대한 이해자의 가정과 추측, 그리고 언어(음운이나 문자)의 확인이 동시에 작용함으로써 이루어진다고 보고 있다." 盧命完·朴泳穆·權敬顔 (2002), 117~119면. 참조.

문 학습의 연계성을 강조하였다.

새로운 영역 체계 및 중영역의 설정에 따라 내용 요소의 성격과 그 내용 또한 바뀌었다. 제7차 교육과정에서는 학교 급별 및 과목별 수준을 고려하여 영역의 하위 항목에서 성취해야 할 학습 내용을 내용 요소(중학교 『漢文』은 총 21개, 고등학교 『漢文』은 총 20개, 『漢文古典』은 총 17개)로 제시하였는데, 이 내용 요소는 영역별 내용에서 제시할 학습 내용과 거의 일치하는 내용을 담고 있어 실질적으로 내용 요소와 영역별 내용의 학습 내용이 구분되지 않도록 구성되어 있었다. 그러나 새 교육과정은 영역과 중영역의 범주적 특성 및 학교 급별 과목별 수준을 고려하여 내용 요소(『漢文』과 『漢文 I』은 총 17개, 『漢文 II』는 총 16개)를 선정하되, 내용 요소가 영역별 내용에서 제시할 학습 내용의 선정과 조직의 준거로서 기능할 수 있도록 하였다. 곧, 한문 영역의 경우, '읽기'와 '이해'에서는 한문 텍스트를 '短文', '산문', '한시'의 세 종류로 나누고, 이 각각에 대한 '읽기와 풀이', '이해와 감상'을 내용 요소로 선정하고, '문화'에서는 한자문화권의 특수한 역사적 문화적 배경을 기반으로 이루어진 한문의 특성을 고려하여 '전통 문화의 이해와 계승', '한자문화권의 상호 이해와 교류'를 내용 요소로 선정하되, 고등학교 『漢文 II』에서는 한국 한문학사 교육을 특별히 강조하여 '한국 한문학의 흐름'을 추가 선정하였다. 한문지식 영역의 경우, '한자'에서는 한자의 文字學的 특성과 한문의 언어적 환경을 고려하여 '한자의 특징', '한자의 짜임', '한자의 역사'를 내용 요소로 선정하고, '어휘'에서는 한문 어휘의 형태론적 특성과 한문의 언어적 환경을 고려하여 '단어의 형성', '단어의 갈래', '어휘와 의미'를 내용 요소로 선정하고, '문장'에서는 한문 문장의 통사론적 특성과 한문의 언어적 환경을 고려하여 '문장의 구조', '문장의 유형', '문장의 수사'를 내용 요소로 선정하였다.

## 나. 영역별 내용

영역별 내용의 제시 방식 또한 바뀌었다. 제7차 교육과정은 학교
급별 및 학년별 수준을 고려하면서 내용 체계의 내용 요소를 영역별
내용의 학습 내용으로 다시 제시하였다. 새 교육과정은 내용 체계의
내용 요소를 학교 급별 및 학년별 수준을 고려하여 하위 학습 요소로
다시 구분하고 이를 학습 내용으로 제시하였다.

〈표 8〉 제7차 중학교 한문과 교육과정과 새 교육과정의 '영역별 내용'

| 구분 | | 1학년 | 2학년 | 3학년 |
|---|---|---|---|---|
| 7차교육과정 | 한자 | 한자의 음과 뜻을 알고 바르게 읽는다. | 좌동 | 한자어의 음과 뜻을 스스로 알고 바르게 읽는다. |
| | | 한자의 음과 뜻을 한자의 짜임을 통해 안다. | 좌동 | 한자의 음과 뜻을 한자의 짜임을 통해 스스로 안다. |
| | | 자전에서 한자의 음과 뜻을 찾는다. | | |
| | | 한자의 기본 필순을 알고 바르게 쓴다. | 한자의 필순을 알고 바르게 쓴다. | 한자를 필순에 맞추어 바르게 쓴다. |
| | | 한자로 이루어진 한자어를 이해하고, 언어생활에 활용한다. | 학습한 한자로 이루어진 한자어를 찾아보고 언어생활에 활용한다. | 학습한 한자를 언어생활에 활용한다. |
| | | 한자를 이용하여 문장의 내용을 이해한다. | 학습한 한자를 문장의 내용 이해에 활용한다. | 학습한 한자를 문장의 내용 이해에 활용한다. |
| | 한자어 | 한자어의 음과 뜻을 안다. | 좌동 | 한자어의 음과 뜻을 스스로 안다. |
| | | 한자어의 짜임을 통해 한자어를 바르게 이해한다. | 한자어의 짜임을 통해 한자어의 뜻을 이해한다. | 한자어의 짜임을 통해 한자어의 뜻을 스스로 풀이한다. |
| | | 한자어를 바르게 읽고 쓴다. | 좌동 | 좌동 |
| | | 성어를 바르게 풀이하고 속뜻을 이해한다. | 성어를 풀이하고 일상 생활에 활용한다. | 성어의 속뜻을 알고 일상 생활에 활용한다. |
| | | 학습한 한자어를 언어생활에 활용한다. | 좌동 | 좌동 |

| | | 학습한 한자어가 문장에서 활용됨을 안다. | 학습한 한자어를 이용하여 문장의 중심내용을 이해한다. | 학습한 한자어를 문장 독해에 활용한다. |
|---|---|---|---|---|
| 7 차 교 육 과 정 | 한 자 어 | 한자어에 담긴 선인들의 삶과 지혜를 이해한다. | 좌동 | 한자어에 담긴 선인들의 삶과 지혜를 이해하고, 건전한 가치관과 바람직한 인성을 함양한다. |
| | 한 문 | 간이한 문장을 읽고 뜻을 풀이한다. | 간이한 문장을 바르게 읽고 뜻을 풀이한다. | 간이한 문장을 읽고 그 뜻을 스스로 풀이한다. |
| | | 문장의 기본 구조를 알고 간이한 문장을 풀이한다. | 간이한 문장의 구조를 알고 문장을 풀이한다. | 문장의 구조를 알고 문장을 스스로 풀이한다. |
| | | | 허자의 쓰임을 알고 문장 풀이에 활용한다. | 좌동 |
| | | | | 문장의 형식을 알고 문장 풀이에 활용한다. |
| | | 평이한 시구를 바르게 읽고 풀이한다. | 평이한 한시를 바르게 읽고 풀이한다. | 평이한 한시를 풀이하고 감상한다. |
| | | 격언·속담, 명언·명구를 풀이하고, 일상 생활에 활용한다. | 격언·속담, 명언·명구를 상황에 적합하게 활용한다. | 격언·속담, 명언·명구의 속뜻을 알고 일상생활에 활용한다. |
| | | 한문에 담긴 선인들의 삶과 지혜를 이해한다. | 선인들의 삶과 지혜를 이해하고 건전한 가치관을 형성한다. | 선인들의 삶과 지혜를 이해하고, 건전한 가치관과 바람직한 인성을 함양한다. |
| | | | | 전통 문화를 이해하고 계승, 발전시키려는 태도를 지닌다. |
| 새 교 육 과 정 | 읽 기 | (1) 한문 단문(短文)을 소리 내어 읽을 수 있다.<br>(2) 한문 단문을 끊어 읽을 수 있다.<br>(3) 한문 단문을 바르게 풀이할 수 있다.<br>(4) 한문 산문을 소리 내어 읽을 수 있다.<br>(5) 한문 산문을 끊어 읽을 수 있다.<br>(6) 한문 산문을 바르게 풀이할 수 있다.<br>(7) 한시를 소리 내어 읽을 수 있다. | 좌동 | 좌동 |

| | | | | |
|---|---|---|---|---|
| **새 교 육 과 정** | 읽 기 | (8) 한시를 끊어 읽을 수 있다.<br>(9) 한시를 바르게 풀이할 수 있다. | | |
| | 이 해 | (1) 한문 단문의 내용과 주제를 이해한다.<br>(2) 한문 단문의 특수한 표현 방식을 이해하고 감상할 수 있다.<br>(3) 한문 산문의 내용과 주제를 이해한다.<br>(4) 한문 산문의 특수한 표현 방식을 이해하고 감상할 수 있다.<br>(5) 한시의 내용과 주제를 이해한다.<br>(6) 한시의 특수한 표현 방식을 이해하고 감상할 수 있다. | 좌동 | (1)~(4) 좌동<br>(5) 한시의 형식과 특징을 이해한다.<br>(6) 좌의 (5)와 동<br>(7) 좌의 (6)과 동 |
| | 문 화 | (1) 선인들의 삶과 지혜를 이해하고 건전한 가치관과 바람직한 인성을 함양한다.<br>(2) 전통 문화를 바르게 이해하고 창조적으로 계승 발전시키려는 태도를 지닌다.<br>(3) 한자문화권의 문화에 대한 기초적 지식을 익힌다.<br>(4) 한자문화권 내에서의 상호 이해와 교류 증진에 기여하려는 태도를 지닌다. | 좌동 | 좌동 |
| | 한 자 | (1) 한자의 형(形)·음(音)·의(義)를 안다.<br>(2) 여러 가지 음과 뜻을 가진 한자를 안다.<br>(3) 한자의 부수를 알고 자전을 찾을 수 있다.<br>(4) 한자를 바르게 읽고 쓸 수 있다.<br>(5) 상형·지사자의 짜임을 안다.<br>(6) 회의·형성자의 짜임을 안다.<br>(7) 한자의 형성 과정을 이해한다.<br>(8) 한자 자체(字體)의 변천 과정을 이해한다. | 좌동 | 좌동 |

| | | (1) 단어의 종류를 안다.<br>(2) 단어의 짜임을 안다.<br>(3) 품사의 종류와 특성을 안다.<br>(4) 허사의 쓰임을 안다.<br>(5) 어휘의 유형을 알고 활용할 수 있다.<br>(6) 성어의 의미를 알고 활용할 수 있다. | 좌동 | 좌동 |
|---|---|---|---|---|
| 새 교 육 과 정 | 어 휘 | | | |
| | 문 장 | (1) 문장의 성분을 안다.<br>(2) 문장의 구조를 안다. | (1) 좌동<br>(2) 좌동<br>(3) 문장의 유형을 안다.<br>(4) 문장의 수사법을 이해한다. | 좌동 |

새 교육과정의 영역별 내용을 간략하게 소개하면 다음과 같다.

한문 영역 '읽기'에서는 '短文', '산문', '한시' 각각의 '읽기와 풀이'라는 내용 체계의 내용 요소를 다시 '소리 내어 읽기', '끊어 읽기', '바르게 풀이하기'의 세 가지 학습 요소로 나누어, 모두 9개의 학습내용을 중학교『漢文』의 3개 학년, 고등학교『漢文Ⅰ』, 『漢文Ⅱ』모두에 공통적으로 제시하였다.

한문 영역 '이해'에서는 '短文', '산문', '한시' 각각의 '이해와 감상'이라는 내용 요소를 다시 '내용과 주제를 이해하기', '특수한 표현 방식을 이해하고 감상하기'의 두 가지 학습 요소로 나누어, 모두 6개의 학습내용을 중학교『漢文』의 3개 학년, 고등학교『漢文Ⅰ』, 『漢文Ⅱ』모두에 공통으로 제시하되, '산문'의 경우에는 '문체와 특징을 이해하기'라는 학습 요소를 고등학교『漢文Ⅰ』, 『漢文Ⅱ』에 추가 제시하고, '한시'의 경우에는 '형식과 특징을 이해하기'라는 학습 요소를 중학교 3학년『漢文』, 고등학교『漢文Ⅰ』, 『漢文Ⅱ』에 추가 제시하여, 중학교 1, 2학년『漢文』에서는 모두 6개의 학습내용을, 중학교 3학년『漢文』에서는 모두 7개의 학습내용을, 고등학교『漢文Ⅰ』, 『漢文Ⅱ』에서는 모두 8개의 학습내용을 제시하였다.

한문 영역 '문화'에서는 내용 요소의 성격을 고려하여 각각의 내용 요소를 다시 두 가지 학습 요소로 나누어 제시하되, 중학교『漢文』의 3개 학년, 고등학교『漢文Ⅰ』, 『漢文Ⅱ』 모두에 공통으로 선정된 내용 요소 '전통 문화의 이해와 계승'과 '한자문화권의 상호 이해와 교류'의 경우에는 각각 '선인들의 삶과 지혜를 이해하고 건전한 가치관과 바람직한 인성을 함양하기', '전통 문화를 바르게 이해하고 창조적으로 계승 발전시키려는 태도를 지니기'와 '한자문화권의 문화에 대한 기초적 지식을 익히기', '한자문화권 내에서의 상호 이해와 교류 증진에 기여하려는 태도를 지니기'를 학습 요소로 제시하였고, 고등학교『漢文Ⅱ』에서만 선정된 내용 요소 '한국 한문학의 흐름'의 경우에는 '한국 한문학사의 흐름을 이해하기', '한국 한문학 작품을 한국 한문학사의 흐름에 비추어 이해하기'를 학습 요소로 제시하여, 중학교『漢文』의 3개 학년과 고등학교『漢文Ⅰ』에서는 모두 4개의 학습 내용을, 『漢文Ⅱ』에서는 모두 6개의 학습내용을 제시하였다.

한문지식 영역 '한자'에서는 각각의 내용 요소를 다시 2~4개의 학습 요소로 나누어, '한자의 특징'의 경우에는 '한자의 형·음·의를 알기', '여러 가지 음과 뜻을 가진 한자 알기', '한자의 부수를 알고 자전 찾기', '한자를 바르게 읽고 쓰기'의 네 가지 학습 요소를, '한자의 짜임'과 '한자의 역사'의 경우에는 각각 '상형·지사자의 짜임 알기'와 '회의·형성자의 짜임 알기', '한자의 형성 과정 이해하기'와 '한자 자체의 변천 과정 이해하기' 등의 두 가지 학습 요소를 제시하되, 중학교『漢文』의 3개 학년에서는 모두 제시하고, 고등학교『漢文Ⅰ』에서는 '한자의 부수를 알고 자전 찾기'를 제외한 나머지 학습 요소를 제시하고, 고등학교『漢文Ⅱ』에서는 '한자의 특징' 중 '여러 가지 음과 뜻을 가진 한자 알기', '한자를 바르게 읽고 쓰기'의 두 가지 학습 요소만을 제시하여, 중학교『漢文』의 3개 학년에서는 모두 8개의 학습 내용을, 고등학교『漢文Ⅰ』에서는 모두 7개의 학습내용을, 『漢文Ⅱ』에서는 모두 2개의 학습내용을 제시하였다.

한문지식 영역 '어휘'에서는 각각의 내용 요소를 다시 2개의 학습 요소로 나누어, '단어의 형성'의 경우에는 '단어의 종류 알기'와 '단어의 짜임 알기', '단어의 갈래'의 경우에는 '품사의 종류와 특성 알기'와 '허사의 쓰임 알기', '어휘와 의미'의 경우에는 '어휘의 유형을 알고 활용하기'와 '성어의 의미를 알고 활용하기' 등의 학습 요소를 제시하여, 모두 6개의 학습내용을 중학교『漢文』의 3개 학년, 고등학교『漢文Ⅰ』, 『漢文Ⅱ』 모두에 공통적으로 제시하였다.

한문지식 영역 '문장'에서는 내용 요소 중 '문장의 구조'만을 2개의 학습 요소로 나누어 제시하고, '문장의 유형'과 '문장의 수사'는 내용 요소를 그대로 하나의 학습 요소로 제시하되, 중학교『漢文』의 3개 학년, 고등학교『漢文Ⅰ』, 『漢文Ⅱ』 모두에 공통으로 선정된 내용 요소 '문장의 구조'의 경우에는 '문장의 성분 알기'와 '문장의 구조 알기'를 학습 요소로 제시하고, 중학교 1학년『漢文』을 제외한 중학교『漢文』의 2개 학년, 고등학교『漢文Ⅰ』, 『漢文Ⅱ』 모두에 공통으로 선정된 내용 요소 '문장의 유형'과 '문장의 수사'의 경우에는 각각 '문장의 유형 알기', '문장의 수사법 이해하기'를 학습 요소로 제시하여, 중학교 1학년『漢文』에서는 모두 2개의 학습 내용을, 중학교 2, 3학년『漢文』과 고등학교 『漢文Ⅰ』, 『漢文Ⅱ』에서는 모두 4개의 학습내용을 제시하였다.

## 4. 교수·학습 방법

제7차 敎育課程에서는 漢文 科目의 '교수·학습 방법'을 '교수·학습 계획', '교수·학습 방법', '교수·학습 자료'로 나누어 제시하였다. 새 교육과정은 제7차 교육과정의 서술 체제를 유지하되 일부 내용을 수정·보완하였다.

〈표 9〉 제7차 중학교 한문과 교육과정과 새 교육과정의 '교수·학습 방법'

| 7차 교육과정 | 새 교육과정 |
|---|---|
| 4. 방법<br>가. 교수·학습 계획<br>(1) 중학교 한문과의 교육 목표를 충실히 반영하여 교수·학습 계획을 수립하고, 특히 중학교 한문 교육용 기초 한자 900자의 학습이 체계적으로 이루어질 수 있도록 계획한다.<br>(2) 학습자, 가정, 사회 등의 요구를 수렴하여 계획한다.<br>(3) 학습자의 일상 생활에 도움이 되고, 학년 간 및 다른 교과와의 연계 학습이 가능하도록 계획한다.<br>(4) 학습 장면이나 학습자의 특수 상황 등을 고려하여 적절하게 계획한다.<br>(5) 한자, 한자어, 한문의 학습이 통합적으로 이루어질 수 있고, 반복 학습이 가능하도록 계획한다.<br>(6) 목표 달성에 효과적인 교수·학습 방법을 다양하게 강구하되, 특히 학습자가 탐구의 과정을 경험할 수 있도록 계획한다.<br>(7) 컴퓨터 및 멀티미디어 자료 등을 효과적으로 활용할 수 있도록 계획한다.<br><br>나. 교수·학습 방법<br>(1) 학생들이 한자, 한자어, 한문을 쉽고 재미있게 학습할 수 있으며, 학습 부담을 지나치게 느끼지 않도록 다음 사항에 유의하여 교수·학습 방법을 계획한다.<br>(가) 한자, 한자어는 부수 중심 지도법, 구조 | 4. 교수·학습 방법<br>가. 교수·학습 계획<br>(1) 중학교 한문과의 교육 목표를 충실히 반영하여 교수·학습 계획을 수립한다.<br>(2) '한문'과 '한문 지식' 영역의 학습이 유기적으로 이루어질 수 있고, 반복 학습이 가능하도록 계획한다.<br>(3) 학습자, 가정, 사회 등의 요구를 수렴하여 계획한다.<br>(4) 학습자의 일상생활에 도움이 되고, 학년 간 및 다른 교과와의 연계 학습이 가능하도록 계획한다.<br>(5) 학습 장면이나 학습자의 특수 상황 등을 고려하여 적절하게 계획한다.<br>(6) 목표 달성에 효과적인 교수·학습 방법을 다양하게 강구하되, 학습자가 적극적으로 참여하는 창의적인 학습 활동이 될 수 있도록 계획한다.<br>(7) 다양한 매체 자료를 활용할 수 있도록 계획한다.<br><br>나. 교수·학습 방법<br>(1) 학습자가 쉽고 재미있게 학습할 수 있도록 하되, 다음 사항에 유의하여 교수·학습 방법을 계획한다.<br>(가) 한문 영역의 '읽기'는 다양한 수업 방법을 창의적으로 적용하여 읽고 풀이할 수 있도록 지도한다.<br>(나) 한문 영역의 '이해'는 강의법, 토의 학습 |

분석법, 조어 분석법, 언어 활용법, 반복 학습법, 색출법, 비교 학습법 등 다양한 수업 방법을 적용하여 지도한다.

(나) 고사 성어, 격언·속담, 명언·명구는 토의 학습법, 역할 놀이 학습법 등 다양한 수업 방법을 적용하여 속뜻을 알게 하고, 선인들의 삶과 지혜를 이해하여 건전한 가치관을 형성할 수 있도록 지도한다.

(다) 문장의 구조, 허자의 쓰임, 문장의 형식 등은 다양한 수업 방법을 적용하되, 문장 독해력이 향상될 수 있도록 지도한다.

(2) 컴퓨터 통신 또는 멀티미디어 자료 등을 활용하여 한자, 한자어, 한문의 학습 효과를 높인다.

다. 교수·학습자료

(1) 교수·학습 자료는 가능한 한 학습자의 흥미와 동기를 유발하여 학습자 중심의 학습이 이루어지도록 구성한다.

(2) 교수·학습 자료는 선진 한국인을 양성하는 데 도움이 되고, 일상 생활에 활용도가 높으며, 바람직한 인간상을 구현하고, 전통 문화의 이해와 올바른 가치관 형성에 도움이 되는 것으로 선정한다.

(3) 한자, 한자어, 한문의 교수·학습 효과를 높이기 위해 카드, 융판, 괘도, O.H.P. 녹음기, 컴퓨터 학습 보조 프로그램 등 다양한 자료를 활용한다.

(4) 컴퓨터 통신 또는 멀티미디어 등 각종 정보 자료를 효율적으로 활용한다.

법, 역할놀이 등 다양한 수업 방법을 창의적으로 적용하여 이해하고 감상할 수 있도록 지도한다.

(다) 한문 영역의 '문화'는 토론 학습, 비교 학습법 등 다양한 수업 방법을 창의적으로 적용하여, 전통 문화의 이해와 계승 및 한자문화권의 상호 이해와 교류 증진에 기여할 수 있도록 지도한다.

(라) 한문 지식 영역의 '한자'는 부수 중심 지도법, 구조 분석법 등 다양한 수업 방법을 창의적으로 적용하여 지도한다.

(마) 한문 지식 영역의 '어휘'는 조어 분석법, 언어 활용법, 색출법, 비교 학습법 등 다양한 수업 방법을 창의적으로 적용하여 지도한다.

(바) 한문 지식 영역의 '문장'은 다양한 수업 방법을 창의적으로 적용하여 지도한다.

(2) 학습자의 학습 효과를 높일 수 있도록 '강의, 토론, 현장 학습, 협동 학습' 등 다양한 교수·학습 방법을 적용하여 지도한다.

(3) 다양한 매체 자료를 활용하여 학습 효과를 높이되, 교사와 학습자가 쌍방향에서 소통할 수 있도록 한다.

다. 교수·학습 자료

(1) 교수·학습 자료는 학습자의 흥미와 동기를 유발하여 학습자 중심의 학습이 이루어지도록 구성한다.

(2) 교수·학습 자료는 한문 독해 능력을 기르고 선인들의 삶과 지혜를 이해하며, 전통 문화의 이해와 계승 및 한자문화권의 상호 이해와 교류 증진에 도움이 되는 것으로 선정한다.

(3) '한문', '한문 지식'의 교수·학습 효과를 높이기 위해 매체 자료를 포함한 각종 자료를 효율적으로 활용한다.

새 교육과정은 '교수·학습 계획' 중에서 특히, "한문교육용 기초한자 900자의 학습이 체계적으로 이루어질 수 있도록" 계획한다는 제7차 교육과정의 내용을 삭제하였다. 이 내용을 삭제한 이유는 이 900자와 관련된 규정은 '목표'에 이미 포함되어 있는 사항이므로 다시 강조할 필요가 없고, 또 그 동안 이 규정을 강조해 온 결과 교과서 집필 및 수업에서 창의적인 한자 교육 방법을 자유롭고 다양하게 모색 시행하는 데 오히려 이 규정이 장애 역할을 하여 왔다고 보았기 때문이다.

이외에 새 교육과정은 '교수·학습 방법'과 관련한 제반 사항들을 새로 설정한 영역 및 중영역에 따라 새롭게 구체화하여 제시하였다.

## 5. 평가

제7차 敎育課程에서는 漢文 科目의 '평가'를 '평가 계획', '평가 방법', '평가 결과의 활용'으로 나누어 제시하였다. 새 교육과정은 제7차 교육과정의 서술 체제를 유지하되 일부 내용을 수정·보완하였다.

〈표 10〉 제7차 중학교 한문과 교육과정과 새 교육과정의 '평가'

| 7차 교육과정 | 새 교육과정 |
|---|---|
| 5. 평가<br>가. 평가 계획<br>(1) 중학교 한문과 교육 과정에 제시한 목표의 달성 여부에 중점을 두어 평가하되, 한자, 한자어, 한문의 평가가 균형 있게 이루어질 수 있도록 평가 계획을 수립한다.<br>(2) 한자, 한자어는 중학교 한문 교육용 기초 한자 900자를 바르게 읽고 쓰며, 그 음과 뜻을 알고 있는지의 여부에 중점을 두어 평가하되, 특히 다음 사항에 유의한다.<br>(가) 한자는 한자의 짜임이나 부수, 획수, 필순 등의 평가에 치우치 | 5. 평가<br>가. 평가 계획<br>(1) 평가는 학습자의 학습 성취 정도를 타당하고 신뢰성 있게 평가할 수 있도록 평가 계획을 수립한다.<br>(2) 평가 목적, 평가 주체, 평가 대상, 평가 기준, 평가 시기, 평가 상황 등을 종합적으로 고려하여 지필 평가와 수행 평가, 양적 평가와 질적 평가, 형식 평가와 비형식 평가를 적절하게 활용한다.<br>(3) 중학교 '한문' 교육과정에서 제시한 목표의 달성 여부에 중점을 두어 평가하되, 평가 계획을 수립할 때에는 다음 사항에 유의한다.<br>(가) 한문과 평가 목표와 학습 내용에 적합한 평가 방법을 사용하되, '한문' 영역과 '한문 지식' 영역을 유기적으로 통합하여 평가할 수 있도록 한다.<br>(나) 학습자의 지식, 이해, 적용 능력을 균형 있게 평가하되, 평가 내용이 특정 영역에 편중되지 않도록 |

지 않도록 한다.

(나) 한자 및 한자어는 언어생활과 문장 독해에 활용할 수 있는지의 여부에 중점을 두어 평가한다.

(다) 고사 성어는 그 속뜻을 이해하고 있는지의 여부에 중점을 두어 평가한다.

(3) 한문은 문장을 바르게 이해하고 감상할 수 있는지의 여부에 중점을 두어 평가하되, 다음 사항에 유의한다.

(가) 문장의 구조, 허자의 쓰임, 문장의 형식은 문장의 독해와 관련지어 평가한다.

(나) 격언·속담, 명언·명구는 그 속뜻을 이해하고 있는지의 여부에 중점을 두어 평가한다.

(다) 시구와 한시는 내용의 이해와 감상에 중점을 두어 평가하되, 형식에 치우치지 않도록 한다.

(라) 한문 문장에 담긴 선인들의 삶과 지혜를 이해하고, 건전한 가치관을 형성하며, 전통 문화의 계승, 발전에 기여할 수 있는지에 대해서도 평가한다.

나. 평가 방법

(1) 한자, 한자어, 한문 영역의 성취도를 균형 있게 평가하되, 낭독법, 해석법, 문답법, 지필법, 과제 평가법 등 다양한 평가 방법을 활용한다.

(2) 컴퓨터 또는 멀티미디어 등을 이용하여 한자, 한자어, 한문을 평가하거나 또는 그 전체를 통합적으로 평가한다.

(3) 학교 간 또는 지역 간 평가 방법 및 문제를 교류하여 평가 방법 및 문제의 수준을 높인다.

다. 평가 결과의 활용

(1) 평가 결과는 선수 학습의 정도

유의한다.

(다) 학습의 결과뿐만 아니라 학습의 과정도 평가하도록 한다.

(라) 평가 목적, 평가 방법, 평가 기준, 평가 내용, 평가 시기 등을 학습자에게 안내하여 평가를 통한 학습자의 한문 학습 능력 제고를 도모한다.

나. 평가 목표와 내용

(1) 평가 목표는 교육 과정의 '성격', '목표', '내용'을 종합적으로 고려하여 설정한다.

(2) 평가 목표는 평가 주체와 대상, 평가 내용, 평가 기준, 평가 방법, 평가 시기 등 교수 학습의 구체적 맥락을 고려하여 설정한다.

(3) '한문' 영역과 '한문 지식' 영역의 평가 목표는 다음 사항에 유의하여 설정한다.

(가) 한문 영역의 '읽기'는 단문, 산문, 한시의 바르게 읽기와 정확한 풀이 능력에 중점을 둔다.

(나) 한문 영역의 '이해'는 단문, 산문, 한시의 내용과 주제, 특수한 표현 방식 등을 이해하고 감상할 수 있는 능력에 중점을 둔다.

(다) 한문 영역의 '문화'는 전통 문화의 이해와 계승, 한자 문화권의 상호 이해와 교류에 중점을 둔다.

(라) 한문지식 영역의 '한자'는 한자의 특징, 한자의 짜임, 한자의 역사 등 한자와 관련된 기초적인 한문지식의 성취와 그 활용에 중점을 둔다.

(마) 한문지식 영역의 '어휘'는 단어의 형성, 단어의 갈래, 어휘와 의미 등 어휘와 관련된 기초적인 한문지식의 성취와 그 활용에 중점을 둔다.

(바) 한문지식 영역의 '문장'은 문장의 구조, 문장의 유형, 문장의 수사 등 문장과 관련된 기초적인 한문지식의 성취와 그 활용에 중점을 둔다.

(4) 평가 내용은 한문과 교육 과정의 '1. 성격', '2. 목표' 그리고 '3. 내용'의 '가. 내용 체계'와 '나. 영역별 내용' 등을 종합적으로 고려하여 선정한다.

(5) 평가 내용은 학년별 수준과 범위를 고려하여 선정한다.

(6) 평가 내용 선정 시, 평가 방법의 편의성에 치우쳐 각 영역의 단편적 지식이나 기초적 기능에 편중되는 것을 지양한다.

다. 평가 방법

(1) 평가 목표, 평가 내용, 평가 기준 등과 연계하여 다양한

| | |
|---|---|
| 나 성취 수준의 진단, 교수학습 계획의 수립 등에 활용한다.<br>(2) 평가 결과는 수업 목표 진단이나 교수학습을 개선하는 자료로 활용한다.<br>(3) 평가 결과는 인성 교육이나 진로 지도에 활용한다. | 평가 방법을 활용한다.<br>(2) 단순 암기력보다는 이해력, 사고력, 창의력 등 고등 정신 능력을 평가할 수 있는 평가 방법과 평가 도구를 개발, 활용한다.<br>(3) '한문' 영역과 '한문지식' 영역의 평가 목표와 평가 내용에 적합한 선택형·서답형 지필 평가와 토론, 관찰, 구술시험, 연구 보고서, 포트폴리오 등의 다양한 평가 방법을 활용한다.<br>(4) 교사 중심의 평가 이외에 학습자의 자기 평가, 동료 평가 등의 방법을 적극 활용한다.<br>(5) 양적 평가 이외에 질적 평가, 수행 평가, 비형식 평가, 직접 평가 등의 다양한 평가 방법을 적극적으로 활용한다.<br><br>라. 평가 결과의 활용<br>(1) 평가 결과는 선수 학습의 정도나 성취 수준의 진단, 교수학습 계획의 수립 등에 활용한다.<br>(2) 평가 결과는 학습자의 한문 학습 능력의 정도와 문제점을 파악하는 도구로 활용하여 학습자의 한문 학습 능력을 향상시키는 데 도움을 주도록 하며, 교사의 수업 방법 및 평가 방법 개선의 자료로 활용한다. |

제7차 교육과정은 '평가 계획'에 평가 계획과 함께 영역별 평가 목표와 내용이 혼재되어 있었다[7]. 새 교육과정은 제7차 교육과정의 '평가 계획'에 제시된 내용을 '평가 계획'과 '평가 목표와 내용'으로 구분하고, '평가 계획'에서는 "평가 목적, 평가 주체, 평가 대상, 평가 기준, 평가 시기, 평가 상황 등을 종합적으로 고려하여 지필 평가와 수행 평가, 양적 평가와 질적 평가, 형식 평가와 비형식 평가를 적절하게 활용한다."라는 내용과 "평가 목적, 평가 방법, 평가 기준, 평가 내용, 평가 시기 등을 학습자에게 안내하여 평가를 통한 학습자의 한문 학습 능력 제고를 도모한다."라는 내용을 추가하여 제시하였고, '평가 목표와 내용'에서는 평가의 목표와 내용을 보다 상세화하여 제시

---

7) 문영진 외(2006), 67면. 참조.

하였다.

또한 새 교육과정은 '평가 방법'에서도 새로 설정된 영역 체계를 고려하여 평가 방법의 내용을 일부 수정·보완하였다.

## Ⅲ. 맺음말

새 교육과정은 漢文敎育界가 풀어야 할 매우 많은 문제들을 새로이 제기하고 있다. 이들 문제를 푸는 데 관건은 역시 올바른 문제 제기 방식이 될 것이다. 정답은 으레 문제 자체에 이미 포함되어 있기 마련이기 때문이다. 그러나 한문 교육과 관련한 제반 문제들은 문제 상황을 바라보는 시각에서부터 국민적으로는 말할 것도 없고 한문교육계 내부에서도 아직 많은 부분 공감대를 형성하고 있지 못한 형편이다. 최소 수준에서나마 공감대 형성을 위한 제반 이론적 실천적 과제 선정 및 수행이 절실한 이유이다.

제7차 교육과정과 비교하여 새 교육과정에서 부이는 가장 두드러진 변화는 한문 교과의 道具 敎科的 성격을 새롭게 규정한 것과 內容 體系의 領域을 '漢字', '漢字語', '漢文'의 三分 체계에서 '漢文', '漢文知識'의 二分 체계로 전환한 것이다. 이러한 변화가 가지는 중요한 의의는 학습자의 漢文 能力 向上을 위한 교수·학습 방법의 근본적인 전환이다. 곧 이전의 '語彙 → 漢文'의 상향식 모형(bottom-up model)을 '漢文 → 語彙'의 하향식 모형(top-down model) 및 이 두 모형을 절충한 상호 작용 모형으로 전환한 것이다.

하향식 및 상호 작용 모형에 근거하는 새로운 교수·학습 모형은 상대적으로 한자, 한자어보다 한문을 중시한다고 할 수 있다. 이에 대해 한자, 한자어 교육이 소홀히 되는 것이 아닌가 하는 우려의 목소리가 많다. 그러나 새로운 교수·학습 모형은 한자, 한자어 교육을 소홀히 하는 모형이 아니라고 생각한다. 오히려 기존의 여러 구속(기초 한자의 기계적 단원별 배정 등)에서 자유로운 보다 창의적인 한자, 한자어 교육을 지향하고 그 방법을 모색하는 새로운 시도라고 볼 수도 있다고 생각한다.

물론 새 교육과정 또한 그 자체 많은 논리적 모순과 현장 적용 상에 노정될 현실적인 문제점들을 안고 있으리라 생각한다. 이들 논리적 모순과 현실적인 문제점들을 밝히고 그 대안을 마련하는 것은 앞으로 있을 또 새로운 교육과정의 개정을 위해 우리 한문교육계가 지금부터 준비해야 할 새로운 과제라고 생각한다.

**참고문헌**

교육부(2000), 『중학교 교육과정 해설(Ⅴ) – 외국어(영어), 재량 활동, 한문, 컴퓨터, 환경, 생활 외국어』, 대한교과서 주식회사.

교육부(2001), 『고등학교 교육과정 해설 – ⑬ 한문』, 대한교과서 주식회사.

교육인적자원부(2006), 『한문과 교육과정 개정안 토론회』, 교육인적자원부.

교육인적자원부(2007a), 『교육인적자원부 고시 제 2007-79호 [별책 3] 중학교 교육 과정』, 교육인적자원부.

교육인적자원부(2007b), 『교육인적자원부 고시 제 2007-79호 [별책 17] 한문 및 교양 선택 과목 교육과정』, 교육인적자원부.

金王奎(2005), 「언어 교과의 '내용체계(內容體系)'의 몇 가지 쟁점」, 『한문교육연구』 제24호, 한국한문교육학회, 117~135면.

盧命完·朴泳穆·權敬顔(2002), 『國語科敎育論』, 甲乙出版社.

문영진·장호성·김왕규·박영호·송병렬·안재철·윤재민·이군선(2006), 『중·고등학교 한문 선택과목 교육과정 개정 시안 연구 개발』, 한국교육과정평가원.

朴英鎬(1999), 「제7차 중·고등학교 한문과 교육과정의 의의와 과제」, 『한문교육연구』 제13호, 한국한문교육학회, 103~127면.

宋秉烈(2003), 「韓國의 漢文科 敎育課程 問題와 解決의 方向」, 『한문교육연구』 제

21호, 한국한문교육학회, 267~292면.

宋秉烈(2005a), 「漢文科 敎育課程의 內容 領域 設定 및 內容 組織의 原理 摸索」, 『한문교육연구』 제24호, 한국한문교육학회, 21~46면.

宋秉烈(2005b), 「새로운 漢文科 敎育課程을 위한 漢文科 敎育課程의 爭點 考察」, 『한문교육연구』 제25호, 한국한문교육학회, 233~257면.

宋秉烈(2006a), 『새로운 한문교육의 지평』(개정증보판), 서울: 문자향.

宋秉烈(2006b), 「漢文과 漢字語의 造語 原理와 그 問題」, 『한문교육연구』 제27호, 한국한문교육학회, 397~421면.

李明學(2005), 「漢文科 敎育課程의 反省과 展望」, 『한문교육연구』 제24호, 한국한문교육학회, 1~19면.

이 글은 『漢文敎育硏究』 제29호(韓國漢文敎育學會, 2007)에 수록한 논문을 재수록한 것이다.

# 改定 漢文科 敎育課程의 性格, 目標, 內容의 問題點

安載澈

## I. 緒言

'敎育課程'의 의미는 '교육과정은 교육목적을 달성하기 위하여 학교
와 교사의 계획 하에 꾸며지는 학생들의 학습내용과 경험의 總體다.'[1]
라고 할 수 있다. 구체적으로 교육과정은 국가 수준의 교육적 의도를
문서화시켜, 공식 교육의 규범 또는 기준으로서의 교육법에 의거, 교육
부장관이 고시한 정부 문서를 의미한다. 이러한 교육과정은 교육목표
·내용·방법의 바탕이 되며, 보통 일정한 주기로 개정되곤 한다.

오늘날 우리는 제7차 개정 교육과정기를 맞고 있다. 7차 개정 한문
과 교육과정은 제7차 교육과정기까지 다른 언어 교과와 달리 '영역'과
'내용체계'에 있어 문제가 계속 거론되고 있었다. 즉, '성격', '목표',
'내용' 등에서 서로 照應되지 못하던 문제들을 중심으로 크게 수정·
보완을 하였다. 특히 한문 교과의 도구 교과적 성격을 새롭게 규정한
것과 제 5차 교육과정이래로 줄곧 유지되었던 교육과정의 '내용 체계'

---

1) 金祥源(1996), 15면.

에서 그 영역이 '한자', '한자어', '한문'의 3개 영역이었던 것이, 제7
차 개정 교육과정에서는 '한문', '한문 지식'의 2개 영역으로 바뀌었
다.[2] 이러한 변화가 가지는 중요한 의의는 교수·학습 방법의 중요한
전환이다. 즉, 이전의 '한자 → 한자어 → 한문'의 상향식 모형을, '한
문 → 어휘 → 한자'의 하향식 모형 또는 이 두 모형을 상호 작요 모형
으로 바꾼 것이다.[3]

　우리가 지금 맞이하고 있는 제7차 개정 교육과정은 한문교육계가
새로이 풀어야 할 많은 문제들을 안고 있다. 그 중에서도 본고에서는
개정 한문과 교육과정이 안고 있는 성격, 목표, 내용의 문제점에 대
하여 살펴보고자 한다.


## Ⅱ. 改定 漢文科 教育課程의 問題點

### 1. 改定 漢文科 教育課程의 重點 内容[4]

　2007년도에 들어 중등학교 한문 과목에 대한 국가·사회적 요구와
개정 교육과정에서의 과목의 위상, 현행 7차 한문 과목 교육과정이
안고 있는 내적 문제 등을 개선하고자 2007년 한문과 교육과정을 개
정하였다. 그 중점 내용은 다음과 같다.

　첫째, 한문 과목의 도구 교과적 성격을 한문 과목의 정체성에 맞게
재규정하였다. 7차 교육과정에서는 한문 교과의 도구 교과적 성격을

---

2) 교육인적자원부(2007a), 1-14면.
　교육인적자원부(2007b), 1-19면.
3) 윤재민(2007), 30면.
4)교육과학기술부(2008), 155-156면.

한자어 학습을 통하여 언어생활을 원활히 하고 다른 교과를 학습하는 데 도움을 주는 과목에서 찾았지만, 개정 교육과정에서는 그 외에 한문으로 이루어진 각종 자료 및 이와 관련된 학문과 문화의 제 분야를 이해하는 데에도 기본적인 도구가 된다고 새롭게 규정을 하였다.

둘째, 한문 과목의 '성격', '목표', '내용' 등을 상호 통일적 연계 속에서 照應하도록 설정하였다. 제7차 교육과정에서는 한문 과목의 '성격', '목표', '내용'이 부분적으로 상호 조응하지 못하는 경우가 있었다. 개정 교육과정에서는 '성격' 중에 이렇게 조응하지 못하는 내용을 일반 교육 목표 중의 하나로서 제시하고, 또 이를 '내용'의 내용체계 및 영역별 내용에 반영되도록 하여 '성격', '목표', '내용'이 상호 조응되도록 하였다.

셋째, 한문 과목의 교과적 특성과 학문적 체계에 부합되도록 내용 체계를 재조직하였다. 제5차 교육과정 이래 제7차 교육과정에 이르기까지 적용되어 온 '한자', '한자어', '한문'의 세 영역 체제는 영역들의 내포와 외연이 불분명하고 영역 설정의 기준 또한 모호하였다. 그리하여 개정 교육과정에서는 '한문'과 '한문지식'의 두 영역 체제를 제시하였으며, 중영역을 영역의 성격에 따라 '한문' 영역은 '읽기', '이해', '문화'로 설정하고, '한문지식' 영역은 '한자', '어휘', '문장'의 설정으로 재조직하였다.

넷째, 교육과정의 활용도를 제고하기 위하여 '교수·학습방법' 및 '평가'와 관련된 사항들을 개정 교육과정이 새로 설정한 영역 및 중영역에 따라 구체화하여 제시하였다. 특히 '평가'에서 제7차 교육과정의 '평가 계획'에 제시된 내용을 다시 '평가 계획'과 '평가 목표와 내용'으로 구분하고 그 세부 내용을 보다 상세화하여 제시하였다.

## 2. 改定 漢文科 敎育課程의 問題點

제7차 개정 한문과 교육과정의 문제점을 '성격', '목표', '내용' 등으로 나누어 살펴보자.

### 1) 性格

2007년 개정 한문과 교육과정의 일반적 성격은 첫번째 단락이 한문 교과의 도구교과적 성격과 한문 능력의 배양에 대해 서술하고 있고, 두번째 단락은 '전통문화의 이해와 계승'에 대하여 기술하고 있으며, 세번째 단락은 '한자문화권의 상호 이해와 교류'에 대하여 서술하고 있다. 이 내용은 한문 교과의 도구적 성격과 전통 문화 이해와 계승과 교육과정의 미비한 점을 보완·수정한 내용이다. 즉, 첫번째 단락에서 '도구교과적인 성격'의 내용을, 한문 교과에서 한자어 학습의 의의를 다만 국어 한자어의 학습 및 언어생활에서의 활용과 연계시켜서 서술한 것을, '각종 한문 자료 및 이와 연관된 문화와 학문 등 여러 분야를 이해하기 위한 도구로서의 성격'으로 서술하였다. 이것은 '한자어의 학습이 국어 교과나 기타 교과에서 해당 단어나 용어를 보다 적절한 이해를 위해 부수적으로 가르칠 수 있는 성격'으로 서술한 것이다. 두번째·세번째 단락의 '전통문화의 이해와 계승' 및 '한자문화권의 상호 이해와 교류'에 대한 내용 서술에서, 개정 교육과정에서는 '한자문화권의 문화에 대한 기초적인 지식'을 구체적인 학습 내용으로 제시하였다.[5]

위에서 기술한 것처럼, 개정 교육과정의 '성격'은 7차 교육과정의 '성격'보다 합리적이고 통합적으로 그 내용을 담고 있다고 할 수 있다.

---

5) 윤재민(2007), 11-15면.

그러나 한문 교과는 일반적인 언어 교과와 달리 한문 교과목만의 특수한 언어적 성격을 띠고 있어서[6], 좀 더 한문만이 지닌 언어적 특성이 잘 드러나게 '성격'을 규정하는 데 한문 교과 교육학자들이 연구를 고심하여야 할 것이다.

또한, 개정 교육과정 성격에 있는 '건전한 가치관과 바람직한 인성의 함양', '전통문화의 이해와 계승 발전', '한자문화권 내에서의 상호 이해와 교류 증진' 등의 내용은 우리 한문 교과만의 전유물이 아니다. 국어, 생활외국어(중국어, 일본어 등), 도덕, 일반사회, 역사 등의 교과도 우리 한문 교과의 성격과 공통된 성격을 가질 수 있다.[7] 그렇다면, 앞으로 미래에 개정되는 교육과정에서는 한문 교과만이 고유하게 가지는 성격도 개발하여 제시할 필요가 있다. 이 부분 또한 한문과 교육과정 개발 담당 학자 및 교사들이 머리를 맞대고 연구할 몫이다.

## 2) 目標

2007년 개정 한문과 교육과정은 제7차 한문과 교육과정의 틀인 '前文'과 '下位 目標'로 나누어 제시한 것을 따랐지만, 그 내용은 한문 교과의 일반적인 성격 및 특수적인 성격과 한문 교과의 내용 체계 및 영역별 내용을 고려하여 수정·보완되었다.

前文은 제7차 교육과정과 마찬가지로 한문 교과의 일반 목표와 특수 목표를 함께 제시하였지만, 그 구별을 분명히 하였다.

개정 교육과정에서 중학교『한문』과 고등학교『한문Ⅰ』의 前文의 내용은 같으나, 목표의 차원에서 수준별 차이는 하위 목표에서 별도

---

6) 일반적으로 언어 교과(국어·영어·생활외국어)에서는 '음성언어'와 '문자언어'를 취급하고, '이해기능(듣기·읽기)'과 '표현기능(말하기·쓰기)'을 익히도록 하고 있음.
7) 정재철(2008), 111-114면.

로 하나의 항목을 설정하여 제시되고 있다. 고등학교『한문Ⅱ』의 전
문은 중학교『한문』과 고등학교『한문Ⅰ』에 똑같이 제시된 한문 교과
의 일반적인 목표에『한문Ⅱ』에서 이루어야 할 과목별 특수 목표를
추가하여[8] 제시하고 있다.

개정 교육과정의 하위 목표는 전문에 제시된 목표를 항목으로 나누
어 구체화한 것으로, 중학교『한문』과 고등학교『한문Ⅰ』,『한문Ⅱ』
모두 5개 항목으로 제시되었다. 이들 항목 중, 한문교육용 기초한자
1,800자와 관련된 항목을 제외하고는 전문과 하위목표의 5개의 항목
의 내용이 照應되고 있다.

제7차 교육과정에서는 중학교『한문』과 고등학교『한문』의 내용영
역을 '漢字', '漢字語', '漢文'으로 구분하여[9] 각 영역에서 달성하여야
할 목표를 하위목표의 항목으로 설정하였다. 그러나 7차 교육과정에
서 '전문'과 '하위 목표'가 조응이 잘 이루어 지지 않는 부분이 나타나
고 있었다.[10]

개정 교육과정에서는 중학교『한문』과 고등학교『한문Ⅰ』,『한문
Ⅱ』의 내용 영역을 모두 '漢文', '漢文知識'으로 나누고, 각 영역에서
이룩하여야 할 목표를 하위 목표의 항목으로 설정하였다. 그러면서

---

8) 『한문Ⅱ』의 과목별 목표에, '한국 한문학 작품을 한국 한문학사의 흐름에 비추어
 이해할 수 있는 능력을 기른다.'의 내용을 제시하고 있음.
9) 7차 교육과정에서 고등학교『漢文古典』의 내용 영역은 '한자·한자어', '한문'의
 2영역으로 나누었음.
10) 7차 교육과정에서 '전문'의 내용 중, '한자, 한자어, 한문을 익혀 언어생활에서
 바르게 읽고 쓰며, 한문을 독해할 수 있는 능력을 기르고…'라고 하여 한자, 한자
 어, 한문 영역에서 모두 이루어야 할 목표로서 제시하였다. 그러나 하위 목표에서
 는 '한자어를 바르게 읽고 쓰며 언어생활에 활용한다.'라는 내용은 '한자어' 영역에
 서 제시하고, '한문을 독해할 수 있는 기초적인 능력을 기른다.'라는 내용은 '한문'
 영역에서 달성하여야 할 목표로서 제시하고 있어, '전문'과 '하위 목표'와 서로 조
 응하지 않는 모순이 있었다. (윤재민(2007), 24-25면.)

7차 교육과정에서 '전문'과 '하위 목표'가 조응이 잘 이루어지지 않았던 부분을 상호 조응이 되게끔 수정·보완을 하였다.[11]

그러나 개정교육과정에서는 7차 교육과정에서 강조되었던 한자 어휘에 대한 언어생활에 활용 부분이 약화되었다고 할 수 있다. 현장 교사들의 여론 조사를 통해 보면, 현실적으로 한자 어휘에 대한 강화 필요성에 대해 요구하고 있다.[12] 이러한 한자 어휘에 대한 실제성과 실용성에 대한 요구를, 전문과 목표에 넣는 방안에 대해 새로운 교육과정을 개발할 때에는 진지하게 고려해 보아야 할 것이다.

또한, 중·고등학교 한문교육용 기초한자 1,800자에 대한 문제도 여전히 대두되고 있다. 역사적으로 1972년 8월 16일에 오늘날 교육과학기술부에 해당하는 문교부는 한문과 교육과정 심사위원회의 심사 결의를 거쳐 중·고등학교 한문교육용 기초한자 1,800자를 고시하였다. 이후 2001년부터 적용된 한문교육용 기초한자 1,800자는 기존 1,800자 중에서 44자를 제외하고, 44자를 추가하여 자수는 종전과 같이 1,800자를 고시하였다.[13]

당시 사회분위기로 보아 초등학교에서는 한글을 전용화시키고, 중·고등학교에서 한문을 가르치도록 유도하기 위해 1,800자를 만들고,

11) 윤재민(2007), 20-26면.
12) 교육과정평가원(2006), 22-23: 25면. 설문조사에 따르면, 한문과 교육의 성격에 따라 중학교 교사들 60.4%, 고등학교 교사들의 78.2%가 한자 어휘 강조 쪽으로 바뀌어야 된다고 응답하였다. 바뀌어야 한다고 대답한 내용은, 중학교에서는 '한자, 한자어, 한문을 익혀 일상생활에 활용하는 측면을 강화하는 방향으로(45.8%)' …… 고등학교에서는 '한자, 한자어, 한문을 익혀 일상생활에 활용하는 측면을 강화하는 방향으로(50.4%)' …… 으로 되었다. 또한, '한자, 한자어, 한문' 중 강조되어야 할 것은 어떤 것인가에 대한 응답으로, '한자어를 바르게 읽고 쓰며 언어생활에 활용하기를'에 대한 항목에, 중학교 교사들은 33.35%가, 고등학교 교사들은 37.39%가 선택하였음.
13) 정우상(1994), 65-80면; 김상홍(2001), 1-10면.

한문교사의 양성을 위해 한문교육과도 설립하도록 하였던 것이다. 그래서 한문 교과가 필수교과가 된 적에는 한문 교과가 위상이 높아진 한문 교과지만 현재는 교과의 위상이 많이 약화되었다. 그래도 한문 교육용 1,800자는 필수적으로 가르치게 되어 있어서 교과서에도 반영토록 되어 있다. 학습자에게 양질의 교육을 위해서 쉽고 재미있으며 위계성 있는 한문 교과서의 제작은 필수적이다. 그러나 현실은 그렇지 못하다. 오히려 이 1,800자의 굴레가 더 나은 교과서를 만들지 못하도록 하는 족쇄 역할을 하고 있다. 앞으로 새로운 교육과정을 개발할 때에는 1,800자의 굴레에서 벗어나 더 다양하고 쉽고 재미있는 교과서가 제작되도록, '목표' 속에 그 내용이 어떤 식으로든 반영·제시되어야 할 것이다.

### 3) 內容

제7차 교육과정은 內容體系를 領域과 內容으로 구성하였으며, 內容을 다시 領域別로 下位項目과 內容要素로 제시하였다. 개정 교육과정은 제7차 교육과정의 틀을 그대로 유지하고 있지만, 하위 항복에 중영역의 성격을 부여하여 영역-중영역-내용요소가 한문과 교육 내용의 선정과 조직의 준거로서 체계적으로 기능할 수 있도록 내용 체계의 내용을 크게 수정·보완하였다. 즉, 내용 체계의 영역을 '漢字', '漢字語', '漢文'의 3분 체계에서 '漢文', '漢文知識'의 2분 체계로 전환하였다. 개정 교육과정은 또한 새로운 영역 체계에 따라 영역의 하위 항목 또는 중영역의 성격과 그 내용도 바뀌었다. 즉, 개정 교육과정은 중영역을 성격에 따라, 한문 영역은 '읽기', '理解', '文化'로 설정하고, 한문지식 영역은 '漢字', '語彙', '文章'으로 설정하였다. 또한 개정 교육과정은 영역과 중영역의 범주적 특성 및 학교 급별 과목별

수준을 고려하여, 『한문』과 『한문Ⅰ』은 총 17개, 『한문Ⅱ』는 총 16개
를 선정하였다. 즉, 한문 영역의 경우, '읽기'와 '이해'에서는 한문 텍
스트를 '短文', '散文', '漢詩'의 3종류로 나누고, 이 각각에 대한 '읽기
와 풀이', '이해와 감상'을 내용요소로 선정하고, '문화'에서는 '전통
문화의 이해와 계승', '한자문화권의 상호 이해와 교류'를 내용요소로
선정하였으며, 『한문Ⅱ』에서는 '한국 한문학의 흐름'을 추가 선정하
였다. 한문지식 영역의 경우, '한자'에서는 '한자의 특징', '한자의 짜
임', '한자의 역사'를 내용요소로 선정하였고, '어휘'에서는 '단어의 형
성', '단어의 갈래', '어휘와 의미'를 내용요소로 선정하였으며, '문장'
에서는 '문장의 구조', '문장의 유형', '문장의 수사'를 내용요소로 선
정하였다.14)

제5차 교육과정 이래 제7차 교육과정에 이르기까지 적용되어 온
'한자', '한자어', '한문'의 세 영역 체제는 영역들의 내포와 외연이 불
분명하고 영역 설정의 기준 또한 모호하여서15), 개정 교육과정에서
는 한문 교과의 학문적 성격과 언어적 특질을 근거로 영역을 '한문'과
'한문지식'으로 설정하였다.

개정 교육과정이 아직 현장에 적용되지 않았지만, 많은 문제를 가
지고 있는 것이 사실이다. 논의되고 있는 문제 몇 가지만 살펴보면
다음과 같다.

우선, '한문' 영역에서, '한문' 영역의 명칭문제, 중영역에서 '읽기'

---

14) 윤재민(2007), 27~38면.
15) 박영호(1996); 강경모(2002); 송병렬(2002·2003;2005;2007); 원용석(2003;2004
;2007a;2007b;2009); 안재철(2003); 김왕규(2005;2007); 김왕규·원용석·한은
수·김동규(2006); 송영일(2006); 윤재민(2007) 등.

와 '이해'의 포함 관계의 문제, '문화'의 성격 및 내용 문제 등을 꼽을 수 있다. '한문지식' 영역에서, '어휘'에 관한 용어 및 내용 포함 문제, '보어'의 문제, '문형(文形)'의 설정 기준 및 내용 문제, '품사'의 분류 및 내용 문제— 부사, 개사, 어조사, 부정사 문제, 수사법의 내용 범위 문제 등을 들 수 있다.

좀 더 자세히 살펴보자.

① **漢 文**: '漢文' 領域의 명칭은 '漢文' 敎科의 명칭과 같아서 그 含意하고 있는 내용을 애매모호하게 또는 잘못 사용할 경우가 있다. 차후에 '한문' 영역에 걸맞은 명칭을 찾아야 할 것이다.

ㄱ) **'읽기'와 '理解'의 包含 關係 問題**: 개정 교육과정이 실시되는 한문과 교육에서 '읽기 교수·학습'은 여러 가지 다양한 양상을 띨 것이다. 특히 국어 교과의 '읽기'와 한문 교과의 '읽기'에 대한 차이점, 그리고 '읽기'와 '이해'의 포함 관계를 좀 더 분명하게 제시하여야 할 것이다.

ㄴ) **'文化'의 性格 및 內容 問題**: 개정 교육과정에서 새롭게 등장한 영역이 '문화' 영역이다. 21세기에 국가적인 정체성을 유지하려면, '한국적인 문화'에 눈을 돌리지 않을 수 없다. 이러한 시기에 한문 교과 교육과정에 '한국문화 교육'을 할 수 있는 소지를 마련한 것은 당연한 것이라 여겨진다. '문화 교육'의 내용으로 한국 문화에서 복고적 전통에만 의존해서는 안 되고, '생태를 회복하는 정신적 태도', '인간이 자연성을 회복하는 태도' 등의 사고 있는 교육 내용이 있어야 한다.[16]

'문화'에 대한 내용이 내용영역으로는 처음으로 교육과정 영역에 포함되어서이겠지만, 아직도 한문 교과에서의 '문화'의 성격, 의미 및

---

16) 송병렬(2007), 50~73면.

내용에 담아야 할 것들에 대한 문제는 많이 남아 있다. 더욱 심도 있게 논의를 거쳐 확정을 할 필요가 있다고 생각한다.

② **漢文 知識**: 개정 한문과 교육과정에서는 한문 교과의 언어적 특질을 생각하고 한문에 대한 문법적인 이해의 측면을 고려하여 이 한문지식의 영역을 설정하고, 중영역으로 '한자', '어휘', '문장'의 영역을 두었다. 이 영역에서는 아래와 같은 문제점들이 나타나고 있다.

ㄱ) **'語彙'에 관한 用語 및 內容 포함 문제**: 제7차 교육과정에서 3분 체계의 '한자', '한자어', '한문'의 영역 중, '한자어' 영역에 대한 문제가 많이 제기되어 왔었다.[17] 개정 교육과정에서는 이러한 '한자어'에 대한 문제점을[18] 보완하는 의미에서 한문지식의 영역 중, 중영역에서 '어휘'라는 용어를 새롭게 설정하였다. 그러나 여전히 7차 교육과정기까지 계속 사용하여 익숙하던 '한자어'라는 용어를 굳이 바꿀 필요가 있었는가? '어휘'가 '한자'와 '문장'의 중간자적인 역할을 담당할 수 있는가? 어휘의 개념 속에 '어구', '어절'에 대한 내용도 포함되어야 하지 않겠는가? 등에 대한 문제들이 제기되고 있다. 이제는 이러한 문제들에 대하여 심도 있는 논의를 거쳐야 할 시점인 것 같다.

ㄴ) **'補語'의 問題**: 한문 문법은 많은 논의를 거쳤지만, 아직도 통일된 안을 갖지 못해서 여전히 논란의 여지를 갖고 있다. 그 중 대표적인 문제가 '보어' 문제이다.[19] 개정 교육과정은 문법 방면에서 문법

---

17) 박영호(1996); 강경모(2002); 송병렬(2002;2003;2005;2007);원용석(2003;2004;2007a;2007b;2009); 안재철(2003); 김왕규(2005;2007); 김왕규·원용석·한은수·김동규(2006); 송영일(2006); 윤재민(2007) 등.

18) 송병렬(2006), 229~250면; 원용석(2007), 36~42면; 조영호(2008), 214~248면; 정재철(2008), 103~130면.

19) 송병렬(1996), 5~21면; 송병렬(2006),123~141면; 정만호(2004), 243~267면;

범위나 내용, 용어의 명칭과 개념 등이 타 교과와 보편적 체계에 맞
추어 잘 반영되었다고 할 수 있다. 그러나 개정 중학교 교육과정에
보이는 빈어와 보어의 영역 구분, 그리고 개념 규정이 불분명하고 예
시문도 학교 현장에서 초학자에게 혼란을 가져올 수 있다.[20] 이처럼
혼란을 야기시키고 있다고 보는 보어에 대한 문제점에 대한 논의도
시급히 하여야 될 사항이다.

학교 한문 문법은 현재 언어생활에서 사용하기 위한 것이 아니다.
한문 문법은 기록된 고전어인 문언문에 대한 체계적인 모습을 기술하
는 것으로 的確한 독해를 위한 수단이다. 그러므로 학교 문법은 학문
문법 체계를 바탕으로 기술되어야 하며, 학교 현장을 고려하여 쉽게
설명되고 이해될 수 있어야 한다.

ㄷ) '文章의 形式(文形)'의 設定 基準 및 內容 問題: 7차 교육과정
기까지 문형(文形:Sentence Form)에 대한 개념 및 설정 기준에 대한

---

정만호(2006), 123~145면: 정순영(2008), 135~167면.

20) 징순영(2008), 135~167면. 그 중 한 부분민 인용해 보자.

개정 교육과정에서 빈어와 보어에 대한 영역구분은 혼란을 야기 시키고 있다. 학
습자에게 혼란을 가중시키는 점은 빈어로 쓰일 때의 동작 행위와 보어로 쓰일 때
의 동작 행위가 어떻게 다른가 하는 점이다. 즉, 존재 소유와 상태의 다른 점에
대한 문제라고 할 수 있다. 먼저 빈어로 쓰일 때의 동작 행위와 보어로 쓰일 때의
동작 행위의 다른 점을 개정교육과정의 예시문에서 살펴보면, 빈어-登山[산에 오
름] ('山'이 '登'의 목적지를 나타내므로 빈어로 봄) 入學[학교에 들어감] ('學'이
'入'의 목적지를 나타내므로 빈어로 봄) 보어-下山[산에서 내려옴]

술빈관계와 술보관계에서 동작 동사 '오르다'와 '내리(려오)다'의 동작 행위의 다
음에 오는 성분 '山'에 대하여 하나는 빈어로 설정하고 하나는 보어로 설정하고
있는 점이 우선 혼란스럽다. 빈어의 '山'은 목적지이고 보어의 '山'은 출발지라는
구분에서 동사와의 지배관계가 다르다는 것인데 이에 대한 설명은 없다. 단지 다
른 것은 해석에 있어서 '-에'와 '에서'의 차이점이다. 즉, '山'은 '登'과 '下'의 동작
행위 대상으로 문장에 출현하였기 때문에 '山'은 '登'과 '下'의 문법지배를 받는 빈
어성분이라는 것을 알 수 있다.(150~151면 인용)

내용이 애매모호하여 의견이 분분하였다.[21] 7차 고등학교 한문과 교육과정 해설에서, '문장의 형식'이란, 화자와 청자 사이에서 이루어지는 언어 사실(言語事實)의 형식을 말한다. 다시 말하면, 어떠한 의향을 가지고 어떤 형식으로 말하느냐 하는 화술(話術)이나 문장의 성질상의 형식을 말한다. 문장의 구조가 어순에 의하여 형성된 것이라면, 문장의 형식은 말하는 형식을 기본으로 하여 이루어진 관습화된 형식이다. 문장의 형식을 유형별로 구분하여 보면, 평서형, 부정형, 의문형, 반어형, 비교형, 가정형, 한정형, 사동형, 피동형, 금지형, 감탄형 등으로 나누고 있다.[22] 그러나 개정 중학교 교육과정 해설에서는 문장의 유형을 화자가 나타내는 어기를 기준으로 평서문, 의문문, 명령문, 감탄문 등으로 나누고 있다.[23]

7차까지의 교육과정에서는 '문장의 형식(文形)'이라는 용어를, 개정 교육과정에서는 '문장의 유형'의 용어를 사용하여 각각의 용어에 대한 정의와 그 분류를 하고 있다. 그러나 개정 교육과정에서는 7차 교육과정에서 사용되고 있던 내용—반어형, 비교형, 가정형, 한정형, 사동형, 피동형, 금지형—들이 삭제되고 있다. 이러한 삭제된 내용들에 대한 추가 삽입 또는 보충하여 제시하는 문제에 대해서도 논의가 전개되어야 할 것이다.

ㄹ) '品詞'의 分類 및 內容 問題—부사, 개사, 어조사, 부정사 문제: 학교 문법에서 품사의 문제는 몇 번의 논의를 거쳐[24] 큰 분류는 그 내용이 확정되었다고 할 수 있다. 즉, 실사(實詞)로는 명사, 대명사,

---

21) 김승호(1996), 63~82면; 김승호(2001), 77~116면; 김승호(2006), 149~203면.
22) 교육부(2001), 38~42면.
23) 교육과학기술부(2008), 197면.
24) 안재철(1996), 35~61면; 안재철(2001), 43~72면: 장호성(2006), 51~85면.

수사, 동사, 형용사, 부사를, 허사(虛詞)로는 개사, 접속사, 어조사, 감탄사를 그 분류 내용으로 삼았다. 그러나 그 각각의 품사의 하위분류인 내용영역에 대해서는 아직 충분한 논의를 거치지 못하였다. 즉, 명사의 하위분류의 내용으로 '불완전명사(者, 所)' 등, 동사에서 조동사로 부정사 '不, 未······ 등'을 포함시키는 문제, 부사에서 부정사를 그 하위분류의 내용으로 포함시키는 문제, 어조사의 문제, '之'자의 품사 귀속 문제 등등이 문제가 되고 있다. 가급적 빠른 시일 내에 학교문법의 내용으로 통일되었으면 좋겠다.

ㅁ) **修辭法의 內容 範圍 問題**: 개정 한문과 교육과정에서 종전 교육과정과 달라진 특이한 점 중 하나가 "다양한 유형의 한문 자료를 비판적으로 이해하고 심미적으로 향유할 수 있는 능력을 기른다."는 목표가 설정된 것이다. 이에 따라 "한문 단문, 한문 산문, 한시의 특수한 표현 방식을 이해하고 감상할 수 있다."라는 영역별 내용이 추가되고, 그에 따른 한문지식으로 "문장의 수사법을 이해한다."라는 내용이 덧붙여졌다. 그리하여 한문 교사들은 수사법이라는 새로운 학습 내용을 충분히 실현하기 위하여 일정한 준비를 갖출 필요성을 갖게 되었다.[25] 그렇지만 한문 수사법에 대한 개념 및 종류, 구성 및 표현 효과 등등에 대한 연구는 아직 미진하고, 수사법에 대한 내용을 학교급별, 과목급별에 맞게 수준을 고려하여 그 범위를 분명하게 제시하는 연구도 더 필요하다. 연구가 활발하게 진행되면 한문과의 새로운 학습 내용이 갖추어지게 될 것이며, 독립된 어문학 교과로서의 한문 교과의 위상도 정립되고 높아질 것이다.

---

25) 이의강(2007), 117~149면.

## Ⅲ. 結言

7차 개정 한문과 교육과정에서는 그동안에 문제시 되어오던 교육과정의 문제점을 보완하여 그 내용을 크게 바꾸었다. 즉, '성격', '목표', '내용'에서 대폭 개정되었다. 그러나 보다 더 나은 교육과정이 되기 위해서는 수정·보완되어야 할 내용이 적지 않다.

위에서 개정 한문과 교육과정의 성격, 목표, 내용의 문제점 등에 대하여 살펴보았다. 그 내용을 요약 정리하면 다음과 같다.

1. **性格**: 개정 교육과정의 '성격'은 7차 교육과정의 '성격'보다 합리적이고 통합적으로 그 내용을 담고 있다. 그러나 한문 교과는 일반적인 언어 교과와 달리 한문 교과목만의 특수한 언어적 성격을 띠고 있어서, 좀 더 한문만이 지닌 언어적 특성이 잘 드러나게 '성격'을 규정할 필요가 있다. 또한, 개정 교육과정 성격에 있는 '건전한 가치관과 바람직한 인성의 함양', '전통문화의 이해와 계승 발전', '한자문화권 내에서의 상호 이해와 교류 증진' 등의 내용은 우리 한문 교과만의 전유물이 아니다. 국어, 도덕, 일반사회, 역사 등의 교과도 우리 한문 교과의 성격과 공통된 성격을 가질 수 있다. 앞으로 미래에 개정되는 교육과정에서는 한문 교과만이 고유하게 가지는 성격도 개발하여 제시할 필요가 있다.

2. **目標**: 개정 교육과정에서는 중·고등학교 『한문』의 내용 영역을 모두 '漢文', '漢文知識'으로 나누고, 각 영역에서 이룩하여야 할 목표를 하위 목표의 항목으로 설정하여, 7차 교육과정에서 '전문'과 '하위 목표'가 조응이 잘 이루어지지 않았던 부분을 상호 조응이 되게끔 수

정·보완을 하였다. 그러나 개정 교육과정에서는 7차 교육과정에서 강조되었던 한자 어휘에 대한 언어생활에 활용 부분이 약화되었다 할 수 있다. 이 한자 어휘에 활용에 관한 강화 문제도 다시 제시할 필요도 있어 보인다. 또한, 앞으로 새로운 교육과정에서는 한문교육용 기초한자 1,800자의 굴레에서 벗어나 더 다양하고 쉽고 재미있는 교과서가 제작되도록 '목표' 속에 그 내용이 반영·제시되어야 할 것이다.

3. **内容**: 개정 교육과정에서는 중·고등학교『한문』의 내용 영역을 모두 '漢文', '漢文知識'으로 나누고 있지만, 문제점으로는 다음과 같은 것들을 꼽을 수 있다. 즉, '한문' 영역에서, '한문' 영역의 명칭문제, 중영역에서 '읽기'와 '이해'의 포함관계, '문화'의 성격 및 내용 문제 등을 들 수 있다. '한문지식' 영역에서는 '어휘'에 관한 용어 및 내용 포함 문제, '보어'의 문제, '문형(文形)'의 설정 기준 및 내용 문제, '품사'의 분류 및 내용 문제– 부사, 개사, 어조사, 부정사 문제, 수사법의 내용 범위 문제 등을 들 수 있다.

① **漢文**: '한문' 영역의 명칭은 '한문' 교과의 명칭과 같아시 그 힘의하고 있는 내용을 잘못 사용할 경우가 있어, '한문' 영역에 걸맞은 명칭을 찾아야겠다.

ㄱ) **'읽기'와 '이해'의 포함 관계**: 국어 교과의 '읽기'와 '한문 교과의 '읽기'에 대한 차이점, '읽기'와 '이해'의 포함 관계를 좀 더 분명하게 살피고 제시하여야 할 것이다.

ㄴ) **'문화'의 성격 및 내용 문제**: 한문 교과에서의 '문화'의 성격, 의미 및 담아야 할 내용 등에 대해 더욱 심도 있게 논의를 할 필요가 있다.

② 漢文 知識: 개정 한문과 교육과정에서는 한문에 대한 문법적인 이해의 측면을 고려하여 한문지식의 영역을 설정하고, 중영역으로 '한자', '어휘', '문장'의 영역을 두었다. 이 영역에서는 아래와 같은 문제점들이 나타나고 있다.

ㄱ) '語彙'에 관한 用語 및 內容 包含 問題: 7차 교육과정기까지 계속 사용하여 익숙하던 '한자어' 용어의 계속적인 사용 문제, '어휘'가 '한자'와 '문장'의 중간자적인 역할을 담당할 수 있는지의 여부 문제, 어휘의 개념 속에 '어구', '어절'에 대한 내용 포함 문제 등에 대한 문제들이 제기되고 있어 논의를 할 필요가 있어 보인다.

ㄴ) '補語'의 問題: 한문과 교육과정에 보이는 빈어와 보어의 개념 및 영역 구분에 대한 규정이 불분명하고 예시문도 학교 현장에서 혼란을 가져올 수 있다. 이에 대한 논의가 진행될 필요가 있다.

ㄷ) '文章의 形式(文形)'의 설정 기준 및 내용 문제: 개정 교육과정에서는 7차 교육과정의 '문장의 형식(文形)'이라는 용어 대신에 '문장의 유형'이라는 용어를 사용하여 각각의 용어에 대한 정의와 그 분류를 하고 있다. 그러나 개정 교육과정에서는 7차 교육과정에서 사용되고 있던 내용—반어형, 비교형, 가정형, 한정형, 사동형, 피동형, 금지형—들이 삭제되고 있어, 삭제된 내용들에 대한 추가 삽입 또는 보충하여 제시하는 문제 등에 대해서도 논의가 되어야 할 것이다.

ㄹ) '品詞'의 分類 및 內容 問題: 품사의 하위 분류의 내용인 부사, 개사, 어조사, 부정사 등에 문제에 대한 충분한 논의가 이루어져 학교문법인 한문 문법이 통일되었으면 한다.

ㅁ) 修辭法의 內容 範圍 問題: 개정 한문과 교육과정에서 종전 교육과정과 달라진 특이한 점 중 하나가 '한문 지식'으로 "문장의 수사법을 이해한다."라는 내용요소가 덧붙여진 것이다. 그러나 한문 수사

법에 대한 개념 및 종류, 구성 및 표현 효과 등에 대한 연구는 아직 일천한 편이며, 수사법에 대한 내용을 학교급별, 과목급별에 맞게 수준을 고려하여 그 범위를 분명하게 제시하는 연구는 더 더욱 미진한 편이다. 이것들에 대한 논의도 활발히 전개되어야 할 것이다.

제 7차 개정 한문과 교육과정이 특히 한문의 언어학적인 특징에 강조를 두고 이루어 진 것은 바람직한 것이라 생각한다. 그러나 위에서 나타나고 있는 '성격', '목표', '내용' 등의 문제점들이 해결되고, 이러한 수정·보완된 내용들이 교육과정에 반영되고, 다시 다양한 한문 교육의 양상에 적용되고, 또 다시 교육과정에 투입되는 과정을 거치면, 바람직한 한문과 교육과정이 만들어 질 것이다. 개정 한문과 교육과정이 하루 빨리 다른 어문학 교과보다 나은 교육과정이 만들어져, 한문 교과의 위상이 분명히 정립되고, 확실히 고양되었으면 하는 바람을 가져 본다.

### 참고문헌

교육부(2001), 『고등학교 교육과정 해설-한문-』, 38-42면.

교육인적자원부(2007a), 『교육인적자원부 고시 제2007-79호 [별책16] 중학교 재량 활동의 선택 과목 교육과정-한문-』 1-14면, 교육인적자원부.

교육인적자원부(2007b), 『교육인적자원부 고시 제2007-79호 [별책17] 한문, 교양 선택과목 교육과정』 1-19면, 교육인적자원부.

교육과학기술부(2008), 『중학교 교육과정 해설 Ⅴ-한문-』, 197면.

한국교육과정평가원(2006), 『중고등학교 한문 선택과목 교육과정 개정 시안 연구 개발(연구 책임자:문영진)』, 22-25면.

강경모(2002), 「바람직한 漢文科 評價를 위한 內容 領域 檢討」, 『漢文敎育』 54, 서울 : 全國漢文敎師모임.

金祥源(1996), 『最新 敎育課程과 敎育方法論』, 교육출판사, 15면.

김상홍(2001), 「2001년도부터 적용되는 조정된 한문교육용 기초한자의 고찰」, 『한문교육연구』, 제16호, 1-10면, 한국한문교육학회.

김승호(1996), 「한문문형에 대한 연구」, 『한문교육연구』 제10호, 63-82면. 한국한문교육학회.

김승호(2001), 「학교 문법을 위한 문장분류의 문법적 이해」, 『한문교육 연구』 제17호, 77-116면, 한국한문교육학회.

김승호(2006), 「한문 문장 분류의 기준과 내용에 대하여」, 『한자한문교육』 제16집, 149-203면, 한국한자한문교육학회.

金王奎(2005), 「言語 교과의 '내용 체계(內容 體系)'의 몇 가지 쟁점」, 『漢文教育研究』 第24號, 117-135면, 한국한문교육학회.

김왕규(2007), 「한문교육학의 성격에 대한 몇 가지 쟁점」, 『漢文教育研究』, 第29號, 239-263면, 한국한문교육학회.

김왕규·원용석·한은수·김동규(2006), 「한문과 교과 교육 내용 체계 및 내용 교재 개발」, 『漢字漢文教育』 第17輯, 249-297면, 한국한자한문교육학회.

朴英鎬(1996), 「제6차 한문과 교육과정 중 '내용 체계'의 문제점과 해결방안」 『漢文教育研究』, 제10號, 韓國漢文教育學會.

宋秉烈(1996), 「교과서 한문 문법에 대한 재고」, 『한문교육연구』, 제10호, 5-21면. 한국한문교육학회.

宋秉烈(2001), 「학교 문법을 위한 문장분류의 문법적 이해」, 『한문교육 연구』 제17호, 77-116면, 한국한문교육학회.

宋秉烈(2002), 「漢文科 教育課程의 領域과 內容 體系의 問題」, 『새로운 한문 교육의 지평』, 문자향.

宋秉烈(2003), 「韓國의 漢文과 教育課程 問題와 解決의 方案」, 『漢文教育研究』 第21號, 한국한문교육학회.

宋秉烈(2005), 「새로운 漢文科 教育課程을 위한 漢文科 教育課程의 爭點 考察」, 『漢文教育研究』 第25號, 韓國漢文教育學會.

宋秉烈(2006), 「한문 교육의 한자어 교육 문제」, 『새로운 한문교육의 지평』, 229~250면. 문자향.

宋秉烈(2006), 「바람직한 문장 구조 및 성분론」, 『새로운 한문교육의 지평』, 123~141면, 문자향.

宋秉烈(2006), 「한문 문장 분류의 기준과 내용에 대하여」, 『한자한문교육』 제16집, 149~203면, 한국한자한문교육학회.

宋秉烈(2007), 「2007년 개정 교육과정에 따른 한문 교과의 문화 교육 가능성」, 『한문교육연구제29호』, 50~73면, 한국한문교육학회.

宋永日(2006), 「第7次 漢文科 敎育課程 改正 試案의 問題點과 對策」, 『漢字漢文敎育』, 第17輯, 299~327면, 한국한자한문교육학회.

안재철(1996), 「한문교육에 있어서의 문법용어의 제 문제」, 『한문교육연구』 제10호, 35~61면, 한국한문교육학회.

안재철(2001), 「학교 한문 문법의 품사 분류와 그 내용에 관한 문제」, 『한문교육연구』 제17호, 43~72면, 한국한문교육학회.

안재철(2003), 「한문과 교육과정의 영역에 대한 문제 검토」, 『한문교육연구』 제20호, 443-483면, 한국한문교육학회.

원용석(2003), 「漢文科 敎育課程의 內容體系에 觀한 硏究」, 『漢字·漢文敎育』 第11輯, 韓國漢字漢文敎育學會.

원용석(2004), 「漢文科 敎育課程 內容 體系 考察」, 『漢文敎育硏究』, 第22號, 韓國漢文敎育學會.

원용석(2007a), 「한문과 교육과정 변천과 내용 체계(內容體系) 연구」, 한국교원대학교 박사학위 논문.

원용석(2007b), 「개정 第7次 漢文科 敎育課程의 '내용 체계' 고찰」, 『漢字漢文敎育』, 第19輯, 15~47면, 한국한자한문교육학회.

원용석(2009), 「제7차 한문과 개정 교육과정 평가 연구 시론」, 『한자한문교육』, 제22집, 191~224면, 한국한자한문교육학회.

윤재민(2007), 「2007년 개정 한문과 교육과정의 구체적 내용 분석」, 『한문교육연구』, 제29호, 7~47면, 한국한문교육학회.

이의강(2007), 「중고등학교 한문과의 새로운 내용요소인 한문수사법에 관한 탐색」, 『한문교육연구』, 제28호, 117~149면, 한국한문교육학회.

장호성(2006), 「한문 학교문법의 품사분류와 명칭」, 『한자한문교육』, 제16집, 51~85면, 한국한자한문교육학회.

정만호(2004), 「빈어와 보어의 구분에 관한 소고」, 『한문교육연구』, 제23호, 243~267면, 한국한문교육학회.

정만호(2006), 한문의 문장성분 분류」, 『한자한문교육』, 16호, 123~145면, 한국한자한문교육학회.

정순영(2008), 「중학교 한문과 "한문지식영역"에서 한문 문법의 문제-빈어와 보어의 설정 문제-」, 『한문교육연구』, 제31호, 135~167면, 한국한문교육학회.

정우상(1994), 「한문과 교육정책과 한문교육용 기초한자의 선정」, 『한자한문교육』 창간호, 65~80면, 한국한자한문교육학회.

정재철(2008), 「중학교 한문 교과서에서의 어휘 교육의 위상-중학교 한문 과목의 정체성과 관련하여-」, 『한문교육연구』, 제31호, 103~130면, 한국한문교육학회.

조영호(2008), 「한자어의 의미 분석을 통한 어휘 지도 방안-고등학교 한문과 교육과정 개정안과 관련하여-」, 『한자한문교육』 21집, 214~248면. 한국한자한문교육학회.

조영호(2002), 「漢文科 敎育課程의 領域에 대한 問題 檢討」, 『漢文敎育硏究』, 第20號, 韓國漢文敎育學會.

조영호(2003), 「韓國의 漢文과 敎育課程 問題와 解決의 方案」, 『漢文敎育硏究』, 第21號, 漢文敎育學會.

조영호(2005), 「새로운 漢文科 敎育課程을 위한 漢文科 敎育課程의 爭點 考察」, 『漢文敎育硏究』, 第25號, 韓國漢文敎育學會.

조영호(2007), 「2007년 개정 敎育課程에 따른 漢文 敎科의 文化 敎育 可能性」, 『漢文敎育硏究』, 第29號, 49~75면, 韓國漢文敎育學會.

이 글은 『漢字漢文敎育』 24호(韓國漢字漢文敎育學會, 2010)에 수록한 논문을 재수록한 것이다.

# 漢文科 敎育에서의 텍스트의 水準과 範圍

尹在敏

## Ⅰ. 머리말

漢文科 敎育에서 텍스트의 水準과 範圍 문제는 그 동안 한문교육 연구자라면 누구나 다 어느 정도 그 중요성에 대해 의식해 본 적이 있었을 문제이다. 무엇보다도 먼저 교과서 집필자들이 집필 초기부터 그 마무리에 이르기까지 가장 많이 고민했을 문제도 바로 이 문제일 것이나. 그러나 정작 漢文科 敎育에서 텍스트의 水準과 範圍 문제에 대한 본격적인 논의는 그 동안 별로 없었다.

물론 매번 교육과정이 개정될 때마다 고려하는 學校 級別 및 學年別 수준 차이의 문제는 바로 이 문제를 주로 다루는 것이라고 할 수 있다. 그러나 이와 관련하여 중학교 한문교육용 기초한자 900자와 고등학교 한문교육용 기초한자 900자라는 가장 기초적이면서도 객관적(?)인 기준, 그러나 동시에 너무나 추상적이면서도 주관적인 기준을 넘어서는 보다 섬세하고도 구체적인 기준에 대한 논의는, '간이한'·'평이한'·'심화된'·'보다' 등의 관형사적 표현들을 빼고 말한다면, 아직까지 없었다고 할 수 있다.

漢文科 教育에서 텍스트의 水準과 範圍 문제는 크게 두 가지 분야에서 연구될 필요가 있다. 하나는 이론적인 측면에서 敎育課程 분야이고 다른 하나는 실천적인 측면에서 교과서 편찬 분야이다. 이 중 교과서 편찬 분야에서 텍스트의 水準과 範圍 문제는 교육과정의 새로운 지침이 나올 때마다 교과서 집필자들이 나름의 경험과 노하우를 동원하여 해결해 온, 그러나 최종적으로는 지금까지 우리 한문교육 연구자들이 늘 고민하면서도 미처 이론화하지 못한 분야이다. 교육과정 분야에서 텍스트의 水準과 範圍 문제는 매번 교육과정 개정 때마다 그 동안의 이론적 연구 축적의 결핍을 안타까워했을, 그러나 아직까지도 그 근본적인 해결 방향을 미처 모색하지 못한 분야이다.

漢文科가 다뤄야 할 텍스트의 範圍는 너무나 넓다. 그것을 어떻게 水準別로 系列化·位階化할 것인가? 더군다나 매번 교육과정이 개정될 때마다 漢文科가 고민했던 것은 자기정체성 또는 자기 존립의 문제가 아니었던가? 衣食이 足해야 禮節을 안다고, 어느 겨를에 禮義와 節次를 따진단 말인가? 그러나 必要할 때 必要한 것은 必要에 대한 울분이 아니라 必要한 것 그 자체이다.

## Ⅱ. 教育課程에서의 텍스트의 水準과 範圍

漢文科 教育에서 텍스트의 水準과 範圍 문제는 무엇보다도 먼저 漢文科 敎育課程의 領域, 內容 要素, 學習 要素의 각 차원에서부터 구체적으로 다뤄져야 할 문제이다. 곧 한문 교육의 구체적 내용을 구성할 영역을 어떻게 설정할 것인가? 각 영역을 구성할 교육 내용 요소에는 어떠한 것들이 있으며, 그것을 學校 級別 및 學年別 水準別로

어떻게 系列化·位階化할 것인가? 각 내용 요소를 구성할 하위 내용
요소, 곧 학습 요소에는 어떠한 것들이 있으며, 그것을 學校 級別 및
學年別 水準別로 어떻게 系列化·位階化할 것인가?

사실 이들 문제에 대한 본격적인 연구는 한문교육 학계에서 아직까
지 제대로 이루어진 적이 없었다. 시급한 과제가 아닐 수 없다.

물론 漢文科 敎育에서 텍스트의 水準과 範圍에 대한 고려가 이전
교육과정에서 전혀 없었던 것은 아니다. "漢字·漢文 敎育에 대한 해방
후 최초의 공식적이면서도 전면적인 闡明"[1]이라고 할 第1次 敎育課程
(1955.8.1 제정 공포)에서부터 이미 중학교와 고등학교의 학교 급별 및
학년별 교육 내용을 나름의 방식으로 系列化·位階化하고자 하는 노력
들을 찾아볼 수 있는바, 다음의 표의 내용이 이를 잘 보여준다.[2]

〈표 1〉 제1차 교육과정의 '중학교 漢字 및 漢文 학습 내용'과 '고등학교 漢文 과정'

| 구분 | | 제 1학년 | 제 2학년 | 제 3학년 |
|---|---|---|---|---|
| 중학교 | 교재 내용 | 우리의 일상생활에 가장 많이 활용되는 漢字를 주로 하여 간명(簡明) 적절(適切)한 漢字語를 배열하고, 반복 연습할 자료를 풍부하게 한다. | 전 학년의 내용과 유사(類似)한 교재로 하되, 그 양(量)을 증가하고, 후반부(後半部)에는 일상생활에 많이 쓰이는 격언(格言) 고사(故事) 등을 지도한다. | 교재 선택에 유의하여 상용한자(常用漢字) 범위 내의 漢字를 완전히 습득하게 하고, 아울러 간단한 단문류(短文類)와 평이(平易)한 시가류(詩歌類)를 과(課)한다. |
| | 지도 요령 | 漢字의 구조(構造), 서획(書劃)의 순차(順次), 음의(音義), 서체(書體) 등을 지도하고, 漢字 사 | 전 학년에서 학습한 漢字 지식의 기초 위에 그 활용 범위를 넓히고, 무미 건조(無味乾燥)한 자 | 漢字語의 구조(構造)와 의의를 정확히 파악하고 반복 연습으로써 그 이해를 철저히 한다. |

---

1) 尹在敏(2011), 237면. 第1次 敎育課程에서 한문교육 과정은 中學校의 경우에는
國語科 敎育課程 아래에 '중학교의 漢字 및 漢字語 학습'으로, 고등학교의 경우에
는 역시 國語科 敎育課程 아래에 '漢字 및 漢文 指導' 사항으로 별도 규정을 두어
교육할 수 있도록 하였다.

2) 이 표는 중학교의 경우 교육부(2000), 191~193면을 참조하였고, 고등학교의 경
우는 교육부(2000), 323~326면을 참조하여 작성한 것이다.

| 중학교 | 지도요령 | 전류의 활용 방법을 숙달(熟達)하게 한다. | 구(字句) 연습을 피하여 흥미를 유발(誘發)하도록 지도한다. | |
|---|---|---|---|---|
| | 교재내용 | 중학교 三 년의 교재 내용에 준(準)하여 그 정도를 좀 더 높이고, 漢文의 구조(構造)를 이해시킨다. | 평이한 문장, 사서(史書), 격언(格言), 우화(寓話) 등을 과하되, 현대인의 관념(觀念)에 감응(感應)되고 심금(心琴)을 고동(鼓動)시킬 수 있는 교재를 선택하는데 유의한다. | 전기류(傳記類), 문장류(文章類), 사서류(史書類), 평이한 경전(經傳), 시가(詩歌) 등을 과하되, 장편일 때는 분절(分節), 설장(設章)하여 학습상 권태(倦怠)를 피하도록 한다. |
| 고등학교 | 지도요령 | 학습 내용이 우리의 일상 생활과 유리(遊離)됨이 없이 호상(互相) 연결되고 활용이 되도록 하며, 학습에 대한 의욕(意慾) 증진(增進)과 흥미 유발(誘發)에 유의한다. | 교재 내용을 정확히 파악하여 심미력(審美力)과 판단력(判斷力)을 기르고 고매(高邁)한 인격 도야에 힘쓰도록 한다. | 고전(古典) 연구의 기초 지식을 수득(修得)하고, 단장(斷章) 취의(取義)의 폐단을 지양(止揚)하여 문(文) 전체의 대의(大意)를 파악할 수 있는 독서력을 기르며, 漢學이 우리 문화에 미친 영향과 동양 문화의 특질을 이해하도록 지도한다. |

더욱이 제1차 교육과정은 고등학교의 경우 특히 '四. 참고 자료'항을 특별히 제시하여, "漢文 지도의 자료는 실로 방대(尨大)한 것이나, 가장 중요한 부류(部類)만을 열거(列擧)하면 다음과 같다."[3]라고 하면서, 그 구체적인 내용을 다음 표[4]와 같이 제시하기도 하였다.

---

3) 교육부(2000), 325면.
4) 이 표는 교육부(2000), 325~326면의 내용을 정리한 尹在敏(2011), 241면의 〈표 7〉을 재인용한 것이다.

〈표 2〉 제1차 교육과정의 고등학교 漢文의 '참고 자료'

| 1. 漢민족의 손으로 된 서적 | 2. 韓人의 손으로 된 서적 |
|---|---|
| (1) 經書: 四書 五經 等 | (1) 史書: 三國史記, 三國遺事, 東史綱目, 高麗史, 增補文獻備考, 四千年文獻通考, 李朝實錄 等 |
| (2) 史書: 二十四史, 資治通鑑, 十八史略, 國策 等 | (2) 其他의 散文: 海東小學, 童蒙先習, 芝峯類說, 東文選 等 |
| (3) 子書: 莊子, 荀子, 韓非子, 淮南子, 管子, 說苑 等 | (3) 各種文集: 鄭圃隱集, 退溪全書, 栗谷全集, 尤庵集, 燕巖集 等 |
| (4) 名家의 散文: 唐宋八大家文, 騈儷文 等 | (4) 詩: 大東詩選 等 |
| (5) 傳奇小說類: 傳奇小說, 三國志 等 | |
| (6) 其他의 散文: 蒙求, 小學, 近思錄, 孔子家語 等 | |
| (7) 古今의 有名한 詩集: 唐詩 其他 | |
| (8) 有名한 文集類 | |
| (9) 兵書類 | |

비록 고등학교에만 제시되어 중학교와의 系列化·位階化 정도를 파악할 수 없다는 점, 단순히 書目들을 종류별로 나열하는 데서 그치고 말아 해당 書目 중의 어떤 내용이 보다 구체적인 한문 교육의 대상이 될 지가 여전히 모호하다는 점 등 한계가 많지만, 교육과정 상에서 텍스트의 水準과 範圍에 대한 고려는 이 제1차 교육과정이 처음으로 시도한 것이라는 점에서 그 의의가 결코 삭은 것이 아니나. '참고 자료' 형태로나마 텍스트의 水準과 範圍를 제시하고자 하는 노력은 이후 더 진전된 논의가 이루어지지 않았는바, 제2차 교육과정의 '참고 자료'는 이 제1차 교육과정의 내용을 그대로 옮겨온 것에 불과하며, 제3차 교육과정 이후로는 아예 '참고 자료' 형태로든 다른 형태로든 텍스트를 제시하고자 하는 노력 자체가 보이지 않는다.

역시 국어과 교육과정 아래에서 한문교육 과정을 제시하고 있는 第2次 敎育課程(1963.2.15 제정 공포)에서 특기할 사항은, 한문교육에서 학습해야 할 학습 내용을 내용 요소 형태로 학교 급별 및 학년별로 계열화·위계화하여 제시했다는 점이다. 다음의 표에서 이를 확인할 수 있다.5)

〈표 3〉제2차 교육과정의 중학교 '한자 및 한문 지도'와 고등학교 '한문 과정'의 '지도 내용'

| 중학교 | | | 고등학교 |
|---|---|---|---|
| 제 1학년 | 제 2학년 | 제 3학년 | |
| (1) 간단한 단어의 음독<br>(2) 단어의 새김<br>(3) 한자의 음 알기<br>(4) 한자의 뜻 알기<br>(5) 한자의 서획 알기<br>(6) 초보적 한자의 구조<br>(7) 한자 사전류의 색자 방법 | (1) 단어와 단어와의 비교 구별<br>(2) 한자를 이용하여 단어 만들기<br>(3) 간단한 격언의 이해<br>(4) 간단한 고사 읽기<br>(5) 서획 순서에 맞게 한자 쓰기<br>(6) 간단한 성귀의 이해 | (1) 간단한 문장의 이해<br>(2) 한자 둘러 쓰기<br>(3) 한자 구조의 원리<br>(4) 단문의 해석<br>(5) 평이한 시가류의 이해<br>(6) 간단한 고사 등의 이해 | 1) 한자 및 한문의 구조를 이해한다.<br>2) 평이한 문장, 사서, 격언, 우화를 읽게 한다.<br>3) 평이한 경전, 시가를 읽게 한다.<br>4) 한학과 국문학과의 관계를 알게 한다.<br>5) 한학과 동양 문화와의 관계를 알게 한다.<br>6) 한문의 대의를 파악하도록 한다.<br>7) 사전류의 색자 방법에 익숙하도록 한다. |

이 학습 내용들은 중학교의 경우, 제1차 교육과정의 '三. 중학교 漢字 및 漢文 학습 내용' 중 학년별 '교재 내용'과 '지도 요령'의 내용 속에 대부분 직간접적으로 포함되어 있었던 내용들을 적출하여 제시한 것이며, 고등학교의 경우 역시 제1차 교육과정의 '二. 漢字 및 漢文의 지도 요령' 및 '三. 고등학교 漢文 과정' 중 학년별 '교재 내용'과 '지도 요령'의 내용 속에 대부분 직간접적으로 포함되어 있었던 내용들을 적출하여 제시한 것이다. 물론 여기서 제시된 학습 내용들이 학교 급별 및 학년별 계열화·위계화의 정도와 수준에 과연 제대로 부합하는가는 의문이 없지 않다. 또 여기서 제시된 학습 내용들은 그 범위가 너무 작거나 너무 큰 경우가 적지 않아서 과연 이들 모두를 단일한 하나의 내용 요소로 간주할 수 있을지도 의문이다. 그러나 한문교육에서 지도할

---

5) 이 표는 중학교의 경우 교육부(2000), 214~216면을 참조하였고, 고등학교의 경우는 교육부(2000), 344~346면을 참조하여 작성한 것이다.

내용들을 내용 요소 형태로 적출하여 학교 급별 및 학년별로 계열화
· 위계화하여 제시한 것은 이 제2차 교육과정이 처음이다.

3차 교육과정 이후의 교육과정 분야에서 텍스트의 水準과 範圍 문
제를 보다 면밀하게 분석하는 작업은 後稿를 기약하면서, 참고로 3차
와 4차 교육과정의 교육 내용 요소 및 그 계열화·위계화 양상을 간략
하게 제시한다.

우선 3차 교육과정의 경우를 표로 보이면 다음과 같다.6)

〈표 4〉 제3차 교육과정의 중학교 '지도 사항 및 형식'과 고등학교 '지도 사항'

| 중학교 | | | 고등학교 | |
|---|---|---|---|---|
| 제 1학년 | 제 2학년 | 제 3학년 | 한문 I | 한문 II |
| (1) 지도 사항<br>㈎ 한자의 음과<br>　　뜻 알(약 350자)<br>㈏ 한자의 구조 알기<br>㈐ 한자의 획순 알기<br>㈑ 단어의 구조 알기<br>㈒ 사전 활용법 알기<br>㈓ 주어, 서술어를 중<br>　　심으로 한 간단한<br>　　문형 알기<br>㈔ 글의 뜻 알기<br>(2) 주요 형식<br>㈎ 한자<br>㈏ 단어<br>㈐ 숙어<br>㈑ 간이한 한문 | (1) 지도 사항<br>㈎ 한자의 수 늘리기<br>　　(약 300자)<br>㈏ 어휘 늘리기<br>㈐ 주어, 서술어, 목적<br>　　어를 중심으로 한<br>　　간단한 문형 알기<br>㈑ 글의 뜻과 줄거리<br>　　알기<br>㈒ 좋은 글귀를 암송<br>　　하고 그 감명을 되<br>　　살리기<br>(2) 주요 형식<br>㈎ 단어　㈏ 숙어<br>㈐ 고사　㈑ 속담<br>㈒ 간이한 한문 | (1) 지도 사항<br>㈎ 한자의 수 늘리기<br>　　(신출 약250자)<br>㈏ 어휘 늘리기<br>㈐ 주어, 서술어, 목<br>　　적어 및 수식어를<br>　　중심으로 한 간<br>　　단한 문형 알기<br>㈑ 쉬운 허사 용법<br>　　알기<br>㈒ 글의 형식 알기<br>㈓ 글의 줄거리와<br>　　주제 알기<br>㈔ 우리말로 번역<br>　　하기<br>㈕ 좋은 글귀를 암<br>　　송하고 그 감명<br>　　을 되살리기<br>(2) 주요 형식<br>㈎ 단어 ㈏ 숙어<br>㈐ 고사 ㈑ 속담<br>㈒ 격언 | 가. 지도 사항<br>(1) 한자의 음, 구<br>　　조, 뜻<br>(2) 한문의 구조<br>(3) 한자어로 된<br>　　격언, 고사,<br>　　숙어<br>(4) 우리 선조가 남<br>　　긴 문학, 역사,<br>　　철학 등에서 평<br>　　이한 문장<br>(5) 중국의 경전, 문<br>　　학, 역사, 철학<br>　　등에서 평이한<br>　　문장 | 가. 지도 사항<br>(1) 한자의 음과 뜻<br>(2) 한문의 구조<br>(3) 우리 선조가 남<br>　　긴 문학, 역사,<br>　　철학 등<br>(4) 중국의 경전,<br>　　문학, 역사, 철<br>　　학 등 |

---

6) 이 표는 중학교의 경우 교육부(2000), 234~235면을 참조하였고, 고등학교의 경
　우는 교육부(2000), 355~357면을 참조하여 작성한 것이다.

| | | (바) 간이한 한문 (사) 시 | | |
|---|---|---|---|---|

학년별로 일부 내용 요소의 중복이 눈에 띄지만 비교적 내용 요소의 중복이 적고, 주요 형식으로 한자, 단어, 숙어, 고사, 속담, 격언, 간이한 한문, 시 등을 제시한 것이 새로운 면모로 주목된다.

4차 교육과정의 경우는 다음 표와 같다.[7]

〈표 5〉 제4차 교육과정의 중학교와 고등학교의 '내용'

| 중학교 | | | 고등학교 | |
|---|---|---|---|---|
| 제 1학년 | 제 2학년 | 제 3학년 | 한문 I | 한문 II |
| 가) 한자의 뜻과 음을 안다. | 가) 한자의 뜻과 음을 알고 익힌다. | 가) 한자의 뜻과 음을 알고 익힌다. | 1) 한자의 뜻과 음을 알고 익힌다. | 1) 허자의 쓰임을 알고 활용한다. |
| 나) 한자의 짜임을 안다. | 나) 한자의 짜임을 익힌다. | 나) 한자의 짜임을 알고 활용한다. | 2) 한자와 한자어의 짜임을 알고 활용한다. | 2) 문장의 구조를 이해하고 활용한다. |
| 다) 한자의 필순을 익힌다. | 다) 한자의 필순을 익힌다. | 다) 한자의 필순을 익힌다. | 3) 허자의 쓰임을 알고 익힌다. | 3) 문장의 형식을 이해하고 활용한다. |
| 라) 자전에서 한자 찾는 방법을 안다. | 라) 자전에서 한자 찾는 방법을 알고 익힌다. | 라) 자전에서 한자를 찾아 익힌다. | 4) 복합문의 구조를 알고 익힌다. | 4) 문맥을 통하여 여러 가지 함축된 의미를 파악한다. |
| 마) 한자어의 짜임을 안다. | 마) 한자어의 짜임을 알고 익힌다. | 마) 한자어의 짜임을 알고 활용한다. | 5) 문장의 형식을 이해한다. | 5) 글을 올바르게 해석하고 평가한다. |
| 바) 문장의 기본 구조를 안다. | 바) 기본이 되는 한자의 쓰임을 안다. | 바) 복합문의 구조를 이해한다. | 6) 여러 가지 글의 특징을 이해한다. | 6) 한문 기록에 나타난 선인들의 사상이나 가치관을 바르게 수용한다. |
| 사) 간이한 한문 기록을 풀이한다. | 사) 문장의 기본 구조를 알고 익힌다. | 사) 한자의 쓰임을 안다. | 7) 글의 중심되는 뜻을 안다. | |
| | 아) 문장의 기본 형식을 안다. | 아) 문장의 형식을 이해한다. | 8) 한문 기록에 나타난 선인들의 생활, 사상 및 가치관을 이해한다. | |
| | 자) 한문 기록을 풀이하고, 그 속에 담긴 전통 문화를 이해한다. | 자) 한문 기록을 풀이하고, 그 속에 담긴 전통 문화를 이해한다. | | |

---

7) 이 표는 중학교의 경우 교육부(2000), 246~249면을 참조하였고, 고등학교의 경우는 교육부(2000), 370~373면을 참조하여 작성한 것이다.

학교 급별 및 학년별로 내용 요소 또는 학습 내용의 중복이 더욱 두드러져서, 漢文科에서 내용 요소의 계열화·위계화에 대한 고려가 이때로부터 오히려 후퇴하기 시작한 것이 아닌가 한다.

漢文이 獨立 敎科로서 독자적인 敎育課程을 가지게 된 第3次 敎育課程(중학교 1973.8.31, 고등학교 1974.12.31 제정 공포) 이후 漢文科의 교육 내용 요소들은 漢文 科目의 正體性에 보다 부합되는 방식으로 보다 정교하게 다듬어지고 學校 級別 및 學年別 系列化·位階化에 대한 고려도 보다 치밀해졌다고 할 수 있다. 교육 내용 요소들을 단순히 나열하기만 하던 데서 나아가 이들을 몇 개의 영역으로 묶어서 영역별 내용으로 제시한다거나(제5차 교육과정), 내용 체계에서 영역과 내용 요소를 제시하고 영역별(학년별) 내용에서 내용 요소를 보다 구체화하여 학습 내용으로 제시하는 것(제6차 교육과정 이후) 등도 漢文科 敎育課程의 領域, 內容 要素, 學習 要素에 대한 인식의 일정한 진전들을 반영하는 것이라고 할 수 있다.

그러나 3차 교육과정 이후 최근의 교육과정에 이르기까지의 교육과정 내용의 변화들이 그저 발전의 길만 걸어온 것은 아니다. 한문교육의 구체적 내용을 구성할 영역을 어떻게 설정할 것인지는 아직도 완결된 문제가 아니다. 각 영역을 구성할 교육 내용 요소 및 그 하위 내용 요소에는 어떠한 것들이 있는지 본격적으로 조사한 연구가 전혀 없으며, 당연히 그 내용 요소 및 그 하위 내용 요소들을 學校 級別 및 學年別 水準別로 어떻게 系列化·位階化할 것인지에 대한 연구도, 교육과정 제정 시의 순간의 고민을 제외하고는, 한문교육 학계에서 아직까지 제대로 이루어진 적이 없다. 2011년 개정 교육과정의 제정이 목전에 당도한 현재에도 이러한 연구 상황이 변함없다는 데 대해 필자 본인부터 반성하지 않을 수 없는 일이다.

## Ⅲ. 맺음말

敎科書 編纂 分野에서 제기될 수 있는 텍스트의 水準과 範圍 문제를 생각해 보는 것으로 맺음말을 대신하고자 한다.

敎科書 編纂 分野에서 텍스트의 水準과 範圍 문제는 漢字, 語彙, 漢文 短文, 漢文 散文, 漢詩의 각 차원에서 각기 구체적으로 다뤄져야 할 문제이다. 곧 교육과정이 제시하는 영역, 내용 요소, 학습 요소를 漢字, 語彙, 漢文 短文, 漢文 散文, 漢詩로 이루어지는 교과서 題材로 어떻게 구현할 것인가? 이 과정에서 漢字, 語彙, 漢文 短文, 漢文 散文, 漢詩의 수준과 범위를 구체적인 목록으로서 제공하는 것이 과연 가능한가? 가능하다면 그것을 어떻게 작성할 것인가?

이 중 漢字의 水準과 範圍는 중·고등학교 한문교육용 기초한자 1,800자의 문제, 특히 중학교 900자의 경우 이를 다시 학년별로 수준을 재설정하는 문제, 이것이 다시 語彙, 漢文 短文, 漢文 散文, 漢詩와 어떻게 연관되는가 하는 문제 등뿐만 아니라, 이 900자+900자를 근본적으로 재선정하는 문제도 포함하는 보다 근본적인 연구를 필요로 하는 분야이다.

語彙의 水準과 範圍는 초등학교의 경우 아주 시급할 것 같고, 중·고등학교의 경우는 成語·故事成語의 水準과 範圍를 구체적인 목록으로서 제공하는 것이 과연 가능한가? 가능하다면 그것을 어떻게 작성할 수 있을지가 중요한 실천적 과제일 것 같다.

漢文 短文의 水準과 範圍는 중·고등학교 한문교육용 기초한자와의 관련성이 클 것 같은데, 그러나 중·고등학교 교과서 공히 추가 한자가 가능하다는 것을 생각한다면, 오히려 그 주제와 내용의 성격 상 학교 급별 및 학년별 위계에 따른 구체적인 목록의 작성 가능성을 따

져 봐야 할 것이다.

漢文 散文과 漢詩는 그 글의 수준과 범위를 글의 유형(문체 또는 장르)이라는 측면과 글의 주제와 내용의 수준이라는 측면을 각기 고려하면서 그 구체적인 작품의 목록을 작성하는 쪽으로 생각해 볼 필요가 있다. 이때 중·고등학교 한문교육용 기초한자는 중요한 고려 대상이면서도 동시에 너무 거기에 얽매이기만 해서도 안 될 그러한 문제로 보인다.

어떤 경우든 만만한 문제는 하나도 없다. 완벽한 대안도 있을 수 없다. 그러나 허점 많은, 실수투성이의 대안이라도 우선 마련해 보아야 이후 더 나은 대안이 나올 것 아니겠는가? 모쪼록 이번 학술대회가 漢文科 教育에서 텍스트의 水準과 範圍 문제에 대한 건설적인 결과물 마련을 위한 礎石이 되길 바란다.

**참고문헌**

教育科學技術部(2008), 『중학교 교육과정 해설(V) – 외국어(영어), 재량 활동, 한문, 정보, 환경, 생활 외국어』, 教育科學技術部.

教育科學技術部(2009), 『教育科學技術部 告示 第 2009 – 41號 初·中等學校 教育課程 總論』, 教育科學技術部.

교육부(1998), 『교육부 고시 제 1997 – 15호 [별책 16] 중학교 재량활동의 선택 과목 교육과정 – 한문, 컴퓨터, 환경, 생활 외국어』, 대한교과서 주식회사.

교육부(2000), 『초·중·고등학교 국어과한문과 교육과정 기준』, 교육부.

교육부(2001), 『고등학교 교육과정 해설-⑬ 한문』, 대한교과서 주식회사.

교육인적자원부(2006), 『한문과 교육과정 개정안 토론회』, 교육인적자원부.

교육인적자원부(2007a), 『교육인적자원부 고시 제 2007 – 79호 [별책 1] 초·중등학교 교육과정』, 교육인적자원부.

교육인적자원부(2007b), 「11. 한문」, 『교육인적자원부 고시 제 2007 – 79호 [별책 3] 중학교 교육과정』, 교육인적자원부. 1~11면.

교육인적자원부(2007c), 『교육인적자원부 고시 제 2007 – 79호 [별책 17] 한문 및 교양 선택 과목 교육과정』, 교육인적자원부.

鄭在喆(1993), 「漢文科 教育課程의 變遷」, 『漢文科教育論』, 韓國漢字漢文教育學會
　　編, 한샘. 43~84면.

金王奎(2004), 「한문교육과정 개정·변천의 양상과 한문과의 위상-편제와 시간(단
　　위) 배당 기준을 중심으로」, 『漢文教育研究』 제22호, 韓國漢文教育學會. 125
　　~150면.

문교부(1988), 『문교부 고시 제 87-7호(1987.3.31) 중학교 한문과 교육 과정 해설』,
　　문교부.

尹在敏(2007), 「2007년 개정 漢文科 教育課程의 구체적 내용 분석」, 『漢文教育研究』
　　제29호, 한국한문교육학회. 7~47면.

尹在敏(2009), 「韓國 初·中·高等學校의 漢字·漢文 教育 現況」, 『漢文教育研究』 제33
　　호, 한국한문교육학회. 51~74면.

尹在敏(2011), 「韓國의 漢文科 教育課程」, 『漢字漢文教育』 26, 韓國漢字漢文教育學
　　會. 219~260면.

鄭愚相(1988), 「中學校 漢文科 教育課程의 史的 考察」, 『康允浩 교수 華甲紀念論叢』,
　　231~254면. 鄭愚相(2011), 45~74면. 재수록.

鄭愚相(1991), 「高等學校 漢文科 教育課程의 史的 考察」, 『溪峰 林萬榮 교수 華甲紀
　　念論文集』, 301~319면. 鄭愚相(2011), 75~98면. 재수록.

鄭愚相(1998), 「신한문과 교육과정의 특징 - 6,7차 한문과 교육과정의 비교를 중심
　　으로」, 『漢字漢文教育』 제4집, 韓國漢字漢文教育學會. 73~88면. 鄭愚相
　　(2011), 99~117면. 재수록.

鄭愚相(2011), 『漢字漢文教育論叢 上』, 전통문화연구회.

이 글은 『漢文教育研究』 36호(韓國漢文教育學會, 2011)에 수록한 논문을 재수록한 것이다.

# 한문과 교육과정론 논저목록

**자료류**

교육과학기술부(2008), 『중학교 교육과정 해설(V) — 외국어(영어), 재량 활동, 한문, 정보, 환경, 생활 외국어』, 교육과학기술부.

교육과학기술부(2009), 『교육과학기술부 고시 제2009-41호 초·중등학교 교육과정 총론』, 교육과학기술부.

교육부(1995), 『교육부 고시 제1992-19호('92.10.30)에 따른 고등학교 한문과 교육과정 해설-한문Ⅰ, 한문Ⅱ』, 교육부.

교육부(1998), 『교육부 고시 제1997-15호[별책 16] 중학교 재량활동의 선택 과목 교육과정 — 한문, 컴퓨터, 환경, 생활 외국어』, 대한교과서 주식회사.

교육부(2000a), 『중학교 교육과정 해설(V)-외국어(영어), 재량 활동, 한문, 컴퓨터, 환경, 생활 외국어』, 대한교과서 주식회사.

교육부(2000b), 『초·중·고등학교 국어과·한문과 교육과정 기준』, 교육부.

교육부(2001), 『고등학교 교육과정 해설-⑬ 한문』, 대한교과서 주식회사.

교육인적자원부(2006), 『한문과 교육과정 개정안 토론회』, 교육인적자원부.

교육인적자원부(2007a), 『교육인적자원부 고시 제2007-79호[별책 1] 초·중등학교 교육과정』, 교육인적자원부.

교육인적자원부(2007b), 「11. 한문」, 『교육인적자원부 고시 제2007-79호[별책 3] 중학교 교육과정』, 교육인적자원부. 1~11면.

교육인적자원부(2007c), 『교육인적자원부 고시 제2007-79호[별책 17] 한문 및 교양 선택 과목 교육과정』, 교육인적자원부.

문교부(1972), 『중학교용 한문교사용 지침서』, 문교부. 鄭愚相(2011a), 『漢字漢文敎育論叢 上』, 전통문화연구회, 29~44면.

문교부(1988), 『문교부 고시 제87-7호(1987.3.31) 중학교 한문과 교육 과정 해설』, 문교부.

문교부(1989), 『문교부 고시 제87-7호(1988.3.31) 고등학교 한문과 교육 과정 해설』, 문교부.

문영진·장호성·김왕규·박영호·송병렬·안재철·윤재민·이군선(2006), 『중고등학교 한문 선택과목 교육과정 개정 시안 연구 개발』, 한국교육과정평가원.

부산일보(1951.4.28), 「문교부, 전시 학습방침 수립」, 국사편찬위원회 한국사 데이터베이스(http://db.history.go.kr), 『자료대한민국사』 21, 1951년 4월 28일.

韓國漢文教育研究會(1986), 「휘보」, 『漢文教育研究』 1, 韓國漢文教育研究會. 245~246면.

### ▌논저류

姜秉倫·宋永日·許旺旭(2002), 「初等學校 漢字 教育課程' 개발 연구(Ⅰ)」, 『語文研究』 114, 韓國語文教育研究會, 281~304면.

姜秉倫·宋永日·許旺旭(2003), 「初等學校 漢字 教育課程' 개발 연구(Ⅱ)」, 『공주교대논총』 40-1, 공주교육대학교.

권문봉(1992), 「제6차 교육과정 개정시안의 문제점」, 『漢文教育研究』 6, 韓國漢文教育研究會. 25~30면.

권문봉(2003), 「傳統的 書堂教育과 現代의 漢文教育에 대하여」, 『漢字漢文教育』 11, 韓國漢字漢文教育學會. 167~187면.

金慶洙(1986), 「漢文教科와 그 指導案」, 『漢文教育研究』 1, 韓國漢文教育研究會. 217~243면.

김란주(1993), 「중학교 한문교육의 문제점과 개선방향 – 설문조사를 중심으로」, 『漢文教育研究』 7, 韓國漢文教育研究會. 85~113면.

金相洪(1995), 「제6차 教育課程이 再改正되어야 하는 理由」, 『漢文教育研究』 9, 韓國漢文教育學會. 19~35면.

金相洪·鄭愚相·李東歡·申用浩·沈慶昊(2000), 「漢文教育用 基礎漢字 1,800자 調整에 관한 研究」, 『漢文教育研究』 14, 韓國漢文教育學會. 125~193면.

金相洪(2000a), 「漢文教育用 基礎漢字 1,800자 調整의 基本方向」, 『漢文教育研究』 15, 韓國漢文教育學會. 1~60면.

金相洪(2000b), 「漢文敎育의 反省과 課題」, 『漢文敎育硏究』15, 韓國漢文敎育
    學會. 111~119면.

金相洪(2001a), 「2001學年度부터 適用되는 調整된 漢文敎育用 基礎漢字의 考
    察」, 『漢文敎育硏究』16, 韓國漢文敎育學會. 1~85면.

金相洪(2001b), 「21世紀 漢文敎育의 正常化 課題」, 『漢文敎育硏究』17, 韓國漢
    文敎育學會. 7~42면.

金相洪(2003), 「韓國의 漢文敎育用 基礎漢字 變遷 攷」, 『漢文敎育硏究』21, 韓
    國漢文敎育學會. 187~237면.

金相洪(2004), 「21世紀 漢文學의 硏究와 敎育」, 『漢文敎育硏究』23, 韓國漢文
    敎育學會. 1~13면.

金聲振(1995), 「제6차 敎育課程의 問題點과 改善方向」, 『漢文敎育硏究』9, 韓國
    漢文敎育學會. 37~51면.

金呂珠(2009), 「동아시아 漢字·漢文敎育의 發展的 提言」, 『漢文敎育硏究』33,
    韓國漢文敎育學會. 7~19면.

金王奎(1999), 「초등학교 학교재량시간 교육과정에 따른 초등학교 한문교육」,
    『교육과정평가연구』2-1, 한국교육과정평가원. 113~138면.

金王奎(2000), 「초등학교 한문교육의 현황과 실제 – 서울특별시교육청 제정 '초
    등학교 한문'교육과정을 중심으로」, 『漢字漢文敎育』6, 韓國漢字漢文敎育
    學會. 165~217면.

金王奎(2003a), 「한문교육학의 학문적 정립을 위한 서선」, 『대동한문학』19, 대
    동한문학회. 215~256면.

金王奎(2003b), 「한국의 초등학교 한자 교육의 현황과 과제」, 『漢文敎育硏究』
    21, 韓國漢文敎育學會. 239~266면.

金王奎(2004), 「한문교육과정 개정·변천의 양상과 한문과의 위상 – 편제와 시
    간(단위) 배당 기준을 중심으로」, 『漢文敎育硏究』22, 韓國漢文敎育學會.
    125~150면.

金王奎(2005), 「언어 교과의 '내용체계(內容體系)'의 몇 가지 쟁점」, 『漢文敎育
    硏究』제24호, 韓國漢文敎育學會. 117~135면.

金王奎(2006), 「한문교육학 연구 방법론의 현황과 과제」, 『漢文敎育硏究』27,
    韓國漢文敎育學會. 235~266면.

金王奎(2007), 「한문교육학의 성격에 대한 몇 가지 쟁점」, 『漢文敎育硏究』29,

韓國漢文教育學會. 239~263면.

金王奎·김경익(2009),「중학교 재량활동 선택 과목 '한문' 이수 실태와 고등학교 학생들의 한문 학력차 검사」,『漢文教育研究』32, 韓國漢文教育學會. 271~338면.

金王奎·원용석·한은수·김동규(2006),「한문과 교과 교육 내용 체계 및 내용 교재 개발」,『漢字漢文教育』17, 韓國漢字漢文教育學會. 249~297면.

金容傑(1992),「전승문화 말살의 교과과정 개편안」,『漢文教育研究』6, 韓國漢文教育研究會. 36~38면.

金容傑(1997),「漢文教育의 回顧와 展望」,『漢文教育研究』11, 韓國漢文教育學會. 1~4면.

金容傑(1998),「基調演說 - 漢字·漢文教育을 강화하여 21세기 세계화·정보화 시대를 주도할 창의적인 인재를 양성하자」,『漢文教育研究』12, 韓國漢文教育學會. 5~7면.

金貞淑(2003),「初等學校 '漢字'의 教育課程 模型 提示」,『漢字漢文教育』11, 韓國漢字漢文教育學會. 1537~165면.

김창호(2010),「初等學校 漢字 教育의 性格과 指向」,『漢字漢文教育』25, 韓國漢字漢文教育學會. 31~64면.

김혈조(1992),「제6차 교육과정 개정시안에 대한 비판적 검토」,『漢文教育研究』6, 韓國漢文教育研究會. 18~24면.

김혈조(2001),「7차 교육 과정의 제 문제 - 7차 교육과정에서 한문과의 위상」,『漢文教育研究』17, 韓國漢文教育學會. 207~220면.

김혈조(2003),「漢文教育의 向後 課題」,『漢文教育研究』21, 韓國漢文教育學會. 293~306면.

金洪哲(2000),「새 시대 漢文教育의 展望과 課題」,『漢文教育研究』15, 韓國漢文教育學會. 121~141면.

閔丙秀(1988),「日本文化의 隸屬에서 벗어나는 길」,『漢文教育研究』2, 韓國漢文教育研究會. 69~74면.

朴性奎(2002),「漢文教育의 現況과 展望」,『漢文教育研究』18, 韓國漢文教育學會. 1~7면.

朴性奎(2003a),「漢文科 文學教育의 실제와 전망」,『漢文教育研究』20, 韓國漢文教育學會. 1~5면.

朴性奎(2003b), 「漢字文化圈과 漢文教育」, 『漢文教育研究』21, 韓國漢文教育學會. 1~13면.

朴英鎬(1996), 「제6차 한문과 교육과정 중 '내용체계'의 문제점과 해결방안」, 『漢文教育研究』10, 韓國漢文教育學會. 89~114면.

朴英鎬(1999), 「제7차 중·고등학교 한문과 교육과정의 의의와 과제」, 『漢文教育研究』13, 韓國漢文教育學會. 103~127면.

朴英鎬(2000a), 「韓國에서의 漢文教育의 現況과 課題 – 漢文科 教育課程의 變遷過程과 運營課題를 中心으로」, 『漢文教育研究』14, 韓國漢文教育學會. 9~26면.

朴英鎬(2000b), 「教育用 漢字數의 檢討」, 『漢文教育研究』15, 韓國漢文教育學會. 83~103면.

朴天圭(1995), 「漢文教育은 國際競爭力의 提高에 貢獻」, 『漢文教育研究』9, 韓國漢文教育學會. 5~7면.

潘星完(1989), 「독일어에서의 라틴어 교육과 한국에서의 한문교육」, 『漢文教育研究』3, 韓國漢文教育研究會. 94~103면.

방인태(1997), 「初等 漢字 教育論」, 『韓國 初等 教育』제9권 제1호, 서울교육대학교 초등교육연구소, 89~107면.

방인태(2000), 「한자지도와 교육과정」, 『한자교육신강』, 전통문화연구회.

방인태(2004), 「初等學校 漢字教育의 問題 및 解決 方案」, 『漢字漢文教育』제12집, 韓國漢字漢文教育學會. 42~58면.

방인태·김창호·한은수(2006), 『초등학교 한자교육』, 도서출판 역락.

배원룡(1994), 「교육과정 시행, 운영 지침 활용방안 – 한문과를 중심으로」, 『漢字漢文教育』1, 韓國漢字漢文教育學會. 229~242면.

白光鎬(2007a), 「漢文科 教育課程의 '읽기'領域에 관한 高等學校 教室 授業 分析」, 『漢字漢文教育』19, 韓國漢字漢文教育學會. 49~75면.

白光鎬(2007b), 「漢文科 授業의 讀解 樣相에 관한 觀察 研究」, 고려대학교 대학원 박사학위논문.

白光鎬(2008), 『타이머와 죽비』, 한국학술정보.

白光鎬(2010), 「改定 教育課程의 理解 및 現場 適用을 위한 漢文科 研修 分析」, 『漢字漢文教育』24, 韓國漢字漢文教育學會. 225~254면.

宋秉烈(2003a), 「韓國의 漢文科 教育課程 問題와 解決의 方向」, 『漢文教育研究』

21, 韓國漢文敎育學會. 267~292면.

宋秉烈(2003b), 「한문과 교육과정의 영역과 내용체계의 문제」, 『동방한문학』 24, 동방한문학회, 297~313면.

宋秉烈(2004), 「한문소설 교육의 문제와 방안」, 『漢文敎育硏究』 22, 韓國漢文敎育學會. 239~273면.

宋秉烈(2005a), 「漢文科 敎育課程의 內容 領域 設定 및 內容 組織의 原理 摸索」, 『漢文敎育硏究』 24, 韓國漢文敎育學會. 21~46면.

宋秉烈(2005b), 「새로운 漢文科 敎育課程을 위한 漢文科 敎育課程의 爭點 考察」, 『漢文敎育硏究』 25, 韓國漢文敎育學會. 233~257면.

宋秉烈(2008), 「2007年 改定 漢文科 敎育課程에 관한 硏究-中學校 漢文科 敎育課程 解說書를 중심으로」, 『한문학보』 18, 우리한문학회, 1425~1458면.

宋秉烈(2010), 「初等學校 漢字 敎育 方向 定立과 實行 方案」, 『漢字漢文敎育』 25, 韓國漢字漢文敎育學會. 7~29면.

宋秉烈(2011), 「漢字文化圈의 再形成과 韓國의 漢字·漢文敎育의 現況」, 『漢字漢文敎育』 26, 韓國漢字漢文敎育學會. 9~44면.

宋永日(2006), 「第7次 漢文科 敎育課程 改正 試案의 問題點과 對策-성격·목표·내용을 중심으로」, 『漢字漢文敎育』 17, 韓國漢字漢文敎育學會. 299~328면.

宋載邵(1986), 「漢文敎育은 왜 필요한가?」, 『漢文敎育硏究』 1, 韓國漢文敎育硏究會. 207~216면.

宋載邵(1992), 「한문 교과의 성격」, 『漢文敎育硏究』 6, 韓國漢文敎育硏究會. 5~10면.

申用浩(1992), 「중등학교 '한문'의 변천 과정과 문제점」, 『漢文敎育硏究』 6, 韓國漢文敎育硏究會. 11~17면.

申用浩(1998), 「중·고등학교 교육과정과 한문교과」, 『漢文敎育硏究』 12, 韓國漢文敎育學會. 33~39면.

申用浩(1999), 「基調演說 – 漢文敎育; 무엇이 문제인가」, 『漢文敎育硏究』 13, 韓國漢文敎育學會. 5~7면.

申用浩(2000), 「基調演說 – 21世紀를 對備하는 漢文敎育」, 『漢文敎育硏究』 14, 韓國漢文敎育學會. 5~7면.

安載澈(1997), 「初等 漢文敎育課程과 敎科書 分析」, 『漢字漢文敎育』 3, 韓國漢

字漢文敎育學會. 81~147면.

安載澈(2003a), 「한문과 교육과정의 변천 연구」, 『漢字漢文敎育』 11, 韓國漢字漢文敎育學會. 5~77면.

安載澈(2003b), 「漢文科 敎育課程의 領域에 대한 問題 檢討」, 『漢文敎育硏究』 20, 韓國漢文敎育學會. 445~487면.

安載澈(2003c), 「漢文文法 敎育史 硏究」, 『漢文敎育硏究』 21, 韓國漢文敎育學會. 307~355면.

安載澈(2005), 「현행 고등학교 한문과 교육과정의 변천 연구」, 『漢文敎育硏究』 25, 韓國漢文敎育學會. 325~407면.

安載澈(2007), 「현행 고등학교 한문교과서의 변천 연구 – 한자, 한자어 영역을 중심으로」, 『漢字漢文敎育』 18, 韓國漢字漢文敎育學會. 1~59면.

安載澈(2009), 「初等學校에서 漢字敎育의 必要性과 意義」, 『漢字漢文敎育』 23, 韓國漢字漢文敎育學會. 7~23면.

安載澈(2010), 「개정 한문과 교육과정의 성격, 목표, 내용의 문제점」, 『漢字漢文敎育』 24, 韓國漢字漢文敎育學會. 7~30면.

양광석(1992), 「제6차 한문과 교육과정 개정안에 대한 의견」, 『漢文敎育硏究』 6, 韓國漢文敎育硏究會. 39~44면.

元容錫(2003), 「漢文科 敎育課程의 內容 體系에 관한 연구」, 『漢字漢文敎育』 11, 韓國漢字漢文敎育學會. 103~136면.

元容錫(2004), 「漢文科 敎育課程 內容體系 考察」, 『漢文敎育硏究』 22, 韓國漢文敎育學會. 39~69면.

元容錫(2007), 「改定 第7次 漢文科 敎育課程의 ‘內容 體系’ 考察」, 『漢字漢文敎育』 19, 韓國漢字漢文敎育學會. 15~48면.

尹在敏(2007), 「2007년 개정 漢文科 敎育課程의 구체적 내용 분석」, 『漢文敎育硏究』 29, 韓國漢文敎育學會. 7~47면.

尹在敏(2008a), 「2007년 개정 漢文科 敎育課程의 읽기 영역 분석」, 『漢字漢文敎育』 21, 韓國漢字漢文敎育學會. 23~47면.

尹在敏(2008b), 「漢文 텍스트의 중학교 교과서 수용 범위와 수준–短文, 散文, 漢詩를 중심으로」, 『漢文敎育硏究』 31, 韓國漢文敎育學會. 19~33면.

尹在敏(2009a), 「初等學校 漢字 敎育의 體系와 內容」, 『漢字漢文敎育』 23, 韓國漢字漢文敎育學會. 147~186면.

尹在敏(2009b), 「韓國 初·中·高等學校의 漢字·漢文 敎育 現況」, 『漢文敎育硏究』 33, 韓國漢文敎育學會. 51~74면.

尹在敏(2009c), 「漢文敎育學의 槪念과 硏究 領域」, 『漢字漢文硏究』 5, 고려대학교 한자한문연구소. 5~26면.

尹在敏(2011a), 「韓國의 漢文科 敎育課程」, 『漢字漢文敎育』 26, 韓國漢字漢文敎育學會. 219~260면.

尹在敏(2011b), 「漢文科 敎育에서의 텍스트의 水準과 範圍」, 『漢文敎育硏究』 36, 韓國漢文敎育學會. 5~20면.

尹在敏(2011c), 「韓國漢文敎育學, 되돌아보기와 내다보기-‘漢文科 敎育課程의 變遷 樣相’을 포함하여」, 『漢文敎育硏究』 37, 韓國漢文敎育學會. 5~29면.

尹在敏·白光鎬(2007), 「初等學校 漢字 敎育을 위한 初級 漢字 選定에 관한 硏究」, 『漢字漢文硏究』 3, 고려대학교 한자한문연구소. 49~99면.

李敦錫(2009), 「1972年 漢文 敎科 位相 變化에 對한 斷想」, 『漢字漢文敎育』 23, 韓國漢字漢文敎育學會. 213~238면.

李敦錫(2010), 「近代 以後 語文政策과 漢文敎育에 關한 硏究」, 성균관대학교 박사논문.

李敦錫(2011), 「敎育의 3要素에 따른 漢文敎育의 意味에 關한 一見」, 『漢字漢文敎育』 26, 韓國漢字漢文敎育學會. 607~632면.

李明學(2004), 「漢文敎育의 向後 課題」, 『漢文敎育硏究』 22, 韓國漢文敎育學會. 1~11면.

李明學(2005), 「漢文科 敎育課程의 反省과 展望」, 『漢文敎育硏究』 24, 韓國漢文敎育學會. 1~19면.

李明學(2010), 「初等學校 漢字敎育의 必要性」, 『漢字漢文敎育』 24, 韓國漢字漢文敎育學會. 255~275면.

이병혁(1992), 「‘문자놀이’의 교육과정 개정안」, 『漢文敎育硏究』 6, 韓國漢文敎育硏究會. 34~35면.

李相鎭(1992), 「高等學校 漢文敎育과 大學入試」, 『漢文敎育硏究』 6, 韓國漢文敎育硏究會. 78~86면.

李應百(2001), 「중·고 ‘국어’에 倂記된 漢字가 어떻게 다루어지고 있는가」, 『한글한자문화』 30, 전국한자교육추진총연합회. 39~42면.

李鍾福(1993), 「漢文敎育과 人間敎育」, 『漢文敎育硏究』 7, 韓國漢文敎育硏究

會. 21~38면.

李篪衡(1994),「基調演說-漢文教育의 方向摸索」,『漢文教育研究』8, 韓國漢文教育學會. 5~9면.

林鍾大(1995),「漢文科 教育課程의 變遷過程 小考」,『漢文教育研究』9, 韓國漢文教育學會. 9~17면.

林熒澤(2004),「한국 20세기 한문교육과 그 당면과제 - 표기법 문제와 관련하여」,『漢文教育研究』23, 韓國漢文教育學會. 119~242면.

鄭愚相(1988a),「中學校 漢文科 教育課程의 史的 考察」,『康允浩 교수 華甲紀念論叢』, 231~254면. 鄭愚相(2011a), 45~74면. 재수록.

鄭愚相(1988b),「漢文科 教育課程과 評價로 본 漢文教育」,『漢文教育研究』2, 韓國漢文教育研究會. 57~68면.

鄭愚相(1991),「高等學校 漢文科 教育課程의 史的 考察」,『溪峰 林萬榮 교수 華甲紀念論文集』, 301~319면. 鄭愚相(2011a), 75~98면. 재수록.

鄭愚相(1993),「第1節 漢文科 教育의 概念」,『漢文科教育論』, 韓國漢字漢文教育學會 編, 한샘. 7~17면.

鄭愚相(1998),「신한문과 교육과정의 특징-6, 7차 한문과 교육과정의 비교를 중심으로」,『漢字漢文教育』제4집, 韓國漢字漢文教育學會. 73~88면. 鄭愚相(2011a), 99~117면. 재수록.

鄭愚相(2003),「한문과 교육과정의 현황과 새로운 방향모색」,『漢字漢文教育』제11집, 韓國漢字漢文教育學會. 1~3면.

鄭愚相(2011a),『漢字漢文教育論叢 上』, 전통문화연구회.

鄭愚相(2011b),『漢字漢文教育論叢 下』, 전통문화연구회.

鄭載喆(1993),「漢文科 教育課程의 變遷」,『漢文科教育論』, 韓國漢字漢文教育學會 編, 한샘. 43~84면.

鄭載喆(1994),「한문과 교육과정」,『漢字漢文教育』1, 韓國漢字漢文教育學會. 9~22면.

鄭載喆(1997),「'신 교육과정 총론(안)'과 한문교육」,『漢文教育研究』11, 韓國漢文教育學會. 45~54면.

鄭載喆(1998),「제7차 한문과 교육과정의 개발 방향」,『漢文教育研究』12, 韓國漢文教育學會. 41~59면.

鄭載喆(1999),「제6·7차 한문과 교육과정의 비교 연구」,『漢文教育研究』13,

韓國漢文敎育學會. 61~79면.

鄭載喆(2002), 「제7차 한문과 교육 과정 실천상의 쟁점과 해결방안」, 『漢文敎育硏究』 18, 韓國漢文敎育學會. 9~32면.

鄭載喆(2009), 「한국의 문자정책과 한문교육-한문과 한글의 교섭 양상에 주목하여」, 『漢文敎育硏究』 33, 韓國漢文敎育學會. 21~50면.

鄭載喆(2010), 「개정 교육과정 '한문지식'의 내용 분석-중학교 『한문1』의 적용 사례와 관련하여」, 『漢字漢文敎育』 24, 韓國漢字漢文敎育學會. 31~83면.

陳在敎(2000), 「'한문교육용 기초한자 학교급별 구분'에 대하여」, 『漢文敎育硏究』 15, 韓國漢文敎育學會. 61~82면.

陳在敎(2004), 「제7차 교육과정 한문과의 성격, 목표에 대한 단상」, 『漢文敎育硏究』 22, 韓國漢文敎育學會. 13~38면.

陳在敎(2010), 「한문교육 연구 방법론의 止揚과 指向」, 『漢文敎育硏究』 34, 韓國漢文敎育學會. 27~54면.

陳哲鏞(2009), 「初等學校 漢字 敎育의 現況과 展望」, 『漢字漢文敎育』 23, 韓國漢字漢文敎育學會. 25~48면.

최정호(1992), 「한글 전용과 한문 교육」, 『漢文敎育硏究』 6, 韓國漢文敎育硏究會. 31~33면.

崔泰淵(2000), 「漢文 敎育 內容의 標準化 問題」, 『漢文敎育硏究』 14, 韓國漢文敎育學會. 109~124면.

韓國漢文敎育硏究會(1986), 「휘보」, 『漢文敎育硏究』 1, 韓國漢文敎育硏究會. 245~246면.

韓延錫(1991), 「漢文敎育에 있어서 漢字語의 位相에 대한 批判」, 『漢文敎育硏究』 5, 韓國漢文敎育硏究會. 19~26면.

한예원(2002), 「중학교 한문과 평가의 문제점과 개선 방안」, 『漢文敎育硏究』 19, 韓國漢文敎育學會. 21~44면.

한예원(2003), 「漢文敎科書의 文學敎育 比重」, 『漢文敎育硏究』 20, 韓國漢文敎育學會. 7~27면.

한예원(2004), 「제7차 고등학교 교육과정에 따른 한문교과서 집필지침의 특성과 문제점」, 『漢文敎育硏究』 22, 韓國漢文敎育學會. 219~237면.

韓殷洙(2008), 「初等學校 漢文 敎育課程 제정을 위한 試論(1) - 敎科의 性格, 目標, 內容 體系를 중심으로」, 『漢字漢文敎育』 제20집, 韓國漢字漢文敎育

學會. 209~243면.

韓殷洙(2010), 「初等學校 漢文 敎育課程 제정을 위한 試論(2) - 敎授·學習 方法을 중심으로」, 『漢文學論集』 30, 근역한문학회, 569~603면.

許捲洙(1999), 「한자 한문은 꼭 배워야하고 배우기 어렵지 않다」, 『漢文敎育研究』 13, 韓國漢文敎育學會. 81~102면.

허천행(1994), 「제6차 고등학교 한문과 교육과정의 개정과 교수·학습의 방향」, 『漢文敎育研究』 8, 韓國漢文敎育學會. 19~37면.

許喆(1999), 「漢文敎科敎育學 정립을 위한 시론」, 성균관대학교 석사학위논문.

許喆(2007), 「漢文敎科敎育學의 정의와 그 영역 분류」, 『東方漢文學』 32, 東方漢文學會. 367~441면.

許喆(2008), 「한문교과교육에서 한문교육용한자 선정을 위한 기초연구」, 『東方漢文學』 35, 東方漢文學會. 343~432면.

許喆(2011), 「漢字文化圈의 變化와 漢字·漢文敎育의 새로운 방향 모색」, 『漢字漢文敎育』 26, 韓國漢字漢文敎育學會. 77~122면.

황위주(2004), 「국·한문의 전통과 현실적 교육 상황」, 『漢文敎育研究』 22, 韓國漢文敎育學會. 191~218면.

황인수(1994), 「해방이후 한문과 교과서 변천 연구」, 『漢字漢文敎育』 1, 韓國漢字漢文敎育學會. 243~264면.

▎필자 소개

김성진 부산대학교 한문학과                안재철 단국대학교 한문교육과
김왕규 한국교원대학교 국어교육과           윤재민 고려대학교 한문학과
김혈조 영남대학교 한문교육과             정우상 전 서울교육대학교 국어교육과
박영호 경북대학교 한문학과              정재철 단국대학교 한문교육과
송병렬 영남대학교 한문교육과             허  철 성균관대학교 한문교육과
송혁기 고려대학교 한문학과


▎한국한문교육학회 창립 30주년 기념 한국한문교육연구총서 간행위원회

간행위원장 : 윤재민
간 행 위 원 : 김왕규, 김연수, 송혁기, 백광호, 권경순

韓國漢文敎育學會 創立 30週年 紀念
韓國漢文敎育研究叢書 1

**한문과 교육과정론**

2012년 7월 6일 초판 1쇄 펴냄

편  자 윤재민 · 송혁기
발행인 김흥국
발행처 도서출판 보고사

등록 1990년 12월 13일 제6-0429호
주소 서울특별시 성북구 보문동7가 11번지 2층
전화 922-5120~1(편집), 922-2246(영업)
팩스 922-6990
메일 kanapub3@chol.com
http://www.bogosabooks.co.kr

ISBN 978-89-8433-209-6 93710
정가 20,000원